KombiKOMPAKT

Ausgabe N

W0223953

Deutsch in der Oberstufe

Herausgegeben von
Elke Langendorf und
Thorsten Zimmer

Bearbeitet von
Kerstin Dambach
Susanne Eckhardt
Bernd Gehringer
Ingo Köhne
Elke Langendorf
Dietmar Otto
Andreas Ramin
Felix Saure
Kai Schröter
Karla Seedorf und
Thorsten Zimmer

C.C. Buchner

KombiKOMPAKT
Ausgabe N
Deutsch in der Oberstufe

Herausgegeben von Elke Langendorf und Thorsten Zimmer

Bearbeitet von Kerstin Dambach, Susanne Eckhardt, Bernd Gehringer, Ingo Köhne, Elke Langendorf, Dietmar Otto, Andreas Ramin, Felix Saure, Kai Schröter, Karla Seedorf und Thorsten Zimmer

Redaktion: Jutta Förtsch, Neele Schaper

1. Auflage, 3. Druck 2015
Alle Drucke dieser Auflage sind, weil untereinander unverändert, nebeneinander benutzbar.

Dieses Werk folgt der reformierten Rechtschreibung und Zeichensetzung. Ausnahmen bilden Texte, bei denen künstlerische, philologische oder lizenzrechtliche Gründe einer Änderung entgegenstehen.

© 2012 C. C. Buchner Verlag, Bamberg
Das Werk und seine Teile sind urheberrechtlich geschützt. Jede Verwertung in anderen als den gesetzlich zugelassenen Fällen bedarf deshalb der vorherigen schriftlichen Einwilligung des Verlages. Das gilt insbesondere auch für Vervielfältigungen, Übersetzungen und Mikroverfilmungen. Hinweis zu §52a UrhG: Weder das Werk noch seine Teile dürfen ohne eine solche Einwilligung eingescannt und in ein Netzwerk eingestellt werden. Dies gilt auch für Intranets von Schulen und sonstigen Bildungseinrichtungen.

www.ccbuchner.de

Grafik und Satz: ARTBOX Grafik und Satz GmbH, Bremen
Druck: PHOENIX PRINT GmbH

ISBN 978-3-7661-3957-3

Inhaltsverzeichnis

Literatur und Sprache um 1800

12 **Wenn nicht mehr Zahlen und Figuren ...**

12 Novalis, Wenn nicht mehr Zahlen und Figuren

14 **Einführung**

16 **1 Den Epochenbegriff problematisieren**

16 **1.1 Literarische Texte der Jahrhundertwende um 1800 vergleichen**
16 Johann Wilhelm Ludwig Gleim, Der Elephant und die Maus • 16 Gottfried August Bürger, Der Bauer. An seinen Durchlauchtigen Tyrannen • 17 Johann Wolfgang Goethe, Römische Elegien • 18 Joseph von Eichendorff, Nachts

19 **1.2 Literatur um 1800 – Periodisierungsmöglichkeiten vergleichen**
19 Georg Gottfried Gervinus, Handbuch der Geschichte der poetischen Nationalliteratur der Deutschen • 19 Hermann August Korff, Geist der Goethezeit • 19 Gerhard Schulz, Abgrenzungen: Literatur und Geschichte • 20 Albert Meier, Klassik - Romantik

21 **2 Aufklärung und Romantik vergleichen**

22 **2.1 Sich mit Figuren, Konflikten und der Sprache in Aufklärung und Romantik auseinandersetzen**
22 Gotthold Ephraim Lessing, Emilia Galotti – 2. Aufzug, 6. Auftritt • 24 Joseph von Eichendorff, Aus dem Leben eines Taugenichts • 25 **Methode**: Literaturepochen beschreiben und vergleichen

26 **2.2 Unterschiedliche Menschenbilder vergleichen**
26 Immanuel Kant, Beantwortung der Frage: Was ist Aufklärung? • 27 Novalis, Blüthenstaub, 54. Fragment

28 **2.3 Wirkungsabsichten und Kunstkonzepte erklären**
28 Gotthold Ephraim Lessing, Briefwechsel über das Trauerspiel • 29 Friedrich Schlegel, Athenäum, 116. Fragment • 30 Novalis, Fragmente über Poesie

31 **2.4 Die spätromantische Wahn- und Zaubermotivik aus aufklärerischer und romantischer Sicht deuten**
31 E.T.A. Hoffmann, Der Sandmann

34 **2.5 Aufklärung und Romantik heute – Sich mit der aktuellen Rezeption der epochalen Leitideen auseinandersetzen**
34 Kito Nedo, Unterkühlte Kuschelaktion • 36 Martina Weinhart, Wunschwelten. Neue Romantik in der Kunst der Gegenwart

ABI!

38 **3 Das Verhältnis von Aufklärung und Romantik erörtern**

38 **3.1 Positionen zum Verhältnis von Aufklärung und Romantik kennen**
38 Novalis, Hymnen an die Nacht • 39 Interview zur Erscheinung von Safranskis „Romantik – Eine deutsche Affäre“

41 **3.2 Eine literarische Erörterung verfassen**
43 **Methode**: Eine literarische Erörterung verfassen

44 **4 Kompetenzen überprüfen und sichern**
44 E.T.A. Hoffmann, Klein Zaches genannt Zinnober

46 Kommunikation im Drama – Liebesbegehren und Liebesgebaren

48 **Einführung**

49 **1 Kommunikation in Dramenszenen interpretieren**

49 **1.1 Die Kommunikation in einer Dramenszene gestaltend interpretieren**
49 Friedrich Schiller, Kabale und Liebe (Erster Akt) • 51 **Methode**: Eine Szene gestaltend interpretieren

52 **1.2 Einen dramatischen Konflikt anhand eines Dialogs analysieren**
52 Friedrich Schiller, Don Carlos (Erster Akt) • 54 Brief Schillers über die Sprachgestaltung des Dramas

55 **1.3 Die Figurengestaltung anhand von Monologen und Dialogen analysieren**
55 Georg Büchner, Woyzeck (Mariens Kammer) • 56 **Methode**: Die Figurengestaltung anhand von Monologen und Dialogen analysieren

57 **2 Dramentheorien, Theater- und Inszenierungskonzeptionen vergleichen**

57 **2.1 Sich mit Wirkungsabsichten und Wirkungsmöglichkeiten des Theaters auseinandersetzen**
57 Aristoteles, Poetik • 57 Gotthold Ephraim Lessing, Hamburgische Dramaturgie • 58 Friedrich Schiller, Die Schaubühne als moralische Anstalt • 58 Georg Büchner, Brief an die Familie

60 **2.2 Moderne von traditionellen Dramenkonzeptionen unterscheiden**
60 Bertolt Brecht, Der gute Mensch von Sezuan (Szene 5) • 61 Bertolt Brecht, Der gute Mensch von Sezuan (Epilog) • 62 Bertolt Brecht, Die Straßenszene – Grundmodell einer Szene des epischen Theaters • 63 Bertolt Brecht, Um V-Effekte hervorzubringen ...

64 **2.3 Strukturelemente der geschlossenen und offenen Dramenform unterscheiden**
64 nach Gustav Freytag, Die Technik des Dramas • 65 Volker Klotz, Geschlossene und offene Form im Drama

66 **2.4 Sich mit Theaterinszenierungen auseinandersetzen**
66 Bilder von Inszenierungen zu „Kabale und Liebe"

68 **2.5 Eine Rezension analysieren**
68 Christoph Funke, Viele Türen und kein Weg nach draußen – Schillers Trauerspiel „Kabale und Liebe" im Deutschen Theater Berlin

ABI!

70 **3 Die Gretchentragödie – Dramenszenen interpretieren**

70 **3.1 Sich mit Gretchens Tragödie auseinandersetzen**
70 Johann Wolfgang Goethe, Faust. Der Tragödie Erster Teil (Garten) • 72 Marcel Reich-Ranicki, Erich Trunz, Deutung des Faust-Charakters

73 **3.2 Eine schriftliche Szenenanalyse verfassen**
73 Johann Wolfgang von Goethe, Faust. Der Tragödie Erster Teil (Kerker) • 76 **Methode**: Eine Dramenszene schriftlich analysieren

77 **4 Kompetenzen überprüfen und sichern**
77 Friedrich Schiller, Kabale und Liebe (5. Akt)

Neue Ausdrucksformen der Epik

80 **Modernes und realistisches Erzählen**

81 Franz Kafka, Wir brauchen aber die Bücher ...

82 **Einführung**

83 **1 Krise und Erneuerung des Erzählens – Über Kriterien zur Unterscheidung realistischen und modernen Erzählens verfügen**

84 **1.1 Straßen – Plätze – Passanten – Mittel des realistischen und modernen Erzählens vergleichen**
84 Wilhelm Raabe, Die Chronik der Sperlingsgasse • 85 Theodor Fontane, Was soll ein Roman? • 86 Alfred Döblin, Berlin Alexanderplatz • 88 Alfred Döblin, An Romanautoren und ihre Kritiker. Berliner Programm

89 **1.2 Krise des Sehens und Sprechens in der Klassischen Moderne – Sich mit Sprachkritik auseinandersetzen**
89 Rainer Maria Rilke, Die Aufzeichnungen des Malte Laurids Brigge • 89 Teophil Gautier, Es ist nicht die Aufgabe der Kunst ... • 90 Hugo von Hofmannsthal, Ein Brief • 92 Rainer Maria Rilke, Ich fürchte mich so vor der Menschen Wort

93 **2 Literatur als Zeitdiagnose reflektieren**

93 **2.1 In sich ruhende und aufgebrochene Häuser – Das Motiv Haus als Spiegel sozialer Zustände interpretieren**
93 Theodor Storm, Viola Tricolor • 95 Otto Ludwig, Die Zeit misst nicht nach abstrakten Minuten ... • 95 Rainer Maria Rilke, Die Aufzeichnungen des Malte Laurids Brigge • 96 Robert Musil, Die Amsel

97 **2.2 Sich mit dem Wandel von Rollenverständnis und -verhalten von Frauenfiguren auseinandersetzen**
97 Theodor Fontane, Mathilde Möhring • 98 Arthur Schnitzler, Fräulein Else • 99 Sigmund Freud, Ihr Ergriffensein ...

100 **2.3 Verlorene Söhne, lost Generation – Sich mit Krisenerfahrungen der Zeit auseinandersetzen**
100 Erich Maria Remarque, Im Westen nichts Neues • 101 August Stramm, Sturmangriff • 101 Walter Benjamin, Eine Generation ...

102 **2.4 Kafkas Welt – Parabolische Texte unter biografischem Aspekt interpretieren**
102 Franz Kafka, Gibs auf! • 103 Franz Kafka, Heimkehr • 104 Franz Kafka, Brief an den Vater • 106 **Methode**: Parabolische Kurzprosa unter biografischem Aspekt interpretieren

ABI!

107 **3 Prosatexte der Jahrhundertwende vergleichend interpretieren**

107 **3.1 Eine Heimkehr – Einen epischen Text der Jahrhundertwende interpretieren**
107 Hermann Hesse, Unterm Rad • 109 **Methode**: Epische Texte interpretieren

110 **3.2 Vergleichendes Interpretieren von epischen Texten**
110 Thomas Mann, Die Buddenbrooks • 111 **Methode**: Vergleichendes Interpretieren von epischen Texten

112 **4 Kompetenzen überprüfen und sichern**
112 Irmgard Keun, Gilgi – eine von uns

Vielfalt lyrischen Sprechens

114 **Mit allen Worten, die mich erschaffen**

114 Rose Ausländer, Bekenntnis • 115 Rose Ausländer, Notiz

116 **Einführung**
116 Peter Maiwald, Das Gedicht vor und nach dem Gedicht • 117 Friedericke Mayröcker, beim Anblick eines jungen Kindes in der Strasze

118 **1 Menschenbilder vergleichen**

118 **1.1 Gedichte zum Thema „Sinnentwürfe“ gestaltend interpretieren**
118 Volker Braun, Nun bin ich froh • 118 Christoph Meckel, Ohne Titel • 119 Nicolas Born, Drei Wünsche • 119 **Methode**: Gedichte gestaltend interpretieren

120 **1.2 Lebensläufe – Gedichte inhaltlich, formal und sprachlich analysieren**
120 Joseph von Eichendorff, Die zwei Gesellen • 122 Günter Kunert, Individueller Ausbruchsversuch • 123 Marie Luise Kaschnitz, Genazzano • 123 Literaturtheorie

124 **1.3 Spiegelbild als Identitätskrise – Biografisches Kontextwissen anwenden**
124 Annette von Droste-Hülshoff, Das Spiegelbild • 125 Barbara Beuys, Sie war diskret ...

126 **1.4 Sinnfragen – Literaturgeschichtliches Kontextwissen anwenden**
126 Andreas Gryphius, Es ist alles eitell

127 **1.5 Den Wandel des Menschenbildes im 18. Jahrhundert untersuchen**
127 Jakob Michael Reinhold Lenz, Über Götz von Berlichingen • 128 Johann Gottfried Herder, Briefe zur Beförderung der Humanität • 129 Johann Wolfgang Goethe, Das Göttliche • 130 Johann Wolfgang Goethe in einem Brief an Thomas Carlyle

131 **1.6 Ausblicke – Gedichte aspektorientiert interpretieren**
132 Karl Krolow, Robinson • 133 Heinrich Heine, Ohne Titel • 133 Sarah Kirsch, Ohne Titel • 134 **Methode**: Lineares und aspektorientiertes Interpretieren

135 **2 Den Wandel der Intentionen und Ausdrucksformen lyrischen Sprechens in der Moderne untersuchen**

135 **2.1 Sich mit dem Inhalt poetologischer Reflexionen auseinandersetzen**
135 Ernst Jandl, Anmerkungen zur Dichtkunst, 136 Ohne Titel, vermessen • 137 Rolf Dieter Brinkmann, Notiz zu dem Gedichtband „Die Piloten“, Selbstbildnis im Supermarkt • 138 Ulla Hahn, Ars poetica

139 **2.2 Sich mit der Reflexion deutscher Gegenwart in Gedichten auseinandersetzen**
139 Reiner Kunze, Die mauer. Zum 3. oktober 1990 • 139 Volker Braun, Das Eigentum

ABI!

140 **3 Interpretationen zu Naturgedichten im Vergleich verfassen**

140 **3.1 Klassische und romantische Lyrik vergleichen**
140 Goethe, Über seine Gedichte, Dämmrung • 141 Brentano, Sprich aus der Ferne • 142 Killy, Gemütererregungskunst • 142 **Methode**: Kontextwissen unterschiedlicher Art anwenden

143 **3.2 Unterschiedliche Auffassungen zur Existenz des Menschen in Gedichten vergleichen und bewerten**
143 Paul Zech, Die Häuser haben Augen aufgetan ... • 143 Kurt Pinthus, charakteristische Dichtung ... • 144 Bertolt Brecht, Erster Psalm • 145 **Methode**: Gedichte vergleichend interpretieren

146 **4 Kompetenzen überprüfen und sichern**

146 **4.1 Ein modernes Gedicht interpretieren**
146 Paul Celan, Schlaf und Speise

147 **4.2 Gedichte epochenübergreifend vergleichend interpretieren**
147 Joseph von Eichendorff, Mondnacht • 147 Sarah Kirsch, Kalt

Literatur und Sprache von 1945 bis zur Gegenwart

148 Perspektiven Jugendlicher in der Literatur

148 Tina Uebel, Last Exit Volksdorf (Finn, 15, liest)

150 **Einführung**
151 Hintergrundinformationen: „Last Exit Volksdorf" von Tina Uebel • 151 Tina Uebel, Last Exit Volksdorf (2011) (Finn liest, Fortsetzung) • 152 Shell Jugendstudie 2010, Häufigste Freizeitbeschäftigungen

153 **1 Sinnfragen – literarische und pragmatische Texte untersuchen und vergleichen**

153 **1.1 Lange Schatten – Lebensgefühle und Werthaltungen jugendlicher Protagonisten vergleichen**
153 Heinrich Böll, Ansichten eines Clowns • 155 Moritz von Uslar, Deutschboden • 157 Klaus Hurrelmann, Die Shell Jugendstudie 2010. Eine pragmatische Generation behauptet sich • 158 Shell Jugendstudie 2010, Lebenseinstellungen der Jugendlichen • 159 Thomas Gensicke, Wertorientierungen heutiger Jugendlicher • 159 Anselm Vogler, Ständig lesen wir in den Zeitungen ...

160 **1.2 Die eigene Sprache finden – Norm und Abweichung in der literarischen Sprache seit 1945 untersuchen**
160 Wolfgang Borchert, Das ist unser Manifest • 161 Peter Böthig, die verlassene sprache • 162 Nora Bossong, Was kann Prosa heute?

164 **1.3 Aspekte des literarischen Lebens kennenlernen**
164 Schreiben als Beruf: Die Autorin Tina Uebel • 164 Marie-Sophie Adeoso, Träge Sonne auf Volksdorfer Asphalt • 166 Benjamin von Stuckrad-Barre, Livealbum

167 **2 Zeitdiagnosen? – Literatur aufgrund ihrer Wirklichkeits- und Zeitbezüge vergleichen**

167 **2.1 Literatur aus der Nachkriegszeit und der Bundesrepublik deuten**
167 Wolfgang Borchert, Vielleicht hat sie ein rosa Hemd • 168 Uwe Timm, Heißer Sommer

170 **2.2 Zwischen Anpassung und Aufbegehren – Die Darstellung der DDR in der Literatur deuten**
170 Christa Wolf, Nachdenken über Christa T. • 172 Uwe Tellkamp, Der Turm

174 **2.3 Interkulturalität als Thema moderner Literatur deuten**
174 Melinda Nadj Abonji, Tauben fliegen auf

ABI!

176 **3 Gestaltendes Interpretieren**

176 **3.1 Perspektiven wechseln**
176 Tina Uebel, Last Exit Volksdorf

178 **3.2 Intertextuelle Bezüge gestalten**
179 **Methode**: Eine gestaltende Interpretation verfassen

180 **4 Kompetenzen überprüfen und sichern**
180 Botho Strauß, Paare, Passanten

Reflexion über Sprache und Sprachgebrauch

182 **Das Neudeutsch ist dem guten Deutsch sein Tod?**

183 Unterschriftenaktion „Deutsch ins Grundgesetz!“ • 183 Karl Kraus, Deutsch ist die Sprache derer … • 183 Gesellschaft für deutsche Sprache kürt „Wort des Jahres 2010“ • 183 Ulrich Greiner, Der Sprachpfleger gleicht einem Gärtner …

184 **Einführung**

185 **1 Sich mit Sprache und Denken sowie Spracherwerb auseinandersetzen**

185 **1.1 Die Bedeutung der Sprache für den Menschen erörtern**
185 Spiegel-Online, Zahlenspiele: Die Sprache bestimmt die Gedanken • 186 Peter Bieri, Brücke zum fremden Geist

188 **1.2 Thesen zum menschlichen Spracherwerb erklären**
188 Tagebucheinträge einer Mutter • 188 Dieter E. Zimmer, Die Sprache, die den Kindern zuwächst

191 **2 Deutsch als lebende und lebendige Sprache – Die Entwicklung des Deutschen untersuchen**

191 **2.1 Den Sprachwandel des Deutschen an Beispielen beschreiben**
191 Wiener Notgerhandschrift, Sprichwort • 191 Unbekannter Verfasser, Ohne Titel (Dû bist mîn, ich bin dîn …) • 191 Friedrich von Logau, Heutige Welt-Kunst. • 191 Werner König, Zur Entwicklung des neuhochdeutschen Wortschatzes • 192 Nach Helmut Glück / Wolfgang Werner Sauer, Ein Blick in die Zukunft

194 **2.2 Positionen zur Sprachkritik und -pflege wiedergeben und beurteilen**
194 Martin Opitz, Von der zuebereitung vnd ziehr der worte • 195 Bastian Sick, An was erkennt man schlechten Stil? • 196 tagesschau.de, „Alternativlos“ ist Unwort des Jahres

198 **2.3 Sich mit Erscheinungsformen der Gegenwartssprache auseinandersetzen**
198 Harald Martenstein, Voll psycho – Harald Martenstein spricht mit seinem Sohn • 200 Fenja Mens, „Was guckst du, bin isch Kino?“ • 202 Bas Böttcher, So wie du drauf bist • 204 Peter Wippermann, Wie geht es weiter? Ein Blick in die Zukunft

ABI!

206 **3 Sprachwandel oder Sprachverfall? – Eine Erörterung zu pragmatischen Texten verfassen**

206 **3.1 Hauptthesen und Argumentationsstrukturen erkennen – Die textgebundene Erörterung vorbereiten**
206 Karikatur, Der letzte Schliff • 206 Karikatur, Tower of babel • 207 Jutta Limbach, Purismus als Sprachkritik • 209 **Methode**: Die textgebundene Erörterung vorbereiten: Hauptthesen und Argumentationsstruktur des Grundlagentextes ermitteln

210 **3.2 Eine Erörterung zu einem pragmatischen Text verfassen**
210 Jens Jessen, Deutsch: Die verkaufte Sprache • 213 **Methode**: Eine Erörterung zu einem pragmatischen Text verfassen

214 **4 Kompetenzen überprüfen und sichern**
214 Georg Ringsgwandl, Angriff der Käuze

Filmisches Erzählen zum Thema Jugend

216 **Sag' Ja zum Leben!**

217 Studio-Manager, „Man kann nicht einfach nur ..." • 217 Auszug aus einer Rezension, Auf gewaltige Maße vergrößert ...

218 **Einführung**
218 Schema 1: Bereiche der Filmanalyse und Zuordnung der Kapitel

219 **1 Grundlagen der Filmanalyse erarbeiten**

219 **1.1 Attraktion und Narration als Grundprinzipien filmischer Darstellung vergleichen**
219 nach Herbert Stone, Widerwärtig! • 219 Ein Studio Manager Hollywoods, Mehr Story!

220 **1.2 Grundlagen filmischer Darstellung erarbeiten**
220 Schema 2: Montage-Einheiten • 221 **Methode**: Ein Sequenzprotokoll erstellen

222 **2 „Alright Love" – Die Dramaturgie eines Films analysieren**

222 **2.1 Der „Held" – Die Figurengestaltung als dramaturgische Grundlage analysieren**
222 „Alright Love", Inhaltsangabe • 222 nach Michaela Krützen, Ursache des Verlangens ... • 224 Tzvetan Todorov über den Begriff des Helden • 224 nach Michaela Krützen, Im Status quo ... • 225 Maxwell Anderson, Der Held als fehlerhafter Mensch

227 **2.2 „Der Held auf Reisen" – Mythologische Erzählmuster eines Films analysieren**
227 Angebot einer Internetseite, Sie werden Ihr Abenteuer finden! • 227 Anmoderation eines Radiobeitrags über antike Helden, Es gibt keine Abenteuer mehr! • 229 Christopher Vogler, Die Reise des Helden • 230 Schema 3: Die Heldenreise durch zwei Welten, idealtypisches Modell nach Michaela Krützen

231 **2.3 Syd Fields „Paradigma" – Die Strukturnormen Hollywoods untersuchen**
232 Syd Field, The Screenwriters Workbook • 233 Schema 4: Syd Fields „Paradigma" • 234 Schema 5: Zwei Modelle der Filmdramaturgie

235 **3 „alaska.de" – Die Sprache eines Films erschließen**

235 **3.1 Gestaltungsmittel der Kamera untersuchen**
235 „alaska.de", Inhaltsangabe • 236 Steven D. Katz, Großaufnahme und Naheinstellung • 237 Schema 6: Die acht üblichen Einstellungsgrößen

239 **3.2 Gestaltungsmittel der Montage untersuchen**
239 Walter Murch, Warum funktionieren Schnitte? • 240 Steven D. Katz, Kontinuität und Anschlüsse • 240 Schema 7: Kontinuität der Bilder durch „Überlappung" • 241 Schema 8: Montageprinzipien in der Filmsprache • 242 **Methode**: Korrespondenz zwischen Filmsprache und Inhalt erschließen

243 **4 „Trainspotting" – Die Wirkung eines Films untersuchen**

243 **4.1 Themen und Motive in einem Film erschließen**
243 „Trainspotting", Inhaltsangabe • 244 Renton, „Wir sind der letzte Dreck! Der Abschaum der Menschheit!" (Transkript)

245 **4.2 Einen Film in ein Genre einordnen**
245 Thomas Winkler, Coming-of-Age-Filme. Zusehen, wie andere erwachsen werden

247 **4.3 „Sag' Ja zum Leben!" – Werte und Botschaften eines Films untersuchen**
247 Renton, „Sag' Ja zum Leben" (Transkript)

249 **5 Kompetenzen überprüfen und sichern**

Medienanalyse und Medienkritik

250 **Pragmatische Texte untersuchen**

252 **Einführung**
253 Kommunikationsmodell • 253 Hans Magnus Enzensberger, Das digitale Evangelium • 253 Neil Postman, Das Verschwinden der Kindheit • 253 Herbert Marshall McLuhan, Die magischen Kanäle

254 **1 Die Medienentwicklung untersuchen und beurteilen**

254 **1.1 Sich mit Chancen und Risiken neuer Medien auseinandersetzen – Inhalte von Sachtexten wiedergeben und zusammenfassen**
254 Jay D. Bolter, Hypertextualität, Internet, Interaktivität • 256 Moritz Metz, Bücher laden ohne Buchladen • 257 **Methode**: Inhalte pragmatischer Texte zusammenfassen

258 **1.2 Die Geschichte von Medien analysieren und Ideen zur Zukunft von Medien entwerfen – Diskontinuierliche Texte interpretieren**
258 Schaubild, Geschichte der Medienwolken 1960–2010 • 259 Statistik, Mediennutzung 1997–2010 • 260 **Methode**: Diskontinuierlichen Texten Informationen entnehmen

261 **2 Macht und Verantwortung von Medien kritisch beurteilen**

261 **2.1 Soziale Einflüsse von Neuen Medien bewerten – Textintentionen beurteilen und Textsorten unterscheiden**
261 Jörg Blech u.a., Nackt unter Freunden • 263 Andreas Rosenfelder, Das Facebook der Abwesenden • 264 Mark Zuckerberg, „Die Zeiten ...“

266 **2.2 Medien und Gewalt – Die Struktur von Sachtexten analysieren**
266 Sebastian Moll, Feuer frei für die X-Box-Generation • 268 **Methode**: Die Struktur von Sachtexten analysieren

269 **2.3 Sich mit der politischen Wirkung von Medien auseinandersetzen – Die Sprache von Sachtexten analysieren**
269 Friedrich Nowottny, Ulrich Kienzle, Journalist der BBC, Zitate über ‚embedded‘-Journalismus • 269 Marietta Slomka, „Es gibt keinen Regelkatalog ...“ • 270 Juliana Raupp, Wie Jounalisten an Informationen kommen: Informationsquellen. Beispiel: embedded journalists • 271 Josef Seitz, Medien-Krieg: Wahrheit unter Beschuss • 272 **Methode**: Die Sprache von Sachtexten analysieren

ABI!

273 **3 Mediale Inszenierung von Großereignissen – Sich mit der Medienkritik zu Sportevents auseinandersetzen**

273 **3.1 Eine vergleichende Sachtextanalyse verfassen**
273 NDR, Fußballfrauen: mehr Marketing, mehr Berichte? • 274 Harald Martenstein, „Man spürt überall die Angst, etwas Falsches zu sagen“ • 277 **Methode**: Eine vergleichende Sachtextanalyse verfassen

278 **3.2 Einen Sachtext gestaltend erschließen – Eine Glosse verfassen**
278 Karin Prummer, Katja Riedel, Auf die Mütze • 280 **Methode**: Einen Sachtext gestaltend erschließen

281 **4 Kompetenzen überprüfen und sichern**
281 Tissy Bruns, Republik der Wichtigtuer

284 **KOMPAKT-Wissen**

284 ## Rhetorik – Reden analysieren und gestalten
284 Reden analysieren
287 Reden gestalten

290 ## Präsentieren

296 ## Zitieren und Bibliographieren
296 Zitieren
296 Anmerkungen einfügen
297 Bibliographieren
298 Beispieltext

300 ## Arbeitstechniken

304 ## Fachbegriffe
304 Fachbegriffe: Drama
307 Fachbegriffe: Epik
311 Fachbegriffe: Film
312 Fachbegriffe: Kommunikation
314 Fachbegriffe: Lyrik
316 Fachbegriffe: Pragmatische Texte
318 Fachbegriffe: Reflexion über Sprache

321 ## Literaturgeschichte

328 ## Sprachwissen
328 Sprachwissen: Grammatik
335 Sprachwissen: Kommasetzung
336 Sprachwissen: Rechtschreibung
341 Sprachwissen: Sprachliche (rhetorische) Mittel

Anhang

Was steht wo? (Klappentext vorne)
345 Autoren- und Quellenverzeichnis
350 Textsortenverzeichnis
352 Bildnachweis
Sachregister (Klappentext hinten)

Literatur und Sprache um 1800

Wenn nicht mehr Zahlen und Figuren

Joseph Wright of Derby (1734–1797)
An Experiment on a Bird in an Air Pump/ Das Experiment mit der Luftpumpe (1768)

Novalis

Wenn nicht mehr Zahlen und Figuren (1800)

Wenn nicht mehr Zahlen und Figuren
Sind Schlüssel aller Kreaturen,
Wenn die, so singen oder küssen,
Mehr als die Tiefgelehrten wissen,
Wenn sich die Welt ins freie Leben
Und in die Welt wird zurückbegeben,

Caspar David Friedrich (1774–1840)
Der Wanderer über dem Nebelmeer (1818)

Wenn dann sich wieder Licht und Schatten
Zu echter Klarheit wieder gatten
Und man in Märchen und Gedichten
Erkennt die ew'gen Weltgeschichten,
Dann fliegt vor Einem geheimen Wort
Das ganze verkehrte Wesen fort

Einführung

KAPITEL & KOMPETENZEN

Die Einteilung der deutschen Literaturgeschichte in **Epochen** ist üblich, aber nicht unproblematisch. Durch den Blick auf den literaturgeschichtlichen Zeitraum zwischen 1750 und 1830 – namentlich durch den Vergleich der **Aufklärung** mit der **Romantik** – beschäftigen Sie sich in diesem Kapitel differenziert und kritisch mit möglichen Vorgehensweisen und Aspekten, die bei einer Phasierung literaturhistorischer Gegebenheiten hilfreich sein können.

Das Kapitel beginnt mit einem Blick auf die wesentlichen **literarischen Strömungen** des beschriebenen Zeitraums und führt Ihnen davon ausgehend die **Problematik** des literaturhistorischen Epochenbegriffs vor Augen.
Die als Aufklärung und Romantik bezeichneten Epochen werden genauer untersucht, wobei Sie die hier gewählten **Untersuchungsaspekte** – das Menschenbild, typische literarische Charaktere, die Kunsttheorie und die Sprachverwendung – als grundsätzliche Möglichkeit zu einer fundierten **Epochenbeschreibung** nutzen und auf andere Zeiträume übertragen können.

Auf der Basis zeitgenössischer Texte zur heutigen Rezeption von Aufklärung und Romantik sowie einer aktuellen Stellungnahme zu den Kontinuitäten zwischen den beiden Epochen schärfen Sie zusätzlich Ihren Blick. Sie werden schließlich dazu angeleitet, die Beziehung der beiden Epochen exakt zu reflektieren, wobei Ihnen die Textform der **literarischen Erörterung** als eine mögliche Methode zur Aufarbeitung derartiger Fragestellungen – auch aus anderen Epochen- und Themenkontexten des Literaturunterrichts – vorgestellt wird.

Der **Kompetenztest** überprüft anhand eines weiteren literarischen Textes Ihr Wissen zu den erarbeiteten Epochen und Ihre Einsichten zu deren Unterschieden und Gemeinsamkeiten.

1 Schauen Sie sich die beiden Bilder auf der Auftaktseite (☞ S. 12 f.) an und notieren Sie zunächst spontan Ihre Eindrücke und Assoziationen zu den Bildern.

2 Vergleichen Sie die Bilder. Bilden Sie hierfür Arbeitsgruppen zu je zwei bis drei Schülerinnen und Schülern:

a) Tauschen Sie sich über Ihre Ersteindrücke aus und formulieren Sie Hypothesen zu einer möglichen Wirkung und Intention der Bilder.

b) Besprechen Sie detailliert die Bildinhalte (Hinweis: Das Experiment mit der Luftpumpe sollte die lebensnotwendigen Eigenschaften der Luft nachweisen.).

c) Wählen Sie drei Begriffe aus dem Begriffsspeicher und nutzen Sie diese als Aspekte eines gründlicheren Vergleichs. Notieren Sie Ihre Arbeitsergebnisse in einer Tabelle.

Mensch Stimmungen Natur Formen Licht Räume Beziehungen Farben Welt Gott Wissen

WISSEN

Der englische Maler **Joseph Wright of Derby** (1734–1797) drückt in einigen seiner Bilder seine Begeisterung für die technischen Errungenschaften und die Weltdeutungen der Naturwissenschaften aus – so auch auf dem Gemälde zu dem „Experiment mit der Luftpumpe". Auch wenn die Vakuumpumpe bereits rund 100 Jahre vor Entstehung des Gemäldes erfunden wurde, löst ihre Vorführung noch immer Interesse bei den technikbegeisterten oder -skeptischen Zuschauern aus. Bemerkenswert an Derbys Gemälde ist die Lichtführung, welche an traditionelle Offenbarungs- und Heiligendarstellungen erinnert.

Der deutsche Maler und Zeichner **Caspar David Friedrich** (1774–1840) ist einer der bedeutendsten und prägendsten Künstler der deutschen Romantik. Viele seiner Gemälde stellen Menschen in Landschaften dar. Friedrich geht es dabei nicht um eine realistische Abbildung tatsächlicher Situationen, seine Darstellungen sind kunstvoll und bewusst komponiert. Sie verweisen symbolisch auf Metaphysisches, Unfassbares und auf die Verbindung zwischen Gott und den Menschen. Neben dem „Wanderer über dem Nebelmeer" gehören „Der Mönch am Meer" (1808/10), „Kreidefelsen auf Rügen" (1818) oder „Das Eismeer" (1823/24) zum berühmten Werk Caspar David Friedrichs.

3 Ergänzen und überarbeiten Sie Ihre Vergleichstabelle auf der Grundlage des Informationstextes.

4 Gestalten Sie einen fiktiven Dialog zwischen dem Gelehrten aus dem ersten Bild und dem Wanderer aus dem zweiten Bild.

a) Lassen Sie die beiden über diejenigen Aspekte aus dem Begriffsspeicher sprechen, welche Sie für den Vergleich genutzt haben.

b) Integrieren Sie in den Dialog auch die Informationen aus dem Wissenskasten.

5 Formulieren Sie eine Interpretationshypothese zum Gedicht „Wenn nicht mehr Zahlen und Figuren" (☞ S. 12 f.). Erklären Sie, in welchem Verhältnis die beiden Bilder zu diesem Gedicht stehen.

1 Den Epochenbegriff problematisieren

1.1 Literarische Texte der Jahrhundertwende um 1800 vergleichen

Johann Wilhelm Ludwig Gleim
Der Elephant und die Maus (1756)

Ein Elephant und eine Maus
Besprachen sich von ihrer Größe.
Ha! sprach der Elephant, ich messe
Dich ja so leicht, mit meinem Rüssel, aus!
Und ich, antwortete die Maus,
Hab' einen kleinen Zahn, und fresse
Mich ja so leicht in eines Königs Haus:
Die Größe macht es oft nicht aus!

Gottfried August Bürger
Der Bauer. An seinen Durchlauchtigen Tyrannen (1773)

Wer bist du, Fürst, dass ohne Scheu
Zerrollen mich dein Wagenrad,
Zerschlagen darf dein Ross?

Wer bist du, Fürst, dass in mein Fleisch
Dein Freund, dein Jagdhund, ungebläut
Darf Klau' und Rachen hau'n?

Wer bist du, dass durch Saat und Forst,
Das Hurra deiner Jagd mich treibt,
Entatmet, wie das Wild? —

Die Saat, so deine Jagd zertritt,
Was Ross, und Hund, und Du verschlingst,
Das Brot, du Fürst, ist mein.

Du Fürst hast nicht, bei Egg' und Pflug,
Hast nicht den Erntetag durchschwitzt.
Mein, mein ist Fleiß und Brot!

Ha! du wärst Obrigkeit von Gott?
Gott spendet Segen aus; du raubst!
Du nicht von Gott, Tyrann!

Johann Wolfgang Goethe (☞ Autoren-Info S. 70)
Römische Elegien (1795) *Auszug*

Froh empfind' ich mich nun auf klassischem Boden begeistert;
Vor- und Mitwelt spricht lauter und reizender mir.
Hier befolg' ich den Rat, durchblättre die Werke der Alten
Mit geschäftiger Hand, täglich mit neuem Genuss.
Aber die Nächte hindurch hält Amor mich anders beschäftigt;
Werd' ich auch halb nur gelehrt, bin ich doch doppelt beglückt.
Und belehr' ich mich nicht, indem ich des lieblichen Busens
Formen spähe, die Hand leite die Hüften hinab?
Dann versteh' ich den Marmor erst recht; ich denk' und vergleiche,
Sehe mit fühlendem Aug', fühle mit sehender Hand.
Raubt die Liebste denn gleich mir einige Stunden des Tages,
Gibt sie Stunden der Nacht mir zur Entschädigung hin.
Wird doch nicht immer geküsst, es wird vernünftig gesprochen;
Überfällt sie der Schlaf, lieg' ich und denke mir viel.
Oftmals hab' ich auch schon in ihren Armen gedichtet,
Und des Hexameters Maß, leise mit fingernder Hand,
Ihr auf den Rücken gezählt. Sie atmet in lieblichem Schlummer,
Und es durchglühet ihr Hauch mir bis ins Tiefste die Brust.
Amor schüret die Lamp' indes und denket der Zeiten,
Da er den nämlichen Dienst seinen Triumvirn[1] getan.

[1] *Triumvirn*: hier die drei römischen Liebesdichter Catull, Properz und Ovid

Johann Heinrich Wilhelm Tischbein (1751–1829), Porträt Goethes in der Campagna (1787)

Caspar David Friedrich (1774–1840): Mann und Frau den Mond betrachtend (um 1830–35)

Joseph von Eichendorff (☞ Autoren-Info S. 120)

Nachts (1826)

Ich wandre durch die stille Nacht,
Da schleicht der Mond so heimlich sacht
Oft aus der dunklen Wolkenhülle,
Und hin und her im Tal
Erwacht die Nachtigall,
Dann wieder alles grau und stille.

O wunderbarer Nachtgesang:
Von fern im Land der Ströme Gang,
Leis Schauern in den dunklen Bäumen –
Wirrst die Gedanken mir,
Mein irres Singen hier
Ist wie ein Rufen nur aus Träumen.

WISSEN

Die **Jahrhundertwende um 1800** ist in vielerlei Hinsicht eine Umbruchsituation. Gerade auch aus literaturgeschichtlicher Sicht können für die Zeit zwischen etwa 1750 und 1830 verschiedene Strömungen beschrieben werden, die sich – mehr oder weniger inhaltlich miteinander verbunden – zeitlich überschneiden. So lassen sich literarische Werke benennen, die in ausdrücklichem Bezug zu den – vor allem auf Belehrung und Erziehung der Menschen zielenden – Ideen der **Aufklärung** (~ 1730–1790) stehen. Deren Bemühen um Selbstverantwortung, Individualität und Freiheit aufgreifend und weiterführend steht ab etwa 1770 eine Gruppe junger Dichter für die Strömung des **Sturm und Drang** (~ 1770–1785; ☞ S. 130). Mit der Hinwendung Johann Wolfgang Goethes zu einem humanistischen, an den ästhetischen Idealen der Antike orientierten Kunstprogramm beginnt die deutsche **Klassik** (~1786–1832; ☞ S. 130), welche ab der Jahrhundertwende zeitlich parallel zur Dichtung der deutschen **Romantik** (~ 1797–1848) verläuft.

1 Bereiten Sie den Vortrag der Gedichte vor. Berücksichtigen Sie die jeweilige Stimmung des Gedichtes.

2 Bereiten Sie eine mündliche Beschreibung und einen Vergleich der Gedichte vor. Machen Sie sich Notizen zu den Gedichtinhalten, zu möglichen Absichten und zur Form der Gedichte.

3 Die Gedichte sind in Form und Inhalt beispielhaft für die poetische Literatur in Aufklärung, Sturm und Drang, Klassik und Romantik. Notieren Sie erste Ideen zu der Frage, welche Themen und Aspekte der Epochen in den Gedichten deutlich werden. Belegen Sie Ihre Hypothesen an den Gedichttexten. Überprüfen Sie Ihre Vermutungen noch einmal, wenn Sie das Kapitel bearbeitet haben.

1.2 Literatur um 1800 – Periodisierungsmöglichkeiten vergleichen

Georg Gottfried Gervinus
Handbuch der Geschichte der poetischen Nationalliteratur der Deutschen (1849) *Auszug*

An sie [Goethe und Schiller] angelehnt sammelte sich zu gleicher Zeit die neue Schule der Romantiker [...]. Durch das ganze Treiben der nächsten Zeit, das von dieser Schule angegeben war, ging die Richtung nach dem Großen und Besten der Poesie hin [...]. Dieser Eifer, in seinen ersten Anfängen rein und wohlgemeint, überflog sich aber selbst. Man überspannte die Begriffe der Kunst und die Forderungen an den Künstler, man überredete sich bald, das goldene Zeitalter unserer Literatur müsse erst kommen, und man fing an die Meister zu meistern, von denen man kaum gelernt hatte und noch lange hätte lernen sollen; man schloss sich sektenartig ab und schuf sich neue Theorien, die sich bald zu Paradoxien überstiegen; man trieb alles auf eine äußerste Spitze und veranlagte, im besten Willen die Dichtung noch einmal zu heben, ihren plötzlichen Fall.

Hermann August Korff
Geist der Goethezeit (1923) *Auszug*

Wir betrachten in diesem Werke die Romantik als die Vollendung der Goethezeit. Nicht in dem Sinne zwar, dass mit ihr erst das Höchste und Größte erreicht, wohl aber in dem, dass erst in ihr der Geist der Goethezeit zur letzten Stufe seiner organischen Entfaltung gekommen sei. Denn das ist eben die Grundanschauung dieses Werkes, dass es ein Geist gewesen ist, der sich vom Sturm und Drang zur Klassik und weiter zur Romantik fortentwickelt hat, und dass Sturm und Drang und Klassik und Romantik Stufen eines organischen Gesamtgeschehens sind. In diesem Sinne ist damit darum die Klassik als die Vollendung von Sturm und Drang, die Romantik aber als Vollendung der Klassik zu betrachten, [...]

Gerhard Schulz
Abgrenzungen: Literatur und Geschichte (1983) *Auszug*

Das Jahr 1789 ist als Zäsur für die deutsche Literaturgeschichte ein willkürliches, aus der Geschichte einer anderen Nation entlehntes Datum, aber da die Ereignisse in Frankreich die Geschichte und mit ihr das intellektuelle Leben der folgenden fünfundzwanzig Jahre in ganz Europa bestimmend prägten, ist diese Zäsur die unanfechtbarste überhaupt in dieser Zeit. Man darf nur nicht erwarten, dass über Nacht etwas anderes begann und sich ein Bruch in der großen Kontinuität literarischer und überhaupt aller geistigen Entwicklung vollzog. [...] Zum Zeitpunkt der

Französischen Revolution befanden sich die meisten Autoren noch am Leben und zum Teil auch bei vollster Schaffenskraft, die seit der Mitte des Jahrhunderts der deutschen Literatur Aufmerksamkeit, Rang und Ansehen verschafft hatten, [...].

Albert Meier
Klassik – Romantik (2008) *Auszug*

Die *Jungfrau von Orleans*[1] des Klassikers Schiller trägt die Gattungsbezeichnung ‚romantische Tragödie', während der Romantiker August Wilhelm Schlegel seinen *Ion*[2] als klassizistisches Trauerspiel verstanden hat. An solchen Paradoxien wird deutlich, wie heikel es wäre, ‚Klassik' und ‚Romantik' gegeneinander ausspielen zu wollen. Um zwei ‚Epochen' kann es sich nicht handeln, weil jede Epoche ihrer Begriffslogik nach ausschließt, dass es zur selben Zeit noch eine andere gibt – insofern sind ‚Klassik' und ‚Romantik' besser in ihrem Miteinander als in ihrer Konkurrenz zu begreifen [...]. Klassik und Romantik benennen Stilvarianten von Dichtung in einem Zeitraum, der außerhalb Deutschlands ohnehin nur den Sammelnamen ‚Romantik' trägt und die *doctrine classique*, das im 17. und frühen 18. Jahrhundert europaweit gültige Regelsystem der Literatur, verabschiedet.

[1] *Jungfrau von Orleans*: Drama von Friedrich Schiller, Uraufführung 1801

[2] *Ion*: Schauspiel von A.W. Schlegel, Uraufführung 1801

1 Übertragen Sie die Vorschläge zur Periodisierung der literarischen Strömungen um 1800 jeweils in eine anschauliche Grafik. Berücksichtigen Sie die zeitlichen Abläufe, Bewertungen, Zusammengehörigkeiten und Abgrenzungen.

2 Vergleichen Sie die Grafiken und formulieren Sie eine These zur Periodisierung der Literaturgeschichte um 1800.

3 Kann und darf man die deutsche Literatur in Epochen einteilen? Stellen Sie Pro- und Kontraargumente zu dieser Fragestellung in einer Tabelle gegenüber. Beziehen Sie sich auch auf den folgenden Wissenskasten.

WISSEN

Der literarische **Epochenbegriff** blickt auf Zeiträume innerhalb der Literaturgeschichte, die sich aufgrund gewisser **Gemeinsamkeiten** der hierin entstandenen Werke zu relativ zusammengehörigen Einheiten abstrahieren und durch konkrete **Trennungsereignisse** – z. B. Erscheinungsdaten von Werken oder biografische Daten einzelner Schriftsteller – von vorausgehenden und folgenden Strömungen abgrenzen lassen. **Problematisch** wird der Epochenbegriff vor allem **wegen** der praktisch **kaum möglichen chronologischen Abgrenzung** verschiedener literarischer Strömungen untereinander, die dann ihrerseits zu Überschneidungen und zeitlich parallel verlaufenden „Epochen" führen muss. Hier kann es sinnvoll sein, unproblematischere Begriffe wie **Strömungen** und **Tendenzen** zu benutzen.

2 Aufklärung und Romantik vergleichen

WISSEN

Die politische und gesellschaftliche Situation in Europa um 1800 ist maßgeblich geprägt von den unmittelbaren Auswirkungen der **Französischen Revolution** von 1789. Die Revolution selbst lässt sich mit ihren Schlagworten *Freiheit – Gleichheit – Brüderlichkeit* zunächst als der politisch-öffentliche Höhepunkt der **Aufklärungsbewegung** deuten, welche die persönliche Freiheit des Menschen, seine Unabhängigkeit von absolutistischer und kirchlicher Fremdbestimmung und eine Orientierung an individueller Vernunft als Grundsätze jeglicher gesellschaftlicher Ordnung fordert. Werden die Anfänge der Revolution von den aufgeklärten Intellektuellen noch mit Begeisterung aufgenommen, führen ihre bald in Gewalttätigkeit und Anarchie umschlagenden Auswüchse zu großer Skepsis gegenüber einer allzu liberalen Selbstbestimmung des Volkes.
In den Nachbarstaaten stößt die aggressive Außen- und Expansionspolitik des revolutionären Frankreich auf wenig Verständnis, sodass sich verschiedene Staaten – zunächst erfolglos – gegen Frankreich verbünden.
Dem französischen General **Napoleon Bonaparte** gelingt es, sich im Jahr 1799 zum ersten Konsul, ab 1804 sogar zum Kaiser Frankreichs zu erheben. Er unterwirft große Teile Europas und bindet sie an Frankreich. In Österreich legt Kaiser Franz II. im Jahr 1806 die Reichskrone ab, womit das seit dem Mittelalter bestehende *Heilige Römische Reich deutscher Nation* endet.
Erst allmählich führt ein aufkommendes **Nationalbewusstsein** zur erneuten Auflehnung einiger Staaten gegen Napoleon. In der Schlacht bei Waterloo schlagen sie den durch einen erfolglosen Russlandfeldzug geschwächten Feldherrn und Kaiser im Jahr 1815.
Das nachnapoleonische Europa versucht eine von Frankreich unabhängige **Neuordnung und Neubestimmung**. Die herrschaftlich-politischen Entwicklungen sind nach der Erfahrung der französischen Revolution und ihren Auswirkungen zunächst restaurativ, also rückwärtsgerichtet: Die alte, vornapoleonische Ordnung soll wieder hergestellt werden. Die Ideen der Liberalisierungs- und Demokratiebewegungen bleiben jedoch aktiv, was in den 1830er-Jahren seitens des Volkes zu erneuten Befreiungsversuchen von staatlichen Repressalien führt.
Auch in **anderen gesellschaftlichen Bereichen** markiert die beschriebene Zeitspanne nachhaltige Umbrüche. So kommt es in Preußen zu einer aufklärerisch-humanistisch orientierten Reform des Schul- und Universitätswesens, welche das Ziel hat, die Bildung und Aufklärung des immer weiter erstarkenden Bürgertums zu unterstützen. Veränderungen des Arbeits- und Familienlebens ergeben sich darüber hinaus aus der beginnenden Industrialisierung.

2.1 Sich mit Figuren, Konflikten und der Sprache in Aufklärung und Romantik auseinandersetzen

Gotthold Ephraim Lessing
Emilia Galotti – 2. Aufzug, 6. Auftritt (1772)

Gotthold Ephraim Lessing (1729–1781) ist einer der bedeutendsten Schriftsteller, Kritiker und Theatertheoretiker der deutschen Aufklärung. Neben dem Theologie- und Medizinstudium begann Lessing früh, eigene Stücke zu schreiben. Er ließ sich im Jahr 1748 als Journalist und freier Autor in Berlin nieder, lebte später unter anderem in Hamburg und Braunschweig. Aus seiner Arbeit als Dramaturg am Hamburger Nationaltheater entstanden zwischen 1767 und 1769 die einflussreichen Rezensionstexte der „Hamburgischen Dramaturgie". Als Bühnenautor erlebte Lessing mit seinem Lustspiel „Minna von Barnhelm" (uraufgeführt 1767) den Durchbruch. Weitere erfolgreiche und epochenprägende Stücke Lessings sind „Emilia Galotti" (1771) und „Nathan der Weise" (1779).

Der Prinz von Guastalla hat sich in die bürgerliche Emilia Galotti verliebt, von deren bevorstehender Hochzeit er erfährt. Mithilfe eines Vertrauten, dem Höfling Marinelli, versucht er, die Hochzeit zu verhindern und die Begehrte doch noch in seine Gewalt zu bringen. Die begonnenen Intrigen führen allerdings zum Tod von Emilia Galottis Bräutigam, dem Grafen Appiani. Emilia selbst durchschaut die Pläne des Prinzen zwar schnell, fühlt sich aber nicht stark genug, seinen Verführungskünsten zu widerstehen. Um sich vor ihm – aber auch vor ihren eigenen Leidenschaften – zu schützen, lässt sie sich durch ihren Vater töten.

Bei der folgenden Szene handelt es sich um Emilias ersten Auftritt auf der Bühne. Der Prinz hat ihr in der Kirche aufgelauert und ihr seine – vermeintliche – Liebe gestanden. Emilia berichtet ihrer Mutter von dem Vorfall.

Emilia […] Endlich ward es Zeit, mich wieder zu erheben. Das heilige Amt ging zu Ende. Ich zitterte, mich umzukehren. Ich zitterte, ihn zu erblicken, der sich den Frevel erlauben dürfen. Und da ich mich umwandte, da ich ihn erblickte –

Claudia Wen, meine Tochter?

Emilia Raten Sie, meine Mutter, raten Sie – Ich glaubte in die Erde zu sinken – Ihn selbst.

Claudia Wen, ihn selbst?

Emilia Den Prinzen. […]

Claudia […] Aber weiter, meine Tochter, weiter! Als du den Prinzen erkanntest – Ich will hoffen, dass du deiner mächtig genug warest, ihm in einem Blicke alle die Verachtung zu bezeigen, die er verdient.

Emilia Das war ich nicht, meine Mutter! Nach dem Blicke, mit dem ich ihn erkannte, hatt' ich nicht das Herz, einen zweiten auf ihn zu richten. Ich floh –

Claudia Und der Prinz dir nach –

Emilia Was ich nicht wusste, bis ich in der Halle mich bei der Hand ergriffen fühlte. Und von ihm! Aus Scham musst' ich standhalten: mich von ihm loszuwinden würde die Vorbeigehenden zu aufmerksam auf uns gemacht haben. Das war die einzige Überlegung, deren ich fähig war – oder deren ich nun mich wieder erinnere. Er sprach; und ich hab ihm geantwortet. Aber was er sprach, was ich ihm geantwortet – fällt mir es noch bei, so ist es gut, so will ich es Ihnen sagen, meine Mutter. Jetzt weiß ich von dem allen nichts. Meine Sinne hatten mich verlassen. – Umsonst denk ich nach, wie ich von ihm weg und aus der Halle gekommen. Ich finde mich erst auf der Straße wieder, und höre ihn hinter mir herkommen, und höre ihn mit mir zugleich in das Haus treten, mit mir die Treppe hinaufsteigen –

Claudia Die Furcht hat ihren besondern Sinn, meine Tochter! Ich werde es nie vergessen, mit welcher Gebärde du hereinstürztest. – Nein, so weit durfte er nicht wagen, dir zu folgen. – Gott! Gott! wenn dein Vater das wüsste! – Wie wild er schon war, als er nur hörte, dass der Prinz dich jüngst nicht ohne Missfallen gesehen! – Indes, sei ruhig, meine Tochter! Nimm es für einen Traum, was dir begegnet ist. Auch wird es noch weniger Folgen haben als ein Traum. Du entgehest heute mit eins allen Nachstellungen.

Emilia Aber, nicht, meine Mutter? Der Graf muss das wissen. Ihm muss ich es sagen.

Claudia Um alle Welt nicht! – Wozu? warum? Willst du für nichts und wieder für nichts ihn unruhig machen? Und wann er es auch itzt nicht würde: wisse, mein Kind, dass ein Gift, welches nicht gleich wirket, darum kein minder gefährliches Gift ist. Was auf den Liebhaber keinen Eindruck macht, kann ihn auf den Gemahl machen. Den Liebhaber könnt' es sogar schmeicheln, einem so wichtigen Mitbewerber den Rang abzulaufen. Aber wenn er ihm den nun einmal abgelaufen hat: ah! mein Kind – so wird aus dem Liebhaber oft ein ganz anderes Geschöpf. Dein gutes Gestirn behüte dich vor dieser Erfahrung.

Emilia Sie wissen, meine Mutter, wie gern ich Ihren bessern Einsichten mich in allem unterwerfe. – Aber, wenn er es von einem andern erführe, dass der Prinz mich heute gesprochen? Würde mein Verschweigen nicht, früh oder spät, seine Unruhe vermehren? – Ich dächte doch, ich behielte lieber vor ihm nichts auf dem Herzen.

Claudia Schwachheit! verliebte Schwachheit! – Nein, durchaus nicht, meine Tochter! Sag ihm nichts. Lass ihn nichts merken!

Emilia Nun ja, meine Mutter! Ich habe keinen Willen gegen den Ihrigen. – Aha! (*Mit einem tiefen Atemzuge.*) Auch wird mir wieder ganz leicht. – Was für ein albernes, furchtsames Ding ich bin! – Nicht, meine Mutter? – Ich hätte mich noch wohl anders dabei nehmen können und würde mir ebensowenig vergeben haben.

Claudia Ich wollte dir das nicht sagen, meine Tochter, bevor dir es dein eigner gesunder Verstand sagte. Und ich wusste, er würde dir es sagen, sobald du wieder zu dir selbst gekommen. – Der Prinz ist galant. Du bist die unbedeutende Sprache der Galanterie zu wenig gewohnt. Eine Höflichkeit wird in ihr zur Empfindung, eine Schmeichelei zur Beteurung, ein Einfall zum Wunsche, ein Wunsch zum Vorsatze. Nichts klingt in dieser Sprache wie alles, und alles ist in ihr so viel als nichts.

Emilia O meine Mutter! – so müsste ich mir mit meiner Furcht vollends lächerlich vorkommen! – Nun soll er gewiss nichts davon erfahren, mein guter Appiani! Er könnte mich leicht für mehr eitel als tugendhaft halten. – Hui! dass er da selbst kömmt! Es ist sein Gang.

Joseph von Eichendorff (☞ Autoren-Info S. 120)
Aus dem Leben eines Taugenichts (1823) *Auszug*

Die Erzählung begleitet den jungen Taugenichts bei seiner Reise durch die Welt, auf der er sein Glück zu machen versucht. In Wien verliebt er sich in eine junge adlige Dame, muss aber aufgrund des Standesunterschiedes von dieser Beziehung Abstand nehmen. Der Taugenichts verlässt die Stadt und reist nach Rom, wobei er in zahlreiche Abenteuer verwickelt wird und immer mehr zu ahnen beginnt, dass er Teil eines undurchsichtigen Intrigenspiels ist. In Rom hofft er vergeblich auf eine Begegnung mit der jungen Dame und reist schließlich enttäuscht nach Wien zurück. Hier erweist es sich, dass er unwissentlich in ein Entführungsabenteuer verwickelt wurde und dass seine Geliebte ein angenommenes Waisenkind – und damit keine Adlige – ist. Einer Hochzeit steht somit nichts mehr im Weg.
Bei dem Textauszug handelt es sich um den Beginn der Erzählung.

Das Rad an meines Vaters Mühle brauste und rauschte schon wieder recht lustig, der Schnee tröpfelte emsig vom Dache, die Sperlinge zwitscherten und tummelten sich dazwischen; ich saß auf der Türschwelle und wischte mir den Schlaf aus den Augen; mir war so recht wohl in dem warmen Sonnenscheine. Da trat der Vater aus dem Hause; er hatte schon seit Tagesanbruch in der Mühle rumort und die Schlafmütze schief auf dem Kopfe, der sagte zu mir: „Du Taugenichts! da sonnst du dich schon wieder und dehnst und reckst dir die Knochen müde und lässt mich alle Arbeit allein tun. Ich kann dich hier nicht länger füttern. Der Frühling ist vor der Tür, geh auch einmal hinaus in die Welt und erwirb dir selber dein Brot." – „Nun", sagte ich, „wenn ich ein Taugenichts bin, so ists gut, so will ich in die Welt gehen und mein Glück machen." Und eigentlich war mir das recht lieb, denn es war mir kurz vorher selber eingefallen, auf Reisen zu gehen, da ich die Goldammer, welche im Herbst und Winter immer betrübt an unserm Fenster sang: „Bauer, miet mich, Bauer, miet mich!", nun in der schönen Frühlingszeit wieder ganz stolz und lustig vom Baume rufen hörte: „Bauer, behalt deinen Dienst!"
Ich ging also in das Haus hinein und holte meine Geige, die ich recht artig spielte, von der Wand, mein Vater gab mir noch einige Groschen Geld mit auf den Weg, und so schlenderte ich durch das lange Dorf hinaus. Ich hatte recht meine heimliche Freud', als ich da alle meine alten Bekannten und Kameraden rechts und links, wie gestern und vorgestern und immerdar, zur Arbeit hinausziehen, graben und pflügen sah, während ich so in die freie Welt hinausstrich. Ich rief den armen Leuten nach allen Seiten stolz und zufrieden Adjes zu, aber es kümmerte sich eben keiner sehr darum. Mir war es wie ein ewiger Sonntag im Gemüte. Und als ich endlich ins freie Feld hinauskam, da nahm ich meine liebe Geige vor, und spielte und sang, auf der Landstraße fortgehend:

Wem Gott will rechte Gunst erweisen,
Den schickt er in die weite Welt,
Dem will er seine Wunder weisen
In Fels und Wald und Strom und Feld.
Die Trägen, die zu Hause liegen,
Erquicket nicht das Morgenrot,
Sie wissen nur vom Kinderwiegen,
Von Sorgen, Last und Not und Brot.
Die Bächlein von den Bergen springen,
Die Lerchen schwirren hoch vor Lust,
Was sollt ich nicht mit ihnen singen
Aus voller Kehl' und frischer Brust?
Den lieben Gott lass ich nur walten;
Der Lerchen, Bächlein, Wald und Feld
Und Erd und Himmel will erhalten,
Hat auch mein Sach aufs Best bestellt!

1 Vergleichen Sie die beiden Textauszüge. Legen Sie dafür eine Tabelle an. Wählen Sie Vergleichsaspekte wie die *Figurendarstellung*, *erkennbare Konfliktthemen*, *Textsorte* und *sprachliche Gestaltung*.

2 Notieren Sie Adjektive zur Charakterisierung Claudia Galottis und des Taugenichts. Notieren Sie auch die entsprechenden Zeilenangaben als Beleg.

3 Gestalten Sie je einen fiktiven Kommentar aus der Sicht Claudia Galottis und des Taugenichts zum Charakter und Verhalten der jeweils anderen Figur. Fühlen Sie sich dabei in die Perspektive der jeweiligen Figur ein und gehen Sie unter anderem auf Themen wie *Selbstbewusstsein*, *Selbstverwirklichung*, *Autorität* und *Gehorsam* ein.

4 Beginnen Sie ein Portfolio (☞ S. 301) zu den verschiedenen Literaturepochen, die Ihnen im Laufe des Oberstufenunterrichts begegnen werden. Nutzen Sie die Informationen zu den Epochen Aufklärung und Romantik zur Gestaltung der ersten Seiten.

Literaturepochen beschreiben und vergleichen

METHODE

Bei aller Problematik eines zu engen Epochenbegriffs ist es für die literaturgeschichtliche Wissenschaft doch hilfreich, auf bestimmte Kategorien und Perioden und deren Bezeichnung zurückgreifen zu können.

→ Beschreiben und Vergleichen Sie etablierte Epochen z. B. mithilfe folgender gängiger Aspekte:

- Typische Figuren und Figurengestaltungen
- Typische Konflikte und Lösungsansätze
- Verwendung bestimmter Textsorten mit bestimmten Absichten
- Spezifische Formen der Sprachverwendung

2.2 Unterschiedliche Menschenbilder vergleichen

Immanuel Kant

Beantwortung der Frage: Was ist Aufklärung? (1784) *Auszug*

Immanuel Kant (1724–1804) wurde im ostpreußischen Königsberg (heute Kaliningrad, Russland) geboren. An der Universität seiner Heimatstadt studierte er Theologie, Philosophie und Naturwissenschaften. Ab 1755 lehrte er hier als Privatdozent, später auch als Professor für Logik und Metaphysik. Kant war einer der einflussreichsten und prägendsten Theoretiker der deutschen Aufklärung und der gesamten europäischen Philosophie. Als sein Hauptwerk gilt „Kritik der reinen Vernunft" (1781), nachhaltig wirksam sind auch „Kritik der praktischen Vernunft" (1788) und „Kritik der Urteilskraft" (1790).

INFO

Der berühmte Aufsatz Immanuel Kants erscheint in der Dezemberausgabe der Berlinischen Monatsschrift von 1784. Kant versucht, die überfällige Begriffsdefinition für den inzwischen verbreiteten Epochenbegriff zu liefern, nachdem in einer früheren Ausgabe der Berlinischen Monatsschrift provozierend gefragt wurde: „Was ist Aufklärung?".

Aufklärung ist der Ausgang des Menschen aus seiner selbst verschuldeten Unmündigkeit. Unmündigkeit ist das Unvermögen, sich seines Verstandes ohne Leitung eines anderen zu bedienen. *Selbstverschuldet* ist diese Unmündigkeit, wenn die Ursache derselben nicht am Mangel des Verstandes, sondern der Entschließung und des Mutes liegt, sich seiner ohne Leitung eines anderen zu bedienen. Sapere aude! Habe Mut, dich deines *eigenen* Verstandes zu bedienen! ist also der Wahlspruch der Aufklärung.
Faulheit und Feigheit sind die Ursachen, warum ein so großer Teil der Menschen, nachdem sie die Natur längst von fremder Leitung frei gesprochen (naturaliter majorennes), dennoch gerne zeitlebens unmündig bleiben; und warum es anderen so leicht wird, sich zu deren Vormündern aufzuwerfen. Es ist so bequem, unmündig zu sein. Habe ich ein Buch, das für mich Verstand hat, einen Seelsorger, der für mich Gewissen hat, einen Arzt, der für mich die Diät beurteilt, u. s. w., so brauche ich mich ja nicht selbst zu bemühen. Ich habe nicht nötig zu denken, wenn ich nur bezahlen kann; andere werden das verdrießliche Geschäft schon für mich übernehmen. Dass der bei weitem größte Teil der Menschen (darunter das ganze schöne Geschlecht) den Schritt zur Mündigkeit, außerdem dass er beschwerlich ist, auch für sehr gefährlich halte: dafür sorgen schon jene Vormünder, die die Oberaufsicht über sie gütigst auf sich genommen haben. Nachdem sie ihr Hausvieh zuerst dumm gemacht haben und sorgfältig verhüteten, dass diese ruhigen Geschöpfe ja keinen Schritt außer dem Gängelwagen, darin sie sie einsperreten, wagen durften, so zeigen sie ihnen nachher die Gefahr, die ihnen drohet, wenn sie es versuchen, allein zu gehen. Nun ist diese Gefahr zwar eben so groß nicht, denn sie würden durch einigemal Fallen wohl endlich gehen lernen; allein ein Beispiel von der Art macht doch schüchtern und schreckt gemeinhin von allen ferneren Versuchen ab. [...]

Novalis

Blüthenstaub, 54. Fragment (1798) *Auszug*

Bei den Fragmenten, die Novalis in Friedrich von Schlegels Zeitschrift „Athenäum" veröffentlicht, handelt es sich um eine Sammlung von Gedanken, Notizen und Aphorismen. In der Textsorte des Fragments sehen die frühen Romantiker die Möglichkeit, die von ihnen empfundene Zerstreutheit des Lebens und der Welt, den Verlust der Ganzheitlichkeit angemessen widerzuspiegeln.

Novalis (Georg Friedrich Philipp Freiherr von Hardenberg, 1772–1801) wurde auf Gut Oberwiederstedt bei Mansfeld geboren. An der Universität in Jena hörte er bei Johann Gottlieb Fichte und Friedrich Schiller philosophische Vorlesungen, studierte später Jura in Leipzig und Wittenberg. Novalis begann eine Laufbahn als Verwaltungsbeamter, wandte sich aber bald auch der entstehenden Bewegung der Romantik zu. Mit seinen Gedichten – etwa der Sammlung „Hymnen an die Nacht" (1797) – und seinem unvollendet gebliebenen Roman „Heinrich von Ofterdingen" (1799) prägte er die Dichtung der deutschen Frühromantik maßgeblich. Bereits im Alter von 29 Jahren starb der Dichter und Philosoph an Schwindsucht.

[...] Je verworrener ein Mensch ist, man nennt die Verworrenen oft Dummköpfe, desto mehr kann durch fleißiges Selbststudium aus ihm werden; dahingegen die geordneten Köpfe trachten müssen, wahre Gelehrte, gründliche Encyklopädisten[1] zu werden. Die Verworrnen haben im Anfang mit mächtigen Hindernissen zu kämpfen, sie dringen nur langsam ein, sie lernen mit Mühe arbeiten: Dann aber sind sie auch Herrn und Meister auf immer. Der Geordnete kommt geschwind hinein, aber auch geschwind heraus. Er erreicht bald die zweite Stufe: aber da bleibt er auch gewöhnlich stehn. Ihm werden die letzten Schritte beschwerlich, und selten kann er es über sich gewinnen, schon bei einem gewissen Grade von Meisterschaft sich wieder in den Zustand eines Anfängers zu versetzen. Verworrenheit deutet auf Überfluss an Kraft und Vermögen, aber mangelhafte Verhältnisse; Bestimmtheit, auf richtige Verhältnisse, aber sparsames Vermögen und Kraft. Daher ist der Verworrne so progressiv, so perfektibel, dahingegen der Ordentliche so früh als Philister[2] aufhört. Ordnung und Bestimmtheit allein ist nicht Deutlichkeit. Durch Selbstbearbeitung kommt der Verworrene zu jener himmlischen Durchsichtigkeit, zu jener Selbsterleuchtung, die der Geordnete so selten erreicht. Das wahre Genie verbindet diese Extreme. Es teilt die Geschwindigkeit mit dem letzten und die Fülle mit dem ersten.

[1] *Encyklopädisten*: hier: Wissenschaftler mit einem umfassenden Wissen, Universalgelehrte

[2] *Philister*: hier abwertend, Mensch ohne Genie, Spießbürger

1 Vergleichen Sie thesenartig, welche Vorstellungen Kant und Novalis jeweils vom „idealen" und „unvollkommenen" Menschen besitzen.

2 Konstruieren Sie ein Standbild (☞ S. 302), welches das Menschenbild Kants ausdrückt. Stellen Sie diesem ein zweites Standbild gegenüber, welches das Menschenbild von Novalis veranschaulicht. Bereiten Sie die Erklärung Ihrer Standbilder vor.

3 Nutzen Sie die Informationen über die Menschenbilder zur weiteren Interpretation der literarischen Texte aus Kapitel 2.1 (☞ S. 22 ff.). Notieren Sie hierfür Zitate aus den literarischen Texten, in welchen sich die unterschiedlichen literarischen Figuren als „ideale" oder „unvollkommene" Menschen erweisen.

2.3 Wirkungsabsichten und Kunstkonzepte erklären

Gotthold Ephraim Lessing (☞ Autoren-Info S. 22)
Briefwechsel über das Trauerspiel (1756) *Auszug*

In den Jahren 1755 und 1756 tauschen sich die Schriftsteller und Literaturtheoretiker Gotthold Ephraim Lessing, Moses Mendelssohn (1729–1786) und Friedrich Nicolai (1733–1811) in 33 Briefen über die Wirkungsabsichten und -möglichkeiten anspruchsvoller Theaterstücke aus. Der Disput kreist dabei immer wieder um die Interpretation der Poetik des griechischen Philosophen und Tragödiendichters Aristoteles (~ 384–322 v. Chr.) und das – auf die Erregung von Furcht (gr. phobos) und Mitleid (gr. eleos) zielende – Wirkungskonzept (☞ S. 57–59).

Liebster Freund!
Ihren Brief vom 3ten November bekam ich vorgestern abends, und den vom 31. August habe ich erst vor einigen Stunden erhalten; denn der Weg von Berlin nach Leipzig über Wittenberg ist näher, als der über Amsterdam. Jetzt antworte ich auf beide, und weil ich in Kleinigkeiten ein großer Liebhaber der Ordnung bin, so beantworte ich den ältesten zuerst. [...]
Das meiste wird darauf ankommen: was das Trauerspiel für Leidenschaften erregt. In seinen Personen kann es alle mögliche Leidenschaften wirken lassen, die sich zu der Würde des Stoffes schicken. Aber werden auch zugleich alle diese Leidenschaften in den Zuschauern rege? Wird er freudig? Wird er verliebt? Wird er zornig? Wird er rachsüchtig? Ich frage nicht, ob ihn der Poet so weit bringt, dass er diese Leidenschaften in der spielenden Person billiget, sondern ob er ihn so weit bringt, dass er diese Leidenschaften selbst fühlt, und nicht bloß fühlt, ein anderer fühle sie?
Kurz, ich finde keine einzige Leidenschaft, die das Trauerspiel in dem Zuschauer rege macht, als das Mitleiden. [...]
Wenn es also wahr ist, dass die ganze Kunst des tragischen Dichters auf die sichere Erregung und Dauer des einzigen Mitleidens geht, so sage ich nunmehr, die Bestimmung der Tragödie ist diese: Sie soll unsre Fähigkeit, Mitleid zu fühlen, erweitern. Sie soll uns nicht bloß lehren, gegen diesen oder jenen Unglücklichen Mitleid zu fühlen, sondern sie soll uns weit fühlbar machen, dass uns der Unglückliche zu allen Zeiten, und unter allen Gestalten, rühren und für sich einnehmen muss. Und nun berufe ich mich auf einen Satz, den Ihnen Herr Moses vorläufig demonstrieren mag, wenn Sie, Ihrem eignen Gefühl zum Trotz, daran zweifeln wollen. Der mitleidigste Mensch ist der beste Mensch, zu allen gesellschaftlichen Tugenden, zu allen Arten der Großmut der aufgelegteste. Wer uns also mitleidig macht, macht uns besser und tugendhafter, und das Trauerspiel, das jenes tut, tut auch dieses, oder – es tut jenes, um dieses tun zu können.

Friedrich Schlegel

Athenäum, 116. Fragment (1798) *Auszug*

Die Brüder Friedrich und August-Wilhelm Schlegel geben zwischen 1798 und 1800 die Zeitschrift „Athenäum“ heraus. Gemeinsam mit anderen Autoren veröffentlicht Friedrich von Schlegel in dieser Zeit 451 „Fragmente“, in denen theoretische Überlegungen formuliert werden. Der bekannteste Text dieses Zusammenhangs ist das 116. Fragment, in dem Schlegel die Rolle der „romantischen Poesie“ bei der Suche nach Ganzheitlichkeit beschreibt.

Die romantische Poesie ist eine progressive Universalpoesie. Ihre Bestimmung ist nicht bloß, alle getrennten Gattungen der Poesie wieder zu vereinigen und die Poesie mit der Philosophie und Rhetorik in Berührung zu setzen. Sie will, und soll auch Poesie und Prosa, Genialität und Kritik, Kunstpoesie und Naturpoesie bald mischen, bald verschmelzen, die Poesie lebendig und gesellig, und das Leben und die Gesellschaft poetisch machen, den Witz poetisieren, und die Formen der Kunst mit gediegenem Bildungsstoff jeder Art anfüllen und sättigen, und durch die Schwingungen des Humors beseelen. Sie umfasst alles, was nur poetisch ist, vom größten wieder mehrere Systeme in sich enthaltenden Systeme der Kunst, bis zu dem Seufzer, dem Kuss, den das dichtende Kind aushaucht in kunstlosem Gesang. Sie kann sich so in das Dargestellte verlieren, dass man glauben möchte, poetische Individuen jeder Art zu charakterisieren, sei ihr eins und alles; und doch gibt es noch keine Form, die so dazu gemacht wäre, den Geist des Autors vollständig auszudrücken: so dass manche Künstler, die nur auch einen Roman schreiben wollten, von ungefähr sich selbst dargestellt haben. Nur sie kann gleich dem Epos ein Spiegel der ganzen umgebenden Welt, ein Bild des Zeitalters werden. Und doch kann auch sie am meisten zwischen dem Dargestellten und dem Darstellenden, frei von allem realen und idealen Interesse auf den Flügeln der poetischen Reflexion in der Mitte schweben, diese Reflexion immer wieder potenzieren und wie in einer endlosen Reihe von Spiegeln vervielfachen. Sie ist der höchsten und der allseitigsten Bildung fähig; nicht bloß von innen heraus, sondern auch von außen hinein; indem sie jedem, was ein Ganzes in ihren Produkten sein soll, alle Teile ähnlich organisiert; wo durch ihr die Aussicht auf eine grenzenlos wachsende Klassizität eröffnet wird. [...] Andre Dichtarten sind fertig, und können nun vollständig zergliedert werden. Die romantische Dichtart ist noch im Werden; ja das ist ihr eigentliches Wesen, dass sie ewig nur werden, nie vollendet sein kann. Sie kann durch keine Theorie erschöpft werden, und nur eine divinatorische[1]

Friedrich Schlegel (1772–1829) stammt aus Hannover und arbeitete zunächst als Kaufmann. Nach einem Studium der klassischen Philologie näherte er sich ab 1796 dem Kreis der Jenaer Romantiker an, dem auch sein zehn Jahre älterer Bruder August Wilhelm Schlegel angehörte. Bekannt wurde Friedrich Schlegel unter anderem durch die für damalige Zeiten unkonventionelle und unerhörte Beziehung zu der verheirateten und älteren Dorothea Veit, die er 1804 – nach ihrer Scheidung – auch heiratete. Literarisch erfolgreich war sein autobiografisch geprägter Roman „Lucinde“ (1799), wobei Friedrich Schlegel vor allem als Denker und Theoretiker der Frühromantik gilt. An verschiedenen Stationen seines Lebens – er lebte etwa in Paris und Wien – arbeitete er als Wissenschaftler, politischer Sekretär und Herausgeber verschiedener Zeitschriften.

[1] *divinatorisch*: hier: hellseherisch begabt, vorausdeutend

Kritik dürfte es wagen, ihr Ideal charakterisieren zu wollen. Sie allein ist unendlich, wie sie allein frei ist, und das als ihr erstes Gesetz anerkennt, dass die Willkür des Dichters kein Gesetz über sich leide. Die romantische Dichtart ist die einzige, die mehr als Art, und gleichsam die Dichtkunst selbst ist: Denn in einem gewissen Sinn ist oder soll alle Poesie romantisch sein.

Novalis (☞ Autoren-Info S. 27)
Fragmente über Poesie (1798) *Auszug*

Ähnlich wie Schlegels 116. Athenäum-Fragment umschreiben Novalis' Ausführungen zur Poesie die Möglichkeiten der romantischen Poesie, die profane Alltagswelt zu übersteigen.

[...] Die Poesie hebt jedes Einzelne durch eine eigentümliche Verknüpfung mit dem übrigen Ganzen [...]. Wie die Philosophie durch System und Staat, die Kräfte des Individuums mit den Kräften der Menschheit und des Weltalls verstärkt, das Ganze zum Organ des Individuums, und das Individuum zum Organ des Ganzen macht – so die Poesie [...]. Das Individuum lebt im Ganzen und das Ganze im Individuum. Durch Poesie entsteht die höchste Sympathie und Koactivität, die innigste Gemeinschaft des Endlichen und Unendlichen. Der Dichter schließt, wie er den Zug beginnt. Wenn der Philosoph nur alles ordnet, alles stellt, so löste der Dichter alle Bande auf. Seine Worte sind nicht allgemeine Zeichen – Töne sind es – Zauberworte, die schöne Gruppen um sich her bewegen. [...] Die Welt muss romantisiert werden. So findet man den ursprünglichen Sinn wieder. Romantisieren ist nichts als eine qualitative Potenzierung. Das niedre Selbst wird mit einem bessern Selbst in dieser Operation identifiziert. So wie wir selbst eine solche qualitative Potenzenreihe sind. Diese Operation ist noch ganz unbekannt. Indem ich dem Gemeinen einen hohen Sinn, dem Gewöhnlichen ein geheimnisvolles Ansehen, dem Bekannten die Würde des Unbekannten, dem Endlichen einen unendlichen Schein gebe, so romantisiere ich es – Umgekehrt ist die Operation für das Höhere, Unbekannte, Mystische, Unendliche – dies wird durch diese Verknüpfung logarithmisiert[1] – es bekommt einen geläufigen Ausdruck. Romantische Philosophie. [...]

[1] *Logarithmus*: (griech. *lógos* „Lehre", *arithmós*, „Zahl") elementare mathematische Größe; Umkehroperation des Potenzierens ist das Logarithmieren

1 Bereiten Sie sich arbeitsteilig darauf vor, Lessings, Schlegels und Novalis' Vorstellungen von den Absichten und Möglichkeiten der Dichtung zu erklären und Ihrem bisher erworbenen Epochenwissen zuzuordnen. Notieren Sie dazu prägnante Zitate aus den Texten und erklären Sie diese schriftlich in Ihren eigenen Worten.

2 Entwerfen und gestalten Sie eine Doppelseite für Ihr Portfolio (☞ S. 25, Aufgabe 4), welche sich der Darstellung und dem Vergleich der literarischen Konzepte von Lessing, Schlegel und Novalis widmet. Nutzen Sie dazu Textzitate, eigene Umschreibungen und weiterführendes Material.

2.4 Die spätromantische Wahn- und Zaubermotivik aus aufklärerischer und romantischer Sicht deuten

E. T. A. Hoffmann (☞ Autoren-Info S. 44)
Der Sandmann (1817) *Auszug*

Das Kunstmärchen „Der Sandmann" bildet den ersten Teil des Erzählzyklus „Nachtstücke". Als Kind wird Nathanael zum heimlichen Zeugen eines alchimistischen Experiments, welches sein Vater und der geheimnisvolle Coppola im Zimmer des Vaters durchführen. Coppola entdeckt den Jungen und verängstigt ihn tief und nachhaltig. Nach Jahren glaubt Nathanael in dem Wetterglashändler Coppelius den unheimlichen Coppola, welchen er für den Mörder seines inzwischen verstorbenen Vaters hält, wiederzuerkennen. Seinem Freund Lothar und seiner Verlobten Clara berichtet er davon, stößt aber auf Unverständnis. Später wird sich Nathanael in Olimpia, die Tochter seines Professors, verlieben. Zu spät erkennt er, dass es sich bei der angebeteten Olimpia nur um eine technisch raffinierte Puppenautomate handelt.

Clara hatte die lebenskräftige Fantasie des heitern unbefangenen, kindischen Kindes, ein tiefes weiblich zartes Gemüt, einen gar hellen scharf sichtenden Verstand. Die Nebler und Schwebler hatten bei ihr böses Spiel; denn ohne zu viel zu reden, was überhaupt in Claras schweigsamer Natur nicht lag, sagte ihnen der helle Blick, und jenes feine ironische Lächeln: Lieben Freunde! wie möget ihr mir denn zumuten, dass ich eure verfließende Schattengebilde für wahre Gestalten ansehen soll, mit Leben und Regung? – Clara wurde deshalb von vielen kalt, gefühllos, prosaisch gescholten; aber andere, die das Leben in klarer Tiefe aufgefasst, liebten ungemein das gemütvolle, verständige, kindliche Mädchen, doch keiner so sehr, als Nathanael, der sich in Wissenschaft und Kunst kräftig und heiter bewegte. Clara hing an dem Geliebten mit ganzer Seele; die ersten Wolkenschatten zogen durch ihr Leben, als er sich von ihr trennte. Mit welchem Entzücken flog sie in seine Arme, als er nun, wie er im letzten Briefe an Lothar es verheißen, wirklich in seiner Vaterstadt ins Zimmer der Mutter eintrat. [...]
Recht hatte aber Nathanael doch, als er seinem Freunde Lothar schrieb, dass des widerwärtigen Wetterglashändlers Coppola Gestalt recht feindlich in sein Leben getreten sei. Alle fühlten das, da Nathanael gleich in den ersten Tagen in seinem ganzen Wesen durchaus verändert sich zeigte. Er versank in düstre Träumereien, und trieb es bald so seltsam, wie man es niemals von ihm gewohnt gewesen. Alles, das ganze Leben war ihm Traum und Ahnung geworden; immer sprach er davon, wie jeder Mensch, sich frei wähnend, nur dunklen Mächten zum grausamen Spiel diene, vergeblich lehne man sich dagegen auf, demütig müsse man sich dem fügen, was das Schicksal verhängt habe. Er ging so weit, zu behaupten, dass es töricht sei, wenn man glaube, in Kunst und Wissenschaft nach selbsttätiger Willkür zu schaffen; denn die Begeisterung, in der man nur zu schaffen fähig sei, komme

Veit Schmitt: Der Sandmann, Szene 2

nicht aus dem eigenen Innern, sondern sei das Einwirken irgendeines außer uns selbst liegenden höheren Prinzips.

Der verständigen Clara war diese mystische Schwärmerei im höchsten Grade zuwider, doch schien es vergebens, sich auf Widerlegung einzulassen. Nur dann, wenn Nathanael bewies, dass Coppelius das böse Prinzip sei, was ihn in dem Augenblicke erfasst habe, als er hinter dem Vorhang lauschte, und dass dieser widerwärtige *Dämon* auf entsetzliche Weise ihr Liebesglück stören werde, da wurde Clara sehr ernst und sprach: „Ja Nathanael! du hast recht, Coppelius ist ein böses feindliches Prinzip, er kann Entsetzliches wirken, wie eine teuflische Macht, die sichtbarlich in das Leben trat, aber nur dann, wenn du ihn nicht aus Sinn und Gedanken verbannst. Solange du an ihn glaubst, *ist* er auch und wirkt, nur dein Glaube ist seine Macht." Nathanael, ganz erzürnt, dass Clara die Existenz des *Dämons* nur in seinem eignen Innern statuiere, wollte dann hervorrücken mit der ganzen mystischen Lehre von Teufeln und grausen Mächten, Clara brach aber verdrüsslich ab, indem sie irgendetwas Gleichgültiges dazwischen schob, zu Nathanaels nicht geringem Ärger. *Der* dachte, kalten unempfänglichen Gemütern verschließen sich solche tiefe Geheimnisse, ohne sich deutlich bewusst zu sein, dass er Clara eben zu solchen untergeordneten Naturen zähle, weshalb er nicht abließ mit Versuchen, sie in jene Geheimnisse einzuweihen. Am frühen Morgen, wenn Clara das Frühstück bereiten half, stand er bei ihr und las ihr aus allerlei mystischen Büchern vor, dass Clara bat: „Aber lieber Nathanael, wenn ich *dich* nun das böse Prinzip schelten wollte, das feindlich auf meinen Kaffee wirkt? – Denn, wenn ich, wie du es willst, alles stehen und liegen lassen und dir, indem du liesest, in die Augen schauen soll, so läuft mir der Kaffee ins Feuer und ihr bekommt alle kein Frühstück!" – [...] Clara konnte ihren Unmut über Nathanaels dunkle, düstere, langweilige Mystik nicht überwinden, und so entfernten beide im Innern sich immer mehr voneinander, ohne es selbst zu bemerken.

Die Gestalt des hässlichen Coppelius war, wie Nathanael selbst es sich gestehen musste, in seiner Fantasie erbleicht und es kostete ihm oft Mühe, ihn in seinen Dichtungen, wo er als grauser Schicksalspopanz auftrat, recht lebendig zu kolorieren. Es kam ihm endlich ein, jene düstre Ahnung, dass Coppelius sein Liebesglück stören werde, zum Gegenstande eines Gedichts zu machen. Er stellte sich und Clara dar, in treuer Liebe verbunden, aber dann und wann war es, als griffe eine schwarze Faust in ihr Leben und risse irgendeine Freude heraus, die ihnen aufgegangen. Endlich, als sie schon am Traualtar stehen, erscheint der entsetzliche Coppelius und berührt Claras holde Augen; die springen in Nathanaels Brust wie blutige Funken sengend und brennend, Coppelius fasst ihn und wirft ihn in einen flammenden Feuerkreis, der sich dreht mit der Schnelligkeit des Sturmes und ihn sausend und brausend fortreißt. Es ist ein Tosen, als wenn der Orkan grimmig hineinpeitscht in die schäumenden Meereswellen, die sich wie schwarze, weißhauptige Riesen emporbäumen in wütendem Kampfe. Aber durch dies wilde Tosen hört er Claras Stimme: „Kannst du mich denn nicht erschauen? Coppelius hat dich getäuscht, das waren ja nicht meine Augen, die so in deiner Brust brannten, das waren ja glühende Tropfen deines eignen Herzbluts – ich habe ja meine Augen, sieh mich doch nur an!" – Nathanael denkt: Das ist Clara, und ich bin ihr eigen ewiglich. – Da ist es, als fasst der Gedanke gewaltig in den Feuerkreis hinein, dass er stehen bleibt, und im schwarzen Abgrund verrauscht dumpf das Getöse. Nathanael blickt in Claras Augen; aber es ist der Tod, der mit Claras Augen ihn freundlich anschaut.

1 Formulieren Sie ein Statement Klaras und ein Statement Nathanaels, in welchem sich die beiden über die jeweils andere Person und deren Weltsicht äußern.

2 Ergänzen Sie für den Textauszug die folgenden Satzanfänge:

- Die Weltsicht der Romantik findet sich insofern in der Textstelle verwirklicht, als ...
- Die Weltsicht der Aufklärung findet sich insofern in der Textstelle verwirklicht, als ...

WISSEN

Geisterhafte, unheimliche, märchen- und zauberhafte Erscheinungen werden vor allem in der **Spätromantik** zu gängigen Motiven des Erzählens. Einerseits drücken sie bildhaft und anschaulich die Ablehnung einer einseitig-aufgeklärten – gleichsam „entzaubernden" – Weltsicht aus, andererseits lassen sie sich aber auch als Hinweise auf die Gefährdung des Menschen verstehen, der der romantisch-fantastischen Weltsicht, einem Interesse an der tiefen menschlichen Psyche und dem hinter der Alltagswirklichkeit stehenden Geheimnisvoll-Wunderbaren allzusehr verhaftet ist. Die Werke, die solche Motive enthalten, werden von der Literaturwissenschaft den **Nacht- oder Schattenseiten** der Romantik zugeordnet. Man spricht auch von der **dunklen** oder der **schwarzen Romantik**.

2.5 Aufklärung und Romantik heute – Sich mit der aktuellen Rezeption der epochalen Leitideen auseinandersetzen

Was bleibt? Aufklärung heute.	Was bleibt? Romantik heute.

1 Sammeln Sie arbeitsteilig Ideen für zwei Ausstellungen, die sich mit der Frage nach der Aktualität von Aufklärung und Romantik beschäftigen. Einigen Sie sich zunächst darauf, welche Leitideen der jeweiligen Epoche aufgegriffen werden sollen und notieren Sie deren mögliche Bedeutung für die Gegenwart.
2 Beschreiben Sie stichwortartig drei beispielhafte Ausstellungsgegenstände, welche Sie in Ihre Ausstellung aufnehmen würden.
3 Gestalten Sie ein aussagekräftiges Plakat für Ihre Ausstellung.
4 Schauen Sie sich vorbereitend zu den beiden folgenden Texten das Titelbild der Ausstellungsbroschüre an. Notieren Sie Ihre Erwartungen: Wie gehen die Ausstellungen mit der Frage nach der Aktualität der Epochen um?

Kito Nedo
Unterkühlte Kuschelaktion (2011) *Auszug*

[...] Die Zeit der großen nationalen Prestige-Ausstellungen ist vorüber – außer in China. In Peking wollen es drei große deutsche Museumsverbände noch einmal wissen. „Die Kunst der Aufklärung“ heißt die Schau mit rund 580 Ausstellungsstücken, die von den Staatlichen Museen zu Berlin, den Staatlichen Kunstsammlungen zu Dresden und den Bayerischen Staatsgemäldesammlungen gemeinsam organisiert wurde. [...]
Doch die vielbeschworene deutsch-chinesische Harmonie, die hier bewiesen werden sollte, bleibt ein heikles Unterfangen. Denn noch bevor sie wirklich eröffnet war, wirkte die kulturdiplomatische Kuschel-Aktion am symbolgeladenen Tian'anmen-Platz[1] schon sehr unterkühlt.
So wurde dem Autor und Sinologen[2] Tilman Spengler, der früh an der Ausstellungskonzeption beratend beteiligt war, von chinesischen staatlichen Stellen die Einreise im Tross des deutschen Außenministers verweigert. Die Begründung lautete, Spengler sei „kein Freund des chinesischen Volkes“. Tatsächlicher Grund der Ausladung dürfte wohl eher eine Laudatio gewesen sein, die Spengler 2010 zur Verleihung der Hermann-Kesten-Medaille[3] auf den in China inhaftierten und mittlerweile mit dem Friedensnobelpreis ausgezeichneten Autor und Menschenrechtsaktivisten Liu Xiaobo gehalten hatte. [...]

[1] *Tian'anmen-Platz*: Platz (vor dem Tor) des himmlischen Friedens

[2] *Sinologe*: China-Forscher, China-Experte

[3] *Hermann-Kesten-Medaille*: nach dem Schriftsteller Kesten benannter Preis für besondere Verdienste um verfolgte Autoren, der von der deutschen Schriftstellervereinigung P.E.N („Poets, Essayists, Novelists“) verliehen wird

Vor der von dem Generaldirektoren-Trio Michael Eissenhauer (Berlin), Martin Roth (Dresden) und Klaus Schrenk (München) konzipierten Aufklärungsschau mit einjähriger Laufzeit müssten sich die chinesischen Behörden allerdings am wenigsten fürchten: So solide, bieder-historisch ist sie geraten, dass man nur schwer auf den Gedanken kommt, bei der Aufklärung handele es sich um eine noch immer aktuelle Idee, gar um ein unabgeschlossenes Projekt. In drei Ausstellungsräumen [...] ist ein Rundgang in neun Kapiteln angelegt, die sich mit der Entstehung der modernen Naturwissenschaften befassen, der Entdeckung der Gefühle in der „Epoche der Empfindsamkeit“ des 18. Jahrhunderts oder auch der künstlerischen Reflexion über das Individuum und seine Selbstverantwortlichkeit. Zu den bekanntesten Werken zählen Goyas zwischen 1810 und 1823 entstandene Radierungen über die Schrecken des Krieges aus Dresdner Beständen und das Porträt der Henrike Dannecker von Christian Gottlieb Schick aus der Berliner Nationalgalerie.

Titelbild einer Ausstellungsbroschüre

Die Anschlüsse an die Gegenwart erschöpfen sich eher im Metaphorischen, was sich in zwei Sisyphos-Gemälden des ostdeutschen Malers Wolfgang Mattheuer spiegelt, die im letzten, der zeitgenössischen Kunst gewidmeten Ausstellungskapitel neben einer Holzplastik von Georg Baselitz, einer frühen Papierarbeit von Neo Rauch und einem großformatigen Andy Warhol-Selbstporträt präsentiert werden. Wie einige andere Künstler in der DDR benutzte Mattheuer antike Mythen, um die Gegenwart im real existierenden Sozialismus abzubilden. Davon allerdings dürften am wenigsten chinesische Besucher Kenntnis haben. Was werden die Tausenden täglichen Museumsbesucher nun am Tian’anmen-Platz bewundern – die Schönheit der Aufklärung oder ihr Scheitern?

5 Rekonstruieren Sie das Konzept der beschriebenen Aufklärungsausstellung. Notieren Sie dazu mögliche Absichten der Aussteller, die aufgegriffenen Epochenthemen und die Methoden und Werke, welche die Epochenthemen umsetzen.

6 Benennen Sie Textstellen, an denen der Text die Ausstellung bewertet. Notieren Sie wertende Thesen und Argumente.

7 Vergleichen Sie die Ausstellung mit dem von Ihnen geplanten Ausstellungskonzept (☞ S. 34, A. 1–3). Notieren Sie Thesen zur Bewertung der Ausstellung.

8 Diskutieren Sie die Frage, mit welcher der Text endet: Zeigt die Ausstellung in China die Schönheit oder das Scheitern der Aufklärung?

Martina Weinhart

Wunschwelten.

Neue Romantik in der Kunst der Gegenwart *Auszug aus dem Pressetext*

Zur Ausstellung in der Schirn Kunsthalle Frankfurt (12.05.05–28.08.05)

Cover des Ausstellungskatalogs

Intimität und Geborgenheit sind in einer Gesellschaft, die durch wachsende Mobilität und das Schwinden sozialer Bindungen geprägt ist, zu den Inhalten einer neuen Sehnsucht geworden. Darüber hinaus lässt die Übersättigung mit schlechten Nachrichten und Bildern des Terrors das Verlangen nach Orten der Sicherheit und rettenden Perspektiven wachsen. Diese Situation spiegelt sich auch in der aktuellen bildenden Kunst wider. [...] Künstler wie Peter Doig, Laura Owens, Uwe Henneken, David Altmejd, Kaye Donachie, Karen Kilimnik, Justine Kurland oder David Thorpe knüpfen entschlossen an einen romantischen Geist an. Hinter der Sehnsucht nach dem Paradiesischen, Schönen und Märchenhaften sind das Abgründige und das Unheimliche jedoch ebenso präsent wie das Wissen um das Scheitern von Utopien. [...] Max Hollein und Martina Weinhart, Kuratoren der Ausstellung: „Die neue Romantik ist überall, in den Künstlerateliers in London, New York und Berlin. Aus dieser Fülle künstlerischer Ausdrucksformen filtert die Ausstellung ‚Wunschwelten' die prägnantesten Positionen heraus. Dabei sind sich die jungen Künstler ihrer historischen Vorgänger ebenso bewusst wie der Debatten der letzten Jahre. Ihr vermeintlich revisionistischer[1] Weg zurück zu einem emotionalen Ausdruck bewegt sich insofern nicht abseits, sondern inmitten des aktuellen Diskurses und macht sie zu Seismographen der Sehnsüchte, aber auch der Ängste unserer Gesellschaft." [...]

Die heutige Künstlergeneration antwortet auf die Umstrukturierung politischer Systeme und den Verlust von großen gesellschaftlichen Entwürfen mit einer Ästhetik der Außeralltäglichkeit. Dieses transitorische[2] Moment produziert ein Vokabular der Sehnsucht, dessen Grundstock in der historischen Romantik angelegt ist. Einsamkeit als romantisches Grundgefühl – dieses zentrale Thema findet vor allem in der Darstellung der Landschaft und deren Aufladung mit symbolischen Qualitäten seine Umsetzung. Hier stößt man in der aktuellen Kunst auf eine Vielzahl von Formulierungen, die von der Bedrohung bis zur Beschwörung der Idylle, der Überwältigung durch die äußere Unermesslichkeit und von der Natur als An-

[1] *revisionistisch*: wieder hinsehend, bereits anerkannte Erkenntnisse abermals überprüfend

[2] *transitorisch*: vorübergehend, nur kurz andauernd

schauungsraum für das Transzendente[3] berichten. So treiben Catherine Opies Surfer als kleine Punkte in der Unendlichkeit des Ozeans. Wenig dramatisch verschmelzen in diesen Fotografien die Wellen mit dem Grau des Himmels. Umso mehr scheint der Mensch im Diffusen dieses kaum stofflichen Raumes zu verschwinden, in dem es keinen Halt gibt. An den Spaß der zeitgenössischen Freizeitindustrie gibt es hier trotz des Sujets[4] nicht den geringsten Anklang. Auch Christopher Orr setzt seine Protagonisten dem Diffusen von Nebel und Nacht aus. Die Natur tritt lediglich als zeichenhaftes Versatzstück in Erscheinung. Den Figuren bleibt das spirituelle Verklärungspotenzial verwehrt: Sie sind in einer unergründlichen Distanz zur Natur gefangen und artikulieren damit einen Kern des romantischen Diskurses. Doch obwohl Orrs Gemälde auf den ersten Blick C. D. Friedrichs[5] Forderung, der Maler solle nicht nur malen, was er vor sich, sondern was er in sich sieht, gerecht zu werden scheinen, entpuppen sie sich wie die Bilder der anderen Künstler der neuen romantischen Generation bei näherer Betrachtung in dieser Hinsicht als trügerisch. Die Künstler entnehmen ihre Motive nicht ihrem Innersten, sondern alten Zeitschriften, Magazinen, Filmen und ähnlichem Referenzmaterial. Jenseits vordergründigen Zitierens und Kontextualisierens werden die Versatzstücke zu Traumbildern mit einer offenen und assoziativen[6] Struktur […].

[3] *transzendent*: die Grenzen des sinnlich wahrnehmbaren überschreitend

[4] *Sujet*: französisch für „Thema"

[5] *C. D. Friedrich*: Caspar David Friedrich, bedeutender Künstler der Romantik, ☞ S. 13, 15

[6] *assoziativ*: verknüpfend

9 Diskutieren Sie, ob die beschriebene Ausstellung ihre Nähe zu den Kunstvorstellungen der Romantik zu Recht behauptet.

a) Notieren Sie in Partnerarbeit Themen und Absichten der Kunst, welche in der Ausstellung aufgegriffen und umgesetzt werden.

b) Diskutieren Sie innerhalb der Partnerarbeit, ob und inwiefern die einzelnen Themen und Absichten der Kunst zu den Kunstvorstellungen der Romantik passen.

c) Fassen Sie Ihre Ergebnisse in Form einer These zusammen.

10 Verfassen Sie einen Blog-Kommentar (☞ S. 255), in welchem Sie aufgrund des Textes Stellung zu der Ausstellung und ihrem Umgang mit der Romantik nehmen.

WISSEN

Die differenzierte Beschäftigung mit einem Kunstwerk oder einer Kunstepoche bezieht – wenn sie über den werkimmanenten Blick hinausgeht – immer auch die **Rezeption des Werks** oder der epochalen Ideen in die Betrachtung ein.
Als eigener Deutungsansatz verstanden geht die sogenannte **Rezeptionsästhetik** davon aus, dass jedes Kunstwerk ein vielfältiges und offenes Deutungsangebot enthält und mit dem Rezipienten, also dem Leser, Hörer oder Zuschauer, in eine jeweils individuelle Kommunikation tritt. Je nach zeitlichem Kontext, nach der Erwartungshaltung, dem Verständnis- oder Bildungshorizont des Rezipienten wird es zu unterschiedlichen Blicken auf das Kunstwerk und seine Inhalte kommen, die sowohl Aussagen über das Werk als auch über den Rezipienten zulassen.
Medien, in denen die Rezeption literarischer und anderer Kunstwerke greifbar werden, sind zum Beispiel Rezensionen und Theaterkritiken (☞ S. 68 f.).

3 Das Verhältnis von Aufklärung und Romantik erörtern

3.1 Positionen zum Verhältnis von Aufklärung und Romantik kennen

Novalis

Hymnen an die Nacht (1800) *Auszug*

Muss immer der Morgen wiederkommen? Endet nie des Irdischen Gewalt? Unselige Geschäftigkeit verzehrt den himmlischen Anflug der Nacht. Wird nie der Liebe geheimes Opfer ewig brennen? Zugemessen ward dem Lichte seine Zeit; aber zeitlos und raumlos ist der Nacht Herrschaft. – Ewig ist die Dauer des Schlafs. Heiliger Schlaf – beglücke zu selten nicht der Nacht Geweihte in diesem irdischen Tagewerk. Nur die Thoren verkennen dich und wissen von keinem Schlafe, als den Schatten, den du in jener Dämmerung der wahrhaften Nacht mitleidig auf uns wirfst. Sie fühlen dich nicht in der goldnen Flut der Trauben – in des Mandelbaums Wunderöl, und dem braunen Safte des Mohns. Sie wissen nicht, dass du es bist, der des zarten Mädchens Busen umschwebt und zum Himmel den Schoß macht – ahnden nicht, dass aus alten Geschichten du himmelöffnend entgegentrittst und den Schlüssel trägst zu den Wohnungen der Seligen, unendlicher Geheimnisse schweigender Bote.

Daniel Chodowiecki (1726–1801), Aufklärung (1791)

1 Formulieren Sie auf der Grundlage des Textes von Novalis Appelle, welche zu einer Lebensgestaltung im Sinne der Romantik auffordern.

2 Überprüfen Sie, inwiefern der Text als Abgrenzung von der Aufklärung und als Kritik an deren Welt- und Wertvorstellungen gedeutet werden kann. Bereiten Sie sich auf die Vorstellung Ihrer Ergebnisse vor.

3 Beschreiben und deuten Sie den Kupferstich Chodowieckis. Halten Sie dafür stichwortartig konkrete Aspekte fest und interpretieren Sie diese.

4 Setzen Sie Ihre Deutung des Kupferstichs mit den Aussagen Novalis' in Beziehung, indem Sie Ihre gesamten Ergebnisse tabellarisch gegenüberstellen.

5 Verfassen Sie auf der Grundlage Ihres Epochenwissens die Einleitung zu einem Text, der sich mit dem Verhältnis von Aufklärung und Romantik befasst. Beginnen Sie die Einleitung zum Beispiel mit einem Zitat oder einer passenden Fragestellung und bereiten Sie Ihre Leser auf die gesamte Abhandlung vor.

Interview zur Erscheinung von Safranskis „Romantik – Eine deutsche Affäre“ (2007) *Auszug*

Im Jahr 2007 veröffentlichte Rüdiger Safranski sein vielbeachtetes Buch über die deutsche Romantik. Safranski widmet sich darin nicht allein den Autoren und Werken der romantischen Epoche, sondern blickt auch ausführlich auf deren wechselhafte Rezeption und Beurteilung. Das Interview, aus dem der folgende Textauszug stammt, hat die Erscheinung des Buches zum Anlass.

Rüdiger Safranski (geb. 1945) ist Philosoph und Literaturwissenschaftler

[...] **Welt Online:** Was ist Romantik?

Safranski: Romantik heißt, mehr aus der Wirklichkeit zu machen, als sie unmittelbar bietet. [...] Man muss mit großer Fantasie und Einbildungskraft an die Wirklichkeit herangehen, dann erst zeigt sie Überraschendes. Ganz gleich wie eindrucksvoll die Wirklichkeit erscheint. Novalis hat es am schönsten definiert: Romantik heißt, „dem Gewöhnlichen ein ungewöhnliches Aussehen zu geben, das Banale in ein Geheimnis zu verwandeln“. [...]

Welt Online: Was ist der größte Unterschied zwischen Romantik und unserer Zeit?

Safranski: Wir denken realistisch, die Romantiker suchten das Irreale. Sie wollten die offene, geheimnisvolle, unverplante Zukunft entdecken. Diese Zukunft fasst uns jedoch nicht von allein an, wir müssen sie aktiv imaginieren. Fantasie ist gefragt. [...] Die Romantiker haben die Verzauberungskraft entdeckt, die in uns steckt. Sie fügen sie dem Zauber der Natur hinzu und machen damit der Religion Konkurrenz, die bis dahin für sich allein in Anspruch nahm, den Menschen über die gewöhnliche Wirklichkeit hinauszuheben.

Welt Online: Romantiker waren Kinder der Aufklärung. Woher der Hang zum Spuk?

Safranski: Romantiker konnten durchaus einen nüchternen, pragmatischen Blick auf die Wirklichkeit werfen. Sie bemerkten aber, dass die eigene Fantasie eine Goldgrube ist.

Welt Online: Was fanden sie in der Goldgrube?

Safranski: Sie entdeckten unbekannte Welten. Sie sahen plötzlich die Schönheit der Landschaft. Wälder, Wiesen, Seen, die Nacht, der Mond – wofür niemand Augen gehabt hatte, wurde nun enthüllt. Es war oft das Naheliegende, das Übersehene. Aus diesem neuen Blick erklärt sich ihr ungeheurer Erfolg.

[1] *Säkularisierung*: allgemein: Verweltlichung, im engeren Sinn: durch Humanismus und Aufklärung beginnende Ablösungsprozesse von engen religiösen Bindungen

Welt Online: Der Blick auf Natur machte der Religion absichtlich Konkurrenz?

Safranski: Ja, die Romantiker hatten ihr Zutrauen in die Zauberkraft der Religion verloren. Sie schien abgenutzt und verbraucht, durch die Säkularisierung[1] war sie kraftlos geworden. Durch subjektive Anstrengung wollten die Romantiker auf ein höheres geistiges, spirituelles Niveau kommen. Es ist die Fortsetzung der Religion mit ästhetischen Mitteln.

Welt Online: Für die Väter der Aufklärung war das doch ein Schlag ins Gesicht. Kaum war Gott durch die Vernunft verdrängt, hatten die Söhne nichts Besseres zu tun, als sich mithilfe von Ästhetik um den Verstand zu bringen.

Safranski: Es gibt aber auch Kontinuität. Die Romantik war keine Restauration, sondern bot ein Zusatzprogramm. Das Programm der Mündigkeit hatten die Romantiker schon hinter sich, doch die nüchterne Mündigkeit ihrer Väter reichte ihnen nicht aus. Sie dachten, man kann mehr sein als mündig und nüchtern.

Welt Online: Also nicht zurück zum alten Glauben, zu alten Autoritäten?

Safranski: Nein, ganz im Gegenteil: Die Romantik setzte das Werk der subjektiven Befreiung fort. [...] Wir sehen in der Romantik leicht eine bloß geistesgeschichtliche Erneuerungsbewegung. Aber eigentlich wollten diese Leute in ihrer Aufbruchzeit das Leben poetisch machen. Es ging ihnen um Lebensrevolution. In Jena entstand die erste Wohngemeinschaft, die Frauenrolle wurde neu definiert, es gab freie Liebe und Emanzipation von üblichen Ehevorstellungen.

Welt Online: Das alles hatten Aufklärer wie Kant ja nicht verboten. Sie hatten der Vernunft nur den Vorrang eingeräumt.

Safranski: Die Romantiker wollten eine Vernunft, die geräumig genug ist, auch das Irrationale in sich aufzunehmen. Es war eine Kette fortlaufender Radikalisierungen der Emanzipation. Kant sagte: Kunst ist das freie Spiel der Einbildungskräfte. Daraus wollten die Romantiker alle Konsequenzen ziehen. Es ging um den Sprung von der Theorie in die Praxis. In die poetische Praxis, aber auch in die Lebenspraxis.

6 Notieren Sie alle Kennzeichen und Eigenheiten, die Rüdiger Safranski der Romantik zuschreibt.

7 Markieren Sie in Ihren Notizen Aussagen Safranskis, die über Ihre eigenen Erkenntnisse zu der Epoche hinausgehen.

8 Erarbeiten Sie ausgehend von Safranskis Aussagen, welche Eigenschaften der Romantik einem aufklärerischen Denken entgegenstehen und welche Eigenschaften den Ideen der Aufklärung entsprechen. Stellen Sie Ihre Ergebnisse in einer Tabelle gegenüber.

9 Überarbeiten Sie Ihren Einleitungstext, den Sie zu Seite 39 Aufgabe 5 verfasst haben, so, dass dieser auch die Thesen Safranskis aufnimmt.

10 Bereiten Sie eine Diskussion zur Frage nach dem Verhältnis von Aufklärung und Romantik vor. Notieren Sie zunächst mögliche Positionen und entsprechende Argumente zu diesem Verhältnis.

3.2 Eine literarische Erörterung verfassen

„Romantik – Die Fortsetzung der Aufklärung mit anderen Mitteln?“

1 Nehmen Sie Stellung zu dieser Frage, indem Sie sich für eine der folgenden Aussagen entscheiden. Begründen Sie Ihre Wahl, indem Sie den Satz kurz ergänzen.
Für mich ist die Romantik eine ...

- Gegenbewegung ...
- Überwindung ...
- Weiterentwicklung ...

der Aufklärung, da sie ...

2 Die beiden folgenden Schülertexte nutzen das Interview mit Safranski (☞ S. 39 f.) für ihre Einleitung einer Erörterung zur obigen Fragestellung. Bewerten Sie die beiden Einleitungen mit der Methodik der Textlupe (☞ S. 303). Formulieren Sie anschließend allgemeine Tipps und Hinweise für eine sinnvolle und brauchbare Einleitung.

Der Philosoph und Literaturwissenschaftler Rüdiger Safranski behauptet in einem Interview mit Welt-Online, dass eine Kontinuität zwischen Aufklärung und Romantik bestehe und die Romantik ein „Zusatzprogramm“ zur Aufklärung bieten würde. Romantik ist – wenn man seine These zuspitzt – also eine „Fortsetzung der Aufklärung mit anderen Mitteln“.
Um diese These gründlich zu erörtern ist es wichtig, zunächst die Schlüsselbegriffe der Aussage zu klären. Geklärt werden muss also, was eigentlich mit „Romantik“ und „Aufklärung“ gemeint ist. Darüber hinaus muss erfasst werden, was genau unter „Fortsetzung“ und den „anderen Mitteln“ zu verstehen ist. [...]

Rüdiger Safranski und Welt-Online führten auf der Insel Rügen ein Interview über sein viel diskutiertes Buch „Romantik – Eine deutsche Affäre“. In dem Gespräch erläutert Safranski seine Ansichten und erklärt, wie die Romantik die Wirklichkeit verzaubert. Dabei stellt er die These auf, dass die Romantik eine Fortsetzung der Aufklärung mit anderen Mitteln sei. Um diese These zu erörtern, definiere ich zunächst die einzelnen Fachbegriffe.

3 Wählen Sie diejenige präzisierende Aussage aus, die Ihrer Meinung nach am ehesten bei der Beantwortung der Fragestellung hilft. Tauschen Sie sich im Plenum aus.
(1) Daher ist es zunächst wichtig zu überprüfen, mit welchen Aspekten sich sowohl die Texte der Aufklärung als auch diejenigen der Romantiker befasst haben.
(2) Daher ist es zunächst wichtig zu überprüfen, wie die Schriftsteller der Romantik ihr Verhältnis zur Aufklärung selbst gesehen und definiert haben.
(3) Daher ist es zunächst wichtig zu überprüfen, wie die Schriftsteller der Aufklärung ihr Verhältnis zur Romantik selbst gesehen und definiert haben.

4 Ergänzen Sie die begonnene Stoffsammlung. Greifen Sie auf die Erkenntnisse aus allen – vor allem literarischen – Materialien des Buchkapitels zurück.

Stoffsammlung: Verhältnis Aufklärung – Romantik	
AUFKLÄRUNG	**ROMANTIK**
Aspekt: Menschenbild	
– Der Mensch soll sich von Autoritäten befreien – Der Mensch soll seinen eigenen Verstand benutzen	– Der Mensch soll sich von philisterhaften Zwängen und Vorgaben befreien, um sich selbst zu finden – Der Mensch soll seiner Intuition folgen
→ Wesentlicher Unterschied: Orientierung an Vernunft gegenüber Orientierung an Gefühl und Intuition → Übereinstimmung aber: Individuelle Suche nach Freiheit	
Aspekt: Literarische Charaktere	
→ →	
Aspekt: …	
→ →	
Aspekt: …	
→ →	

5 Werten Sie die Stoffsammlung aus:

a) Überprüfen Sie, bei welchen Vergleichsaspekten Sie Gemeinsamkeiten feststellen können.

b) Überprüfen Sie, welche Vergleichsaspekte einander entgegenstehen.

Markieren Sie Gemeinsamkeiten wie Unterschiede in unterschiedlichen Farben.

6 Präzisieren Sie Ihre Ersteinschätzung aus Aufgabe 1 (☞ S. 41) schriftlich.

7 Verfassen Sie eine literarische Erörterung zu der oben aufgestellten Fragestellung nach dem Verhältnis zwischen Aufklärung und Romantik.

Eine literarische Erörterung verfassen

METHODE

Die literarische Erörterung stellt zweierlei Ansprüche an Sie: Als *Erörterung* verlangt sie die gründliche Auseinandersetzung mit einer Fragestellung oder einer These; als *literarische Erörterung* fordert sie jedoch ebenso den gründlichen Einbezug bestimmter vorgegebener oder im Unterricht besprochener literarischer Texte.

Übliche Schritte der **Vorbereitung** sind:

→ Erfassen Sie die Frage-/Themenstellung so genau und gründlich wie möglich. Überlegen Sie dabei auch, welche Begriffe die Schlüsselbegriffe der Frage-/Themenstellung sind und was genau damit gemeint ist

→ Formulieren Sie in Ihren eigenen Worten, worum es in der Frage-/Themenstellung genau geht

→ Sammeln Sie nun Argumente, die zur Beantwortung der Fragestellung beitragen und die eine Entscheidung für oder gegen die These ermöglichen. Greifen Sie dabei auf die vorgegebenen literarischen Texte und die dazu gehörenden Unterrichtsergebnisse zurück

→ Sortieren Sie die gesammelten Argumente und Ideen. Stellen Sie zum Beispiel die Für- und Gegenargumente zusammen und sortieren Sie das Gesammelte nach Oberbegriffen. Schreiben Sie eine erste Gliederung

Die **Ausformulierung** orientiert sich nun an der vorbereiteten Gliederung. Sie wird sachlich formuliert und benutzt die im Unterricht eingeführten Fachbegriffe. Sie kann folgendermaßen aufgebaut sein:

→ Zitieren Sie noch einmal die Fragestellung und erklären Sie, inwiefern es wichtig sein kann, sich mit dieser Fragestellung zu befassen

→ Erklären Sie genau, was mit der Fragestellung gemeint ist. Notieren Sie auch die Formulierung der Frage in Ihren eigenen Worten

→ Formulieren Sie eine Überleitung zur eigentlichen Stellungnahme

→ Führen Sie nun die gesammelten Argumente aus. Orientieren Sie sich an der vorbereiteten Gliederung – etwa den gefundenen Oberbegriffen

→ Wägen Sie am Schluss ab, für welche Position Sie sich entscheiden oder wovon Ihre Positionierung im konkreten Falle abhängt

Bewertet werden bei einer literarischen Erörterung die erkennbare Sachkenntnis zum literarischen Hintergrund, das eingebrachte Verständnis zu den vorgegebenen literarischen Texten und die sprachlich-formale Kompetenz, eine Fragestellung angemessen zu erörtern, d. h. sachliche Thesen, überzeugende Argumente, anschauliche Beispiele zu finden und richtig zu zitieren.

4 Kompetenzen überprüfen und sichern

E. T. A. Hoffmann
Klein Zaches genannt Zinnober (1819) *Auszug*

Ernst Theodor Amadeus Hoffmann (1776 – 1822) verbrachte seine Kindheit und Jugend in Königsberg (heute Kaliningrad, Russland). Er studierte Jura und arbeitete zunächst im Staatsdienst, erkannte allerdings schon früh seine vielseitigen künstlerischen Neigungen. Nachdem er 1804 nach dem Einmarsch der französischen Truppen sein Amt in Warschau verloren hatte, versuchte er sich als Musiker, Zeichner und Schriftsteller in Berlin. Zwischen 1808 und 1813 arbeitete er als Musikdirektor und Musiklehrer in Bamberg, später in Leipzig und Dresden. Ab 1814 lebte Hoffmann wieder in Berlin, ab 1816 als Regierungsrat und Richter, wo er sich – inzwischen sicher, schriftstellerisch tätig sein zu wollen – den literarischen Kreisen anschloss. Hoffmann schuf ein charakteristisches und umfangreiches Werk an spätromantischen Erzählungen, Kunstmärchen und Novellen. Bekannt sind zum Beispiel „Der goldene Topf" (1814), „Die Elixiere des Teufels" (1815/16), „Der Sandmann" (1816/17, ☞ S. 31–33), „Das Fräulein von Scudéry" (1819/21) oder „Lebensansichten des Katers Murr" (1819/21).

E. T. A Hoffmanns satirisch-märchenhafte Erzählung bettet die Kollision aufklärerischer und romantischer Ideen in die Handlung einer Liebes- und Entwicklungsgeschichte ein. Auslöser und Begleiter der Geschichte um den eigentlich hässlich-missgestalteten Bauernsohn Klein Zaches, der aufgrund eines Zaubers die aufgeklärte Gesellschaft als einnehmend schöner Jurastudent Zinnober begeistert, sind die Fee Rosabelverde und der Magier Prosper Alpanus. Beide konnten den Aufklärungsbemühungen des Fürsten Paphnutius entkommen, die im folgenden Textauszug aus dem dritten Kapitel der Erzählung beschrieben werden.

[...] „Sehen Sie," begann Andres, als er seinem Fürsten gegenüber auf einem kleinen Taburett[1] Platz genommen, „sehen Sie, gnädigster Herr! – die Wirkung Ihres fürstlichen Edikts wegen der Aufklärung würde vielleicht verstört werden auf hässliche Weise, wenn wir nicht damit eine Maßregel verbinden, die zwar hart scheint, die indessen die Klugheit gebietet. – Ehe wir mit der Aufklärung vorschreiten, d. h. ehe wir die Wälder umhauen, den Strom schiffbar machen, Kartoffeln anbauen, die Dorfschulen verbessern, Akazien und Pappeln anpflanzen, die Jugend ihr Morgen- und Abendlied zweistimmig absingen, Chausseen anlegen und die Kuhpocken einimpfen lassen, ist es nötig, alle Leute von gefährlichen Gesinnungen, die keiner Vernunft Gehör geben und das Volk durch lauter Albernheiten verführen, aus dem Staate zu verbannen. – Sie haben Tausendundeine Nacht gelesen, bester Fürst, denn ich weiß, dass Ihr durchlauchtig seliger Herr Papa, dem der Himmel eine sanfte Ruhe im Grabe schenken möge, dergleichen fatale Bücher liebte und Ihnen, als Sie sich noch der Steckenpferde bedienten und vergoldete Pfefferkuchen verzehrten, in die Hände gab. Nun also! – Aus jenem völlig konfusen Buche werden Sie, gnädigster Herr, wohl die sogenannten Feen kennen, gewiss aber nicht ahnen, dass sich verschiedene von diesen gefährlichen Personen in Ihrem eignen lieben Lande hier ganz in der Nähe Ihres Palastes angesiedelt haben und allerlei Unfug treiben." „Wie? – was sagt Er – Andres! Minister! Feen – hier in meinem Lande?" – So rief der Fürst, indem er ganz erblasst in die Stuhllehne zurücksank. – „Ruhig, mein gnädigster

[1] *Taburett*: veraltet: niedriger Stuhl ohne Lehne

Herr," fuhr Andres fort, „ruhig können wir bleiben, sobald wir mit Klugheit gegen jene Feinde der Aufklärung zu Felde ziehen. Ja! – Feinde der Aufklärung nenne ich sie, denn nur sie sind, die Güte Ihres seligen Herrn Papas missbrauchend, daran schuld, dass der liebe Staat noch in gänzlicher Finsternis darniederliegt. Sie treiben ein gefährliches Gewerbe mit dem Wunderbaren und scheuen sich nicht, unter dem Namen Poesie ein heimliches Gift zu verbreiten, das die Leute ganz unfähig macht zum Dienste in der Aufklärung. Dann haben sie solche unleidliche polizeiwidrige Gewohnheiten, dass sie schon deshalb in keinem kultivierten Staate geduldet werden dürften. So z. B. entblöden sich die Frechen nicht, sowie es ihnen einfällt, in den Lüften spazieren zu fahren mit vorgespannten Tauben, Schwänen, ja sogar geflügelten Pferden. Nun frage ich aber, gnädigster Herr, verlohnt es sich der Mühe, einen gescheiten Akzisetarif[1] zu entwerfen und einzuführen, wenn es Leute im Staate gibt, die imstande sind, jedem leichtsinnigen Bürger unversteuerte Waren in den Schornstein zu werfen, wie sie nur wollen? – Darum, gnädigster Herr, – sowie die Aufklärung angekündigt wird, fort mit den Feen! – Ihre Paläste werden umzingelt von der Polizei, man nimmt ihnen ihre gefährliche Habe und schafft sie als Vagabonden fort nach ihrem Vaterlande, welches, wie Sie, gnädigster Herr, aus Tausendundeiner Nacht wissen werden, das Ländchen Dschinnistan ist."

[...] „Aber Andres", fuhr der Fürst fort, „wird man unser Verfahren gegen die Feen nicht hart finden? – Wird das verwöhnte Volk nicht murren?" – „Auch dafür," sprach Andres, „auch dafür weiß ich ein Mittel. Nicht alle Feen, gnädigster Herr, wollen wir fortschicken nach Dschinnistan, sondern einige im Lande behalten, sie aber nicht allein aller Mittel berauben, der Aufklärung schädlich zu werden, sondern auch zweckdienliche Mittel anwenden, sie zu nützlichen Mitgliedern des aufgeklärten Staats umzuschaffen. Wollen sie sich nicht auf solide Heiraten einlassen, so mögen sie unter strenger Aufsicht irgendein nützliches Geschäft treiben, Socken stricken für die Armee, wenn es Krieg gibt, oder sonst. [...]"

[1] *Akzise*: in der Regel städtische Verbrauchssteuer bzw. ein Binnenzoll

1 Deuten Sie den Textauszug epochenbezogen. Beziehen Sie sich dabei auf die Inhalte der vorausgehenden Unterkapitel.

2 Formulieren Sie eine These zu der Frage, ob der Text sich gegen die Aufklärung oder gegen die Romantik wendet. Bereiten Sie die Begründung Ihrer These in Form von Notizen vor.

3 Entscheiden Sie sich für eine der folgenden Fragestellungen und erörtern Sie diese. Beziehen Sie sich hierbei auf den Textauszug von E. T. A. Hoffmann und die Inhalte der vorausgehenden Unterkapitel.

(1) „Muss auch die heutige Politik die Ideen der Romantik zugunsten der Aufklärung verdrängen?"

(2) „Wie viel Aufklärung braucht die heutige Gesellschaft? Wie viel Romantik braucht sie?"

(3) „Leben wir in einem aufgeklärten oder in einem romantischen Zeitalter"?

Kommunikation im Drama

Liebesbegehren und Liebesgebaren

Woyzeck & Marie, Staatstheater Cottbus 2011

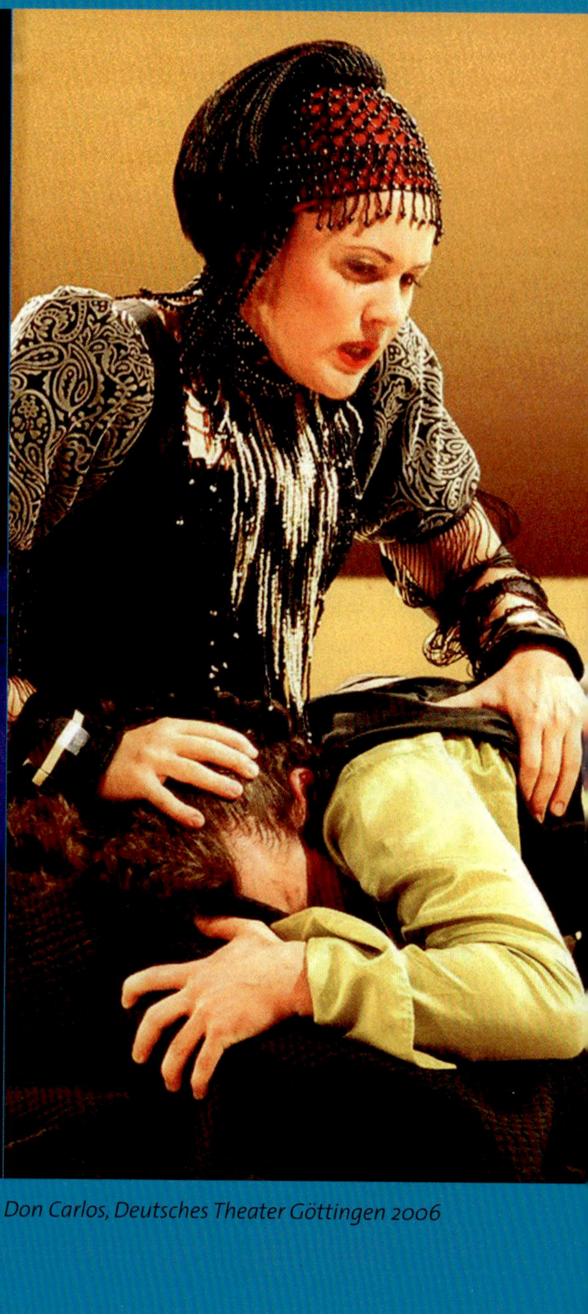

Don Carlos, Deutsches Theater Göttingen 2006

Kabale und Liebe, Deutsches Theater Berlin 2010

Faust I, Deutsches Theater Göttingen 2007

Einführung

KAPITEL & KOMPETENZEN

Auf den „Brettern, die die Welt bedeuten", werden seit der Antike die großen Themen der Menschheit abgehandelt: Schuld, Verantwortung und Liebe sind nur einige von ihnen. Letzteres steht im Zentrum der hier vorgestellten Textauszüge, indem Sie sich mit dem **Thema Liebe** in seinen „dramatischen Facetten" von Liebesbegehren bis Liebesgebaren auseinandersetzen.
In einem ersten Unterkapitel finden Sie **mehrere Liebesszenen aus Dramen unterschiedlicher Epochen**. Sie untersuchen vor allem die Besonderheiten der **Kommunikation** zwischen den Liebenden in ihrer verbalen und nonverbalen Ausgestaltung. Dabei wird deutlich, dass den **unterschiedlichen Epochen jeweils auch ein anderer Liebesbegriff** zu eigen ist. Neben den analytischen Interpretationsmethoden werden die Texte durch **kreative Methoden** auch szenisch erlebbar; die handlungs- und produktionsorientierten Zugänge sind auch für die Vorbereitung der schriftlichen Analyse hilfreich.
Der literaturgeschichtliche Hintergrund der ausgewählten Dramen wird durch Texte zur **Dramentheorie** genauer ausgeleuchtet. Ein Blick auf **Brechts Konzept des epischen Theaters** ermöglicht eine Beschreibung von Kontinuitäten und Brüchen in der Tradition des europäischen Theaters. Eine Besonderheit der Gattung besteht darin, dass die dramatischen Texte in der Regel für die **Bühne** verfasst wurden. So beschäftigen Sie sich auch mit Möglichkeiten und **Faktoren der Inszenierung** sowie deren Bewertung in Form einer **Theaterkritik**.
Am Beispiel eines ausgewählten Handlungsstrangs aus **Goethes „Faust"**, der „**Gretchentragödie**", werden die im Kapitelverlauf erworbenen Kompetenzen gebündelt, indem Sie schrittweise zum **Verfassen einer schriftlichen Analyse einer Dramenszene** angeleitet werden.
In einem abschließenden **Kompetenztest** schulen und vertiefen Sie neben dem Einbringen bereits vorhandener Textkenntnisse die Anwendung weiterer, im Kapitel erworbener fachlicher und methodischer Kompetenzen.

1 Die Fotos der Auftaktseite (☞ S. 46 f.) zeigen Liebespaare in unterschiedlichen Inszenierungen verschiedener Stücke. Beschreiben Sie die Szenenfotos und notieren Sie zunächst spontan Ihre Eindrücke und Assoziationen.

2 Charakterisieren Sie die Liebespaare. Finden Sie Begriffe, welche die Liebe der beiden Figuren zueinander treffend beschreiben. Erläutern Sie diese Begriffe mündlich anhand der Szenenfotos.

3 Erarbeiten Sie Standbilder von Liebespaaren, in denen Sie die aktuelle Phase der Beziehung sowie das Liebesverständnis darstellen. Stellen Sie so eine Skulpturengruppe (☞ S. 302) der Liebenden auf. Vergleichen Sie die einzelnen Standbilder.

4 Wählen Sie eines der Standbilder aus und verfassen Sie einen szenischen Dialog zwischen den beiden Liebenden. Entwerfen Sie in Stichworten ebenfalls die Rahmenhandlung der Szene.

1 Kommunikation in Dramenszenen interpretieren

1.1 Die Kommunikation in einer Dramenszene gestaltend interpretieren

Friedrich Schiller

Kabale und Liebe – Erster Akt, Vierte Szene (1784) *Auszug*

Im Bürgerlichen Trauerspiel „Kabale und Liebe", das Schiller in seiner eigenen Gegenwart spielen lässt, sind der Adlige Ferdinand von Walter und die Bürgerstochter Luise Miller ineinander verliebt. Luises Vater hält eine Beziehung über die Grenzen der Stände hinweg für unmöglich und fürchtet um Luises seelische Gesundheit. Ferdinands Vater, Präsident des Fürstentums, stellt sich ebenso gegen diese Verbindung.

Friedrich Schiller (1759–1805) war Dichter, Philosoph und Historiker. Er gilt als einer der bedeutendsten deutschen Dramatiker. Nach dem Besuch der Lateinschule in Ludwigsburg und – auf herzoglichen Befehl – der Militärakademie Karlsruhe studiert er Jura, dann Medizin. Um sich dem Schreibverbot des Herzogs zu entziehen, flüchtet Schiller 1782 nach Mannheim. 1784 wird er zum Weimarischen Rat ernannt, bleibt aber bis 1789, nun als Professor für Geschichte aber ohne feste Bezüge, in Jena. 1794 beginnt Schillers Freundschaft mit Goethe (☞Autoren-Info S. 70). 1802 wird er in den Adelsstand erhoben.

Im Hause Miller. Ferdinand von Walter. Luise
(Er fliegt auf sie zu – sie sinkt entfärbt und matt auf einen Sessel – er bleibt vor ihr stehn – sie sehen sich eine Zeitlang stillschweigend an. Pause.)

Ferdinand Du bist blass, Luise?

Luise *(steht auf und fällt ihm um den Hals).* Es ist nichts. Nichts. Du bist ja da. Es ist vorüber.

Ferdinand *(ihre Hand nehmend und zum Munde führend).* Und liebt mich meine Luise noch? Mein Herz ist das gestrige, ist's auch das deine noch? Ich fliege nur her, will sehen, ob du heiter bist, und gehn und es auch sein – Du bist's nicht.

Luise Doch, doch, mein Geliebter.

Ferdinand Rede mir Wahrheit. Du bist's nicht. Ich schaue durch deine Seele, wie durch das klare Wasser dieses Brillanten. *(Er zeigt auf seinen Ring.)* Hier wirft sich kein Bläschen auf, das ich nicht merkte – kein Gedanke tritt in dies Angesicht, der mir entwischte. Was hast du? Geschwind! Weiß ich nur diesen Spiegel helle, so läuft keine Wolke über die Welt. Was bekümmert dich?

Luise *(sieht ihn eine Weile stumm und bedeutend an, dann mit Wehmut).* Ferdinand! Ferdinand! Dass du doch wüsstest, wie schön in dieser Sprache das bürgerliche Mädchen sich ausnimmt –

Ferdinand Was ist das? *(Befremdet.)* Mädchen! Höre! Wie kommst du auf das? – Du bist meine Luise. Wer sagt dir, dass du noch etwas sein solltest? Siehst du, Falsche, auf welchem Kaltsinn ich dir begegnen muss. Wärest du ganz nur Liebe für mich, wann hättest du Zeit gehabt, eine Vergleichung zu machen? Wenn ich bei dir bin, zerschmilzt meine Vernunft in einen Blick – in einen Traum von dir, wenn ich weg bin, und du hast noch eine Klugheit neben deiner Liebe? – Schäme dich! Jeder

Augenblick, den du an diesen Kummer verlorst, war deinem Jüngling gestohlen.

Luise *(fasst seine Hand, indem sie den Kopf schüttelt).* Du willst mich einschläfern, Ferdinand – willst meine Augen von diesem Abgrund hinweglocken, in den ich ganz gewiss stürzen muss. Ich seh in die Zukunft – die Stimme des Ruhms – deine Entwürfe – dein Vater – mein Nichts. *(Erschrickt und lässt plötzlich seine Hand fahren.)* Ferdinand! ein Dolch über dir und mir! – Man trennt uns!

Ferdinand Trennt uns! *(Er springt auf.)* Woher bringst du diese Ahnung, Luise? Trennt uns? – Wer kann den Bund zwoer Herzen lösen, oder die Töne eines Akkords auseinander reißen? – Ich bin ein Edelmann – Lass doch sehen, ob mein Adelbrief älter ist als der Riss zum unendlichen Weltall? oder mein Wappen gültiger als die Handschrift des Himmels in Luisens Augen: Dieses Weib ist für diesen Mann? – Ich bin des Präsidenten Sohn. Eben darum. Wer, als die Liebe, kann mir die Flüche versüßen, die mir der Landeswucher[1] meines Vaters vermachen wird?

Luise O wie sehr fürcht' ich ihn – diesen Vater!

Ferdinand Ich fürchte nichts – nichts – als die Grenzen deiner Liebe. Lass auch Hindernisse wie Gebirge zwischen uns treten, ich will sie für Treppen nehmen und drüber hin in Luisens Arme fliegen. Die Stürme des widrigen Schicksals sollen meine Empfindung emporblasen, Gefahren werden meine Luise nur reizender machen. – Also nichts mehr von Furcht, meine Liebe. Ich selbst – ich will über dir wachen wie der Zauberdrach über unterirdischem Golde – Mir vertraue dich. Du brauchst keinen Engel mehr – Ich will mich zwischen dich und das Schicksal werfen – empfangen für dich jede Wunde – auffassen für dich jeden Tropfen aus dem Becher der Freude – dir ihn bringen in der Schale der Liebe. *(Sie zärtlich umfassend.)* An diesem Arm soll meine Luise durchs Leben hüpfen, schöner, als er dich von sich ließ, soll der Himmel dich wiederhaben und mit Verwunderung eingestehn, dass nur die Liebe die letzte Hand an die Seelen legte –

Luise *(drückt ihn von sich, in großer Bewegung).* Nichts mehr! Ich bitte dich, schweig! – Wüsstest du – Lass mich – du weißt nicht, dass deine Hoffnungen mein Herz, wie Furien, anfallen. *(Will fort.)*

Ferdinand *(hält sie auf).* Luise? Wie! Was! Welche Anwandlung?

Luise Ich hatte diese Träume vergessen und war glücklich – Jetzt! Jetzt! Von heut an – der Friede meines Lebens ist aus – Wilde Wünsche – ich weiß es – werden in meinem Busen rasen. – Geh – Gott vergebe dir's – Du hast den Feuerbrand in mein junges, friedsames Herz geworfen, und er wird nimmer, nimmer gelöscht werden. *(Sie stürzt hinaus. Er folgt ihr sprachlos nach.)*

[1] *Landeswucher*: Ausbeutung des Fürstentums durch den Präsidenten von Walter

1 Lesen Sie den Dramenauszug szenisch (Methode S. 51) in Kleingruppen. Vergleichen und besprechen Sie die verschiedenen Versionen.

2 Benennen Sie das Thema des Dialogauszugs und erläutern Sie die Positionen der beiden auftretenden Figuren.

3 Definieren Sie die Empfindungen Ferdinands und Luises füreinander jeweils genauer, indem Sie den Begriff Liebe für jeden durch ein Adjektiv erweitern.

4 Formulieren Sie eine Hypothese zur Gesprächshierarchie, also zu den Verhältnissen von Über- und Unterlegenheit in diesem Dialog. Markieren Sie auf einer Textkopie entsprechende Textstellen. Unterscheiden Sie folgende Aspekte:

- Direkte Hinweise: äußere Handlung (☞ S. 56), direkt von außen wahrnehmbar
- Indirekte Hinweise: innere Handlung (☞ S. 56), Gefühlswelt der Figuren, die nur indirekt durch Äußerungen und Handlungen erschlossen werden kann

5 Setzen Sie die Ergebnisse der Aufgaben 2 bis 4 arbeitsteilig mithilfe weiterer, im folgenden Kasten festgehaltenen Methoden der gestaltenden Interpretation um. Bereiten Sie sich darauf vor, Ihre Interpretationsidee am Text selbst zu begründen und die Brauchbarkeit der gewählten Methode kurz zu bewerten.

METHODE

Eine Szene gestaltend interpretieren

Die Interpretation eines literarischen Textes muss nicht immer in Form einer Analyse erfolgen. Gerade bei Theaterstücken, die ja für eine Inszenierung auf der Bühne geschrieben sind, bietet die gestaltende Annäherung viele Möglichkeiten, eine Interpretation zu beginnen oder zu vertiefen, z. B. durch:

→ **Szenisches (Er-)Lesen**: Bereiten Sie in Kleingruppen das Lesen der Szene mit verteilten Rollen vor. Klären Sie, welche einfachen Mittel Sie zur Gestaltung der Szene nutzen wollen. Sie können die Szenenanweisungen mitlesen oder umzusetzen versuchen. Vergleichen und besprechen Sie die Vorträge der verschiedenen Arbeitsgruppen

→ **Konkretisieren von Figuren und Räume**: Verteilen Sie die Rollen einer Szene. Bereiten Sie sich auf das Lesen mit verteilten Rollen derart vor, dass jede neu auftretende Figur zunächst einmal beschreibt, welche Kleidung sie trägt, in welcher Körperhaltung und in welcher Stimmung sie die Szene betritt. Die Figur, die als erstes auftritt, muss darüber hinaus den Raum beschreiben, in welchem die Szene stattfindet. Sie geht dabei auch auf Einrichtungsgegenstände und Accessoires ein

→ **Standbilder**: Einigen Sie sich in der Gruppe auf ein Arrangement, das die Gefühle und Gedanken, auch gegenseitige Bewertungen der Figuren oder Machtverhältnisse, veranschaulicht. Bestimmen Sie ein Gruppenmitglied, das das Standbild aufbauen soll. Bauen Sie das Standbild vor den Augen der Mitschüler auf und erklären Sie dabei die Anordnung in Bezug auf die zugrundeliegende Textstelle. Formulieren Sie als Betrachter abschließend Fragen an das Standbild oder machen Sie Vorschläge zur Umgestaltung

→ **Rollen-Ich**: Fügen Sie in Kleingruppen an bestimmten Stellen des Originaltextes innere Monologe der Figuren ein, in welchen die Gefühle und Gedanken deutlich werden. Präsentieren Sie Ihre Ergebnisse so, dass hinter jeder Person, die den regulären Rollentext liest oder spricht, eine weitere Person steht, die an den entsprechenden Stellen die inneren Monologe vorträgt

1.2 Einen dramatischen Konflikt anhand eines Dialogs analysieren

Friedrich Schiller (☞ Autoren-Info S. 49)
Don Carlos – Erster Akt, Fünfter Auftritt (1787) *Auszug*

Der spanische Thronfolger Don Carlos liebt seine ehemalige Verlobte Elisabeth. Diese aber ist durch Heirat mit Carlos' verwitwetem Vater König Philipp II zu seiner Stiefmutter geworden. Obwohl das spanische Hofzeremoniell es verbietet und obwohl beide unter Beobachtung stehen, gelingt ein Treffen Carlos' mit Elisabeth, in dessen Verlauf er ihr seine Gefühle gesteht.

Königin Wer sagte Ihnen, dass an Philipps Seite
Mein Los beweinenswürdig sei?
Carlos Mein Herz,
Das feurig fühlt, wie es an meiner Seite
Beneidenswürdig wäre.
Königin Eitler Mann!
Wenn *mein* Herz nun das Gegenteil mir sagte?
Wenn Philipps ehrerbietge Zärtlichkeit
Weit inniger als seines stolzen Sohns
Verwegene Beredsamkeit mich rührten?
Wenn eines Greisen überlegte Achtung –
Carlos Das ist was andres – Dann – ja, dann – Vergebung.
Das wusst' ich nicht, dass Sie den König lieben.
Königin Ihn ehren ist mein Wunsch und mein Vergnügen.
Carlos Sie haben nie geliebt?
Königin Seltsame Frage!
Carlos Sie haben nie geliebt?
Königin – Ich liebe nicht mehr.
Carlos Weil es Ihr Herz? weil es Ihr Eid verbietet?
Königin Verlassen Sie mich, Prinz, und kommen Sie
zu keiner solchen Unterredung wieder.
Carlos Weil es Ihr Eid? weil es Ihr Herz verbietet?
Königin Weil meine Pflicht – – – Unglücklicher, wozu
die traurige Zergliederung des Schicksals,
dem Sie und ich gehorchen müssen?
Carlos Müssen?
Gehorchen müssen?
Königin Wie? Was wollen Sie
Mit diesem feierlichen Ton?

Carlos So viel,
Dass Carlos nicht gesonnen ist, zu müssen,
Wo er zu wollen hat; dass Carlos nicht
Gesonnen ist, der Unglückseligste
In diesem Reich zu bleiben, wenn es ihn
Nichts als den Umsturz der Gesetze kostet,
Der Glücklichste zu sein.
Königin Versteh ich Sie?
Sie hoffen noch? Sie wagen es, zu hoffen,
Wo alles, alles schon verloren ist?
Carlos Ich gebe nichts verloren, als die Toten
Königin Auf mich, auf Ihre Mutter, hoffen Sie? –
(Sie sieht ihn lange und durchdringend an – dann mit Würde und Ernst)
Warum nicht? O, der neu erwählte König
Kann mehr als das – kann die Verordnungen
Des Abgeschiednen durch das Feur vertilgen,
Kann seine Bilder stürzen, kann sogar –
Wer hindert ihn? – die Mumie des Toten
aus ihrer Ruhe zu Eskurial[1]
Hervor an's Licht der Sonne reißen, seinen
Entweihten Staub in die vier Winde streun
Und dann zuletzt, um würdig zu vollenden –
Carlos Um Gottes willen, reden Sie nicht aus.
Königin Zuletzt noch mit der Mutter sich vermählen.
Carlos Verfluchter Sohn!

Don Carlos, Deutsches Theater Göttingen 2006

[1] *Eskurial*: El Escorial, Palast bei Madrid

1 Geben Sie in einer Deutungshypothese das zentrale Thema der Textstelle wieder.

2 Stellen Sie in einer Grafik die verschiedenen Auffassungen von Liebe gegenüber.

3 Vergleichen Sie die beiden Figuren mithilfe folgender Aspekte in einer Tabelle: *Position bei Hofe, Interessen/Absichten, Wertvorstellungen.*

4 Markieren Sie auf einer Textkopie Passagen, die als Auslöser für den weiteren Gesprächsverlauf dienen, gelb, und die Reaktionen darauf rot.

5 Gehen Sie auf die innere Handlung der Figuren ein. Gestalten Sie hierfür auf der Textkopie in Partnerarbeit den Subtext (☞ S. 248) der Figuren, in dem diese ihre Redeabsichten und Wertvorstellungen verdeutlichen und ihre Beziehung offenlegen.

6 Analysieren Sie, wie sich der dramatische Konflikt auf den Dialog auswirkt.
a) Veranschaulichen Sie in einer Grafik die Entwicklung des dramatischen Konflikts (☞ Wissen S. 54). Unterscheiden Sie zwischen äußerer und innerer Handlung (☞ S. 56).
b) Untersuchen Sie, wie der dramatische Konflikt im Dialog sprachlich umgesetzt wird. Erläutern Sie Bedeutung und Wirkung folgender Aspekte: *Verwendete Wortfelder von Verben, Substantiven etc., Satzarten, Aposiopesen* (☞ S. 304), *weitere rhetorische Mittel.*

7 In einem Brief an Goethe äußert sich Schiller im Jahr 1797 über die Sprachgestaltung und Figurencharakteristik eines Dramas:

„Der Rhythmus leistet bei einer dramatischen Produktion noch dieses Große und Bedeutende, dass er, indem er alle Charaktere und alle Situationen nach einem Gesetz behandelt, und sie, trotz ihres innern Unterschiedes, in einer Form ausführt, dadurch den Dichter und seinen Leser nötiget, von allem noch so charakteristisch Verschiedenen etwas Allgemeines, rein Menschliches zu verlangen."

a) Tauschen Sie sich in Partnerarbeit über die Gründe aus, die Schiller für die Gestaltung eines Dramas im „Rhythmus" der Versform anführt. Übertragen Sie die Textpassage in Ihre eigenen Worte.
b) Notieren Sie, welche „allgemeinen, rein menschlichen" Themen und Motive den vorliegenden Dialog bestimmen. Greifen Sie auf die Aufgaben 2 und 3 zurück.
c) Lesen Sie noch einmal den Textauszug aus „Kabale und Liebe" (☞ S. 49 f.). Notieren Sie, inwiefern sich hier die Sprachgestaltung von der in „Don Carlos" unterscheidet.
d) Gestalten Sie einen Text, in dem der junge Schiller, der gerade das Drama „Kabale und Liebe" verfasst, gegen die Benutzung einer Verssprache im Drama argumentiert.

WISSEN

Dramatische Konflikte ergeben sich innerhalb der Dramenhandlung aus unterschiedlichen Grundeinstellungen und Wertvorstellungen der Figuren. Die Konfliktpositionen werden dabei von verschiedenen Figuren oder -gruppen vertreten oder spielen sich innerhalb einer einzigen Figur ab.
Zum Verständnis eines Theaterstücks ist es daher wichtig, sich diese Konflikte (Inhaltsaspekt) und die Positionen der Figuren (Beziehungsaspekt) vor Augen zu führen. Ausgehend hiervon lässt sich die Figurenkonstellation beschreiben: zusammengehörende Gruppierungen, Gegnerschaften, Machtverhältnisse, Einflussmöglichkeiten und Manipulationsversuche.
Das Verständnis des Dramas beruht dabei ebenso auf einem Verständnis der **Figurenreden**, ihren offensichtlichen und verborgenen Inhalten, aber auch ihren **sprachlichen Eigenheiten**: Die Sprachgestaltung unterstützt z. B. die inneren Einstellungen und Stimmungen der Figuren, ihren sozialen Status und situative Gesprächshierarchien. Je nach Wirkungsabsicht des Dramas, seinem Menschenbild und seiner Kunstvorstellung nutzt der Dichter unterschiedliche Möglichkeiten der Sprachgestaltung. In der **Aufklärung** (☞ S. 322 f.) und der **Klassik** (☞ S. 323) verwendete man häufig den Blankvers (☞ S. 304) – auch um sich von formloseren Dramen der Zeit abzugrenzen. Typische sprachliche Mittel waren hier u. a.:

- Antilabe (☞ S. 304): „Verteilung" eines einzigen Verses auf mehrere Figuren. So spricht die eine Figur in die Rede der anderen hinein.
- Stichomythie (☞ S. 307): zeilenweiser Wechsel von Rede und Gegenrede
- Sentenz: knapper, allgemeingültiger Sinnspruch

1.3 Die Figurengestaltung anhand von Monologen und Dialogen analysieren

Georg Büchner
Woyzeck – Mariens Kammer (1836/37)

Im Zentrum dieses Dramenfragments steht der einfache Soldat Woyzeck, der mit dem Verdienst aus Gelegenheitsarbeiten und als Objekt medizinischer Versuche seine Geliebte Marie und ihr gemeinsames uneheliches Kind unterstützt. Er wird psychisch und physisch misshandelt. Marie entwickelt ihrerseits Interesse an dem Tambourmajor, der ihr mehr Ansehen zu versprechen scheint. Er hat ihr Ohrringe geschenkt.

INFO

Der Arztsohn *Georg Büchner* (1813–1837) erfährt schon früh von der wirtschaftlichen Not der einfachen Leute. Ab 1831 studiert er Medizin, zunächst in Straßburg, dann in Gießen. Dort gründet er mit Gleichgesinnten eine Sektion der „Gesellschaft der Menschenrechte", um die autoritären Verhältnisse in Hessen zu ändern. Nach Erscheinen der Flugschrift „Der Hessische Landbote" (1834), in der er die hessische Landbevölkerung zur Revolution aufruft, flieht Büchner nach Straßburg. 1836 wird er Professor der Philosophie in Zürich. 1837 stirbt er an Typhus. Georg Büchner ist einer der bedeutendsten literarischen Vertreter des Vormärz (☞ S. 324).

Marie *sitzt, ihr Kind auf dem Schooß, ein Stückchen Spiegel in der Hand [...] Bespiegelt sich.* Was die Steine glänzen! Was sind's für? Was hat er gesagt? – Schlaf Bub! Drück die Auge zu, fest, – *das Kind versteckt die Augen hinter den Händen* noch fester! Bleib so, still oder er holt dich! *singt:*

Mädel, mach's Ladel zu
's kommt e Zigeunerbu,
Führt dich an deiner Hand
Fort in's Zigeunerland.

Spiegelt sich wieder. – 'S ist gewiss Gold! Unsereins hat nur ein Eckchen in der Welt und ein Stückchen Spiegel und doch hab ich ein so rothe Mund als die großen Madamen mit ihren Spiegeln von oben bis unten und ihren schönen Herrn, die ihnen die Händ küssen; ich bin nur ein arm Weibsbild. – *Das Kind richtet sich auf.* Still Bub, die Auge zu, das Schlafengelchen, wie's an der Wand läuft. – *sie blinkt mit dem Glas* die Auge zu, oder es sieht dir hinein, dass du blind wirst.

Woyzeck tritt herein, hinter sie. Sie fährt auf, mit d. Händen nach d. Ohren.

Woyzeck Was hast du?

Marie Nix.

Woyzeck Unter deinen Fingern glänzt's ja.

Marie Ein Ohrringlein; hab's gefunden.

Woyzeck Ich hab' so noch nix gefunden, zwei auf einmal!

Marie Bin ich ein Mensch[1]?

Woyzeck 'S ist gut, Marie. – Was der Bub schläft! Greif' ihm unter's Aermchen, der Stuhl drückt ihn. Die hellen Tropfen steh'n ihm auf der Stirn; Alles Arbeit unter d. Sonn, sogar Schweiß im Schlaf. Wir arme Leut! – Das is wieder Geld Marie; d. Löhnung und was von mein'm Hauptmann.

Marie Gott vergelt's Franz.

Woyzeck Ich muss fort. Heut Abend, Marie. Adies.

[1] *Mensch*: hier Prostituierte

Marie *allein, nach einer Pause* Ich bin doch ein schlecht Mensch! Ich könnt' mich erstechen. – Ach! Was Welt? Geht doch Alles zum Teufel, Mann und Weib.

1 Formulieren Sie für die drei Situationen dieser Szene (Marie mit ihrem Sohn, Marie mit Woyzeck, Marie allein) je eine zusammenfassende Überschrift.

2 Bereiten Sie in Partnerarbeit eine Charakterisierung der Marie vor:

a) Markieren Sie auf einer Textkopie Stellen, die Maries Selbstbild und Wünsche direkt und indirekt aufzeigen. Unterscheiden Sie zwischen Veränderungen der äußeren Handlung (Außenwelt) und inneren Handlung (inneres Gefühlsleben).

b) Entwickeln Sie Thesen zur Funktion des Volkslieds (Z. 7–10) und des Spiegels.

c) Untersuchen Sie Maries Verhältnis zu Woyzeck, indem Sie Gesprächsverlauf und Machtverhältnisse auf der Textkopie markieren und grafisch darstellen.

d) Analysieren Sie die Bedeutung der Regieanweisungen für die dramaturgische Gestaltung Maries. Konkretisieren Sie die Regieanweisungen bzw. Veränderungen der äußeren Handlungen durch Angaben zu Mimik und Gestik.

METHODE

Die Figurengestaltung anhand von Monologen und Dialogen analysieren

So sollten Sie bei dieser Analyse vorgehen:

→ **Bereiten** Sie Ihren Aufsatz **vor**, indem Sie direkte und indirekte Texthinweise, die die Gestaltung der Figur betreffen, erschließen:

- **Direkte Hinweise** auf Eigenschaften einer Figur ergeben sich aus Regieanweisungen oder Äußerungen anderer Figuren (**äußere Handlung**, S. 304)
- **Indirekte Charakterhinweise** finden sich als Neben- oder Subtext „zwischen den Zeilen" der Dialoge (**innere Handlung**, S. 305)
- In ihren **Dialog**partien erscheinen die Figuren so, wie sie wahrgenommen werden wollen, ihre Absichten können offen oder verdeckt sein; setzen Sie zur Interpretation äußere und innere Handlung zueinander in Beziehung
- Im **Monolog** offenbaren die Figuren ihre Gefühle, reflektieren über die vergangene oder künftige Handlung und lassen die Zuschauer an ihren seelischen Konflikten teilhaben

→ Informieren Sie in der **Einleitung** grundlegend über die ausgewählten Figuren, auch über ihre Stellung innerhalb des Personengefüges des Dramas

→ Folgende Aspekte sind bedeutend für den **Hauptteil**:

- Vorgeschichte, Herkunft, Lebensumstände, Geschlechterrolle, sozialer Status
- Sprachniveau (Hochsprache, dialektale Einfärbungen)
- Typische Tätigkeiten und Verhaltensweisen
- Das Verhältnis zu weiteren Figuren unter Berücksichtigung der Redeanteile
- Die Position der Figur im zentralen Konflikt des Stückes
- Fremdbild und Selbstbild der Figur
- Ggf. eine Erläuterung der Entwicklung, die die Figur durchläuft

2 Dramentheorien, Theater- und Inszenierungskonzeptionen vergleichen

2.1 Sich mit Wirkungsabsichten und Wirkungsmöglichkeiten des Theaters auseinandersetzen

Aristoteles
Poetik (4. Jh. v. Chr.) *Auszug*

Die Tragödie ist die Nachahmung einer edlen und abgeschlossenen Handlung von einer bestimmten Größe in gewählter Rede, derart, dass jede Form solcher Rede in gesonderten Teilen erscheint und dass gehandelt und nicht berichtet wird und dass mit Hilfe von Mitleid und Furcht eine Reinigung von eben derartigen Affekten bewerkstelligt wird.

Aristoteles (384 v. Chr.–322 v. Chr.), griechischer Philosoph und Begründer verschiedener Wissenschaften

1 Notieren Sie alle Aussagen des Aristoteles-Zitats untereinander und ergänzen Sie zu jeder Teilaussage eine – hypothetische – Erläuterung.
2 Diskutieren Sie im Plenum Wirkungsabsicht und -möglichkeit der Tragödie, wie sie in dem Aristoteles-Zitat deutlich werden.

Gotthold Ephraim Lessing (☞ Autoren-Info S. 22)
Hamburgische Dramaturgie – 75. Stück (1767) *Auszug*

Denn er, Aristoteles, ist es gewiss nicht, der die mit Recht getadelte Einteilung der tragischen Leidenschaften in Mitleid und Schrecken gemacht hat. Man hat ihn falsch verstanden, falsch übersetzt. Er spricht von Mitleid und Furcht, nicht von Mitleid und Schrecken; und seine Furcht ist durchaus nicht die Furcht, welche uns das bevorstehende Übel eines anderen, für diesen andern, erweckt, sondern es ist die Furcht, welche aus unserer Ähnlichkeit mit der leidenden Person für uns selbst entspringt; es ist die Furcht, dass die Unglücksfälle, die wir über diese verhängt sehen, uns selbst betreffen können; es ist die Furcht, dass wir der bemitleidete Gegenstand selbst werden können. Mit anderen Worten: Diese Furcht ist das auf uns selbst bezogene Mitleid. [...] Diese Möglichkeit aber finde sich alsdenn, und könne zu einer großen Wahrscheinlichkeit erwachsen, wenn ihn [= den leidenden Charakter] der Dichter nicht schlimmer mache, als wir gemeiniglich zu sein pflegen, wenn er ihn vollkommen so denken und handeln lasse, als wir in seinen Umständen würden gedacht und gehandelt haben, oder wenigstens glauben, dass wir hätten denken und handeln müssen: kurz, wenn er ihn mit uns von gleichem Schrot und Korne schildere. Aus dieser Gleichheit entstehe die Furcht, dass unser Schicksal gar leicht dem seinigen eben so ähnlich werden könne, als wir ihm zu sein uns selbst fühlen: und diese Furcht sei es, welche das Mitleid gleichsam zur Reife bringe.

Friedrich Schiller (☞ Autoren-Info S. 49)
Die Schaubühne als moralische Anstalt (1784) *Auszug*

Die Gerichtsbarkeit der Bühne fängt an, wo das Gebiet der weltlichen Gerichte sich endigt. Wenn die Gerechtigkeit für Gold verblindet und im Solde der Laster schwelgt, wenn die Frevel der Mächtigen ihrer Ohnmacht spotten und Menschenfurcht den Arm der Obrigkeit bindet, übernimmt die Schaubühne Schwert und Waage und reißt die Laster vor einen schrecklichen Richterstuhl. Das ganze Reich der Phantasie und Geschichte, Vergangenheit und Zukunft stehen ihrem Wink zu Gebot. Kühne Verbrecher, die längst schon im Staub vermodern, werden durch den allmächtigen Ruf der Dichtkunst jetzt vorgeladen und wiederholen zum schauervollen Unterricht der Nachwelt ein schändliches Leben. Ohnmächtig, gleich den Schatten in einem Hohlspiegel, wandeln die Schrecken ihres Jahrhunderts vor unsern Augen vorbei, und mit wollüstigem Entsetzen verfluchen wir ihr Gedächtnis. [...] Aber hier unterstützt sie die weltliche Gerechtigkeit nur – ihr ist noch ein weiteres Feld geöffnet. Tausend Laster, die jene ungestraft duldet, straft sie; tausend Tugenden, wovon jene schweigt, werden von der Bühne empfohlen. Hier begleitet sie die Weisheit und die Religion. Aus dieser reinen Quelle schöpft sie ihre Lehren und Muster und kleidet die strenge Pflicht in ein reizendes, lockendes Gewand. Mit welch herrlichen Empfindungen, Entschlüssen, Leidenschaften schwellt sie unsere Seele, welche göttliche Ideale stellt sie uns zur Nacheiferung aus!

Georg Büchner (☞ Autoren-Info S. 55)
Brief an die Familie (1833) *Auszug*

[...] der dramatische Dichter ist in meinen Augen nichts als ein Geschichtsschreiber, steht aber über Letzterem dadurch, dass er uns die Geschichte zum zweiten Mal erschafft und uns gleich unmittelbar, statt eine trockne Erzählung zu geben, in das Leben einer Zeit hinein versetzt, uns statt Charakteristiken Charaktere, und statt Beschreibungen Gestalten gibt. Seine höchste Aufgabe ist, der Geschichte, wie sie sich wirklich begeben, so nahe als möglich zu kommen. Sein Buch darf weder sittlicher noch unsittlicher sein, als die Geschichte selbst [...]. Der Dichter ist kein Lehrer der Moral, er erfindet und schafft Gestalten, er macht vergangene Zeiten wieder aufleben, und die Leute mögen dann daraus lernen, so gut, wie aus dem Studium der Geschichte und der Beobachtung dessen, was im menschlichen Leben um sie herum vorgeht. Wenn man so wollte, dürfte man keine Geschichte studieren, weil sehr viele unmoralische Dinge darin erzählt werden, müsste mit verbundenen Augen über die Gasse gehen, weil man sonst Unanständigkeiten sehen könnte, und müsste über einen Gott Zeter schreien, der eine Welt erschaffen, worauf so viele Liederlichkeiten vorfallen [...].

3 Vergleichen Sie die Theaterkonzepte von Aristoteles, Lessing, Schiller und Büchner in einer Tabelle. Berücksichtigen Sie vor allem die Wirkungsabsichten und die -möglichkeiten des Theaters. Greifen Sie auch auf den folgenden Wissenskasten zurück.

4 Diskutieren Sie in Kleingruppen Wirksamkeit und Realisierbarkeit der einzelnen Ansätze. Fassen Sie Ihre Ergebnisse in einer gemeinsamen These zusammen.

WISSEN

Die **europäische Theatergeschichte** gründet in einer Tradition, die sich mehr oder weniger kontinuierlich seit der Antike entwickelt. Die Tragödien des **klassischen Griechenlands**, die ihrerseits aus den Kultfestlichkeiten für den Gott Dionysos hervorgegangen sind, gelten als Grundlage und Ausgangspunkt der Gattungsgeschichte.
Zur Orientierungs- und Bezugsgröße der späteren europäischen Theaterdichtung wird dabei vor allem die Theatertheorie des griechischen Philosophen und Schriftstellers **Aristoteles**. In seiner Schrift „Poetik" benennt er die wesentlichen Merkmale der Tragödien seiner Gegenwart. So findet die Handlung eines Dramas in der Regel während eines einzigen Tages statt (Einheit der Zeit), dazu innerhalb eines bestimmten Raumes (Einheit des Ortes). Die Handlung des Dramas ist geschlossen (Einheit der Handlung), weder beginnt noch endet sie an einem beliebigen Punkt. Als Wirkungsabsicht der Tragödie benennt Aristoteles die emotionale Festigung des Zuschauers, die er als „Reinigung der Affekte" (**Katharsis**) bezeichnet.
Die antike Theatertradition bricht im Mittelalter ab, eine bedeutende Dramenliteratur entsteht erst wieder in der frühen Neuzeit:
Die Diskussion um die richtige Deutung der aristotelischen Ausführungen aufgreifend nutzt **Lessing** im 18. Jahrhundert die Autorität des griechischen Philosophen, um seine eigenen Vorstellungen von einem zeitgemäßen Theater im Sinne der **Aufklärung** (☞ S. 322 f.) durchzusetzen. Lessing wendet sich gegen eine Reduzierung der Tragödiendefinition auf das rein formal verstandene Drei-Einheiten-Konzept, wie es etwa Dichter der französischen Klassik wie Corneille oder Racine vertreten. Er orientiert sich an Shakespeares Dramen und stellt die Wirkungsweise und die -möglichkeiten in das Zentrum seiner Auslegungen. Die Katharsis, die für Lessing in der moralischen Festigung und sittlichen Erziehung des Publikums besteht, wird nach Lessing vor allem durch eine hohes Identifikationspotenzial für den Zuschauer ermöglicht; hieraus lassen sich konkrete Forderungen für die Gegenstände der Tragödie, den Handlungsverlauf und die Figurencharakteristik ableiten. Auch die Ständeklausel, welche das Figurenrepertoire einer Tragödie allein auf Adlige beschränkte, wurde in Lessings Theaterkonzept relativiert, womit neue Formen des Theaters – etwa **bürgerliche Trauerspiele** – entstehen konnten.
Die Frage nach der Wirkungsmöglichkeit und der Wirkungsabsicht des Theaters bildet bis heute das Zentrum theoretischer Überlegungen zum Theater und wird unterschiedlich diskutiert und beantwortet.

2.2 Moderne von traditionellen Dramenkonzeptionen unterscheiden

Bertolt Brecht (1898–1956), Sohn eines Fabrikdirektors, studiert ab 1917 zunächst Naturwissenschaften und Medizin, arbeitet aber schon 1920 als Dramaturg. Seit dem Ende der 20er Jahre setzt er sich intensiv mit den Ideen des Marxismus auseinander, die für sein literarisches Schaffen prägend werden. In den dreißiger und vierziger Jahren lebt er im Exil, ehe er 1948 nach (Ost-)Berlin zurückkehrt; hier gründet er zusammen mit seiner Frau Helene Weigel das „Berliner Ensemble" und arbeitet als Regisseur. Als Autor und Regisseur entwickelte Brecht die Grundideen des „Epischen Theaters" (☞ S. 305).

Bertolt Brecht

Der gute Mensch von Sezuan – Szene 5 (1943) *Auszug*

Drei Götter besuchen die Erde, um wenigstens einen „guten Menschen" zu finden. In der Hauptstadt von Sezuan treffen sie auf die Prostituierte Shen Te, die ihnen uneigennützig zu einem Nachtquartier verhilft. Die Götter glauben, in ihr den guten Menschen gefunden zu haben und belohnen ihre Gastfreundschaft mit einer großen Geldsumme. Shen Te gründet einen Tabakladen, dem jedoch wegen ihrer den Göttern zuliebe unausgesetzt geübten Mildtätigkeit bald der Bankrott droht. Deshalb erfindet sie einen Vetter namens Shui Ta, in dessen Verkleidung sie im Tabakladen ein strenges Regiment führt und Profit erwirtschaftet.

In einem Park hat sie zudem den arbeitslosen Flieger Sun vom Selbstmord abgehalten. Sun hofft, mit der finanziellen Hilfe Shen Tes wieder in Arbeit zu kommen und will sie deshalb heiraten. Auch der Barbier Shu Fu wirbt um Shen Te; seine Werbung wird von Shui Ta unterstützt.

Vor dem Tabakladen; Der Barbier Shu Fu, die Bedienstete Shin, Shen Te und Sun.

Sun Haben sie dir gesagt, ich bin ein schlechter Mensch?

Shen Te schweigt.

Sun Denn das bin ich vielleicht, Shen Te. Und das ist es, warum ich dich brauche. Ich bin ein niedriger Mensch. Ohne Kapital, ohne Manieren. Aber ich wehre mich. Sie treiben dich in dein Unglück, Shen Te. *Er geht zu ihr. Gedämpft.* Sieh ihn doch an! Hast du keine Augen im Kopf? *Mit der Hand auf ihrer Schulter.* Armes Tier, wozu wollten sie dich jetzt wieder bringen? In eine Vernunftheirat! Ohne mich hätten sie dich einfach auf die Schlachtbank geschleift. Sag selber, ob du ohne mich nicht mit ihm weggegangen wärst?

Shen Te Ja.

Sun Einem Mann, den du nicht liebst!

Shen Te Ja.

Sun Hast du alles vergessen? Wie es regnete?

Shen Te Nein.

Sun Wie du mich vom Ast geschnitten, wie du mir ein Glas Wasser gekauft, wie du mir das Geld versprochen hast, dass ich wieder fliegen kann?

Shen Te *zitternd:* Was willst du?

Sun Daß du mit mir weggehst.

Shen Te Herr Shu Fu, verzeihen Sie mir, ich will mit Sun weggehen.

Sun Wir sind Liebesleute, wissen sie. *Er führt sie zur Tür.* Wo hast du den Ladenschlüssel? *Er nimmt ihn aus ihrer Tasche und gibt ihn der Shin.* Legen Sie ihn auf die Türschwelle, wenn Sie fertig sind. Komm, Shen Te.

Herr Shu Fu Aber das ist ja eine Vergewaltigung! *Schreit nach hinten.* Herr Shui Ta!

Sun Sag ihm, er soll hier nicht herumbrüllen.

Shen Te Bitte rufen Sie meinen Vetter nicht, Herr Shu Fu. Er ist nicht einig mit mir, ich weiß es. Aber er hat nicht recht, ich fühle es. *Zum Publikum:*

Ich will mit dem gehen, den ich liebe.
Ich will nicht ausrechnen, was es kostet.
Ich will nicht nachdenken, ob es gut ist.
Ich will nicht wissen, ob er mich liebt.
Ich will mit ihm gehen, den ich liebe.

Sun So ist es.

Beide gehen ab.

1 Shen Te wendet sich direkt ans Publikum (Z. 27–31). Formulieren Sie aus Shen Tes Perspektive einen Kommentar zu der eigenen Entscheidung.

2 In „Der gute Mensch von Sezuan" geht es immer wieder um die Frage nach dem Verhältnis zwischen der Liebe zu den Menschen, also der Möglichkeit, ein guter Mensch zu sein, und der Eigenliebe.

a) Markieren Sie Textstellen, die sich auf diese Fragestellung beziehen lassen.

b) Gestalten Sie aufgrund des Textauszugs sowohl aus Shen Tes als auch aus Suns Sicht Statements zu dieser Fragestellung.

Bertolt Brecht

Der gute Mensch von Sezuan – Epilog (1943) *Auszug*

Shen Tes Mildtätigkeit und Uneigennützigkeit führen zu ihrem materiellen Ruin. Sie schlüpft schließlich vollends in die Rolle des skrupellosen Vetters Shui Ta. Deshalb kommt der Verdacht auf, Shen Te sei von ihrem Vetter ermordet worden. Vor Gericht begegnet Shen Te – noch in der Maske des Shui Ta – den drei Göttern als Richter, denen sie ihre Doppelrolle offenbart. Nur durch das Zerreißen der Charaktere sei es ihr möglich gewesen, wenigstens in der einen Rolle „gut" zu sein. Anderen zu helfen, ohne dabei zu deren Opfer zu werden, sei in dieser Welt unmöglich. Die Götter aber entschwinden „lächelnd und winkend" auf einer rosa Wolke. Das Stück endet mit dem folgenden Epilog:

Vor den Vorhang tritt ein Spieler und wendet sich entschuldigend an das Publikum mit einem Epilog.

Verehrtes Publikum, jetzt kein Verdruß:
Wir wissen wohl, das ist kein rechter Schluß.

Vorschwebte uns: die goldene Legende.
Unter der Hand nahm sie ein bitteres Ende.
Wir stehen selbst enttäuscht und sehn betroffen
Den Vorhang zu und alle Fragen offen.
Dabei sind wir doch auf Sie angewiesen
Daß Sie bei uns zu Haus sind und genießen.
Wir können es uns leider nicht verhehlen:
Wir sind bankrott, wenn Sie uns nicht empfehlen!
Vielleicht fiel uns aus lauter Furcht nichts ein.
Das kam schon vor. Was könnt die Lösung sein?
Wir konnten keine finden, nicht einmal für Geld.
Soll es ein andrer Mensch sein? Oder eine andre Welt?
Vielleicht nur andere Götter? Oder keine?
Wir sind zerschmettert und nicht nur zum Scheine!
Der einzige Ausweg wär aus diesem Ungemach:
Sie selber dächten auf der Stelle nach
Auf welche Weis dem guten Menschen man
Zu einem guten Ende helfen kann.
Verehrtes Publikum, los, such dir selbst den Schluß!
Es muß ein guter da sein, muß, muß, muß!

3 Kommentieren Sie aus der Sicht eines Zuschauers den Schluss des Stückes.

4 Formulieren Sie eine These zur beabsichtigten Wirkung des gesamten Stückes sowie des Schlusses.

5 Nehmen Sie an, Lessing, Schiller und Büchner hätten die Premiere von „Der gute Mensch von Sezuan“ im Publikum verfolgt und seien anschließend in einem Interview um eine Stellungnahme gebeten worden. Formulieren Sie arbeitsteilig diese Stellungnahmen aus der Sicht der drei Autoren. Greifen Sie auf Ihre Ergebnisse von Aufgabe 3, S. 59 zurück.

Bertolt Brecht

Die Straßenszene – Grundmodell einer Szene des epischen Theaters (1940)
Auszug

Es ist verhältnismäßig einfach, ein Grundmodell für episches Theater aufzustellen. Bei praktischen Versuchen wählte ich für gewöhnlich als Beispiel allereinfachsten, sozusagen „natürlichen“ epischen Theaters einen Vorgang, der sich an irgendeiner Straßenecke abspielen kann: der Augenzeuge eines Verkehrsunfalls demonstriert einer Menschenansammlung, wie das Unglück passierte. Die Umstehenden können den Vorgang nicht gesehen haben oder nur nicht seiner Meinung sein, ihn „anders sehen“ – die Hauptsache ist, daß der Demonstrierende das Verhalten des

Fahrers oder des Überfahrenen oder beider in einer solchen Weise vormacht, daß die Umstehenden sich über den Unfall ein Urteil bilden können. [...]

Völlig entscheidend ist es, daß ein Hauptmerkmal des gewöhnlichen Theaters in unserer *Straßenszene* ausfällt: die Bereitung der *Illusion*. Die Vorführung des Straßendemonstranten hat den Charakter der Wiederholung. Das Ereignis hat stattgefunden, hier findet die Wiederholung statt. Folgt die *Theaterszene* hierin der *Straßenszene*, dann verbirgt das Theater nicht mehr, daß es Theater ist, so wie die Demonstration an der Straßenecke nicht verbirgt, daß sie Demonstration (und nicht vorgibt, daß sie Ereignis) ist. Das Geprobte am Spiel tritt voll in Erscheinung, das auswendig Gelernte am Text, der ganze Apparat und die ganze Vorbereitung. Wo bleibt dann das *Erlebnis*, wird die dargestellte Wirklichkeit dann überhaupt noch erlebt?

Die *Straßenszene* bestimmt, welcher Art das *Erlebnis* zu sein hat, das dem Zuschauer bereitet wird. Der Straßendemonstrant hat ohne Zweifel ein „Erlebnis“ hinter sich, aber er ist doch nicht darauf aus, seine Demonstration zu einem „Erlebnis“ der Zuschauer zu machen [...]. Seine Demonstration verliert z.B. nicht an Wert, wenn er den Schrecken, den der Unfall erregte, nicht reproduziert; *ja, sie verlöre eher an Wert*. Er ist nicht auf Erzeugung purer *Emotionen* aus. Ein Theater, das ihm hierin folgt, vollzieht geradezu einen Funktionswechsel, wie man verstehen muß.

6 Stellen Sie mithilfe des Textauszugs Brechts Theaterkonzept in einem Kurzvortrag dar. Erläutern Sie besonders den Begriff „episches Theater“.

7 Zur praktischen Umsetzung seines Theaterkonzepts greift Brecht auf Verfremdungseffekte („V-Effekte“) zurück. Er erklärt dazu:

„Um V-Effekte hervorzubringen, mußte der Schauspieler alles unterlassen, was er gelernt hatte, um die Einfühlung des Publikums in seine Gestaltungen herbeiführen zu können. Nicht beabsichtigend, sein Publikum in Trance zu versetzen, darf er sich selber nicht in Trance versetzen.“

Erklären Sie den Zweck der V-Effekte:

a) Notieren Sie aufgrund des Zitats und des Textes über die Straßenszene verschiedene Möglichkeiten, V-Effekte zu erzielen. Stellen Sie weitere Überlegungen an und ergänzen Sie Ihre Aufzählung.

b) Markieren Sie in den Szenenauszügen aus „Der gute Mensch von Sezuan“ (S. 60 f., S. 61 f.), wo der V-Effekt greifen kann. Erläutern Sie Ihre Entscheidungen im Plenum.

8 Stellen Sie in zwei „Gedankenblasen“ gegenüber, was nach Brecht während der Aufführungen der Szenen aus „Der gute Mensch von Sezuan“ im Zuschauer vorgehen und was nicht vorgehen soll.

9 Vergleichen Sie Brechts Ausführungen mit den Theaterkonzepten in Kapitel 2.1. Ergänzen Sie die dort begonnene Tabelle (Aufgabe 3, S. 59).

10 Entwerfen Sie arbeitsteilig für eine der beiden Szenen aus den Dramen Schillers (S. 49 f., 77 f.) Inszenierungsmöglichkeiten, die V-Effekte beinhalten. Stellen Sie Ihre Entwürfe im Plenum vor und diskutieren Sie die mögliche Wirkung.

2.3 Strukturelemente der geschlossenen und offenen Dramenform unterscheiden

nach Gustav Freytag
Die Technik des Dramas (1863) *Auszug*

Durch die beiden Hälften der Handlung, die in einem Punkt zusammenschließen, erhält das Drama, – wenn man die Anordnung durch Linien verbildlicht, – einen pyramidalen Bau. Es steigt von der Einleitung mit dem Zutritt des erregenden Moments bis zu dem Höhepunkt, und fällt von da bis zur Katastrophe. Zwischen diesen drei Teilen liegen die Teile der Steigerung und des Falles. [...] Diese Teile des Dramas haben jedes Besonderes in Zweck und Baueinrichtung. Zwischen ihnen stehen drei wichtige szenische Wirkungen, durch die die fünf Teile sowohl geschieden als verbunden werden. Von diesen drei dramatischen Momenten steht

- das erste, das den Beginn der bewegten Handlung bezeichnet, zwischen Einleitung und Steigerung;
- das zweite, Beginn der Gegenwirkung, zwischen Höhepunkt und Umkehr;
- das dritte, das vor Eintritt der Katastrophe noch einmal zu steigern hat, zwischen Umkehr und Katastrophe. [...]

Das erregende Moment
Der Eintritt der bewegten Handlung findet an der Stelle des Dramas statt, wo in der Seele des Helden ein Gefühl oder Wollen aufsteigt, das die Veranlassung zu der folgenden Handlung wird, oder wo das Gegenspiel den Entschluss fasst, durch seine Hebel den Helden in Bewegung zu setzen [...].

Das tragische Moment
Peripetie heißt den Griechen das tragische Moment, das das Wollen des Helden und damit die Handlung durch das plötzliche Einbrechen eines zwar unvorhergesehenen und überraschenden, aber in der Anlage der Handlung bereits gegründeten Ereignisses in eine Richtung forttreibt, die von der des Anfangs sehr verschieden ist.

Das Moment der letzten Spannung
[...] Dem ungeachtet ist es zuweilen misslich, ohne Unterbrechung bis zum Ende zu eilen. Gerade dann, wenn das Gewicht des unglücklichen Geschicks bereits lange und schwer auf einem Helden lastet, welchem die gerührte Empfindung des Zuschauers Rettung wünscht, obgleich vernünftige Erwägung die innere Notwendigkeit des Untergangs recht wohl deutlich macht. In solchem Fall ist ein altes anspruchsloses Mittel des Dichters, dem Gemüt des Zuschauers für einige Augenblicke Aussicht auf Erleichterung zu gönnen.
Dies geschieht durch eine neue kleine Spannung, dadurch, dass ein leichtes Hindernis, eine entfernte Möglichkeit glücklicher Lösung, der bereits angedeuteten Richtung auf das Ende noch in den Weg geworfen wird. [...]

Volker Klotz
Geschlossene und offene Form im Drama (1960) *Auszug*

[...] Das Ganze in Ausschnitten: Die äußere Handlung drängt über die Grenzen, die durch Anfang und Ende des Dramas gegeben sind, hinweg. Das Geschehen setzt unvermittelt ein, und es bricht unvermittelt ab. Innerhalb dieser Scheingrenzen verläuft es nicht kontinuierlich schlüssig, sondern punktuell interruptiv, nicht einer Entwicklung folgend, sondern Gleichwertiges reihend.
Der stabilen Ausgewogenheit von Spiel und Gegenspiel, von gleichgearteten Gegnern im geschlossenen Drama steht hier eine labile Unausgewogenheit gegenüber: Gegenspieler des Helden ist keine Person, sondern die Welt in der Fülle ihrer Einzelerscheinungen. Von allen Seiten auf ihn eindringend macht sie den Helden zum Monagonisten[1] und unterwirft die Handlung meist einer afinalen[2] Kreisbewegung. Entsprechend ist das vorwiegende Kompositionsprinzip das einer kreisenden Variation von Weltaspekten, die die Person betreffen. Außerdem der Kontrast, doch nicht in einer ausgeglichenen bilateralen[3] Symmetrie wie im geschlossenen Drama, sondern asymmetrisch: Der Schwerpunkt liegt nur selten in der Mitte.

[1] *Monagonist*: das im Zentrum eines Textes stehende Ich
[2] *afinal*: nicht auf ein bestimmtes Ziel ausgerichtet
[3] *bilateral*: zweiseitig, spiegelbildlich

1 Während Freytag die geschlossene Form des Dramas darstellt, geht Klotz vor allem auf die offene Form ein. Stellen Sie beide Formen des Dramas mithilfe je eines Schaubildes gegenüber, indem Sie auf die Darstellung von Klotz und Freytag sowie auf den folgenden Wissenskasten zurückgreifen.
2 Informieren Sie sich über die Szenenfolge folgender Dramen: Schillers „Don Carlos", Büchners „Woyzeck" und Brechts „Der gute Mensch von Sezuan". Ordnen Sie die Dramen begründet der offenen oder der geschlossenen Form zu.
3 Informieren Sie sich über einen Spielfilm des aktuellen Kinoprogramms und überprüfen Sie, an welcher Form sich der Film am ehesten orientiert.

WISSEN

Kontinuitäten und **Brüche** innerhalb der deutschen bzw. europäischen **Theatertradition** lassen sich auf verschiedenen Ebenen beschreiben. So bietet die Gegenüberstellung von geschlossener und offener Form eine gängige Möglichkeit zu einer formalen Kategorisierung der Stücke.
In Bezug auf die Wirkungsweise des Theaters kann zwischen dem – an Aristoteles orientierten – **Identifikationstheater** und dem **epischen Theater** (☞ S. 305) unterschieden werden, wobei beide Ansätze das Ziel einer sittlichen Einflussnahme auf den Zuschauer verfolgen. Dieses didaktische Anliegen und die monologisch-dialogisch vermittelte Handlungsführung fassen das traditionelle und das epische Theater dabei zu einer Kontinuität zusammen.
Das als **postdramatisch** bezeichnete Theater steht dieser Kontinuität gegenüber: Mittel und Art der Inszenierung, die sog. **Performance**, werden zum Gegenstand der Betrachtung – nicht (mehr) Handlung, Figuren und Konflikte.

2.4 Sich mit Theaterinszenierungen auseinandersetzen

(1) *Deutsches Theater Berlin 2010*

(3) *Uckermärkische Bühne Schwedt 2011*

(2) *Schauspielhaus Neubrandenburg 2010*

1 Die Fotos zeigen Ferdinand und Luise aus Schillers „Kabale und Liebe“ in jeweils unterschiedlichen Inszenierungen. Notieren Sie spontan Ihre Eindrücke zu den Fotos.

2 Formulieren Sie Thesen zur Angemessenheit der Inszenierung. Greifen Sie auf den Wissenskasten (☞ S. 67) zurück und diskutieren Sie Ihre Thesen im Plenum.

3 Sortieren Sie alle Inszenierungsfotos (☞ S. 46 f., 53, 66, 68, 73) dieses Kapitels nach eher traditionellen oder modernen Inszenierungen.

WISSEN

Einem **Regisseur** eröffnen sich durch Textkürzungen oder -ergänzungen, Regieanweisungen, Bühnenbild, Kostüme, Rollenbesetzungen und andere Faktoren zahlreiche Möglichkeiten, seine Ideen zum Dramentext zu **inszenieren**. Insofern ist die Inszenierung eines Theaterstücks immer auch eine Form der Interpretation durch den Regisseur. Manche Eingriffe des Regisseurs *können* als unangemessen empfunden werden, wenn die Gefahr besteht, dass durch derartiges (**modernes**) **Regietheater** der ursprüngliche Gehalt eines Textes und die ihm zugrunde liegende Intention des Autors verfälscht werden. **Traditionelle Inszenierungen** hingegen bemühen sich um Werktreue, z. B. indem Bühnenbild und Kostüme den historischen Bedingungen der Entstehungszeit angepasst werden. Dies *kann* dazu führen, dass derartige Inszenierungen als nicht zeitgemäß empfunden werden.

4 Versetzen Sie sich arbeitsteilig in die Rollen eines traditionell arbeitenden und eines modernisierenden Regisseurs. Stellen Sie Überlegungen zur Besetzung und zur Ausstattung zweier Figuren des Stücks „Kabale und Liebe“ an.

a) Notieren Sie sich für ein Schauspieler-Casting die Eigenschaften einer Idealbesetzung, zum Beispiel Erwartungen zu Alter, Größe und zum gesamten Erscheinungsbild der Schauspieler.

b) Notieren oder skizzieren Sie Ideen zu Kleidung, Frisur, Aussehen und zur weiteren Ausstattung der Figuren in Ihrer Inszenierung.

5 Stellen Sie sich Ihre Besetzungs- und Ausstattungsvorschläge im Plenum vor. Diskutieren Sie deren Angemessenheit und Wirksamkeit.

Friedrich Schiller

Kabale und Liebe, Personen

Präsident von Walter, am Hof eines deutschen Fürsten
Ferdinand, sein Sohn, Major
Hofmarschall von Kalb
Lady Milford, Favoritin des Fürsten
Wurm, Haussekretär des Präsidenten
Miller, Stadtmusikant oder, wie man sie an einigen Orten nennt, Kunstpfeifer
Dessen Frau
Luise, deren Tochter
Sophie, Kammerjungfer der Lady
Ein Kammerdiener des Fürsten
Verschiedene Nebenpersonen

6 Das 2. Bild (☞ S. 66) zeigt einen Teil des Bühnenbildes der Inszenierung. Setzen Sie sich mit der Angemessenheit dieser Bühnengestaltung auseinander.

a) Notieren Sie die Grundidee für den Entwurf dieses Bühnenbildes.

b) Gestalten Sie ergänzende Regieanweisungen für den Dialog des Teilkapitels 1.1 (☞ S. 49 f.), in welchen Sie Hinweise zum Einsatz der Schaukeln geben.

c) Vergleichen und besprechen Sie Ihre Ergebnisse.

d) Fassen Sie Ihre persönliche Position zur Qualität des Bühnenbildes in einem abschließenden Satz zusammen.

2.5 Eine Rezension analysieren

Christoph Funke

Viele Türen und kein Weg nach draußen – Schillers Trauerspiel „Kabale und Liebe" im Deutschen Theater Berlin (2010) *Auszug*

Kabale und Liebe, Deutsches Theater Berlin 2010

In der Geschichte einer unbedingten Liebe zwischen Ferdinand und Luise, den nicht Gleichrangigen, geht es nun nicht mehr um Adel und Bürgertum, absolutistische Tyrannei und biedere Wohlanständigkeit. Sondern um Möglichkeiten, sein Leben, seinen Daseinsentwurf zu behaupten. Die Elite um den Präsidenten und tonangebenden Politiker von Walter hat sich eingerichtet in den machtspendenden und macherhaltenden Mechanismen grausamer Menschenverachtung. Die Braven, Arbeitsamen wie der Musikant Miller verteidigen hilflos ihre bescheidene, schlimme Wirklichkeit gegenüber abgewandtem Dasein. Kimmig[1] zitiert Verhaltensmuster, die sehr bekannt, sehr heutig sind, Zeugnis geben von möglichem Handeln in einer schlimm entgleisten, aller Würde und Harmonie entkleideten Gesellschaft. Standeskonflikte entdeckt die Inszenierung in den unterschiedlichen Möglichkeiten zur Gestaltung des privaten und öffentlichen Daseins. Aber – der Türen- und Kletterkasten (Bühne Katja Haß) sperrt die Oberen und die Unteren in gleicher Weise ein. Die Versuche des Ausbruchs scheitern, das Steigen, Springen und Fallen, das Lauern vor und hinter Öffnungen gibt Protest und Wut und Gier ein Ventil – und ändert nichts. Den richtigen Lebensentwurf gibt es nicht. Aber das Spielgerüst kann auch, stürmisch im Kreis gewirbelt wie ein Karussell, berauschendes Glück der Liebe anzeigen. Und als raffiniertes diplomatisches Kalkül diese Liebe zerstört hat, bricht der Kasten auf, verliert seine Festigkeit, die Wände flattern herum, für einen Moment ist Chaos da, von dumpfen Rhythmen durchpulst. Auf diese nahezu ständige Bewegung setzt der Regisseur. Das eisenbewehrte „Gefängnis" bietet keinen Schutz, schafft keine Ruhe. Schillers Figuren, die hier eingewiesen sind, wirken fremd und nah zugleich. Sie kommen wie aus dem besseren Büro oder aus sauberer Stube, die Bestimmenden sind dunkel und gemäßigt elitär, die ihnen Unterworfenen bescheiden und in hellere Farben gekleidet (Kostüme Andrea Schraad). [...]

Zwischen den Vätern, dem schneidend Kaltherzigen und dem gefühlig Biederen, stehen Ferdinand und Luise. Ole Lagerpusch und Claudia Eisinger machen zum Ereignis, wie zwei junge Menschen ihr Dasein herausreißen wollen aus dem Vorbestimmten, ihnen Zugeteilten. Ihr Liebesanspruch ist heftig, geht bis zu körperli-

[1] *Kimmig*: Stephan Kimmig, Regisseur der hier rezensierten Theaterinszenierung

cher Entblößung und erotischer Gewalt. Ungestüm und Verzweiflung toben sich aus, Zärtlichkeit muss mühsam errungen werden, triumphiert erst im Angesicht des Todes. Das Stürmische, Rücksichtslose des Ferdinand von Lagerpusch steht in einem stets gespannten Verhältnis zu der ruhigen, gefassten Luise der Claudia Eisinger. Es ist berührend, wie es der Schauspielerin gelingt, die Kraft und stille Tapferkeit dieses Mädchens von plebejischer[2] Verklemmtheit nicht vollends zu lösen. Rücksichtslos spitzt der Regisseur Widersprüche zu, die in den Figuren und den ihnen bestimmten Lebensräumen stecken.

[2] *plebejischer*: hier: bürgerlich/ untertänig

1 Benennen Sie spontan, für wie sehenswert der Rezensent die Aufführung hält.
2 Setzen Sie die Theaterkritik in eine grafische Gestaltung um. Orientieren Sie sich an den einzelnen Aspekten, die besprochen werden.
3 Präzisieren Sie Ihre spontane Einschätzung der Kritik in Aufgabe 1. Fassen Sie zusammen, wie der Kritiker die Aufführung insgesamt bewertet.
4 Charakterisieren Sie das Inszenierungskonzept (☞ S. 67).
5 Untersuchen Sie mithilfe des folgenden Wissenskastens die Rezension auf Ihre textsortentypischen Merkmale. Legen Sie dazu eine Tabelle an.
6 Verfassen Sie eine Stellungnahme zu der Frage, ob Sie das Lesen der Rezension zum Besuch der Inszenierung motiviert oder nicht.

WISSEN

Eine **Rezension** ist eine freie Form des feuilletonistischen Schreibens. Sie findet sich in Zeitungen und anderen Foren (z. B. Internetportalen), die über das kulturelle Leben der Gegenwart informieren, und basiert auf dem Besuch einer Inszenierung durch den Rezensenten. In der Regel wird eine derartige Rezension nach der Premiere verfasst, um potenzielle Besucher über die künstlerische Qualität der Inszenierung zu informieren.
Rezensionen weisen oft hohen literarischen Anspruch auf: An einen literarisch interessierten Leserkreis gerichtet sind sie anspielungsreich und arbeiten mit verschiedenen rhetorischen Mitteln. Eine Rezension ...

- beschreibt die Wirkung der Inszenierung auf das Publikum,
- nennt den Autor des Stückes, ggf. auch weitere seiner Werke,
- enthält eine kurze Inhaltsangabe des Stücks und bezeichnet ggf. durch die Inszenierung vorgenommene Abweichungen (Kürzungen),
- nennt den Regisseur und setzt sich mit dessen Inszenierungskonzept auseinander,
- bewertet die Inszenierung und vergleicht sie ggf. mit anderen Inszenierungen,
- beschreibt und bewertet die Leistung der Schauspieler,
- beschreibt und bewertet ggf. auch das Bühnenbild und die Kostüme,
- bewertet im Rahmen eines Resümees die Vorstellung insgesamt.

7 Verfassen Sie eine Rezension für eine aktuelle Inszenierung Ihrer Wahl.

3 Die Gretchentragödie – Dramenszenen interpretieren

3.1 Sich mit Gretchens Tragödie auseinandersetzen

Johann Wolfgang Goethe (1749–1765), geboren und aufgewachsen als Sohn eines wohlhabenden Bürgers in Frankfurt am Main, studiert Jura in Leipzig und Straßburg; er arbeitet bis 1775 als Rechtsanwalt in Frankfurt und am Reichskammergericht in Wetzlar. Er zieht nach Weimar und übernimmt dort mehrere Regierungsämter; 1782 wird er in den Adelsstand erhoben. Goethes literarische Produktion umfasst neben Gedichten oder Dramen auch kunst- und literaturtheoretische sowie naturwissenschaftliche Schriften. Auch sein umfangreicher Briefwechsel ist von großer Bedeutung.
Goethe ist ein wichtiger Vertreter des Sturm und Drang (☞ S. 323). Sein Roman „Die Leiden des jungen Werthers" macht ihn 1774 in ganz Europa berühmt. Zwischen 1786 und 1788 unternimmt Goethe eine Italienreise, um dem Verwaltungsalltag zu entfliehen; er entdeckt die Welt der Antike. Dies wie später auch die Freundschaft zu Schiller (☞ Autoren-Info S. 49) münden in den Beginn einer neuen Epoche, der Weimarer Klassik (☞ S. 323).

Johann Wolfgang Goethe
Faust. Der Tragödie Erster Teil – Garten (1808) *Auszug*

Als greiser und lebensmüder Wissenschaftler schließt Faust einen Pakt mit dem Teufel Mephistopheles: Für den Fall, dass es diesem gelingt, ihm Ruhelosigkeit und Unzufriedenheit zu nehmen, soll ihm die Seele Fausts gehören. Im Rahmen der Vertragsabwicklung erhält Faust mit Hilfe einer Hexe den Körper eines jungen Mannes.
Der verjüngte Faust begegnet der jungen Margarete – Gretchen. Er verliebt sich und hofft, das Mädchen, das aus bescheidenen Verhältnissen stammt, verführen zu können. Mephisto arrangiert eine Begegnung.

Margarete Ich fühl es wohl, dass mich der Herr nur schont,
Herab sich lässt, mich zu beschämen.
Ein Reisender ist so gewohnt,
Aus Gütigkeit für lieb zu nehmen;
Ich weiß zu gut, dass solch erfahrnen Mann
Mein arm Gespräch nicht unterhalten kann.
Faust Ein Blick von dir, Ein Wort mehr unterhält
Als alle Weisheit dieser Welt. *(Er küsst ihre Hand.)*
Margarete Inkommodiert[1] Euch nicht!
Wie könnt Ihr sie nur küssen?
Sie ist so garstig, ist so rauh!
Was hab ich nicht schon alles schaffen müssen!
Die Mutter ist gar zu genau. […]
Faust Ach, dass die Einfalt, dass die Unschuld nie
Sich selbst und ihren heil'gen Wert erkennt!
Dass Demut Niedrigkeit, die höchsten Gaben
Der liebevoll austeilenden Natur –
Margarete Denkt Ihr an mich ein Augenblickchen nur,
Ich werde Zeit genug an Euch zu denken haben.
Faust Ihr seid wohl viel allein?
Margarete Ja, unsre Wirtschaft ist nur klein,
Und doch will sie versehen sein.
Wir haben keine Magd; muss kochen, fegen, stricken
Und nähn und laufen früh und spat;
Und meine Mutter ist in allen Stücken

[1] *Inkommodiert*: veraltet für belästigen, Unbequemlichkeiten bereiten

So akkurat! [...]
Faust Du kanntest mich, o kleiner Engel, wieder,
Gleich als ich in den Garten kam?
Margarete Saht Ihr es nicht? ich schlug die Augen nieder.
Faust Und du verzeihst die Freiheit, die ich nahm,
Was sich die Frechheit unterfangen,
Als du jüngst aus dem Dom gegangen?
Margarete Ich war bestürzt, mir war das nie geschehn;
Es konnte niemand von mir Übels sagen.
Ach, dacht ich, hat er in deinem Betragen
Was Freches, Unanständiges gesehn?
Es schien ihn gleich nur anzuwandeln,
Mit dieser Dirne gradehin zu handeln.
Gesteh ich's doch! Ich wusste nicht was sich
Zu Eurem Vorteil hier zu regen gleich begonnte;
Allein gewiss, ich war recht bös auf mich,
Dass ich auf Euch nicht böser werden konnte.
Faust Süß Liebchen!
Margarete Lasst einmal!
(Sie pflückt eine Sternblume und zupft die Blätter ab, eins nach dem andern.)
Faust Was soll das? Einen Strauß?
Margarete Nein, es soll nur ein Spiel.
Faust Wie?
Margarete Geht! Ihr lacht mich aus.
(Sie rupft und murmelt.)
Faust Was murmelst du?
Margarete *(halblaut).* Er liebt mich – liebt mich nicht.
Faust Du holdes Himmels-Angesicht!
Margarete *(fährt fort).* Liebt mich – nicht – liebt mich – Nicht –
(Das letzte Blatt ausrupfend, mit holder Freude.) Er liebt mich!
Faust Ja, mein Kind! Lass dieses Blumenwort
Dir Götter-Ausspruch sein. Er liebt dich!
Verstehst du, was das heißt? Er liebt dich!
(Er fasst ihre beiden Hände).
Margarete Mich überläuft's!
Faust O schaudre nicht! Lass diesen Blick,
Lass diesen Händedruck dir sagen
Was unaussprechlich ist:
Sich hinzugeben ganz und eine Wonne
Zu fühlen, die ewig sein muss!
Ewig! – Ihr Ende würde Verzweiflung sein
Nein, kein Ende! Kein Ende!
(Margarete drückt ihm die Hände, macht sich los und läuft weg. Er steht einen Augen- →

blick in Gedanken, dann folgt er ihr). […]
Ein Gartenhäuschen. Margarete springt herein, steckt sich hinter die Tür, hält die Fingerspitze an die Lippen und guckt durch die Ritze.)
Margarete Er kommt!
Faust *(kommt).* Ach, Schelm, so neckst du mich!
Treff ich dich! *(Er küsst sie.)*
Margarete *(ihn fassend und den Kuss zurückgebend).*
Bester Mann! von Herzen lieb ich dich!

1 Lesen Sie den Textauszug (z. B. V. 51–59) nach entsprechender Vorbereitungszeit in Partnerarbeit szenisch vor (☞ S. 51). Experimentieren Sie dabei mit verschiedenen Intonationen des Textes und beschreiben Sie als Zuhörer einer derartigen Rezitation die unterschiedlichen Wirkungen.

2 Vergleichen Sie das jeweilige Verständnis des Begriffs *Liebe* von Gretchen und Faust.

a) Markieren Sie Textstellen, die das Liebesverständnis sowohl durch äußere als auch innere Handlung (☞ S. 304, 305) widerspiegeln.

b) Untersuchen Sie genauer, inwiefern das jeweilige Liebesverständnis Ausdruck in der Sprache findet.

c) Stellen Sie Ihre Ergebnisse tabellarisch gegenüber.

3 Notieren Sie neben den entsprechenden Textstellen Adjektive zur Charakterisierung von Faust und Gretchen.

4 Zur Deutung des Faust-Charakters und zur Bewertung seiner Handlungen gibt es unterschiedliche Positionen, wie sie in den folgenden Zitaten deutlich werden.

„Sein […] Interesse für Gretchen hat nichts mit Liebe zu tun. Es handelt sich vielmehr um ein rein sexuelles Verlangen, ein heftiges Verlangen des Mannes, der, nach den Tiefen der Sinnlichkeit lechzend, in einen ekstatischen Zustand versetzt wurde."
(Marcel Reich-Ranicki, Kritiker und Literaturwissenschaftler)

„Mephistopheles will Sinnlichkeit, bei Faust wird es Liebe. Mephistopheles will *flache Unbedeutentheit*[1] […], bei Faust wird es allhaltige Seligkeit […]."
(Erich Trunz, Literaturwissenschaftler)

[1] *flache Unbedeutenheit:* Zitat aus Faust I, Äußerung Mephistos in Fausts Studierzimmer: „Den [den Geist Fausts] schlepp ich durch das wilde Leben, Durch flache Unbedeutenheit"

a) Formulieren Sie die Fragestellung, auf die beide Interpretationen eingehen, und benennen Sie die unterschiedlichen Positionen.

b) Teilen Sie Ihre Lerngruppe in zwei Hälften. Bereiten Sie sich jeweils darauf vor, eine der beiden Interpretationsthesen aus den Zitaten auf der Grundlage des Textauszugs zu verteidigen.

c) Diskutieren Sie die Interpretationsthesen im Plenum. Formulieren Sie anschließend eine gemeinsame Position Ihres Kurses. Drücken Sie eventuelle Uneinigkeit durch „einerseits … andererseits" aus.

3.2 Eine schriftliche Szenenanalyse verfassen

Faust händigt Gretchen ein Schlafmittel aus, um sich nach Ruhigstellung der wachsamen Mutter Zutritt zu Gretchens Schlafgemach zu verschaffen. Die Mutter überlebt die Giftdosis nicht. Faust lässt Gretchen nach der Liebesnacht sitzen; diese bringt allerdings ein Kind von Faust zur Welt. Als Geächtete tötet sie ihr Kind und wird als Kindsmörderin zum Tode verurteilt. Dem Wahnsinn verfallen wartet sie im Kerker auf ihre Hinrichtung. Faust dringt in das Verlies ein, um Gretchen zu befreien.

Johann Wolfgang von Goethe (☞ Autoren-Info S. 70)
Faust. Der Tragödie Erster Teil – Kerker (1808) *Auszug*

Faust Eile!
Wenn du nicht eilest,
Werden wir's teuer büßen müssen.
Margarete Wie? du kannst nicht mehr küssen?
Mein Freund, so kurz von mir entfernt,
Und hast's Küssen verlernt?
Warum wird mir an deinem Halse so bang?
Wenn sonst von deinen Worten, deinen Blicken
Ein ganzer Himmel mich überdrang,
Und du mich küsstest als wolltest du mich ersticken.
Küsse mich!
Sonst küss ich dich! *(Sie umfasst ihn.)*
O weh! deine Lippen sind kalt,
Sind stumm.
Wo ist dein Lieben
Geblieben?
Wer brachte mich drum? *(Sie wendet sich von ihm.)*
Faust Komm! Folge mir! Liebchen, fasse Mut!
Ich herze dich mit tausendfacher Glut,
Nur folge mir! Ich bitte dich nur dies!
Margarete *(zu ihm gewendet)*
Und bist du's denn? Und bist du's auch gewiss?
Faust Ich bin's! Komm mit!
Margarete Du machst die Fesseln los,
Nimmst wieder mich in deinen Schoß.
Wie kommt es, dass du dich vor mir nicht scheust?
Und weißt du denn, mein Freund, wen du befreist?
Faust Komm! komm! Schon weicht die tiefe Nacht.
Margarete Meine Mutter hab ich umgebracht,
Mein Kind hab ich ertränkt.
War es nicht dir und mir geschenkt?

Faust I, Deutsches Theater Göttingen 2007

Dir auch. – Du bist's! ich glaub es kaum.
Gib deine Hand! Es ist kein Traum!
Deine liebe Hand! – Ach aber sie ist feucht!
Wische sie ab! Wie mich deucht,
Ist Blut dran.
Ach Gott! Was hast du getan!
Stecke den Degen ein,
Ich bitte dich drum!
Faust Lass das Vergangne vergangen sein,
Du bringst mich um. [...]
Mephistopheles *(erscheint draußen).* Auf! oder ihr seid verloren. [...]
Margarete Was steigt aus dem Boden herauf?
Der! der! Schick ihn fort!
Was will der an dem heiligen Ort?
Er will mich!
Faust Du sollst leben!
Margarete Gericht Gottes! Dir hab ich mich übergeben!
Mephistopheles *(zu Faust).* Komm! komm! Ich lasse dich mit ihr im Stich.
Margarete Dein bin ich, Vater! Rette mich!
Ihr Engel! Ihr heiligen Scharen,
Lagert euch umher, mich zu bewahren!
Heinrich! Mir graut's vor dir.
Mephistopheles Sie ist gerichtet!
Stimme *(von oben).* Ist gerettet!
Mephistopheles *(zu Faust).* Her zu mir!
(Verschwindet mit Faust.)
Stimme *(von innen, verhallend).* Heinrich! Heinrich!

1 Stellen Sie die Entwicklung Gretchens, ausgehend vom vorangehenden Textauszug (☞ S. 70–72) und der obigen Szene, in einer Grafik dar.

2 Erläutern Sie, welche der folgenden Interpretationshypothesen den thematischen Kern der obigen Szene am deutlichsten trifft:

„Die Szene macht Fausts Selbstbezogenheit deutlich, da es ihm auch in dieser Szene einzig um sein eigenes Wohl geht. Er hat das um vieles schwächere Gretchen nur zur Befriedigung seiner Lust benutzt und hat jetzt ein schlechtes Gewissen."

„Im Zentrum der Szene steht die zerstörerische Kraft menschlicher Dummheit. Das naive Gretchen hat sich auf den Aufreißer Faust eingelassen und sieht nun ihrem physischen Tod entgegen. Eigentlich war sie schon immer in den Grenzen ihres kleinen Verstandes eingesperrt, Kerker und Wahnsinn sind einfach nur Fortsetzungen dieses Zustandes.

„In der Szene kommt es wegen des offenkundigen Wahnsinns Gretchens zu keiner Kommunikation. Zwischen den beiden wird ein Grundproblem von Verliebten deutlich, das bereits in den vorangegangenen Szenen angedeutet wurde: Dass auch Verliebte eigentlich aneinander vorbeireden und dass lediglich das formelhafte Sprechen der von Verliebtheit Entrückten die Illusion wechselseitiger Verständigung schafft. Nach Beendigung dieses süßen Verliebtheitswahns finden sich die Partner in einem „Beziehungskerker" wieder, in dem beide paradoxerweise zwar auf engstem Raum, aber in jeweils unterschiedlichen Wirklichkeiten leben."

3 Analysieren Sie den Szenenauszug aus Goethes „Faust" schriftlich.

a) Informieren Sie sich mithilfe des folgenden Wissenskastens über Entstehungshintergrund und Motive des Dramas.

b) Orientieren Sie sich dann an der folgenden, beschriebenen Vorgehensweise (☞ S. 76).

WISSEN

„Faust, Der Tragödie erster Teil" besteht wiederum aus zwei Teilen: Der erste Teil ist die sog. „**Gelehrtentragödie**", in welcher der unzufrieden-wissensdurstige Faust einen Pakt mit dem Teufel schließt. Dieser Stoff geht auf die Sage um den Magier, Astrologen und Wunderheiler Johann Georg Faust (ca. 1480–1541) zurück; diese findet 1587 als „Historia von D. Johann Fausten" Verbreitung. Wesentliche Themen der Sage sind Teufelspakt und Höllenfahrt. Schon Christopher Marlowe (1564–1593) verwendet den Stoff für eine Tragödie. Die für Aufklärung (☞ S. 322 f.) und Sturm und Drang (☞ S. 323) wichtigen **Motive Erkenntniswille und Wissensdurst** führen dazu, dass im 18. Jahrhundert mehrere Bearbeitungen entstehen. Goethe lernt die Sage als Kind kennen.

Er verbindet diesen Stoff im zweiten Teil, der „**Gretchentragödie**", mit dem **Motiv der Kindsmörderin**. 1771/72 begleitet der Jurist Goethe den Prozess gegen die Magd Susanna Margaretha Brandt, die ihr neugeborenes Kind verwirrt und verzweifelt sterben lässt. 1772 wird sie hingerichtet. Ungewollte Schwangerschaft, ledige Mütter sowie die Todesstrafe für Kindstötung sind im 18. Jahrhundert Gegenstand der öffentlichen Diskussion; die Thematik wird in verschiedenen literarischen Zeugnissen, etwa in Heinrich Leopold Wagners Stück „Die Kindermörderin" (1777), aufgegriffen.

4 Formulieren Sie auf Grundlage einer der folgenden Deutungsschwerpunkte eine Interpretationshypothese zur gesamten Gretchentragödie. Bereiten Sie sich auf die Begründung Ihrer Hypothese vor.

- Konflikt Mann-Frau
- menschenfeindliche Religiosität
- gesellschaftlicher Zwang
- Selbsterkenntnis und Selbstbewusstsein
- schuldloses Schuldigwerden
- das Teuflische im Menschen

METHODE

Eine Dramenszene schriftlich analysieren

Folgende Schritte sind für eine schriftliche Analyse einer Dramenszene notwendig:

Vorarbeiten

→ Teilen Sie den Text in Sinnabschnitte ein und entwickeln Sie einen geeigneten Subtext (☞ S. 248), indem Sie „zwischen den Zeilen lesen" und in Stichworten Ihr Verständnis vom Textabschnitt offenlegen

→ Markieren Sie stilistische und inhaltliche Auffälligkeiten

Einleitung

→ Nennen Sie Verfasser, Titel und Entstehungszeit des Dramas

→ Formulieren Sie als Ausgangspunkt und Leitfaden der Analyse eine **Interpretationshypothese** zu der Szene. Diese kann sich auf Charakterzüge der Figuren oder die Bedeutung der Szene für die Entwicklung des Konflikts bzw. für die Entwicklung der Figuren beziehen

Hauptteil

→ Verfassen Sie eine **Inhaltsangabe** zu der Szene. Achten Sie darauf, den Text möglichst prägnant und objektiv wiederzugeben

→ Ordnen Sie die Szene in den **Kontext des Stückes** ein

→ **Analysieren und interpretieren Sie die Szene**. Unterscheiden Sie zwischen äußerer und innerer Handlung (☞ S. 304, 305)

→ Deuten Sie den Dialog abschnittsweise (**linear**) oder unter Bezug auf bestimmte Deutungsaspekte (**aspektorientiert**). Berücksichtigen Sie folgende Fragen:

- Wie beschreiben die Regieanweisungen das Bühnenbild und warum wird es so beschrieben?
- Welche Personen treten auf, welche Standpunkte vertreten sie? Welche Konflikte werden verhandelt und in welchem Zusammenhang stehen diese zum bisherigen Verlauf des Stücks?
- Wie sind die Redeanteile verteilt? Welche Gründe hat die Verteilung?
- Welches Selbstbild vermitteln die Figuren?
- Welche Bedeutung haben die Äußerungen und Handlungen a) für die handelnde Figur selbst, b) für das Gegenüber auf der Bühne, c) für den Zuschauer und d) in Bezug auf den dramatischen Konflikt?
- Wie wird die Figur durch ihre Sprache charakterisiert?
- Welche Charakterzüge und welche Stimmungen werden deutlich?

→ Beziehen Sie durchgehend **Inhalt und Form** aufeinander

Schlussteil

→ Fassen Sie die Ergebnisse der Analyse der Szene zusammen, beziehen Sie diese auf Ihre Interpretationshypothese und bewerten Sie die Ergebnisse gegebenenfalls auch persönlich

4 Kompetenzen überprüfen und sichern

Friedrich Schiller (☞ Autoren-Info S. 49)
Kabale und Liebe – 5. Akt, 7. Szene (1784) *Auszug*

Auf Befehl des Präsidenten von Walter und um ihren Vater vor dem Kerker zu bewahren, hat Luise einen Brief geschrieben, der scheinbar ihre Untreue bezeugt. Sie hat sich durch Eid verpflichtet, die Intrige nicht offenbar werden zu lassen. Der Brief ist Ferdinand zugespielt worden. Wütend und verzweifelt reicht dieser Luise eine vergiftete Limonade und nimmt auch selbst das todbringende Getränk zu sich.

Ferdinand Fühlst du dich wohl, Luise?

Luise Wozu diese Frage?

Ferdinand Sonst sollte mir's leid um dich tun, wenn du mit einer Lüge von hinnen müsstest.

Luise Ich beschwöre Sie, Walter –

Ferdinand *(unter heftigen Bewegungen).* Nein! Nein! Zu satanisch wäre diese Rache! Nein, Gott bewahre mich! In *jene* Welt hinaus will ich's nicht treiben – Luise! Hast du den Marschall geliebt? Du wirst nicht mehr aus diesem Zimmer gehen.

Luise Fragen Sie, was Sie wollen. Ich antworte nichts mehr. *(Sie setzt sich nieder.)*

Ferdinand *(ernster).* Sorge für deine unsterbliche Seele, Luise! – Hast du den Marschall geliebt? Du wirst nicht mehr aus diesem Zimmer gehen.

Luise Ich antworte nichts mehr.

Ferdinand *(fällt in fürchterlicher Bewegung vor ihr nieder).* Luise! Hast du den Marschall geliebt? Ehe dieses Licht noch ausbrennt – stehst du – vor Gott!

Luise *(fährt erschrocken in die Höhe).* Jesus! Was ist das? – – – und mir wird sehr übel. *(Sie sinkt auf den Sessel zurück.)*

Ferdinand Schon? – Über euch Weiber und das ewige Rätsel! Die zärtliche Nerve hält Freveln fest, die die Menschheit an ihren Wurzeln zernagen; ein elender Gran Arsenik[1] wirft sie um –

Luise Gift! Gift! O mein Herrgott!

Ferdinand So fürcht ich. Deine Limonade war in der Hölle gewürzt. Du hast sie dem Tod zugetrunken.

Luise Sterben! Sterben! Gott Allbarmherziger! Gift in der Limonade und sterben! – O meiner Seele erbarme dich, Gott der Erbarmer!

Ferdinand Das ist die Hauptsache. Ich bitt' ihn auch darum.

Luise Und meine Mutter – mein Vater – Heiland der Welt! mein armer verlorener Vater! Ist keine Rettung mehr? Mein junges Leben, und keine Rettung! und muss ich jetzt schon dahin?

Ferdinand Keine Rettung, musst jetzt schon dahin – aber sei ruhig: Wir machen die Reise zusammen.

Luise Ferdinand, auch du! Gift, Ferdinand! Von dir! O Gott, vergiss es ihm – Gott der Gnade, nimm die Sünde von ihm –

[1] *Gran Arsenik*: *Gran*: alte Maßeinheit der Masse; *Arsenik*: Arsen

Ferdinand Sieh du nach *deinen* Rechnungen – Ich fürchte, sie stehen übel.

Luise Ferdinand! Ferdinand! – O – Nun kann ich nicht mehr schweigen – der Tod – der Tod hebt alle Eide auf – Ferdinand! – Himmel und Erde hat nichts Unglückseligeres als dich! – Ich sterbe unschuldig, Ferdinand.

Ferdinand *(erschrocken).* Was sagt sie da? – Eine Lüge pflegt man doch sonst nicht auf *diese* Reise zu nehmen?

Luise Ich lüge nicht – lüge nicht – hab nur *einmal* gelogen mein Leben lang – Huh! Wie das eiskalt durch meine Adern schauert – – als ich den Brief schrieb an den Hofmarschall –

Ferdinand Ha! dieser Brief! – Gottlob! Jetzt hab ich all meine Mannheit wieder.

Luise *(ihre Zunge wird schwerer, ihre Finger fangen an, gichterisch zu zucken).* Dieser Brief – Fasse dich, ein entsetzliches Wort zu hören – Meine Hand schrieb, was mein Herz verdammte – dein Vater hat ihn diktiert.

Ferdinand *(starr und einer Bildsäule gleich, in langer toter Pause hingewurzelt, fällt endlich wie von einem Donnerschlag nieder).*

Luise O des kläglichen Missverstands – Ferdinand – Man zwang mich – vergib – deine Luise hätte den Tod vorgezogen – aber mein Vater – die Gefahr – sie machten es listig.

Ferdinand *(schrecklich emporgeworfen).* Gelobet sei Gott! Noch spür' ich das Gift nicht. *(Er reißt den Degen heraus.)*

Luise *(von Schwäche zu Schwäche sinkend).* Weh! Was beginnst du? Es ist dein Vater –

Ferdinand *(im Ausdruck der unbändigsten Wut).* Mörder und Mördervater! – *Mit* muss er, dass der Richter der Welt nur gegen den Schuldigen rase. *(Will hinaus.)*

Luise Sterbend vergab mein Erlöser – Heil über dich und ihn *(Sie stirbt.)*

Ferdinand *(kehrt schnell um, wird ihre letzte sterbende Bewegung gewahr und fällt in Schmerz aufgelöst vor der Toten nieder).* Halt! Halt! Entspringe mir nicht, Engel des Himmels! *(Er fasst ihre Hand an und lässt sie schnell wieder fallen.)* Kalt, kalt und feucht! Ihre Seele ist dahin. *(Er springt wieder auf.)* Gott meiner Luise! Gnade! Gnade dem verruchtesten der Mörder! Es war ihr letztes Gebet! – – Wie reizend und schön auch ihr Leichnam! Der gerührte Würger ging schonend über diese freundlichen Wangen hin – Diese Sanftmut war keine Larve, sie hat auch dem Tod Stand gehalten. *(Nach einer Pause.)* Aber wie? Warum fühl ich nichts? Will die Kraft meiner Jugend mich retten? Undankbare Mühe! Das ist meine Meinung nicht. *(Er greift nach dem Glase.)*

1 Formulieren Sie eine Interpretationshypothese für den vorliegenden Textauszug aus der vorletzten Szene des Stücks. Greifen Sie auf mindestens einen der Begriffe aus dem folgenden Wortspeicher zurück.

Wertvorstellungen · Standeszugehörigkeit · Vorstellungen von Liebe · Offenheit · Vertrauen

2 Bewerten und überarbeiten Sie die folgende, von einem Schüler verfasste Inhaltsangabe zu dem Szenenauszug:

a) Kopieren Sie den Schülertext und notieren Sie jeweils neben den entsprechenden Textstellen, welche Fehler gemacht wurden.

b) Überarbeiten Sie die Inhaltsangabe entsprechend.

In der Szene V. 7 trifft das Liebespaar Ferdinand und Luise zum letzten Mal aufeinander. In seiner Verblendung und seinem Übereifer hat Ferdinand ein Glas mit vergifteter Limonade vorbereitet, mit dem er Luise – als Rache für die Demütigung – vergiften möchte. Ferdinand möchte, dass Luise ihren Betrug noch einmal ausspricht und beschwört sie, zu antworten. Luise hält weiter an ihrem Eid fest und schweigt, woraufhin Ferdinand beharrlich bleibt und weiter auf sie einredet, sie solle die Beziehung zu dem Hofmarschall zugeben. Erst als er Luise unmissverständlich andeutet, dass die Limonade vergiftet war, gibt Luise nach. Hieran sieht man wieder die überzeichneten bürgerlichen Wertvorstellungen: Luise hält an dem Eid fest, obwohl sie weiß, dass sie damit alles zerstören wird. Nun gibt sie aber zu, gelogen zu haben und den Brief nur unter Druck verfasst zu haben. Ferdinand ist hin und hergerissen. Zunächst will er nicht wahrhaben, dass er Luise umsonst vergiftet hat. Dann glaubt er ihr doch, sieht die Fehler aber nicht bei sich selbst und seinen eigenen, auf Impulsivität, ständischem Denken, Unbeherrschtheit und einer zu großen Gefühlsorientierung aufbauenden Verhaltensweisen. Er wendet seinen ganzen Zorn gegen den Vater und kündigt nun auch dessen Tod an, wohingegen Luise stirbt.

3 Untersuchen Sie die Kommunikation zwischen Ferdinand und Luise in dieser Szene genauer:

a) Markieren Sie dazu Textpassagen, die als Auslöser für den weiteren Gesprächsverlauf dienen, gelb, und die Reaktionen darauf rot.

b) Bereiten Sie die Deutung des – durch Regieanweisungen angedeuteten – nonverbalen Verhaltens der Figuren vor. Machen Sie sich Notizen.

c) Beschreiben und interpretieren Sie den Dialogverlauf nun schriftlich.

4 Verfassen Sie eine schriftliche Untersuchung der Figurengestaltung Ferdinands oder Luises nach den Ihnen bekannten Kriterien. Achten Sie dabei auf eine genaue Auswertung der direkten und indirekten Hinweise zur Charaktergestaltung.

5 Notieren Sie aufgrund Ihrer Untersuchung zur Kommunikation in Aufgabe 3 dramaturgische Hinweise zum Einsatz der Schaukel, wie Sie auf einem der Inszenierungsfotos (☞ S. 66) zu sehen ist.

6 Prüfen Sie, inwiefern im Rahmen dieser Szene „Mitleid und Furcht" im Sinne Lessings (☞ S. 57) erregt werden können.

a) Markieren Sie Passagen, an denen diese Affekte erzeugt werden können.

b) Ergänzen Sie ggf. den Text an ausgewählten Stellen durch entsprechende Regieanweisungen für die Schauspieler, um die Erzeugung von Mitleid und Furcht zu steigern.

Neue Ausdrucksformen der Epik

Modernes und realistisches Erzählen

Gustave Courbet (1819–1877), Selbstbildnis, Der Verzweifelte (1843–1845)

Wir brauchen aber die Bücher, die auf uns wirken wie ein Unglück, das uns sehr schmerzt, wie der Tod eines, den wir lieber hatten als uns, wie wenn wir in Wälder verstoßen würden, von allen Menschen weg, wie ein Selbstmord, ein Buch muss die Axt sein für das gefrorene Meer in uns. Das glaube ich. *(Franz Kafka, 1904)*

René Magritte (1898–1967): Selbstporträt (1923)

Einführung

KAPITEL & KOMPETENZEN

Das Kapitel stellt **epische Texte des Realismus und der Klassischen Moderne** unter thematischen bzw. motivischen Aspekten einander gegenüber. Gleichzeitig werden Sie durch die Auseinandersetzung mit deren jeweiligen, spezifischen Gestaltungsprinzipien und Weltbezügen an eine **Analyse und Interpretation epischer Texte der Zeit zwischen 1848 und 1933** herangeführt. Ziel ist es auch, neben dem Einblick in **verschiedene Strömungen der Moderne** (z. B. Symbolismus, Ästhetizismus) die **Traditionsbrüche** in der Malerei (Impressionismus) und die **Krisenerfahrung** des poetischen Sprechens als Wiedergabe von Wirklichkeit zu beleuchten.
Eine gewisse Sonderstellung nimmt die Beschäftigung mit **Kafkas verrätselter Bildwelt** ein. Neben den Auswirkungen der problematischen Vater-Sohn-Beziehung auf Kafkas Schreiben setzen Sie sich ebenso mit den Gattungsmerkmalen der Parabel auseinander.
Im Sinne eines voranschreitenden Erwerbs von Kompetenzen im Verstehen *von* und Sprechen bzw. Schreiben *über* epische Texte wechseln gestalterische und analytische Aufgabenstellungen einander ab. Der Hauptakzent jedoch liegt auf der **Aneignung eines methodischen Instrumentariums** und eines **hinreichenden Fachvokabulars**, um die schriftliche **Ausarbeitung einer Einzel- bzw. vergleichenden Interpretation epischer Texte** zu bewältigen. Hierzu wird in Unterkapitel 3 durch den kontrastiven Vergleich motivgleicher Romanauszüge des poetischen Realismus und der Moderne angeleitet. Abschließend überprüfen Sie in einem **Kompetenztest** Ihre Fertigkeiten für die Analyse eines epischen Textes anhand eines exemplarischen Textes der Neuen Sachlichkeit.

1 Veranschaulichen Sie schriftlich, szenisch oder bildnerisch das Zitat von Kafka (☞ S. 81) anhand eigener Lektüreerlebnisse.

2 Vergleichen Sie die Gemälde der Auftaktseite (☞ S. 80 f.):

a) Beschreiben Sie in Form von Notizen den jeweiligen Bildaufbau, die Farbwahl und ggf. die geometrische Formensprache.

b) Erläutern Sie in einem Kurzvortrag, inwiefern traditionelle Sehgewohnheiten durchbrochen oder eingehalten werden.

c) Tauschen Sie sich im Plenum über die Wirkung der Bilder aus. Gehen Sie auch auf den Aspekt ein, dass beide Bilder Selbstbildnisse der Künstler sind.

3 Kafkas und Magrittes literarisches bzw. künstlerisches Schaffen werden der Moderne zugeordnet. Setzen Sie unter diesem Bezugspunkt das Selbstbildnis Magrittes zu der Aussage Kafkas in Beziehung. Formulieren Sie Ihre These in einem Satz und vergleichen Sie diesen im Plenum.

1 Krise und Erneuerung des Erzählens – Über Kriterien zur Unterscheidung realistischen und modernen Erzählens verfügen

WISSEN

Die **Zeit zwischen 1870 und 1933** ist geprägt von **radikalen Veränderungen und Umbrüchen** in allen Lebensbereichen. Nach den gescheiterten **demokratischen Reformbestrebungen** (1848) greifen in einer Ära des sich beschleunigenden **technischen Fortschritts** und der sich herausbildenden industrialisierten Massengesellschaft **Verunsicherung und Desorientierung** um sich. Die **Reichsgründung (1871)** und die Wilhelminische Großmachtpolitik machen Aristokratie und Großbürgertum zu den Trägern einer **feudal-repräsentativen Kultur**. Jedoch ist für die Generation der in den 80er Jahren geborenen Künstler und Intellektuellen die Welt ihrer Väter in seelenlosen Traditionen erstarrt, von Verfall gekennzeichnet, dem Untergang geweiht. Sie sehen im **Ausbruch des Ersten Weltkriegs (1914–1918)** den notwendigen Kollaps eines maroden Systems und die ersehnte Chance für eine Reinigung aller geistigen und moralischen Kräfte. Fasziniert von der **Szenerie der Metropolen** thematisieren sie deren hektische Betriebsamkeit, sinnliche Verlockung und Anonymität.
In den Wirren der **Kapitulation des Kaiserreichs** (Novemberrevolution, Räterepublik) geht die Sozialdemokratie ein Zweckbündnis mit den alten Mächten aus Heer, Bürokratie und Justiz ein. **1919** tritt die **Weimarer Reichsverfassung** (erstmals mit Frauenwahlrecht) in Kraft und eine parlamentarische Republik wird ausgerufen. Nach einer Phase der relativen Konsolidierung und eines gewissen wirtschaftlichen Aufschwungs (1924–1927) gerät mit der auch auf Deutschland übergreifenden **Weltwirtschaftskrise (1929)** das politische System mehr und mehr ins Wanken. Das Heer der Arbeitslosen und sozial Entwurzelten strömt zu den radikalen Parteien, wie die letzten freien Wahlen 1932 belegen. Mit **Hitlers Berufung zum Reichskanzler**, der Reichstagsbrandverordnung und schließlich dem Ermächtigungsgesetz (**1933**) sind die demokratischen Strukturen der Weimarer Republik endgültig beseitigt.
Entscheidend für die neuen Akzente des Kulturbetriebs der 20er Jahre (Radio, Film, Presse, Varieté) ist der **Aufstieg der Industriearbeiterschaft** und der **Angestellten zu einer städtischen Massengesellschaft**, die zum Adressaten eines neuen Kunstverständnisses wird. Kategorien wie **Wirksamkeit**, **Nützlichkeit** und **Authentizität** gewinnen an Bedeutung und lassen Gattungen wie Reportage und Textmontage in den Rang künstlerischer Ausdrucksformen aufsteigen. Berlin wird zum Seismographen für Zerstreuung, Dekadenz und Depression. Besonderes Interesse gewinnt die „**Neue Frau**" in ihrer Rolle als auf sich allein gestelltes, (scheinbar) auch sexuell emanzipiertes Wesen.

1.1 Straßen – Plätze – Passanten – Mittel des realistischen und modernen Erzählens vergleichen

Wilhelm Raabe
Die Chronik der Sperlingsgasse (1857) *Auszug*

In den Tagebuchaufzeichnungen Johannes Wacholders spiegelt sich ein halbes Jahrhundert deutscher Geschichte. Durch Einfügung früherer Erinnerungsblätter und alter Briefe reicht der berichtete Zeitraum bis in die Napoleonischen Kriege zurück.

Am 20. November

Ich liebe in großen Städten diese ältern Stadtteile mit ihren engen, krummen, dunkeln Gassen, in welche der Sonnenschein nur verstohlen hineinzublicken wagt; ich liebe sie mit ihren Giebelhäusern und wundersamen Dachtraufen, mit ihren alten Kartaunen und Feldschlangen[1], welche man als Prellsteine an die Ecken gesetzt hat. Ich liebe diesen Mittelpunkt einer vergangenen Zeit, um welchen sich ein neues Leben in liniengraden, parademäßig aufmarschierten Straßen und Plätzen angesetzt hat, und nie kann ich um die Ecke meiner Sperlingsgasse biegen, ohne den alten Geschützlauf mit der Jahreszahl 1589, der dort lehnt, liebkosend mit der Hand zu berühren. [...] Hier in diesen winkligen Gassen wohnt das Volk des Leichtsinns dicht neben dem der Arbeit und des Ernstes, und der zusammengedrängtere Verkehr reibt die Menschen in tolleren, ergötzlicheren Szenen aneinander als in den vornehmeren, aber auch öderen Straßen. Hier gibt es noch die alten Patrizierhäuser – die Geschlechter selbst sind freilich meistens lange dahin –, welche nach einer Eigentümlichkeit ihrer Bauart oder sonst einem Wahrzeichen unter irgendeiner naiven merkwürdigen Benennung im Munde des Volkes fortleben. Hier sind die dunkeln, verrauchten Kontore der alten gewichtigen Handelsfirmen, hier ist das wahre Reich der Keller- und Dachwohnungen. Die Dämmerung, die Nacht produzieren hier wundersamere Beleuchtungen durch Lampenlicht und Mondschein, seltsamere Töne als anderswo. Das Klirren und Ächzen der verrosteten Wetterfahnen, das Klappern des Windes mit den Dachziegeln, das Weinen der Kinder, das Miauen der Katzen, das Gekeif der Weiber, wo klingt es passender – man möchte sagen dem Ort angemessener, als hier in diesen engen Gassen, zwischen diesen hohen Häusern, wo jeder Winkel, jede Ecke, jeder Vorsprung den Ton auffängt, bricht und verändert zurückwirft!

Horch, wie in dem Augenblick, wo ich dieses niederschreibe, drunten in jenem gewölbten Torwege die Drehorgel beginnt; wie sie ihre klagenden, an diesem Ort wahrhaftig melodischen Tonwogen über das dumpfe Murren und Rollen der Arbeit hinwälzt! Die Stimme Gottes spricht zwar vernehmlich genug im Rauschen des Windes, im Brausen der Wellen und im Donner; aber nicht vernehmlicher als in diesen unbestimmten Tönen, welche das Getriebe der Menschenwelt hervorbringt. Ich behaupte, ein angehender Dichter oder Maler [...] dürfe nirgends anders wohnen als hier! Und fragst du auch, wo die frischesten, originellsten Schöpfun-

[1] *Kartaune und Feldschlangen*: große Geschütze

gen in allen Künsten entstanden sind, so wird meistens die Antwort sein: in einer Dachstube! [...]

Die Sperlingsgasse ist ein kurzer enger Durchgang, welcher die Kronenstraße mit einem Ufer des Flusses verknüpft, der in vielen Armen und Kanälen die große Stadt durchwindet. Sie ist bevölkert und lebendig genug, einen mit nervösem Kopfweh Behafteten wahnsinnig zu machen und ihn im Irrenhause enden zu lassen; mir aber ist sie seit vielen Jahren eine unschätzbare Bühne des Weltlebens, wo Krieg und Friede, Elend und Glück, Hunger und Überfluss, alle Antinomien[2] des Daseins sich widerspiegeln.

[2] *Antinomien*: zueinander in Widerspruch stehende Aussagen, die gleichermaßen gut begründet oder bewiesen sind

1 Zeichnen Sie einen Lageplan der Sperlingsgasse und lokalisieren Sie den Beobachtungsposten des Ich-Erzählers.

2 Notieren Sie die Schlüsselbegriffe, die für das Selbstverständnis des Verfassers dieser Zeilen als Dichter bedeutsam sind.

3 Markieren Sie auf einer Textkopie stilistisch hervorstechende Textpassagen. Benennen Sie die verwendeten Stilmittel (☞ S. 341–344) und erläutern Sie deren Wirkung im Hinblick auf die Atmosphäre des geschilderten Stadtviertels im Plenum.

4 Veranschaulichen Sie in einer grafischen Gestaltung, wie die „Bühne des Weltlebens“ (Z. 40) in diesem Textauszug gestaltet ist.

Theodor Fontane

Was soll ein Roman? (1875) *Auszug*

Er soll uns, unter Vermeidung alles Übertriebenen und Hässlichen, eine Geschichte erzählen, an die wir glauben. Er soll zu unserer Fantasie und unserem Herzen sprechen, Anregung geben, ohne aufzuregen; er soll uns eine Welt der Fiktion auf Augenblicke als eine Welt der Wirklichkeit erscheinen, soll uns weinen und lachen, hoffen und fürchten, am Schluss aber empfinden lassen, teils unter lieben und angenehmen, teils unter charaktervollen und interessanten Menschen gelebt zu haben, deren Umgang uns schöne Stunden bereitete, uns förderte, klärte und belehrte. [...] Der Roman soll ein Bild der Zeit sein, der wir selber angehören, mindestens die Widerspiegelung eines Lebens, an dessen Grenze wir selbst noch standen, oder von dem uns unsere Eltern noch erzählten. [...] Der moderne Roman soll ein Zeitbild sein, ein Bild seiner Zeit.

5 Fontanes ästhetisches Konzept wird als „poetischer Realismus“ bezeichnet. Diskutieren Sie diesen Begriff auf Grundlage des Textes und des folgenden Wissenskasten (☞ S. 86) in einem Schreibgespräch (☞ S. 302).

6 Erläutern Sie, inwiefern Raabes „Chronik“ Fontanes Romantheorie entspricht:

a) Schreiben Sie die einzelnen Aspekte der Romantheorie heraus.

b) Ordnen Sie den Aspekten inhaltliche oder stilistische Eigenarten der „Chronik“ zu.

c) Führen Sie Ihre Ergebnisse in einem Plakat zusammen.

WISSEN

Autoren des **Realismus** wie Wilhelm Raabe, Gottfried Keller, Theodor Storm oder Theodor Fontane schaffen in ihren Romanen und Erzählungen eine fiktive Welt, die der erlebten Welt des zeitgenössischen Lesers so nahe wie möglich kommen und sie poetisch verarbeiten soll. Diese Forderung spiegeln die **Gattungsbesonderheiten realistischen Erzählens** wider. Folgende Voraussetzungen bei der Gestaltung von Raum und Zeit, Begebenheiten, Figurenkonstellationen und -charakterisierungen sind dazu nötig:

- Eine nachvollziehbare, psychologisch wahrscheinliche **Motivation des Handelns** der Figuren
- Eine kontinuierliche, mehr oder weniger **lineare Entfaltung der Handlungsstränge**
- Eine klar umrissene, meist **auktoriale Erzählerinstanz**, die in humoriger bzw. ironischer Haltung das Erzählte ausbreitet und kommentiert
- Eine **eindeutige Blickrichtung** (**Perspektive**) auf das erzählte Geschehen und ein unverwechselbarer subjektiver Erzählton
- Ein Verweiszusammenhang zwischen Dichtung und Realität in Form von kunstvoll gesetzten **symbolischen Anspielungen**

Alfred Döblin
Berlin Alexanderplatz (1929) *Auszug*

Alfred Döblin (1878–1957) wuchs in ärmlichen Verhältnissen auf. Er studierte Medizin und ließ sich 1911 als Nervenarzt in Berlin nieder. Höhepunkt seines literarischen Schaffens ist der Roman „Berlin Alexanderplatz“, der als erster und bedeutendster deutscher Großstadtroman gilt und literarisch der „Neuen Sachlichkeit“ (☞ S. 88) zuzuordnen ist. 1933 floh Döblin in die Schweiz, später nach Paris und schließlich 1940 in die USA. Im November 1945 kehrte er nach Deutschland zurück, wo er verkannt starb.

Der Rosenthaler Platz unterhält sich.

[...] Die Elektrische Nr. 68 fährt über den Rosenthaler Platz, Wittenau, Nordbahnhof, Heilanstalt, Weddingplatz, Stettiner Bahnhof, Rosenthaler Platz, Alexanderplatz, Straußberger Platz, Bahnhof Frankfurter Allee, Lichtenberg, Irrenanstalt Herzberge. Die drei Berliner Verkehrsunternehmen, Straßenbahn, Hoch- und Untergrundbahn, Omnibus, bilden eine Tarifgemeinschaft Der Fahrschein für Erwachsene kostet 20 Pfennig, der Schülerfahrschein 10 Pfennig, Fahrpreisermäßigung erhalten Kinder bis zum vollendeten 14. Lebensjahr, Lehrlinge und Schüler, unbemittelte Studenten, Kriegsbeschädigte, im Gehen schwer behinderte Personen auf Ausweis der Bezirkswohlfahrtsämter. Unterrichte dich über das Liniennetz. Während der Wintermonate darf die Vordertür nicht zum Ein- und Aussteigen geöffnet werden, 39 Sitzplätze, 5918, wer aussteigen will, melde sich rechtzeitig, die Unterhaltung mit den Fahrgästen ist dem Wagenführer verboten, Auf- und Absteigen während der Fahrt ist mit Lebensgefahr verbunden.

2 Literatur als Zeitdiagnose reflektieren

2.1 In sich ruhende und aufgebrochene Häuser – Das Motiv Haus als Spiegel sozialer Zustände interpretieren

Theodor Storm
Viola tricolor (1874) *Auszug*

Der Titel „Viola tricolor" („Stiefmütterchen") benennt die Konfliktpotenziale, um die die Novelle kreist. Die frischvermählte zweite Ehefrau wird in das Haus und die Familie des Privatgelehrten eingeführt und mit einer Stieftochter konfrontiert, die die Erinnerung an ihre verstorbene Mutter kultiviert.

Theodor Storm (1817–1888) entstammt einer wohlhabenden Patrizierfamilie aus Schleswig. Er studiert Jura, arbeitet als Assessor und Richter; seit 1864 ist er wieder Landvogt in Husum. Seine mehr als 50 Novellen reichen von wehmütigen lyrischen Stimmungsbildern der Frühzeit bis zu streng komponierten Prosadichtungen.

Es war sehr still in dem großen Hause; aber selbst auf dem Flur spürte man den Duft von frischen Blumensträußen. Aus einer Flügeltür, der breiten, in das Oberhaus hinaufführenden Treppe gegenüber, trat eine alte, sauber gekleidete Dienerin. Mit einer feierlichen Selbstzufriedenheit drückte sie hinter sich die Tür ins Schloss und ließ dann ihre grauen Augen an den Wänden entlangstreifen, als wolle sie auch hier jedes Stäubchen noch einer letzten Musterung unterziehen; aber sie nickte beifällig und warf dann einen Blick auf die alte, englische Hausuhr, deren Glockenspiel eben zum zweitenmal seinen Satz abgespielt hatte.

„Schon halb!", murmelte die Alte; „und um acht, so schrieb der Herr Professor, wollten die Herrschaften da sein!" [...]

Dann kamen von oben herab kleine, leichte Schritte, und ein etwa zehnjähriges Mädchen erschien auf dem Treppenabsatz. Auch sie war frisch und festlich angetan; das rot und weiß gestreifte Kleid stand ihr gut zu dem bräunlichen Gesichtchen und den glänzend schwarzen Haarflechten. Sie legte den Arm auf das Geländer und das Köpfchen auf den Arm und ließ sich so langsam hinabgleiten, während ihre dunklen Augen träumerisch auf die gegenüberliegende Zimmertür gerichtet waren.

Einen Augenblick stand sie horchend auf dem Flur; dann drückte sie leise die Tür des Zimmers auf und schlüpfte durch die schweren Vorhänge hinein. – Es war schon dämmerig hier, denn die beiden Fenster des tiefen Raumes gingen auf eine von hohen Häusern eingeengte Straße; nur seitwärts über dem Sofa leuchtete wie Silber ein venezianischer Spiegel auf der dunkelgrünen Sammettapete. In dieser Einsamkeit schien er nur dazu bestimmt, das Bild eines frischen Rosenstraußes zurückzugeben, der in einer Marmorvase auf dem Sofatische stand. Bald aber erschien in seinem Rahmen auch das dunkle Kinderköpfchen. Auf den Zehen war die Kleine über den weichen Fußteppich herangeschlichen; und schon griffen die schlanken Finger hastig zwischen die Stengel der Blumen, während ihre Augen nach der Tür zurückflogen. Endlich war es ihr gelungen, eine halb erschlossene Moosrose aus dem Straußе zu lösen; aber sie hatte bei ihrer Arbeit der Dornen nicht geachtet, und ein roter Blutstropfen rieselte über ihren Arm. Rasch – denn er wäre fast in das Muster der kostbaren Tischdecke gefallen – sog sie ihn mit ihren Lippen auf; dann leise, wie sie gekommen, die geraubte Rose in der Hand, schlüpfte sie wieder durch die Türvorhänge auf den Flur hinaus. Nachdem sie auch hier noch einmal gehorcht hatte, flog sie die Treppe wieder hinauf, die sie zuvor herabgekommen war, und droben weiter einen Korridor entlang, bis an die letzte Tür desselben. Einen Blick noch warf sie durch eines der Fenster, vor dem im Abendschein die Schwalben kreuzten; dann drückte sie die Klinke auf.

Es war das Studierzimmer ihres Vaters, das sie sonst in seiner Abwesenheit nicht zu betreten pflegte; nun war sie ganz allein zwischen den hohen Repositorien[1], die mit ihren unzähligen Büchern so ehrfurchtgebietend umherstanden. [...]

Nach Westen hinaus, der Tür, durch welche sie eingetreten, gegenüber, hatte das Zimmer noch ein zweites Fenster. An der Wand daneben, sodass das Licht dem daran Sitzenden zur Hand fiel, befand sich ein großer Schreibtisch mit dem ganzen Apparat eines gelehrten Altertumsforschers; Bronzen und Terrakotten aus Rom und Griechenland, kleine Modelle antiker Tempel und Häuser und andere dem Schutt der Vergangenheit entstiegene Dinge füllten fast den ganzen Aufsatz desselben. Darüber aber, wie aus blauen Frühlingslüften heraustretend, hing das lebensgroße Brustbild einer jungen Frau; gleich einer Krone der Jugend lagen die goldblonden Flechten über der klaren Stirn. – „Holdselig“, dies veraltete Wort hatten ihre Freunde für sie wieder hervorgesucht; – einst, da sie noch an der Schwelle dieses Hauses mit ihrem Lächeln die Eintretenden begrüßte. [...]

Das kleine, schwarzhaarige Mädchen kam mit leisen Schritten näher; mit leidenschaftlicher Innigkeit hingen ihre Augen an dem schönen Bildnis.

„Mutter, meine Mutter!“, sprach sie flüsternd; doch so, als wolle mit den Worten sie sich zu ihr drängen.

Das schöne Antlitz schaute, wie zuvor, leblos von der Wand herab; sie aber kletterte, behend wie eine Katze, über den davorstehenden Sessel auf den Schreibtisch und stand jetzt mit trotzig aufgeworfenen Lippen vor dem Bilde, während ihre zitternden Hände die geraubte Rose hinter der unteren Leiste des Goldrahmens zu befestigen suchten.

[1] *Repositorien*: verwalteter Ort zur Aufbewahrung von geordneten Dokumenten, die öffentlich und allgemein zugänglich sind

1 Stellen Sie eine Inventarliste der hervorgehobenen Einrichtungsgegenstände zusammen.

2 Schildern Sie in einem kurzen inneren Monolog (☞ S. 310), wie dieses Interieur auf die ankommende junge Gattin wirken könnte.

3 Lesen Sie die Zeilen 14–40 laut vor und vollziehen Sie die einzelnen Aktionen des Kindes in angemessenem Tempo nach. Geben Sie auf dieser Basis eine begründete Einschätzung des Verhältnisses von Erzählzeit (Lesedauer) und erzählter Zeit (Handlungsdauer) (☞ S. 311).

4 Der Schriftsteller Otto Ludwig schreibt um 1860 über den poetischen Realismus und dessen Darstellungstechniken:

> „Die Zeit misst nicht nach abstrakten Minuten, sondern nach erfüllten Momenten; sie hat das Gesetz der Phantasie und des menschlichen Geistes. [...] Eine Welt, in der die Mannigfaltigkeit der Dinge nicht verschwindet, aber durch Harmonie und Kontrast für unseren Geist in Einheit gebracht ist; nur von dem, was dem Falle gleichgültig ist, gereinigt."

a) Analysieren Sie, wie diese Aussage Ludwigs sprachlich und inhaltlich in Storms „Viola Tricolor" (S. 93 f.) umgesetzt wird. Kommentieren Sie arbeitsteilig je ein exemplarisches Beispiel auf Folie oder Plakat.
b) Wählen Sie aus den von Storm geschilderten „erfüllten Momentaufnahmen" zwei aus und halten diese in Standbildern (S. 302) fest.
c) *Der bürgerliche Realismus – verklärte Wiedergabe der Wirklichkeit?* Formulieren Sie in einem Satz Ihr Verständnis von Verklärung. Erörtern Sie in einem Schreibgespräch (S. 302), ob die negativen Aspekte des Begriffs auf den Textauszug zutreffen.

Rainer Maria Rilke (Autoren-Info S. 92)
Die Aufzeichnungen des Malte Laurids Brigge (1910) *Auszug*

In lose verbundenen Tagebuchnotizen beschreibt der im Paris der Jahrhundertwende lebende, verarmte dänische Adlige Malte seine Identitätskrise, Gottsuche und sein Ausgeliefertsein an die betäubende Präsenz der Massengesellschaft. Er lernt Elend und Zerfall sehen und kehrt in Erinnerungen immer wieder zurück in seine Kindheit.

„Häuser? Aber, um genau zu sein, es waren Häuser, die nicht mehr da waren. Häuser, die man abgebrochen hatte von oben bis unten.
[...] Ich weiß nicht, ob ich schon gesagt habe, dass ich diese Mauer meine. Aber es war sozusagen nicht die erste Mauer der vorhandenen Häuser [...], sondern die letzte der früheren. Man sah ihre Innenseite. Man sah in den verschiedenen Stockwerken Zimmerwände, an denen noch die Tapeten klebten, da und dort den Ansatz des Fußbodens oder der Decke. Neben den Zimmerwänden blieb die ganze Mauer entlang noch ein schmutzig-weißer Raum, und durch diesen kroch in unsäglich widerlichen, wurmweichen, gleichsam verdauenden Bewegungen die offene, rostfleckige Rinne der Abortröhre. [...] Das zähe Leben dieser Zimmer hatte sich nicht zertreten lassen. Es war noch da, es hielt sich an den Nägeln, die geblieben waren, es stand auf dem handbreiten Rest der Fußböden. [...] Da standen die Mittage und die Krankheiten und das Ausgeatmete und der Jahre alte Rauch und der Schweiß, der unter den Schultern ausbricht, und die Kleider schwer macht, und das Fade aus den Munden und der Fuselgeruch gärender Füße. Da stand das Scharfe vom Urin und das Brennen vom Ruß und grauer Kartoffeldunst und der schwere, glatte Gestank von alterndem Schmalze. Der süße, lange Geruch von vernachläs-

sigten Säuglingen war da und der Angstgeruch der Kinder, die in die Schule gehen, und das Schwüle aus den Betten mannbarer Knaben. [...]
Ich habe doch gesagt, dass man alle Mauern abgebrochen hatte bis auf die letzte – ? Nun von dieser Mauer spreche ich fortwährend. Man wird sagen, ich hätte lange davorgestanden; aber ich will einen Eid geben dafür, dass ich zu laufen begann, sobald ich die Mauer erkannt hatte. Denn das ist das Schreckliche, dass ich sie erkannt habe. Ich erkenne das alles hier, und darum geht es so ohne weiteres in mich ein: Es ist zu Hause in mir."

5 Stellen Sie für den Sinneseindruck „Geruch" ein Wortfeld zusammen, das die Phantasie des Protagonisten bzw. das „zähe Leben" der Zimmer (Z. 10) widerspiegelt.
6 Finden Sie in Kleingruppen zu dem Arsenal übler Gerüche vergleichbare Geräusche und Stimmen. Führen Sie das so entstehende Endprodukt szenisch auf.
7 Der Ich-Erzähler unterscheidet zwischen *sehen* und *erkennen* (Z. 22–24). Erörtern Sie in einem Schreibgespräch (☞ S. 302) die unterschiedliche Bedeutung beider Begriffe.

Robert Musil
Die Amsel (1928) *Auszug*

Zu den sonderbarsten Orten der Welt [...] gehören jene Berliner Höfe, wo zwei, drei, oder vier Häuser einander den Hintern zeigen. [...]
Da hinaus und hinab sehen nun die Küchen und die Schlafzimmer; nahe beieinander liegen sie, wie Liebe und Verdauung am menschlichen Körper. Etagenweise sind die Ehebetten übereinander geschichtet; denn alle Schlafzimmer haben im Haus die gleiche Lage, und Fensterwand, Badezimmerwand, Schrankwand bestimmen den Platz des Bettes fast auf den halben Meter genau. Ebenso etagenweise türmen sich die Speisezimmer übereinander, das Bad mit den weißen Kacheln und der Balkon mit dem roten Lampenschirm. Liebe, Schlaf, Geburt, Verdauung, unerwartete Wiedersehen, sorgenvolle und gesellige Nächte liegen in diesen Häusern übereinander wie die Säulen der Brötchen in einem Automatenbüfett. Das persönliche Schicksal ist in solchen Mittelstandswohnungen schon vorgerichtet, wenn man einzieht.

8 Reflektieren Sie den Zusammenhang zwischen den in den drei Texten (☞ S. 93, 95, 96) aufgezeigten gesellschaftlichen Verhältnissen und literarischen Ausdrucksformen.
a) Veranschaulichen Sie auf einem Plakat die jeweiligen sozialen Zustände, die in den Texten durch die Häuser gespiegelt werden.
b) Setzen Sie die sozialen Zustände zur literarischen Umsetzung in Beziehung, indem Sie formale Besonderheiten der Texte benennen. Erweitern Sie das Plakat.
c) Ordnen Sie den jeweiligen Text literarisch und gesellschaftlich ein. Sie können hierfür auf die Wissenskästen zurückgreifen (☞ S. 83, 86, 88).

2.2 Sich mit dem Wandel von Rollenverständnis und – verhalten von Frauenfiguren auseinandersetzen

Theodor Fontane
Mathilde Möhring (1891) *Auszug*

Die 23-jährige Mathilde Möhring lebt mit ihrer Mutter in einem Berliner Mietshaus. Um die bescheidene Witwenrente aufzubessern, nehmen sie einen vor dem Jura-Examen stehenden Studenten als Untermieter auf. Die als energisch, aber wenig reizvoll beschriebene Mathilde erkennt in dem schöngeistigen, antriebsschwachen jungen Mann aus gutem Haus ihre Chance, den ärmlichen, kleinbürgerlichen Verhältnissen zu entkommen.

Theodor Fontane (1819–1898) praktiziert bis 1848 als Apotheker und ist nach seiner Heirat 1850 als Journalist tätig. Er berichtet als Korrespondent aus England (1855-1859), dann von den Kriegsereignissen der Bismarck-Ära und ist zwischen 1870 und 1890 Theaterkritiker für das königliche Hoftheater. Erst diese feste Anstellung ermöglicht ihm seit 1876 die Existenz eines freien Schriftstellers. Sein bedeutendes Romanwerk zeichnet sich durch einen unbestechlichen Blick für die Brüchigkeit der preußischen Gesellschaft aus.

Thilde sah ihn an und lächelte ruhig, dann nahm sie seine Hand und sagte: „Reichshallen? Nein, Hugo, das ist nun vorbei. Wir waren nun von Heiligabend bis Silvester jeden Tag aus oder hatten unsern Punsch, und einmal waren wir in einem ganz feinen Lokal, ich möchte beinah sagen, über unsern Stand und unsere Verhältnisse; aber nun ist es auch genug, und nun müssen wir anfangen."
„Ja, womit denn, Thilde?"
„Nimm es mir nicht übel, aber so was kannst nur du fragen. Willst du mir erlauben, dir offen meine Meinung zu sagen, und willst du mir versprechen, mir nichts übelzunehmen, und von vornherein davon ausgehen, dass ichs gut meine mit dir und allerdings auch mit mir?"
„Gewiss, Thilde, sprich nur, ich weiß ja, dass es immer was Vernünftiges ist, was du sagst. Mitunter ein bisschen zu sehr. Aber in dieser Woche habe ich dich auch von der lebenslustigen Seite kennengelernt."
„Und das sollst du auch weiter, Hugo. Ich bin gar nicht so schlimm und so schrecklich vernünftig, wie manche glauben. Ich bin auch für ein hübsches Kleid und für Vergnügen, aber mit Arbeit muss es anfangen. Dass wir arme Leute sind, das weißt du, und dass du nicht reich bist, weißt du auch. Zweimal null macht null, und mit null soll man nicht in teure Lokale gehen und nicht einmal die Tochter der Luft[1] sehen. Wir sind nun verlobt, und ich bin glücklich, einen so guten und einen so hübschen Mann zu haben, und bin sicher, dass ihn mir viele nicht gönnen, die Rätin unten gewiss nicht – und die Frau Petermann schon gar nicht[2]. Das sind neidische alte Weiber, und das schöne blonde Frauenzimmer unten mit dem Spitzenhäubchen sieht mich auch immer so an ... Nun, Neid macht glücklich, und ich bin es. [...]
Verlobt sind wir, das heißt also, wir wollen doch mal heiraten und in eine christliche Ehe eintreten. Alles muss sein Vergnügen haben, aber auch seinen Ernst. Und

[1] *Tochter der Luft*: Akrobatin

[2] *Rätin, Frau Petermann*: die übrigen Hausbewohner

der Ernst kommt erst. Und da wir doch nicht als Herr und Frau Student oder Kandidat, was eigentlich das gleiche ist, durch die Welt gehen können, schon deshalb nicht, weil, wer kein Amt und keinen Dienst hat, auch kein dienstliches Einkommen hat, was wir doch haben müssen, wenn wir leben wollen und eine Familie bilden wollen ..."

„Ach, Thilde, das ist ja noch weit hin."

„... also nur leben wollen, so musst du für das sorgen, was zum Leben nötig ist, das heißt, du musst nun endlich dein Examen machen und nicht immer die Bücher beiseite schieben [...]

1 Gestalten Sie dieses Gespräch als einen szenischen Dialog (☞ S. 303). Wählen Sie eine für den Anlass und Charakter Mathildes passende Sprechhaltung.

2 Entwerfen Sie für die von Mathilde geäußerten Lebensmaxime eine Werteskala.

3 Verfassen Sie aus Sicht und im Stil Mathildes einen Tagebucheintrag, in dem sie den Erfolg ihrer „Predigt", das heißt Hugos bestandenes Examen, würdigt.

Arthur Schnitzler

Fräulein Else (1924) *Auszug*

Die 19-jährige Else, Tochter eines Wiener Rechtsanwalts, verbringt den Sommer auf Einladung ihrer Tante Emma in einem Hotel in den Dolomiten. In einem Eilbrief fleht ihre Mutter sie an, sich an einen im gleichen Hotel weilenden Geschäftsfreund ihres Vaters, den alternden Lebemann von Dorsday, zu wenden mit der Bitte um telegrafische Überweisung von 30 000 Gulden innerhalb von zwei Tagen. Nur so sei die wegen Unterschlagung drohende Inhaftierung des in Spielschulden verstrickten Vaters abzuwenden.

Und da halte ich den Brief in der Hand. Der Brief ist ja irrsinnig. Ich soll mit Dorsday sprechen? Zu Tod' würde ich mich schämen. – – Schämen, ich mich? Warum? Ich bin ja nicht schuld. – Wenn ich doch mit Tante Emma spräche? Unsinn. Sie hat wahrscheinlich gar nicht so viel Geld zur Verfügung. Der Onkel ist ja ein Geizkragen. Ach Gott, warum habe ich kein Geld? Warum hab' ich mir noch nichts verdient? Warum habe ich nichts gelernt? O, ich habe was gelernt! Wer darf sagen, dass ich nichts gelernt habe? Ich spiele Klavier, ich kann Französisch, Englisch, auch ein bissl Italienisch, habe kunstgeschichtliche Vorlesungen besucht – Haha! Und wenn ich schon was Gescheiteres gelernt hätte, was hülfe es mir? Dreißigtausend Gulden hätte ich mir keineswegs erspart. [...]

Die Luft ist wie Champagner. In einer Stunde ist das Diner, das „Dinner". [...] Was zieh' ich an? Das Blaue oder das Schwarze? Heut' wär vielleicht das Schwarze richtiger. Zu dekolletiert? Toilette de circonstance[1] heißt es in den französischen Romanen. Jedenfalls muss ich berückend[2] aussehen, wenn ich mit Dorsday rede. Nach dem Dinner, nonchalant. Seine Augen werden sich in meinen Ausschnitt bohren. Widerlicher Kerl. Ich hasse ihn. Alle Menschen hasse ich. Muss es gerade Dorsday

[1] *Toilette de circonstance*: den Umständen angemessene Garderobe

[2] *berückend*: attraktiv, hinreißend

sein? Gibt es denn wirklich nur diesen Dorsday auf der Welt, der dreißigtausend Gulden hat? Wenn ich mit Paul[3] spräche? Wenn er der Tante sagte, er hat Spielschulden, – da würde sie sich das Geld sicher verschaffen können. –

Beinah schon dunkel. Nacht, Grabesnacht. Am liebsten möchte' ich tot sein. – Es ist ja gar nicht wahr. Wenn ich jetzt gleich hinunterginge, Dorsday noch vor dem Diner spräche? Ah, wie entsetzlich! – Paul, wenn du mir die dreißigtausend verschaffst, kannst du von mir haben, was du willst. Das ist ja schon wieder aus einem Roman. Die edle Tochter verkauft sich für den geliebten Vater, und hat am End' noch ein Vergnügen davon. Pfui Teufel! Nein, Paul, auch für dreißigtausend kannst du von mir nichts haben. Niemand. Aber für eine Million? – Für ein Palais? Für eine Perlenschnur? Wenn ich einmal heirate, werde ich es wahrscheinlich billiger tun. Ist es denn gar so schlimm? Die Fanny hat sich am Ende auch verkauft. Sie hat mir selber gesagt, dass sie sich vor ihrem Manne graust. Nun, wie wär's, Papa, wenn ich mich heute Abend versteigerte? Um dich vor dem Zuchthaus zu retten. Sensation – ! Ich habe Fieber, ganz gewiss. Oder bin ich schon unwohl? Nein, Fieber habe ich. Vielleicht von der Luft. Wie Champagner. – Wenn Fred[4] hier wäre, könnte er mir raten? Ich brauche keinen Rat. Es gibt ja auch nichts zu raten. Ich werde mit Herrn Dorsday aus Eperies sprechen, werde ihn anpumpen, ich die Hochgemute, die Aristokratin, die Marchesa, die Bettlerin, die Tochter des Defraudanten[5]. Wie komm' ich dazu? Wie komm' ich dazu? Keine klettert so gut wie ich, keine hat so viel Schneid, – sporting girl, in England hätte ich auf die Welt kommen sollen, oder als Gräfin.

Da hängen die Kleider im Kasten! Ist das grüne Loden[6] überhaupt schon bezahlt, Mama? Ich glaube nur eine Anzahlung. Das Schwarze zieh' ich an. Sie haben mich gestern alle angestarrt. Auch der blasse kleine Herr mit dem goldenen Zwicker. Schön bin ich eigentlich nicht, aber interessant. Zur Bühne hätte ich gehen sollen. Bertha hat schon drei Liebhaber, keiner nimmt es ihr übel ... In Düsseldorf war es der Direktor. Mit einem verheirateten Manne war sie in Hamburg und hat im Atlantic[7] gewohnt, Appartement mit Badezimmer. Ich glaub' gar, sie ist stolz darauf. Dumm sind sie alle. Ich werde hundert Geliebte haben, tausend, warum nicht? Der Ausschnitt ist nicht tief genug; wenn ich verheiratet wäre, dürfte er tiefer sein. [...]

[3] *Paul*: Elses Cousin

[4] *Fred*: Mann, für den Else schwärmt

[5] *Defraudant*: Betrüger

[6] *Loden*: bestimmte Stoffsorte, vorwiegend aus Wolle

[7] *Atlantic*: Luxushotel in Hamburg

4 Untersuchen Sie abschnittsweise die Sprunghaftigkeit der Assoziationen in diesem Gedankenstrom. Gestalten Sie ihn in einer Zeichnung oder Grafik.

5 Listen Sie die von Else erwogenen Strategien auf, um sich die benötigte Geldsumme zu verschaffen, sowie die Rollenmodelle, die sie durchspielt.

6 Verfassen Sie aus der Sicht Elses und in ihrem Stil einen inneren Monolog (☞ S. 310) zu Mathilde Möhrings (☞ S. 97 f.) Bemühungen und Werten.

7 Erörtern Sie die folgende, aus einem Brief Sigmund Freuds an Arthur Schnitzler stammende Aussage stichpunktartig.

„Ihr Ergriffensein von den Wahrheiten des Unbewussten, von der Triebnatur des Menschen [...], das alles berührte mich mit einer unheimlichen Vertrautheit."

2.3 Verlorene Söhne, lost Generation – Sich mit Krisenerfahrungen der Zeit auseinandersetzen

Erich Maria Remarque
Im Westen nichts Neues (1929) *Auszug*

INFO

Erich Maria Remarque (1898–1970) – eigentlich Erich Paul Remark –, in Osnabrück geboren, wird im November 1916 von der Schulbank weg eingezogen. Er arbeitet nach dem Krieg zunächst als Volksschullehrer, dann als Sportreporter in Berlin. Mit seinem Bestseller „Im Westen nichts Neues" (1929) wird er berühmt (1930 erstmals verfilmt), gerät aber bald in die Schusslinie der NSDAP. 1933 werden seine Bücher öffentlich verbrannt; 1938 wird ihm die Staatsbürgerschaft entzogen. Remarque lebt zunächst in der Schweiz, ab 1942 in New York, kehrt aber 1948 wieder in die Schweiz zurück. Auch seine übrigen Bücher, die eine deutsche Chronik von 1914 bis 1950 liefern, werden Welterfolge.

Für mich ist die Front ein unheimlicher Strudel. Wenn man noch weit entfernt von seinem Zentrum im ruhigen Wasser ist, fühlt man schon die Saugkraft, die einen an sich zieht, langsam, unentrinnbar, ohne viel Widerstand. Aus der Erde, aus der Luft aber strömen uns Abwehrkräfte zu, – am meisten von der Erde. Für niemand ist die Erde so viel wie für den Soldaten. Wenn er sich an sie presst, lange, heftig, wenn er sich tief mit dem Gesicht und den Gliedern in sie hineinwühlt in der Todesangst des Feuers, dann ist sie sein einziger Freund, sein Bruder, seine Mutter, er stöhnt seine Furcht und seine Schreie in ihr Schweigen und ihre Geborgenheit, sie nimmt sie auf und entlässt ihn wieder zu neuen zehn Sekunden Lauf und Leben, fasst ihn wieder und manchmal für immer.

Erde – Erde – Erde – !

Erde, mit deinen Bodenfalten und Löchern und Vertiefungen, in die man sich hineinwerfen, hineinkauern kann! Erde, du gabst uns im Krampf des Grauens, im Aufspritzen der Vernichtung, im Todesbrüllen der Explosionen die ungeheure Widerwelle gewonnenen Lebens! Der irre Sturm fast zerfetzten Daseins floss im Rückstrom von dir durch unsre Hände, sodass wir die geretteten in dich gruben und im stummen Angstglück der überstandenen Minute mit unseren Lippen in dich hineinbissen! –

Wir schnellen mit einem Ruck in einem Teil unseres Seins beim ersten Dröhnen der Granaten um Tausende von Jahren zurück. Es ist der Instinkt des Tieres, der in uns erwacht, der uns leitet und beschützt. Er ist nicht bewusst, er ist viel schneller, viel sicherer, viel unfehlbarer als das Bewusstsein. Man kann es nicht erklären. Man geht und denkt an nichts – plötzlich liegt man in einer Bodenmulde und über einen spritzen die Splitter hinweg; – aber man kann sich nicht entsinnen, die Granate kommen gehört oder den Gedanken gehabt zu haben, sich hinzulegen. Hätte man sich darauf verlassen sollen, man wäre bereits ein Haufen verstreutes Fleisch. Es ist das andere gewesen, diese hellsichtige Witterung in uns, die uns niedergerissen und gerettet hat, ohne dass man weiß, wie. Wenn sie nicht wäre, gäbe es von Flandern bis zu den Vogesen schon längst keine Menschen mehr.

Wir fahren ab als mürrische oder gutgelaunte Soldaten, – wir kommen in die Zone, wo die Front beginnt, und sind Menschentiere geworden.

1 Halten Sie die Regressionsstufen des Soldaten in einem Treppendiagramm fest und finden Sie für diese rückwärtige Entwicklung bis zum „Menschentier" (Z. 37) die sprachlichen Entsprechungen im Text.
2 Arbeiten Sie die im Lobpreis der Erde (Z. 5–24) enthaltenen religiösen und sexuellen Konnotationen heraus und stellen Sie die jeweiligen Analogien zwischen Bild- und Sachebene in einer Tabelle bzw. Normalparabel (☞ S. 102) einander gegenüber.

August Stramm
Sturmangriff (1915)

Aus allen Winkeln gellen Fürchte Wollen
Kreischt
Peitscht
Das Leben
Vor
Sich
Her
Den keuchen Tod
Die Himmel fetzen.
Blinde schlächtert wildum das Entstetzen.

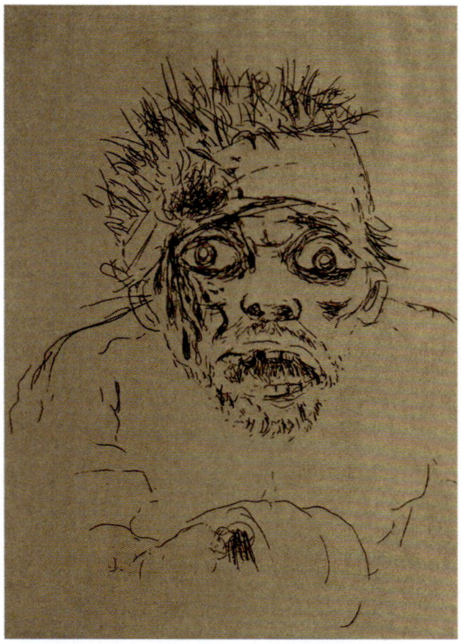

Otto Dix (1891–1969), Fliehender Verwundeter (Somme-Schlacht 1916)

3 Heben Sie in einer Beschreibung des „Fliehenden Verwundeten" jene Züge hervor, die in dem folgenden Zitat von Walter Benjamin und im Textauszug von Remarques Roman (☞ S. 100) explizit thematisiert werden.

„Eine Generation, die noch mit der Pferdebahn zur Schule gefahren war, stand unter freiem Himmel in einer Landschaft, in der nichts unverändert geblieben war als die Wolken, und in der Mitte, in einem Kraftfeld zerstörender Ströme und Explosionen, der winzige, gebrechliche Menschenkörper."

4 Entwerfen Sie ein Plakat, auf dem Sie Lesarten und Wirkung der Neologismen, also der Neuwortbildungen, des Gedichts von August Stramm veranschaulichen.
5 Diskutieren Sie im Plenum, welche der drei Ausdrucksformen – Roman, Gedicht und Zeichnung – Ihnen eindringlicher erscheint.

2.4 Kafkas Welt – Parabolische Texte unter biografischem Aspekt interpretieren

Franz Kafka (☞ Autoren-Info S. 103)
Gibs auf! (1922)

Es war sehr früh am Morgen, die Straßen rein und leer, ich ging zum Bahnhof. Als ich eine Turmuhr mit meiner Uhr verglich, sah ich, dass es schon viel später war, als ich geglaubt hatte, ich musste mich sehr beeilen, der Schrecken über diese Entdeckung ließ mich im Weg unsicher werden, ich kannte mich in dieser Stadt noch nicht sehr gut aus, glücklicherweise war ein Schutzmann in der Nähe, ich lief zu ihm und fragte ihn atemlos nach dem Weg. Er lächelte und sagte: „Von mir willst du den Weg erfahren?" „Ja", sagte ich, „da ich ihn selbst nicht finden kann." „Gibs auf, gibs auf", sagte er und wandte sich mit einem großen Schwunge ab, so wie Leute, die mit ihrem Lachen allein sein wollen.

1 Erarbeiten Sie in Kleingruppen je eine Szene dieses Textes als Standbild (☞ S. 302).
2 Weisen Sie nach, dass es sich bei dem vorliegenden Text um eine (moderne) parabolische Erzählung handelt:
a) Stellen Sie einzelne Elemente der Erzählung (Bildebene) und deren mögliche Deutung (Sachebene) mithilfe des Parabel-Schaubildes (☞ Wissenskasten unten) dar.
b) Formulieren Sie eine These, in welchem sinnstiftenden Zusammenhang Turmuhr und Schutzmann zu sehen sind.
c) Verwenden Sie die Placemat-Methode (☞ S. 301), um Ihre „Wahrheit" der Parabel zu entwerfen. Diskutieren Sie die präsentierten Ergebnisse im Plenum.

WISSEN

Die (moderne) **Parabel** ist eine bildliche Erzählrede. Sie verfolgt den Zweck, eine im Bild veranschaulichte Erkenntnis (**Bildebene**) mithilfe eines Analogieschlusses auf die Erkenntnis selbst zu übertragen (**Sinn- bzw. Sachebene**). Die parabolische Schreibweise ist dabei eine besondere Form, da sie mittels der Bild- und Sachebene keine expliziten Lehren, sondern **vieldeutige „Welt(an-)sichten"** vermittelt. Die moderne Parabel ist also in ihrer Form **offen**.

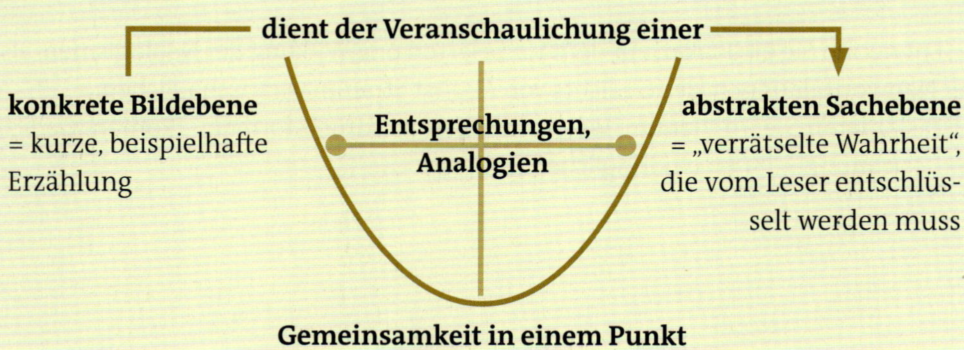

Franz Kafkas (1883–1924) familiäre Wurzeln im deutsch-tschechisch-jüdischen Milieu Prags der Jahrhundertwende sowie der auf materiellen Erfolg programmierte Wille seines Vaters beeinflussen seine persönliche Entwicklung und sein literarisches Schaffen entscheidend. Zeitlebens leidet er unter der seelischen Abhängigkeit vom Vater, dessen Erwartungen er nicht erfüllen kann oder mag. Obwohl ihm eine geregelte bürgerliche Lebensführung letztlich unvereinbar mit den Konsequenzen eines Schriftstellerlebens scheint, quält ihn die Reue gegenüber diesem „nicht gelebten Leben". Seit 1907 widmet er sich in seinen freien Stunden (meist nachts) seiner Leidenschaft und Berufung, dem Schreiben. 1912 lernt er Felice Bauer kennen, mit der er einen intensiven Briefwechsel unterhält und sich zweimal verlobt bzw. entlobt. Weitere weibliche Bezugspersonen und Adressatinnen seiner zahlreichen Briefe sind die Journalistin und Übersetzerin Milena Jesenská sowie Dora Diamant, mit der er im September 1923 in Berlin zusammenlebt. Mehrere Sanatoriumsaufenthalte (seit 1911) können die im August 1917 diagnostizierte Lungentuberkulose nicht stoppen. Kafka stirbt am 3. Juni 1924 in einem Sanatorium bei Klosterneuburg.
Kafkas Welt- und Selbstverständnis spiegelt sich in seinem literarischen Schaffen als Kampf der Identitätsfindung wider: Seine Texte zeichnen sich häufig durch Grenzüberschreitungen der Realität, unbegreifliche Hierarchien, Kommunikationsstörungen sowie durch eine Atmosphäre der Fremdheit aus. Diese Atmosphäre erzeugt Kafka in einer parabolisch verrätselten Welt mithilfe einer nüchternen, sachlich präzisen Ausdrucksweise.

3 Überprüfen Sie im Plenum, inwiefern sich Ihre Lesart bzw. „Wahrheit" der Parabel angesichts von Kafkas Lebenslauf geändert hat.

Franz Kafka
Heimkehr (1920)

Ich bin zurückgekehrt, ich habe den Flur durchschritten und blicke mich um. Es ist meines Vaters alter Hof. Die Pfütze in der Mitte. Altes, unbrauchbares Gerät, ineinanderverfahren, verstellt den Weg zur Bodentreppe. Die Katze lauert auf dem Geländer. Ein zerrissenes Tuch, einmal im Spiel um eine Stange gewunden, hebt sich im Wind. Ich bin angekommen. Wer wird mich empfangen? Wer wartet hinter der Tür der Küche? Rauch kommt aus dem Schornstein, der Kaffee zum Abendessen wird gekocht. Ist dir heimlich, fühlst du dich zu Hause? Ich weiß es nicht, ich bin sehr unsicher. Meines Vaters Haus ist es, aber kalt steht Stück neben Stück, als wäre jedes mit seinen eigenen Angelegenheiten beschäftigt, die ich teils vergessen habe, teils niemals kannte. Was kann ich ihnen nützen, was bin ich ihnen und sei ich auch des Vaters, des alten Landwirts Sohn. Und ich wage nicht, an der Küchentür zu klopfen, nur von der Ferne horche ich, nur von der Ferne horche ich stehend, nicht so, dass ich als Horcher überrascht werden könnte. Und weil ich von der Ferne horche, erhorche ich nichts, nur einen leichten Uhrenschlag höre ich oder glaube ihn vielleicht nur zu hören, herüber aus den Kindertagen. Was sonst in der Küche geschieht, ist das Geheimnis der dort Sitzenden, das sie vor mir wahren. Je länger man vor der Tür zögert, desto fremder wird man. Wie wäre es, wenn jetzt jemand die Tür öffnete und mich etwas fragte. Wäre ich dann nicht selbst wie einer, der sein Geheimnis wahren will.

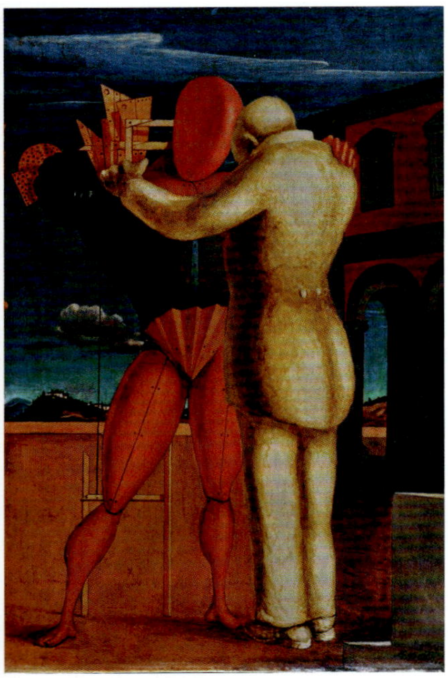

Giorgio de Chirico (1888–1978), Der verlorene Sohn, 1922

4 Unterteilen Sie in Partnerarbeit den Text in Sinnabschnitte und fassen Sie deren Inhalt kurz zusammen.

5 Gestalten Sie in Kleingruppen eine Grafik oder eine Zeichnung, die das Panorama der Dinge veranschaulicht, die der Ich-Erzähler auf dem väterlichen Hof wahrnimmt.

6 Untersuchen Sie die Ausstrahlung der so angeordneten Objekte auf das seelische Befinden des Ich-Erzählers. Ergänzen Sie Ihre Grafik oder Zeichnung.

7 Analysieren Sie, wie das Dilemma von ersehnter Nähe und selbstgewählter Distanz sprachlich bzw. formal aufgezeigt wird.

a) Markieren Sie im Text die Schlüsselwörter, die dieses Dilemma widerspiegeln.

b) Interpretieren Sie die Funktion der Fragesätze.

8 Analysieren Sie, ob es sich bei dem Text um eine Parabel handelt. Entwerfen Sie ausgehend vom Parabel-Schema (☞ S. 102) ein mögliches Tafelbild.

9 Erläutern Sie in einem Kurzvortrag die besondere Bedeutung der Positionierung und Gesten von Vater und Sohn im Gemälde von de Chirico. Setzen Sie diese in Beziehung zum Szenario in Kafkas Parabel.

Franz Kafka

Brief an den Vater (1919) *Auszug*

Liebster Vater,

Du hast mich letzthin einmal gefragt, warum ich behaupte, ich hätte Furcht vor Dir. Ich wusste Dir, wie gewöhnlich, nichts zu antworten, zum Teil eben aus der Furcht, die ich vor Dir habe, zum Teil deshalb, weil zur Begründung dieser Furcht zu viele Einzelheiten gehören, als dass ich sie im Reden halbwegs zusammenhalten könnte. Und wenn ich hier versuche, Dir schriftlich zu antworten, so wird es doch nur sehr unvollständig sein, weil auch im Schreiben die Furcht und ihre Folgen mich Dir gegenüber behindern und weil die Größe des Stoffs über mein Gedächtnis und meinen Verstand weit hinausgeht.

Dir hat sich die Sache immer sehr einfach dargestellt, wenigstens soweit Du vor mir und, ohne Auswahl, vor vielen andern davon gesprochen hast. Es schien Dir etwa so zu sein: Du hast Dein ganzes Leben lang schwer gearbeitet, alles für Deine Kinder, vor allem für mich geopfert, ich habe infolgedessen „in Saus und Braus" gelebt, habe vollständige Freiheit gehabt zu lernen, was ich wollte, habe keinen Anlass zu Nahrungssorgen, also zu Sorgen überhaupt gehabt; Du hast dafür keine Dankbarkeit verlangt, Du kennst „die Dankbarkeit der Kinder", aber doch wenigstens irgendein Entgegenkommen, Zeichen eines Mitgefühls; statt dessen habe ich mich seit jeher vor Dir verkrochen, in mein Zimmer, zu Büchern, zu verrückten Freunden, zu überspannten Ideen; offen gesprochen habe ich mit Dir niemals, in den Tempel[1] bin ich nicht zu Dir gekommen, in Franzensbad[2] habe ich Dich nie besucht, auch sonst nie Familiensinn gehabt, um das Geschäft und Deine sonstigen Angelegenheiten habe ich mich nicht gekümmert, die Fabrik habe ich Dir aufgehalst und Dich dann verlassen, Ottla[3] habe ich in ihrem Eigensinn unterstützt, und während ich für Dich keinen Finger rühre (nicht einmal eine Theaterkarte bringe ich Dir), tue ich für Freunde alles. Fasst Du Dein Urteil über mich zusammen, so ergibt sich, dass Du mir zwar etwas geradezu Unanständiges oder Böses nicht vorwirfst (mit Ausnahme vielleicht meiner letzten Heiratsabsicht), aber Kälte, Fremdheit, Undankbarkeit. Und zwar wirfst Du es mir so vor, als wäre es meine Schuld, als hätte ich etwa mit einer Steuerdrehung das Ganze anders einrichten können, während Du nicht die geringste Schuld daran hast, es wäre denn die, dass Du zu gut mir gewesen bist. [...]
Es ist sehr leicht möglich, dass ich, selbst wenn ich ganz frei von Deinem Einfluss aufgewachsen wäre, doch kein Mensch nach Deinem Herzen hätte werden können. Ich wäre wahrscheinlich doch ein schwächlicher, ängstlicher, zögernder, unruhiger Mensch geworden [...]

[1] *Tempel*: gemeint ist die Synagoge
[2] *Franzensbad*: tschechischer Kurort
[3] *Ottla*: Kafkas Schwester

10 Dies ist der Beginn eines Briefs, den Kafka im Alter von 36 Jahren verfasst, aber nie abschickt. Listen Sie die Vorwürfe an den Vater in eigenen Worten auf.

11 Erklären Sie anhand geeigneter Textpassagen, inwiefern dieser Brief nicht nur biografisches, sondern auch literarisches Zeugnis ist.

12 Folgendes Zitat stammt ebenso aus Kafkas „Brief an den Vater":

> „Mein Schreiben handelte von Dir, ich klagte dort ja nur, was ich an Deiner Brust nicht klagen konnte. Es war ein absichtlich in die Länge gezogener Abschied von Dir."

a) Diskutieren Sie vor diesem Hintergrund, inwiefern „Heimkehr" als biografischer Schlüsseltext gedeutet werden kann. Formulieren Sie je eine Interpretationshypothese aus textimmanentem wie biografischem Blickwinkel.

b) Sammeln Sie Argumente gegen die biografische Methode; diskutieren Sie im Plenum.

13 Interpretieren Sie „Heimkehr" unter biografischem Aspekt, indem Sie Ihre gesammelten Ergebnisse verschriftlichen. Analysieren Sie den Text zunächst textimmanent, bevor Sie den Bezug zur Biografie Kafkas herstellen.

METHODE

Parabolische Kurzprosa unter biografischem Aspekt interpretieren

Moderne parabolische Kurzprosa entzieht sich einer eindeutigen Deutung. Nicht nur bei Kafka greift deshalb ein voreiliger biografischer Interpretationsansatz zu kurz. Ein literarischer Text ist grundsätzlich in seiner Eigenständigkeit (**Textimmanenz**) anzuerkennen. Jedoch zeigt der Bezug zu den Existenzerfahrungen Kafkas (Suche nach Identität, Selbstständigkeit), wie ein **biografischer Aspekt** erste Zugänge zu scheinbar undurchdringlichen Texten ermöglichen kann.

Gehen Sie bei der Interpretation von parabolischer Kurzprosa unter biografischem Aspekt wie folgt vor, um den besonderen Anforderungen gerecht zu werden:

Vorarbeiten

→ Interpretieren Sie die Parabel zunächst **textimmanent**
- Lesen Sie den Text gründlich und notieren Sie Schlüsselbegriffe
- Überprüfen Sie, ob sich eine inhaltliche Entwicklung feststellen lässt
- Markieren Sie sprachliche Auffälligkeiten und beziehen Sie sie auf die jeweilige inhaltliche Aussage
- Stellen Sie eine erste Interpretationshypothese auf
- Weisen Sie die Textsorte der Parabel nach, indem Sie (z. B. grafisch mithilfe eines Schemas, ☞ S. 102) Bild- und Sachebene aufeinander beziehen

→ Überprüfen Sie nun den **biografischen Interpretationsansatz**
- Stellen Sie eine Interpretationshypothese zu der Frage auf, welchen **besonderen biografischen Bezug** zum Autor der Text aufweist
- Markieren und notieren Sie Textstellen, an denen dieser Bezug besonders deutlich wird

Hauptteil

→ Verfassen Sie einen **Einleitungssatz**, der neben der textimmanenten Deutung schon auf den besonderen biografischen Bezug hinweist

→ **Interpretieren Sie den Text** nun schriftlich, zunächst **textimmanent**:
- Verknüpfen Sie Form, Inhalt und Sprache
- Gehen Sie auf die Textsorte der Parabel ein. Greifen Sie besonders auf die Bild- und Sachebene zurück

→ Stellen Sie anschließend den **besonderen biografischen Bezug zum Autor** her. Greifen Sie auf den Einleitungssatz bzw. Ihre Interpretationshypothese zurück und belegen Sie diese mithilfe der Deutung der aussagekräftigsten Textpassagen

Schluss

→ Fassen Sie die **wesentlichen Ergebnisse Ihrer Interpretation** zusammen, indem Sie herausstellen, inwiefern der Text als biografischer Schlüsseltext zu deuten ist

3 Prosatexte der Jahrhundertwende vergleichend interpretieren

3.1 Eine Heimkehr – Einen epischen Text der Jahrhundertwende interpretieren

Hermann Hesse
Unterm Rad (1905) *Auszug*

Der begabte, sensible Hans Giebenrath tritt nach bestandenem württembergischen Landesexamen in das Klosterseminar Maulbronn ein, eine staatliche Eliteschule für künftige protestantische Geistliche. Der repressive, lebensferne Erziehungsstil dieser Anstalt untergräbt seine Begeisterungsfähigkeit. Aufgrund nachlassender Leistungen, körperlicher Schwäche und seelischer Verkümmerung wird ihm ein Heimaturlaub empfohlen, was einer Entlassung aus dem Internat gleichkommt.

Hinter dem mit seinem kleinen Reisesack abfahrenden Seminaristen versank das Kloster mit Kirchen, Tor, Giebeln und Türmen, versanken Wald und Hügelfluchten, an ihrer Stelle tauchten die fruchtbaren Obstwiesen des badischen Grenzlandes auf, dann kam Pforzheim und gleich dahinter fingen die bläulich schwarzen Tannenberge des Schwarzwaldes an, von zahlreichen Bachtälern durchschnitten und in der heißen Sommerglut noch blauer, kühler und schattenverheißender als sonst. Der Junge betrachtete die wechselnde und sich immer heimatlicher gestaltende Landschaft nicht ohne Vergnügen, bis ihm, schon nahe der Heimatstadt, sein Vater in den Sinn kam und eine peinliche Angst vor dem Empfang ihm die kleine Reisefreude gründlich verdarb. Die Fahrt zum Stuttgarter Examen und die Reise zum Eintritt nach Maulbronn fielen ihm wieder ein mit ihrer Spannung und ängstlichen Freude. Wozu war nun das alles gewesen? Er wusste so gut wie der Ephorus[1], dass er nicht wiederkommen würde und dass es nun mit Seminar und Studium und allen ehrgeizigen Hoffnungen ein Ende hatte. Doch machte ihn das jetzt nicht traurig, nur die Angst vor seinem enttäuschten Vater, dessen Hoffnungen er betrogen hatte, beschwerte ihm das Herz. Er hatte jetzt kein anderes Verlangen als zu rasten, sich auszuschlafen, auszuweinen, auszuträumen und nach all der Quälerei einmal in Ruhe gelassen zu werden. Und er fürchtete, dass er das beim Vater zu Haus nicht finden werde. Am Ende der Eisenbahnfahrt bekam er heftiges Kopfweh und sah

Hermann Hesse (1877–1962) ist von 1891 bis 1894 Schüler des Internats in Maulbronn. Eigentlich zum Theologiestudium bestimmt, bricht er 1894 diese Laufbahn ab, absolviert zunächst eine Uhrmacher-, danach eine Buchhändlerlehre. Der Erfolg seines Bildungsromans „Peter Camenzind“ (1904) ermöglicht ihm das Leben eines freien Schriftstellers.
Eine intensive Beschäftigung mit den psychologischen Einsichten Freuds und der Symboldeutung spiegelt sich in dem 1919 erschienenen Roman „Demian“. Mit diesem wie mit seinen weiteren Romanen „Siddhartha“ (1922) und „Der Steppenwolf“ (1927) ist es Hesse gelungen, Identifikationsfiguren für sich ablösende junge Generationen zu schaffen. Für seinen letzten großen Roman „Das Glasperlenspiel“ (1943) erhält Hesse 1946 den Nobelpreis.

[1] *Ephorus*: ursprünglich aus dem antiken Sparta: fünf Ephoren hatte das höchste Staatsamt inne. Hier: Leiter einer höheren pädagogischen Hochschule

nicht mehr zum Fenster hinaus, obwohl es jetzt durch seine Lieblingsgegend ging, deren Höhen und Forste er früher mit Leidenschaft durchstreift hatte; und beinahe hätte er das Aussteigen am wohlbekannten heimischen Bahnhof versäumt.

Nun stand er da, mit Schirm und Reisesack, und wurde vom Papa betrachtet. Der letzte Bericht des Ephorus hatte dessen Enttäuschung und Entrüstung über den missratenden Sohn in einen fassungslosen Schrecken verwandelt. Er hatte sich Hans verfallen und schrecklich aussehend vorgestellt und fand ihn nun zwar gemagert und schwächlich, aber doch noch heil und auf eigenen Beinen wandelnd. Ein wenig tröstete ihn das; das Schlimmste aber war seine verborgene Angst, sein Grauen vor der Nervenkrankheit, von welcher Arzt und Ephorus geschrieben hatten. In seiner Familie hatte bis jetzt nie jemand Nervenleiden gehabt, man hatte von solchen Kranken immer mit verständnislosem Spott oder mit einem verächtlichen Mitleid wie von Irrenhäuslern gesprochen, und nun kam ihm sein Hans mit solchen Geschichten heim.

Am ersten Tag war der Junge froh, nicht mit Vorwürfen empfangen zu werden. Dann fiel ihm die scheue, ängstliche Schonung auf, mit der ihn sein Vater behandelte und zu der er sich sichtlich gewaltsam zwingen musste. Gelegentlich bemerkte er nun auch, dass er ihn mit sonderbar prüfenden Blicken, mit einer unheimlichen Neugierde anschaute, in einem gedämpften und verlogenen Ton mit ihm redete und ihn, ohne dass er es merken sollte, beobachtete. Er wurde nun noch scheuer, und eine unbestimmte Angst vor seinem eigenen Zustand begann ihn zu quälen.

1 Unterteilen Sie den Text in Sinnabschnitte und geben Sie deren Inhalt prägnant in eigenen Worten wieder.

2 Markieren und definieren Sie die unterschiedlichen Formen der Figurenrede (☞ S. 310). Beschreiben Sie stichpunktartig deren Wirkung.

3 Analysieren Sie die wechselnde Erzählperspektive in einer Strukturskizze (☞ S. 303). Beziehen Sie die formalen Ergebnisse auf den Inhalt.

4 Erläutern Sie das „Vergnügen" (Z. 11) des Jungen bei der Heimfahrt durch eine Interpretation der Naturbeschreibung. Sie können dafür die Placemet-Methode (☞ S. 301) verwenden.

5 Die Ankunft Hans Giebenraths am heimischen Bahnhof ist eine Schwellensituation. Veranschaulichen Sie die innere Bewegtheit des Protagonisten in einem Standbild (☞ S. 302).

6 Erläutern Sie die Wirkung der Blicke, mit denen der Vater Hans ins Auge fasst. Schreiben Sie einen Tagebucheintrag, in dem Hans diese Blicke kommentiert und die Verschlechterung seines psychischen Zustands zum Ausdruck bringt.

Epische Texte interpretieren

METHODE

Die Interpretation eines epischen Textes ähnelt der Interpretation anderer literarischer Texte (☞ Lyrik, S. 104–145; Drama S. 70–76). Dabei geht man – wenn es die Aufgabenstellung nicht anders verlangt – werkimmanent vor.

Vorarbeiten

→ Analysieren Sie die **Aufgabenstellung** im Hinblick auf ihre Anforderungen
→ **Lesen** Sie den Text mehrmals gründlich und markieren Sie Schlüsselwörter
→ Teilen Sie den Text in **Sinnabschnitte** ein und fassen Sie deren jeweilige **Kernaussage** in eigenen Worten zusammen
→ **Charakterisieren** Sie die **Hauptfiguren** (z. B. in einer Mind-Map, ☞ S. 301) und skizzieren Sie die **Personenkonstellation**, z. B. in einer Grafik
→ Markieren Sie die **sprachlichen Besonderheiten** und ihre Wirkung für den Aussagegehalt des Textes:

- **Satzbau** (Syntax): parataktisch (nebenordnend), hypotaktisch (unterordnend), Ellipsen, Parallelismen, Inversionen etc.
- **Wortwahl** (Lexik): gehobenes oder niedriges Sprachniveau, Dialekteinsprengsel, Umgangssprache, Wortwiederholungen, Wörter aus bestimmten Fachsprachen etc.
- **Verwendung bestimmter Stilfiguren** (☞ S. 341–344): Personifikation, Metapher, Vergleich etc.
- Besonderheiten der **Erzählstruktur** (☞ S. 309 f.)

Schriftliche Ausformulierung

Einleitung

→ Stellen Sie das Werk, den Autor, ggf. die literarische Epoche oder den historisch-politischen Hintergrund vor
→ Verknüpfen Sie diese Vorstellung mit dem zu analysierenden Textauszug
→ Stellen Sie eine Interpretationshypothese auf

Hauptteil

→ Beginnen Sie mit einer **Inhaltsangabe**
→ Entscheiden Sie sich für eine **lineare** (an der Textchronologie orientierte) oder für eine **aspektorientierte** (an thematischen Schwerpunkten orientierte) **Textanalyse**
→ Achten Sie auf eine **Verzahnung Ihrer Befunde** zu Erzählstruktur, Sprachgestaltung und Analyse des Inhalts
→ **Belegen** Sie Ihre **Interpretationshypothese** durch die Analyseergebnisse
→ Arbeiten Sie **Kernzitate** zur Stützung Ihrer Aussagen mit ein

Schluss

→ Geben Sie im Schlussteil eine **persönliche Stellungnahme** zu dem im Text verhandelten Thema oder eine **Würdigung seines Gehalts** ab

3.2 Vergleichendes Interpretieren von epischen Texten

Thomas Mann
Die Buddenbrooks (1901) *Auszug*

Thomas Mann (1875–1955), Sohn einer Lübecker Senatorenfamilie, greift als schriftstellerisches Grundthema u.a. das Verhältnis des Künstlers zur Normalität des Bürgers auf. Für den Roman „Die Buddenbrooks" erhält er 1929 den Nobelpreis. 1933 geht Thomas Mann ins Exil, zunächst in die Schweiz, später in die USA. In Essays und Vorträgen verteidigt er die deutsche Kultur gegen den Nationalsozialismus und ruft zu einem demokratischen Neubeginn auf. Erst 1952 kehrt er nach Europa zurück.

Der Textausschnitt beschreibt den Schulweg Hannos, einziger Sohn des verstorbenen Senators Buddenbrook.

Es war zehn Minuten vor acht, als er den Vorgarten passierte, die kleine rote Villa zurückließ und nach rechts die winterliche Allee entlang zu hasten begann... Zehn, neun, acht Minuten nur noch. Und der Weg war weit. Und man konnte vor Nebel kaum sehen, wie weit man gekommen war! [...] Er war in Schweiß gebadet und fühlte sich dennoch erfroren in jedem Gliede. In seine Seiten fing es an zu stechen. Das bisschen Frühstück revoltierte in seinem Magen bei diesem Morgenspaziergang, ihm ward übel, und sein Herz war nur noch ein bebendes und haltlos flatterndes Ding, das ihm den Atem nahm.

Das Burgtor, das Burgtor erst, und dabei war es vier Minuten vor acht! Während er sich in kalter Transpiration, in Schmerz, Übelkeit und Not durch die Straßen kämpfte, spähte er nach allen Seiten, ob nicht vielleicht noch andre Schüler zu sehen seien... Nein, nein, es kam niemand mehr. Alle waren an Ort und Stelle, und da begann es auch schon acht Uhr zu schlagen! Die Glocken klangen durch den Nebel von allen Türmen, und diejenigen von Sankt Marien spielten zur Feier des Augenblicks sogar „Nun danket alle Gott"... Sie spielten es grundfalsch, wie Hanno rasend vor Verzweiflung konstatierte, sie hatten keine Ahnung von Rhythmus und waren höchst mangelhaft gestimmt... Aber das war nun das wenigste, das wenigste! Ja, er kam zu spät, es war wohl keine Frage mehr. Die Schuluhr war ein wenig im Rückstande, aber er kam dennoch zu spät, es war sicher. Er starrte den Leuten ins Gesicht, die an ihm vorübergingen. Sie begaben sich in ihre Kontore und an ihre Geschäfte, sie eilten gar nicht sehr, und nichts drohte ihnen. Manche erwiderten seinen neidischen und klagenden Blick, musterten seine aufgelöste Erscheinung und lächelten. Er war außer sich über dieses Lächeln. Was dachten sie sich und wie beurteilten diese Ungeängstigten die Sachlage? Es beruht auf Rohheit, hätte er ihnen zuschreien mögen, Ihr Lächeln, meine Herrschaften! Sie könnten bedenken, dass es innig wünschenswert wäre, vor dem geschlossenen Hoftore tot umzufallen ...

1 Untersuchen Sie Erzählhaltung, -perspektive und Erzählmittel (☞ S. 309 f.) des Romanausschnitts.

2 Sammeln Sie Hinweise zur Charakterisierung Hannos in einer Mind-Map (☞ S. 301).

3 Wie Hans Giebenrath (☞ S. 107) durchlebt auch Hanno Buddenbrook eine Schwellensituation. Gestalten Sie eine Stimmenskulptur (☞ S. 303), die Hannos innere Stimme und die vorgestellten Stimmen der anderen veranschaulicht.

4 Bereiten Sie einen Vergleich der Romanauszüge von Hermann Hesse (☞ S. 107) und Thomas Mann (☞ S. 110) vor, indem Sie arbeitsteilig folgende Aspekte vergleichend in einem Schreibgespräch (☞ S. 302) bearbeiten:

- Die Schwellensituation
- Die Blicke, denen die Protagonisten ausgesetzt sind
- Erzählerische Mittel und Erzählperspektive (☞ S. 309 f.)
- Natur, Wetter, Umgebung und ihre symbolische Bedeutung

5 Diskutieren Sie im Plenum, inwiefern Sie die Texte dem traditionellen oder dem modernen Schreiben zuordnen können.

METHODE

Vergleichendes Interpretieren von epischen Texten

Die vergleichende Interpretation zweier epischer Texte setzt voraus, dass diese **thematisch** oder **motivisch Ähnlichkeiten** aufweisen, deren **Gemeinsamkeiten** und **Unterschiede** im Hinblick auf Inhalt, sprachliche Gestaltung und Erzählstruktur **gegenübergestellt** werden.
Folgende Schritte führen zum Vergleich:

Vorarbeiten

→ Lesen Sie die Texte überfliegend, dann genau. Notieren Sie erste Eindrücke
→ Setzen Sie einzelne Vergleichsmomente, z. B. in einer Tabelle, miteinander in Beziehung. Achten Sie auf deren sprachliche und erzähltechnische Präsentation
→ Informieren Sie sich über den Kontext, aus dem die Texte stammen. Überprüfen Sie hier mögliche Ähnlichkeiten und Gegensätze
→ Entscheiden Sie sich für das **lineare oder aspektorientierte Vorgehen**:

- Linear: Sie interpretieren beide Texte in knapper Form nacheinander. Daran anschließend werden die Ergebnisse der Einzelanalyse gebündelt und systematisch miteinander verglichen
- Aspektorientiert: Sie gliedern nach einer kurzen Einführung in Thema und Inhalt der beiden Prosatexte nach vergleichbaren Aspekten, die dann in ihrer jeweiligen Ausprägung einander gegenübergestellt werden

→ Skizzieren Sie den Gedankengang Ihres Aufsatzes

Hauptteil und Schluss

→ Formulieren Sie eine Einleitung, in der Sie die Texte und ihre Thematik vorstellen
→ Achten Sie bei der Ausformulierung Ihres Aufsatzes auf die Verknüpfung von inhaltlicher und formaler Analyse
→ Nutzen Sie die Analyse auffälliger erzählerischer Mittel, um den Text in seine Epoche einzuordnen

4 Kompetenzen überprüfen und sichern

Irmgard Keun
Gilgi – eine von uns (1931) *Auszug*

Irmgard Keun (1905–1982), aufgewachsen in Berlin und Köln, ist zunächst als Stenotypistin tätig. Nach dem Besuch einer Schauspielschule folgen Engagements am Thalia-Theater in Hamburg und in Greifswald, allerdings mit mäßigem Erfolg. 1931 erscheint ihr Debutroman „Gilgi – eine von uns" und 1932 ihr erfolgreichster Roman „Das kunstseidene Mädchen". Beide Romane schildern die gesellschaftliche Lebenswirklichkeit der „Neuen Frauen" (☞ S. 83) der 30er Jahre und werden von den Nationalsozialisten auf den Index gesetzt. Aufgrund der Nichtaufnahme in die Reichsschrifttumskammer emigriert sie 1936 nach Belgien, wo sie den Schriftsteller Josef Roth kennenlernt. 1937 erscheint in einem holländischen Exilverlag ihr dritter Roman „Nach Mitternacht". Zwischen 1938 und 1940 hält sie sich abwechselnd in Belgien, Holland, Frankreich und den USA auf. Ab 1940 lebt sie unter dem Namen ihres geschiedenen Mannes illegal in Deutschland. Erst Mitte der 70er Jahre wird Keun, die zusehends unter Alkoholproblemen leidet, als Schriftstellerin wiederentdeckt.

Die zwanzigjährige attraktive Stenotypistin Gilgi (eigentlich Gisela) lebt bei ihren Eltern. Als privaten Rückzugsort hat sie sich jedoch eine Einzimmerwohnung angemietet, was sie ihren Eltern aber verheimlicht. Gilgi steht als „Neue Frau" (☞ S. 83) für die neue Schicht der schlecht bezahlten weiblichen Angestellten, die in der Weimarer Republik als Massenphänomen den Kulturbetrieb mitbestimmen.

Trautes Heim – Glück allein. Die Familie ist beisammen. Vater, Mutter und Tochter. Sie trinken Kaffee. Hausmischung: ein Viertel Bohnen, ein Viertel Zichorie[1], ein Viertel Gerste, ein Viertel Karlsbader Kaffeegewürz. Das Getränk sieht braun aus, ist heiß, schmeckt scheußlich und wird widerstandslos getrunken. Von Herrn Kron wegen der Nieren und wegen der Sparsamkeit, von Frau Kron wegen des Herzens und wegen der Sparsamkeit, von Gilgi aus Resignation. Außerdem ist bei allen dreien der Widerstand durch Gewohnheit gebrochen.

Alle drei essen Brötchen mit guter Butter. Herr Kron (Karnevalsartikel en gros[2]) isst als einziger ein Ei. Dieses Ei ist mehr als Nahrung. Es ist Symbol. Eine Konzession an die männliche Überlegenheit. Ein Monarchenattribut, eine Art Reichsapfel.

Keiner spricht. Jeder ist stumpf beflissen mit sich selbst beschäftigt. Der vollkommene Mangel an Unterhaltung kennzeichnet das Anständige, Legitimierte der Familie. Das Ehepaar Kron hat sich ehrbar bis zur silbernen Hochzeit durchgelangweilt. Man liebt sich und ist sich treu, eine Tatsache, die zur Alltäglichkeit geworden, nicht mehr besprochen und empfunden werden braucht. Sie ruht wohlverpackt und etwas angegilbt zusammen mit dem Hochzeitssilber irgendwo in dem Büfett aus dem neunzehnten Jahrhundert. Die Langeweile ist die Gewähr für das Stabile ihrer Beziehungen, und dass man sich nichts zu sagen hat, macht einander unverdächtig.

Herr Kron liest im „Kölner Stadtanzeiger". Seine rotbraune, leidlich gepflegte Rechte führt in regelmäßigen Intervallen die Kaffeetasse zum Mund. Sein rundes, frischfarbenes Gesicht hat den betroffenen und sorgenvollen Ausdruck, den der Gewohnheitszeitungsleser anzunehmen hat. Ein anständiger Mensch kann un-

[1] *Zichorie*: Pflanze, die u.a. als Kaffeeersatz diente
[2] *en gros*: in großen Mengen. Hier: Bezeichnung für den Großhandel

möglich ein vergnügtes Gesicht machen, wenn er liest: Polnische Infanteristen auf deutschem Boden. Schweinerei sowas. [...] Wieder ein Waffenlager aufgedeckt – und hier ... Herr Kron liest laut, mit einer Stimme, die abendlichen Biergenuss verrät: „Trajödije auf der Treptower Brücke, 'ne Frau is mit ihrem Kind ins Wasser jesprungen".

„Beide tot?", fragt Frau Kron beinahe hoffnungsfroh. Nicht aus Rohherzigkeit. Sie spürt nur gerne das mitleidsvolle Gruseln, das ihr Todes- und Skandalbotschaften verursachen. [...]

Mit eiligen, aber unhastigen, leichten Bewegungen trinkt Gilgi eine Tasse Kaffee, isst ein mager gestrichenes Brötchen – man will doch nicht dick werden – zündet sich eine Zigarette an, macht drei, vier, fünf Züge, drückt die Zigarette auf der Untertasse aus und erhebt sich.

„Tschö, Vater".

„Tschö, Jilgi." Herr Kron hebt den Kopf, will etwas sagen, irgendetwas Freundliches, Interessevolles, er klappt den Mund auf: Es fällt ihm nichts ein. Er klappt den Mund zu und lässt den Kopf wieder sinken.

„Tschö, Mutter." Gilgi streicht ihr flüchtig über die speckige Schulter und geht aus dem Zimmer.

1 Überführen Sie das Szenario am Frühstückstisch in ein Standbild (☞ S. 302).

2 Entwerfen Sie aufgrund der im Text (indirekt) mitgeteilten Informationen eine Studie zu den Lebensumständen (Bildung, Besitz, Mentalität etc.) der hier vorgeführten Familie.

3 Notieren Sie Stichworte für eine Charakterisierung des Ehepaars Kron.

4 Analysieren Sie, inwieweit die Szene am Kaffeetisch als Spiegel der gesellschaftlichen und politischen Realität dienen kann.

5 Markieren Sie auffällige Stilmittel (☞ S. 341–344). Beschreiben Sie die Wirkung stichpunktartig.

6 Beschreiben Sie die Haltung des Erzählers zu seinen Protagonisten. Wählen Sie dafür eines der folgenden Adjektive:

neutral • zurückhaltend • zugewandt • verständnisvoll • interessiert • kritisch • ironisch • zynisch • spöttisch • entlarvend

7 Markieren Sie die unterschiedlichen Formen von Erzähler- und Figurenrede (☞ S. 310) und ihre Übergänge.

8 Rekapitulieren Sie die unterschiedlichen Stilrichtungen von Realismus und Moderne. Ordnen Sie den Text begründet einer Stilrichtung zu.

Mit allen Worten

Rose Ausländer
Bekenntnis

Ich bekenne mich

zur Erde und ihren
gefährlichen Geheimnissen

zu Regen Schnee
Baum und Berg

zur mütterlichen mörderischen
Sonne zum Wasser und
seiner Flucht

zu Milch und Brot

zur Poesie
die das Märchen vom Menschen
spinnt

zum Menschen

bekenne ich mich
mit allen Worten
die mich erschaffen

die mich erschaffen

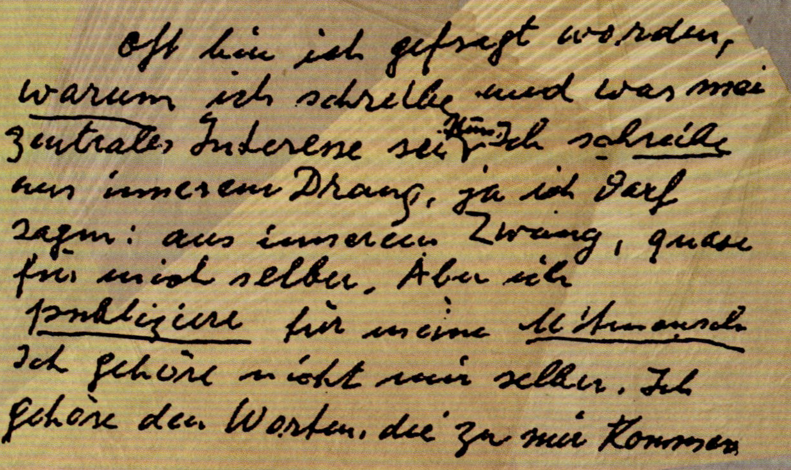

Oft bin ich gefragt worden,
warum ich schreibe und was mei
zentrales Interesse sei. Ich schreibe
aus innerem Drang, ja ich darf
sagen: aus innerem Zwang, quasi
für mich selber. Aber ich
publiziere für meine Mitmenschen
Ich gehöre nicht mir selber. Ich
gehöre den Worten, die zu mir kommen

(Handschriftliche Notiz von
Rose Ausländer (ca. 1977),
Transkript S. 320)

Einführung

KAPITEL & KOMPETENZEN

Das Kapitel beschäftigt sich mit **Lyrik aus unterschiedlichen Zeiten**. Schwerpunkt ist das **Training der vergleichenden Gedichtinterpretation**.
Der erste Teil versammelt Gedichte unter der Schlüsselfrage „Was ist der Mensch? – Lebensfragen und Sinnentwürfe". Indem Sie **Menschenbilder vergleichen**, lernen Sie verschiedene Arten des Zugangs zu lyrischen Texten kennen.
Am Anfang steht eine kurze Textsammlung, mit der Sie verschiedene **gestaltende Verfahren** erproben. Es folgt ein Unterkapitel zum **Menschenbild der Klassik**. Die beiden nächsten Unterkapitel zeigen Ihnen, wie **literaturgeschichtliches und biografisches Kontextwissen** zur Interpretation beitragen können. Anhand von formal streng gebauten Gedichten wiederholen Sie grundlegende **Gattungsmerkmale**. In einem weiteren Unterkapitel wird die **aspektorientierte Interpretation** geübt.
Der zweite Teil des Kapitels beschäftigt sich mit **poetologischen Reflexionen über moderne Lyrik** sowie mit **lyrischen Texten im Spannungsfeld von Poesie und Politik**. Sie erschließen Gedichte aus den Bereichen der konkreten Poesie, des neuen Subjektivismus und der Postmoderne. Drei Gedichte zur Wiedervereinigung zeigen Ihnen, wie Autoren inhaltlich wie formal unterschiedlich das gleiche Thema bewältigen.
Die **Aufsatzform des Gedichtvergleichs** wird im dritten Teil des Kapitels mit Gedichten aus dem Bereich der **Naturlyrik** erarbeitet. Es handelt sich um Gedichte, die den Einbruch der Nacht und zugleich Grundfragen der menschlichen Existenz thematisieren.
Auch für den **Kompetenztest** sind „Nacht-Gedichte" gewählt.

1 Führen Sie ein Schreibgespräch (☞ S. 302) zu dem Gedicht von Rose Ausländer (☞ S. 114). Konzentrieren Sie sich auf die Beziehung zwischen lyrischem Ich und Poesie bzw. Wort und Welt.

2 Ergänzen Sie das Gedicht um eine weitere Strophe, die das Verhältnis von Autor, Poesie und Leser entsprechend der Notiz (☞ S. 114) thematisiert.

Peter Maiwald

Das Gedicht vor und nach dem Gedicht (1993)

Ein Gedicht besteht zumindest aus zwei Gedichten, dem Gedicht des Autors und dem Gedicht des Lesers. Das Gedicht des Autors ist die Erfahrung, die er beim Schreiben macht. Das Gedicht des Lesers ist jenes, das beim Lesen wirklich wird. Beide haben bedingt miteinander zu tun. Das Gedicht des Autors ist die Verwirklichung einer Erfahrung mit Worten, das Gedicht des Lesers ist die Erfahrung einer Verwirklichung durch Worte. Ist das Gedicht geschrieben, ist das Abenteuer für den Autor vorbei, und der Genuss, den er bei der Mühe des Verfertigens hatte, übertrifft den Genuss des Endprodukts allemal. Nicht das Gelungene, die Arbeit am Gelingen, der Ringkampf zwischen Absicht und Materialwiderstand, wirft für den Autor die meisten Erkenntnisse ab, korrigiert seine Vorurteile (macht Platz für neue), schärft den Sinn für das Sprachvermögen (auch für das Unvermögen), und da jedes Gedicht (auch das vollkommene) für den Autor zu wünschen übriglässt, setzt die Herstellung des einen den Energieschub für das nächste frei. Das Gedicht des Lesers ist das Negativ vom Gedicht des Autors. Er muss damit in seine persönliche Dunkelkammer, um den Wortfilm zu entwickeln, in dem er mitspielt und mit dem er spielen kann.

3 Erläutern Sie Peter Maiwalds metaphorische Beschreibung der „persönlichen Dunkelkammer“, in der der Leser einen „Wortfilm“ entwickelt (Z. 15) schriftlich, z. B. mit der Placemat-Methode (☞ S. 301).
4 Entwerfen Sie auf der Grundlage des Textes von Peter Maiwald eine Anleitung, wie ein literarischer Text zu lesen ist.

Friedericke Mayröcker
beim Anblick eines jungen Kindes in der Strasze (1988)

als ich plötzlich zwei Jahre war
in einer dunklen Vergangenheit
als ich schlafend ohne Bewusstsein war
als ich wenige Tage war
als ich auf dünnen Fußstelzen stakend staunend erwachend
als ich an der Hand der Mutter
als ich an den Händen von Vater und Mutter
also in ihrer Mitte
zwischen ihnen dazwischen zwischendrin
also ihr Mittelpunkt
aber ich erinnere mich nicht
als ich ein Wicht
also noch nicht alarmiert also noch eingebettet
ihr beider Mittelpunkt Stern
auf den sie ihr Auge
von dem sie empfangen konnten
ihr Glück

5 Gehen Sie in Ihre „persönliche Dunkelkammer“. Entwickeln Sie Ihren „Wortfilm“ zu diesem Gedicht und schreiben Sie diesen in Stichworten in der Reihenfolge der Verse auf. Vergleichen Sie Ihre unterschiedlichen „Filme“.

1 Menschenbilder vergleichen

1.1 Gedichte zum Thema „Sinnentwürfe" gestaltend interpretieren

Volker Braun
Nun bin ich froh (1986)

Nun also bin ich froh.
Ich ziehe die Luft durch die Adern
Und habe noch meine fünf Sinne. –
In dieser sinnlosen Welt? –
Ich wohne dicht auf der Erde
Die keinem und mir gehört.
Ich sehe noch Baum und Fisch
Und schwimmende Meere. – Sterben
Siehst du sie. – Staaten
Aus grässlichem Beton. Selber
Der Freieste, Untertan.
Die Tat noch tötet den Mann[1].
Ich fürchte mich vor dem Krieg. –
Und des bist du froh?[2] –
In der Gefahr größester
Gegenwart leben, der letzte
Oder der erste Mensch.

[1] *„Die Tat tötet den Mann"*: alter Spruch, der die strafrechtliche Schuld bestimmt

[2] *„des bin ich froh"*: Zitat aus einem bekannten Weihnachtslied, das 1625 verfasst wurde

Wolfgang Lettl (1919–2008), Die Basis (2006)

Christoph Meckel
Ohne Titel (1979)

Worauf wartest du noch in deinem verriegelten
Bungalow gegenüber dem Himmel
wie lang noch läuten die Fähren zum Meer
die Gläser, die Glocken
wie lang noch hat dir die Sonne nichts zu sagen
als ihren Untergang, schmerzlos und pünktlich, wie lang noch
hältst du das aus: zu fehlen im Licht der Erde!

Nicolas Born
Drei Wünsche (1972)

Sind Tatsachen nicht quälend und langweilig?
Ist es nicht besser drei Wünsche zu haben
unter der Bedingung dass sie allen erfüllt werden?
Ich wünsche ein Leben ohne große Pausen
in denen die Wände nach Projektilen abgesucht werden
ein Leben das nicht heruntergeblättert wird von
Kassierern.
Ich wünsche Briefe zu schreiben in denen ich ganz
enthalten bin –
wie weit würde ich herumkommen ohne Gewichts-
verlust.
Ich wünsche ein Buch in das ihr alle vorn hineingehen
und hinten herauskommen könnt.
Und ich möchte nicht vergessen dass es schöner ist
dich zu lieben als dich nicht zu lieben

1 Diese drei Gedichte treffen Aussagen, wie das Leben gelebt werden sollte oder kann. Formulieren Sie für jedes Gedicht schriftlich eine Interpretationshypothese.

2 Das Bild „Die Basis"(☞ S. 118) ist Teil einer Reihe namens „Mensch sein – ein Versuch".

a) Interpretieren Sie das Bild unter diesem Aspekt.

b) Erklären Sie, ob bzw. inwiefern sich das Bild auf die jeweiligen Aussagen der Gedichte beziehen lässt. Stellen Sie Ihre Ergebnisse stichwortartig gegenüber.

3 Die Aussagen der Gedichte fordern zu Widerspruch oder Zustimmung heraus. Wählen Sie eines der Gedichte aus und gestalten Sie Ihre Haltung zu diesem Text, indem Sie gestaltend eingreifen. Verwenden Sie dafür eine der unten beschriebenen Methoden.

Gedichte gestaltend interpretieren

METHODE

Möglichkeiten der **gestaltenden Interpretation** von lyrischen Texten sind ...

- → die **Montage von zwei Gedichten**. Dabei werden Bruchstücke des einen Gedichts in ein anderes hineinmontiert, sodass die hineinmontierten Verse das erste Gedicht kommentieren,
- → die **Kontrafaktur**: Die Form eines Gedichts übernehmend wird ein Gegentext entworfen. Durch die textproduktive Gestaltung wird das Gedicht also so verändert, dass ein inhaltlich-thematischer Gegensatz entsteht,
- → die **Veränderung einzelner Begriffe oder Zeilen**.

Auch der Vortrag, das szenische Spiel, eine musikalische Untermalung oder eine künstlerische Gestaltung interpretieren ein Gedicht.

1.2 Lebensläufe – Gedichte inhaltlich, formal und sprachlich analysieren

Joseph von Eichendorff (1788–1857) wurde auf einem schlesischen Schloss geboren. Er entstammte einer katholischen Adelsfamilie. In Breslau studierte er Jura; 1807 setzte er sein Studium in Heidelberg fort. Auf Anregung des dortigen Privatdozenten Joseph von Görres, der 1807 ein Buch über „Die deutschen Volksbücher" herausgegeben hatte, begann er Volkslieder und Volksmärchen zu sammeln und veröffentlichte seine ersten Gedichte. Als er 1809 nach Berlin wechselte, traf er Brentano (☞ Autoren-Info S. 141) wieder, den er schon aus der Studienzeit kannte. Nach seinem Jurastudium nahm er an den Kriegen gegen Napoleon teil. Später war er im preußischen Staatsdienst tätig. Eichendorff schrieb Romane, Novellen und vor allem Gedichte. Seine Werke sind von Naturseligkeit und Sehnsucht geprägt.

Joseph von Eichendorff
Die zwei Gesellen (1818)

Es zogen zwei rüst'ge Gesellen
Zum erstenmal von Haus,
So jubelnd recht in die hellen
Klingenden, singenden Wellen
Des vollen Frühlings hinaus.

Die strebten nach hohen Dingen,
Die wollten, trotz Lust und Schmerz,
Was Recht's in der Welt vollbringen,
Und wem sie vorübergingen,
Dem lachten Sinnen und Herz. –

Der erste, der fand ein Liebchen,
Die Schwieger kauft' Hof und Haus;
Der wiegte gar bald ein Bübchen,
Und sah aus heimlichem Stübchen
Behaglich ins Feld hinaus.

Dem zweiten sangen und logen
Die tausend Stimmen im Grund,
Verlockend' Sirenen, und zogen
Ihn in der buhlenden Wogen
Farbig klingenden Schlund.

Und wie er auftaucht' vom Schlunde,
Da war er müde und alt,
Sein Schifflein das lag im Grunde,
So still war's rings in die Runde,
Und über die Wasser weht's kalt.

Es singen und klingen die Wellen
Des Frühlings wohl über mir;
Und seh' ich so kecke Gesellen,
Die Tränen im Auge mir schwellen –
Ach Gott, führ uns liebreich zu Dir!

Schülerarbeit *Auszug*

Die erste Strophe handelt vom Auszug der beiden Gesellen. Das Adjektiv „jubelnd" verrät neben der Freude angesichts dieser Entscheidung auch eine gewisse Erleichterung. Die Entscheidung steht anscheinend schon länger fest und wird nun begrüßt. Mit der Synästhesie „hellen, klingenden, singenden Wellen des vollen Frühlings" wird angedeutet, dass der Frühling langsam – in Wellen – beginnt und dass er die Menschen anlockt. [...]
In der vierten und fünften Strophe wird das Leben des zweiten Gesellen beschrieben. Ihm „sangen und logen die tausend Stimmen im Grund", die als Sirenen personifiziert werden. „Grund" bedeutet hier Meeresgrund und die Wellenmetapher aus der ersten Strophe ist verändert: Sirenen locken Seefahrer an und stürzen sie ins Unglück, nämlich in die „buhlenden Wogen", den „farbig klingenden Schlund" – eine weitere Synästhesie. „Grund" ist hier also eine Chiffre für den persönlichen Abgrund. Wie schlecht das Leben des zweiten Gesellen verlaufen ist, bemerkt er jedoch erst mit dem „Auftauchen vom Schlunde" als alter Mann. Sein „Schifflein", also sein Leben, hat er zerstört, weil er sich allem hingegeben hat – außer seinem wirklichen Leben. Mit diesem Auftauchen ist ihm nichts geblieben, es herrschen Stille und Kälte über dem Wasser.
Der Mann hat sich also den „Wellen" des lockenden Frühlings ganz überlassen und merkt den Fehler erst am Ende seines Lebens, dass nämlich der Frühling mit seiner Unberechenbarkeit nur eine Lüge war. Der „Frühling" seines Lebens ist vorbei, es herrscht ein kalter Winter, er steht „müde und alt" vor seinem Tod.
Zu diesem Schluss kommt auch der Sprecher in der letzten Strophe. Auch er hört die Wellen „singen und klingen" und stellt so den Bezug zur ersten Strophe her, er erkennt jedoch angesichts des Lebens der beiden Gesellen bzw. der Lehre, die er daraus gezogen hat, diesen oberflächlichen Schein. Jetzt erhalten die „singenden, klingenden Wellen" also auch eine negative Konnotation. Dass die beiden Gesellen das nicht erkannten und ihr Leben verschwendeten, rührt ihn zu Tränen. So beendet er das Gedicht mit einer Apostrophe: Gott soll alle zu sich führen und ihnen wenigstens dort, also im Jenseits, Liebe geben.
Der Sprecher ruft dazu auf, das Leben nicht zu verschwenden. Als Verschwendung versteht er, fest eingeplante Lebensziele nicht zu erreichen bzw. sich von oberflächlichen Angelegenheiten ablenken zu lassen. Er kritisiert also das einfache Genießen des Lebens ohne Sinnsuche bzw. -findung.

1 Füllen Sie die Lücken [...] der Schülerarbeit, indem Sie die Strophen 2 und 3 eigenständig schriftlich interpretieren.

2 Der Schüler hat nur Teile der formalen Gestaltung beachtet. Ergänzen Sie schriftlich seine Analyse. Beachten Sie die Auswirkungen des Versmaßes auf die Interpretation.

3 Überprüfen Sie, ob Sie der Interpretation zustimmen können. Setzen Sie sich genauer mit der letzten Strophe auseinander. Entwickeln Sie einen alternativen Schlussabsatz.

Günter Kunert

Individueller Ausbruchsversuch (1966)

Stephan Balkenhol (geb. 1957), Mann auf Giraffe (2001)

1
Allein zu sein: Allein. Allein
Das ist die Trübsal und die seltne Eigenheit
Des großen Menschenaffen dieses abgeplatteten Planeten.

2
Worin er umgeht: Sein besondres Fleisch
Wuchs auf zur Dornenhecke mit der Menschenaffenzeit
Die er sich manchmal mühte zu zertreten

3
Und auszuroden. Immer neu gefangen
Gewaltig rüttelnd am Gegitter seines Ich:
Daraus kann ihn kein anderer befrein.

4
Das hofft ans Ziel noch einmal zu gelangen
Und kommt nicht weiter als zu sich
Und steht am Ende wieder da: Allein. Allein.

4 Bereiten Sie mithilfe von Notizen einen Interpretationsaufsatz vor:

a) Erarbeiten Sie die Aussagen der einzelnen Strophen. Halten Sie Ihre Ergebnisse auf einer Textkopie auf der rechten Seite des Gedichts fest.

b) Analysieren Sie folgende Textelemente und halten Sie Ihre Ergebnisse stichwortartig auf der linken Seite des Gedichts (Textkopie) fest:

- Reimschema und Metrik: Untersuchen Sie, wie Günter Kunert durch Reimschema und Metrik Bezüge zwischen den Versen herstellt, wie er Abweichungen hervorhebt und die Aussage des Textes verstärkt
- Klangliche Gestaltung: Identifizieren Sie Alliterationen, Assonanzen, Anaphern, Wiederholungen und bestimmen Sie ihre Wirkung
- Satz-, Vers- und Strophenbau: Erläutern Sie deren Bedeutung für das Textverständnis
- Bildlichkeit: Erläutern Sie die Bedeutung der Begriffe Menschenaffe (V. 3), Fleisch (V. 4), Dornenhecke (V. 5) und Gegitter (V. 8) in ihrem Zusammenhang

5 Formulieren Sie abschließend schriftlich Ihre Deutung. Achten Sie darauf, durchgängig Bezüge zwischen Inhalt und Form herzustellen.

Marie Luise Kaschnitz
Genazzano (1957)

Genazzano am Abend
Winterlich
Gläsernes Klappern
Der Eselshufe
Steilauf die Bergstadt.
Hier stand ich am Brunnen
Hier wusch ich mein Brauthemd
Hier wusch ich mein Totenhemd.
Mein Gesicht lag weiß
Im schwarzen Wasser
Im wehenden Laub der Platanen.
Meine Hände waren
Zwei Klumpen Eis
Fünf Zapfen an jeder
Die klirrten.

Odilon Redon (1840–1916), Hommage à Goya (um 1895)

6 Das Gedicht besteht aus vier Sätzen. Erarbeiten Sie das Gedicht in Vierergruppen. Jedes Gruppenmitglied übernimmt einen der Sätze, bestimmt die Thematik, untersucht Satz- und Zeilenbau, analysiert die Bildhaftigkeit und erarbeitet eine Deutung. Beachten Sie dafür auch die Zeitgestaltung.

7 Tauschen Sie die Einzelinterpretationen untereinander aus, erstellen Sie eine Gesamtinterpretation und präsentieren Sie diese im Kurs. Sie können für Ihre Gruppenarbeit auf die Placemat-Methode (☞ S. 301) zurückgreifen.

8 Der Literaturwissenschaftler Terry Eagleton schreibt 1983 über die lyrische Bildsprache:

> In der Metapher wird ein Zeichen durch ein anderes ersetzt, dem es in irgendeiner Weise ähnlich ist: „Leidenschaft" wird zu „Flamme". In der Metonymie ist ein Zeichen mit einem anderen assoziiert: „Tragfläche" ist mit „Flugzeug" assoziiert, weil sie einen Teil desselben bildet, und „Himmel" mit „Flugzeug" infolge der räumlichen Nähe. Wir können Metaphern bilden, da wir über eine Serie von „äquivalenten"[1] Zeichen verfügen. [...] In der Lyrik richten wir unsere Aufmerksamkeit [...] nicht nur beim Vorgang der Wortwahl, sondern gerade auch bei dem der Wortverbindung auf die „Äquivalenzen": wir reihen Wörter aneinander, die semantisch, rhythmisch, phonetisch oder auf eine andere Weise äquivalent sind.

[1] *äquivalent*: gleichwertig

Markieren Sie auf einer Textkopie Äquivalenzen in den Gedichten dieses Kapitels und charakterisieren Sie Konnotationen.

1.3 Spiegelbild als Identitätskrise – Biografisches Kontextwissen anwenden

Annette von Droste-Hülshoff (1797–1848) stammte aus dem katholischen westfälischen Adel. Ihr Leben verlief als adliges Fräulein im Kreis ihrer Familie; sie blieb unverheiratet. Die Droste war religiös, standesbewusst, politisch eher konservativ. Ihr Leben war den Konventionen ihrer Familie unterworfen, andererseits war sie dem Neuen ihrer Zeit gegenüber aufgeschlossen. Seit ihrer Kindheit schrieb sie, später suchte sie den Kontakt zu anderen Schriftstellern, entwickelte ihren eigenen modernen Stil. Sie setzte sich illusionslos mit ihrer eigenen Person auseinander. Die Droste ist eine der wichtigsten deutschen Dichterinnen des 19. Jahrhunderts. Aber Zeit und Ort zum Schreiben mussten immer den Ansprüchen der Familie abgetrotzt werden.

Annette von Droste-Hülshoff
Das Spiegelbild (1841/42)

Schaust du mich an aus dem Kristall[1],
Mit deiner Augen Nebelball,
Kometen gleich, die im Verbleichen;
Mit Zügen, worin wunderlich
Zwei Seelen wie Spione sich
Umschleichen, ja, dann flüstre ich:
Phantom, du bist nicht meines Gleichen!

Bist nur entschlüpft der Träume Hut,
Zu eisen mir das warme Blut,
Die dunkle Locke mir zu blassen;
Und dennoch, dämmerndes Gesicht,
Drin seltsam spielt ein Doppellicht,
Trätest du vor, ich weiß es nicht,
Würd' ich dich lieben oder hassen?

Zu deiner Stirne Herrscherthron,
Wo die Gedanken leisten Fron
Wie Knechte, würd ich schüchtern blicken;
Doch von des Auges kaltem Glast[2],
Voll toten Lichts, gebrochen fast,
Gespenstig, würd, ein scheuer Gast,
Weit, weit ich meinen Schemel rücken.

Frida Kahlo (1907–1954), Selbstbildnis „The Frame" (1938)

[1] *Kristall*: Kristallspiegel

[2] *Glast*: poet. für Glanz

Und was den Mund umspielt so lind,
So weich und hülflos wie ein Kind,
Das möcht in treue Hut ich bergen;
Und wieder, wenn er höhnend spielt,
Wie von gespanntem Bogen zielt,
Wenn leis es durch die Züge wühlt,
Dann möcht ich fliehen wie vor Schergen.

Es ist gewiss, du bist nicht Ich,
Ein fremdes Dasein, dem ich mich
Wie Moses nahe, unbeschuhet[3],
Voll Kräfte, die mir nicht bewusst,
Voll fremden Leides, fremder Lust;
Gnade mir Gott, wenn in der Brust
Mir schlummernd deine Seele ruhet!

Und dennoch fühl ich, wie verwandt,
Zu deinen Schauern mich gebannt,
Und Liebe muss der Furcht sich einen.
Ja, trätest aus Kristalles Rund,
Phantom, du lebend auf den Grund,
Nur leise zittern würd ich, und
Mich dünkt – ich würde um dich weinen!

Frida Kahlo (1907–1954), Selbstbildnis mit Dornenhalsband (1940)

[3] *Wie Moses nahe, unbeschuhet*: Es ist Gott, dem Moses sich barfüßig näherte

1 Charakterisieren Sie die beiden „Seelen" (V. 5), denen das lyrische Ich im Spiegelbild begegnet. Stellen Sie dafür die beiden Wortfelder einander gegenüber.

2 Inszenieren Sie das Gedicht als Stimmenskulptur (☞ S. 303): Formulieren Sie in verteilten Rollen die Ansprachen des lyrischen Ichs an sein Spiegelbild; sprechen Sie einen Spiegel, ein Bild oder eine weitere Person an. Sie können einzelne Ansprachen wiederholen und mit Lautstärke, Betonung, Pausen etc. variieren.

3 Diskutieren Sie anschließend, ob Furcht oder Faszination angesichts des Spiegelbildes überwiegen.

4 Die Historikerin Barbara Beuys urteilt in ihrer Biografie über Droste-Hülshoff:

> „Sie war diskret in ihren Briefen, was die eigene Person betraf. In Gedichten und Prosa allerdings gab sie den Blick frei. Trotzdem ist überall Vorsicht angebracht: Sie liebte es, Masken aufzusetzen, sich zu verstellen, Spuren zu verwischen, in Chiffren und Verschlüsselungen zu reden. […] Kaum eine Arbeit, die nicht genauso gut gegen den Strich gelesen werden kann […]."

Bereiten Sie sich in Stichworten auf eine Plenumsdiskussion vor, in der Sie abwägen, in welchem Maße Ihnen das biografische Wissen über die Droste bei der Deutung des Gedichtes hilft oder vielleicht hinderlich ist. Teilen Sie den Kurs für die Diskussion.

1.4 Sinnfragen – Literaturgeschichtliches Kontextwissen anwenden

Andreas Gryphius
Es ist alles eitell (1643)

Du sihst / wohin du sihst nur eitelkeit[1] auff erden.
Was dieser heute bawt / reist jener morgen ein:
Wo itzund Städte stehn / wird eine wiesen sein
Auff der ein schäffers kind wird spilen mitt den heerden.

Was itzund prächtig blüht sol bald zutretten werden.
Was itzt so pocht vnd trotzt ist morgen asch vnd bein.
Nichts ist das ewig sey / kein ertz kein marmorstein.
Itzt lacht das gluck vns an / bald donnern die beschwerden.

Der hohen thaten ruhm mus wie ein traum vergehn.
Soll den das spiell der zeitt / der leichte mensch bestehn.
Ach! was ist alles dis was wir für köstlich achten /

Als schlechte nichtikeitt / als schaten staub vnd windt.
Als eine wiesen blum / die man nicht wiederfindt.
Noch wil was ewig ist kein einig mensch betrachten.

[1] *Eitelkeit*: Vergeblichkeit

1 Bestimmen Sie in je einem Satz die Thematik der einzelnen Strophen.
2 Notieren Sie inhaltliche und formale Auffälligkeiten der einzelnen Verse.
3 Entwerfen Sie ein Plakat oder eine Computerpräsentation, um mithilfe des folgenden Wissenskastens typische Merkmale des Barock in Gryphius' Gedicht zu markieren.

WISSEN

Das Zeitalter des **Barock** umfasst in etwa das 17. Jahrhundert. Prägende historische Ereignisse sind der **Dreißigjährige Krieg** und die Herausbildung des **Absolutismus**. Kriegszüge und religiöse Verfolgung, höfische Prachtentfaltung sowie die Zentralisierung der politischen Macht sind Merkmale dieser Epoche. Das Spannungsfeld zwischen Prachtentfaltung und Gewalterfahrung prägt auch die Lyrik. **Lebensbejahung, Lebensfreude einerseits, Jenseitsorientierung und tiefe Religiosität anderseits** sind ihre Themen. Eines ihrer wichtigsten Motive ist die Vergänglichkeit: **memento mori**. Typisch für barocke Lyrik ist das **Sonett** mit seinem klaren Aufbau: Die Quartette entfalten das Thema, in den Terzetten erfolgt eine Deutung, eine Überhöhung. Typisches Versmaß ist der Alexandriner, ein sechshebiger Jambus mit einer Zäsur in der Mitte, die die inhaltliche Antithetik betont. Im Rahmen dieser strengen Form findet man großen Metaphernreichtum.

1.5 Den Wandel des Menschenbildes im 18. Jahrhundert untersuchen

Jakob Michael Reinhold Lenz
Über Götz von Berlichingen (1773/74) *Auszug*

Bei dem Text handelt es sich um die erste Hälfte eines Vortrags für die Straßburger „Société de Philosophie et des Belles-Lettres"; dies war eine Vereinigung überwiegend junger Männer, vor allem Studenten. Zu dieser Zeit war Lenz mit Johann Wolfgang Goethe befreundet, von dem das 1773 veröffentlichte Schauspiel „Götz von Berlichingen" – das wichtigste Drama der Epoche – stammt.

Wir werden geboren – unsere Eltern geben uns Brot und Kleid – unsere Lehrer drücken in unser Hirn Worte, Sprachen, Wissenschaften – irgendein artiges Mädchen drückt in unser Herz den Wunsch, es eigen zu besitzen, es in unsere Arme als unser Eigentum zu schließen, wenn sich nicht gar ein tierisch Bedürfnis mit hineinmischt – es entsteht eine Lücke in der Republik, wo wir hineinpassen – unsere Freunde, Verwandte, Gönner setzen an und stoßen uns glücklich hinein – wir drehen uns eine Zeitlang in diesem Platz herum wie die andern Räder und stoßen und treiben – bis wir, wenns noch so ordentlich geht, abgestumpft sind und zuletzt wieder einem neuen Rade Platz machen müssen – das ist, meine Herren! ohne Ruhm zu melden unsere Biographie – und was bleibt nun der Mensch noch anders als eine vorzüglichkünstliche kleine Maschine, die in die große Maschine, die wir Welt, Weltbegebenheiten, Weltläufte nennen, besser oder schlimmer hineinpasst.

Giovanni Battista Piranesi (1720–1778), Carceri, Das große Rad, Blatt IX der „Carceri d'invenzione" (1761)

Kein Wunder, dass die Philosophen so philosophieren, wenn die Menschen so leben. Aber heißt das gelebt? heißt das seine Existenz gefühlt, seine selbstständige Existenz, den Funken von Gott? Ha, er muss in was Besserm stecken, der Reiz des Lebens: denn ein Ball anderer zu sein, ist ein trauriger, niederdrückender Gedanke, eine ewige Sklaverei, eine nur künstlichere, eine vernünftige, aber eben um dessentwillen desto elendere Tierschaft. Was lernen wir hieraus?

Das soll keine Deklamation sein, ihr Herren, wenn Ihr Gefühl Ihnen nicht sagt, dass ich recht habe, so verwünscht' ich alle Rednerkünste, die Sie auf meine Partei neigten, ohne Sie überzeugt zu haben. Was lernen wir hieraus? Das lernen wir hieraus, dass handeln, handeln die Seele der Welt sei, nicht genießen, nicht empfindeln, nicht spitzfündeln, dass wir dadurch allein Gott ähnlich werden, der unaufhörlich handelt und unaufhörlich an seinen Werken sich ergötzt: Das lernen wir daraus, dass die in uns handelnde Kraft, unser Geist, unser höchstes Anteil sei, dass die allein unserm Körper mit allen seinen Sinnlichkeiten und Empfindungen das wahre Leben, die wahre Konsistenz, den wahren Wert gebe, dass ohne denselben all unser Genuss, all unsere Empfindungen, all unser Wissen doch nur ein Leiden, doch nur ein aufgeschobener Tod sind. Das lernen wir daraus, dass diese unsre handelnde Kraft nicht eher ruhe, nicht eher ablasse zu wirken, zu regen, zu toben, als bis sie uns Freiheit um uns her verschafft, Platz zu handeln, guter Gott, Platz zu handeln, und wenn es ein Chaos[1] wäre, das du geschaffen, wüste und leer, aber Freiheit wohnte nur da, und wir könnten dir nachahmend drüber brüten, bis was herauskäme – Seligkeit! Seligkeit! Göttergefühl das!

[1] *Chaos*: der Zustand der Welt vor ihrer Erschaffung

1 Markieren Sie die sinntragenden Verben in diesem Text und bestimmen Sie stichwortartig die jeweilige Wirkung und Funktion.

2 Formulieren Sie diesen Prosatext in einen lyrischen Text um.

Johann Gottfried Herder

Briefe zur Beförderung der Humanität (1793–1797) *Auszug aus dem 27. Brief*

INFO

In Leben und Werk *Johann Gottfried Herders* (1744–1803) spiegelt sich die literarische und philosophische Entwicklung von der Aufklärung über die Epoche des Sturm und Drang bis zur Klassik; er beeinflusste auch die Romantiker. Herder arbeitete nach einem Theologiestudium als Lehrer, Erzieher und Pfarrer, wurde mit wichtigen Vertretern der Aufklärung bekannt und verfasste Studien zu verschiedenen Themen, u.a. bedeutende Abhandlungen zur Sprach- und Geschichtsphilosophie. Außerdem schrieb und übersetzte er literarische Werke.

Humanität ist der *Charakter unseres Geschlechts*; er ist uns aber nur in Anlagen angeboren und muss uns eigentlich angebildet werden. Wir bringen ihn nicht fertig auf die Welt mit; auf der Welt aber soll er das Ziel unsres Bestrebens, die Summe unsrer Übungen, unser Wert sein: denn eine Angelität[1] im Menschen kennen wir nicht, und wenn der Dämon, der uns regiert, kein humaner Dämon ist, werden wir Plagegeister der Menschen. Das *Göttliche* in unserm Geschlecht ist also *Bildung zur Humanität*; alle großen und guten Menschen, Gesetzgeber, Erfinder, Philosophen, Dichter, Künstler, jeder edle Mensch in seinem Stande, bei der Erziehung seiner Kinder, bei der Beobachtung seiner Pflichten, durch Beispiel, Werk, Institut und Lehre hat dazu mitgeholfen. Humanität ist der Schatz und die Ausbeute aller menschlichen Bemühungen, gleichsam die *Kunst unseres Geschlechtes*. Die Bildung zu ihr ist ein Werk, das unablässig fortgesetzt werden muss; oder wir sinken, höhere und niedere Stände, zur rohen Tierheit, zur *Brutalität* zurück.

[1] *Angelität*: Engelhaftigkeit

3 Stellen Sie in einer Tabelle die Auffassungen von Lenz (☞ S. 127 f.) und Herder über den Menschen und das Göttliche einander gegenüber.

Johann Wolfgang Goethe (☞ Autoren-Info S. 70)

Das Göttliche (1783)

Edel sei der Mensch,
Hilfreich und gut!
Denn das allein
Unterscheidet ihn
Von allen Wesen,
Die wir kennen.

Heil den unbekannten
Höhern Wesen,
Die wir ahnen!
Ihnen gleiche der Mensch!
Sein Beispiel lehr uns
Jene glauben.

Denn unfühlend
Ist die Natur:
Es leuchtet die Sonne
Über Bös' und Gute,
Und dem Verbrecher
Glänzen wie dem Besten
Der Mond und die Sterne.

Wind und Ströme,
Donner und Hagel
Rauschen ihren Weg
Und ergreifen
Vorübereilend
Einen um den andern.

Auch so das Glück
Tappt unter die Menge,
Fasst bald des Knaben
Lockige Unschuld,
Bald auch den kahlen
Schuldigen Scheitel.

Nach ewigen, ehrnen,
Großen Gesetzen
Müssen wir alle
Unseres Daseins
Kreise vollenden.

Nur allein der Mensch
Vermag das Unmögliche:
Er unterscheidet,
Wählet und richtet;
Er kann dem Augenblick
Dauer verleihen.

Er allein darf
Den Guten lohnen,
Den Bösen strafen,
Heilen und retten,
Alles Irrende, Schweifende
Nützlich verbinden.

Und wir verehren
Die Unsterblichen,
Als wären sie Menschen,
Täten im Großen,
Was der Beste im kleinen
Tut oder möchte.

Der edle Mensch
Sei hilfreich und gut!
Unermüdet schaff er
Das Nützliche, Rechte,
Sei uns ein Vorbild
Jener geahneten Wesen!

4 Notieren Sie die Schlüsselbegriffe dieses Gedichts.

5 Untersuchen Sie den Gebrauch von Indikativ, Konjunktiv und Imperativ sowie der Modalverben, indem Sie die Aussagen z. B. in Tabellenform den Modi zuordnen.

6 Erarbeiten Sie eine grafische Umsetzung der zentralen Aussagen des Gedichts.

Johann Wolfgang Goethe in einem Brief an Thomas Carlyle (20. Juli 1827)

Offenbar ist das Bestreben der besten Dichter und ästhetischen Schriftsteller aller Nationen schon seit geraumer Zeit auf das allgemein Menschliche gerichtet. In jedem Besondern, es sei nun historisch, mythologisch, fabelhaft, mehr oder weniger willkürlich ersonnen, wird man durch Nationalität und Persönlichkeit hindurch jenes Allgemeine immer mehr durchleuchten und durchschienen sehn.
Da nun auch im praktischen Lebensgang ein Gleiches obwaltet und durch alles irdisch Rohe, Wilde, Grausame, Falsche, Eigennützige, Lügenhafte sich durchschlingt, und überall einige Milde zu verbreiten trachtet, so ist zwar nicht zu hoffen, dass ein allgemeiner Friede dadurch sich einleite, aber doch dass der unvermeidliche Streit nach und nach lässlicher werde, der Krieg weniger grausam, der Sieg weniger übermütig.

7 Verfassen Sie auf der Basis dieses Briefs, des Gedichts „Das Göttliche" und Herders Überlegungen (☞ S. 128) einen Aufsatz, der das Menschenbild der Klassik erklärt.

WISSEN

Sturm und Drang und **Klassik** sind Epochen der deutschen Literatur, deren Name programmatisch verstanden werden kann. Sie stehen neben und zwischen den Epochen Aufklärung und Romantik. Ihre wichtigsten Vertreter sind Friedrich Schiller und Johann Wolfgang Goethe. Das **Recht des Individuums auf seine freie Entfaltung ist zentrales Thema der Epochen**.
Die **Schriftsteller des Sturm und Drang** wehren sich gegen den als kalt empfundenen Rationalismus der Aufklärung und setzen ihm Gefühlsenthusiasmus und Geniekult gegenüber. Sie schreiben gegen und ohne die Regelhaftigkeit der Aufklärung und wenden sich politischen und sozialkritischen Themen zu, ohne jedoch revolutionär zu werden.
Als Goethe und Schiller ihre Dichtkunst weiterentwickeln, Schiller den wichtigsten Philosophen der Aufklärung – Immanuel Kant – rezipiert und Goethe sich mit der antiken Kunst auseinandersetzt, endet die Epoche des Sturm und Drang. Zwischen 1794 und 1805 arbeiten die beiden Dichter in enger Verbundenheit, sie orientieren sich an der Harmonie antiker Vorbilder. So entsteht die **Epoche der Weimarer Klassik**. Der Begriff „Klassik" ist in doppeltem Sinne zu verstehen: Er charakterisiert einerseits die Orientierung an der Antike und beschreibt andererseits die Vorbildhaftigkeit der Kunst einer Epoche.
Beide Dichter kritisieren die politischen und sozialen Verhältnisse ihrer Gegenwart, lehnen aber die Gewalt der Französischen Revolution ab. Ihr Ideal einer humanen, freiheitlichen Welt soll durch Erziehung und ästhetische Bildung erlangt werden.

1.6 Ausblicke – Gedichte aspektorientiert interpretieren

Schüler einer 11. Klasse schrieben den folgenden Gedichtanfang fort:

Robinson. Immer wieder strecke ich meine Hand nach einem Schiff aus ...

Robinson

Immer wieder
strecke ich meine Hand
nach einem Schiff aus

Immer wieder
sehe ich es vor mir, stolz, prächtig,
beladen mit Reichtum und Macht.

Immer wieder
erscheint es
als fernes Ziel am Horizont.

Immer wieder
beobachte ich es vom Strand aus
ängstlich, mutlos und verzagt.

Immer wieder
stehe ich am Strand
denke: Heute springst du. Heute schwimmst du.

Immer wieder
sitze ich im Sand
bin nicht gesprungen und nicht geschwommen.

Immer wieder
verlasse ich den Strand
und beginne einen neuen Tag.

Robinson

immer wieder
strecke ich meine
hand
nach einem
schiff aus

immer wieder
versuche ich es
doch ich begreife
es ist nicht da
meine hand

immer wieder
versuche ich meine
hand zu strecken
doch ich begreife
es ist nicht da
das schiff

immer wieder
versuche ich es
doch ich begreife
es ist nicht da

1 Die Schüler nahmen sich aus den ersten Zeilen einen Aspekt, um diesen weiter zu entwickeln. Erläutern Sie schriftlich, um welchen Aspekt es sich jeweils handelt und wie die Schüler damit umgingen.

Karl Krolow
Robinson (1959)

Paul Klee (1879–1940), Das Abenteuerschiff (1927)

Immer wieder strecke ich meine Hand
Nach einem Schiff aus.
Mit der bloßen Faust versuche ich,
Nach seinem Segel zu greifen.
Anfangs fing ich
Verschiedene Fahrzeuge, die sich
Am Horizont zeigten.
Ich fange Forellen so.
Doch der Monsun sah mir
Auf die Finger
Und ließ sie entweichen,
Oder Ruder und Kompass
Brachen. Man muss
Mit Schiffen zart umgehen.
Darum rief ich ihnen Namen nach.
Sie lauteten immer
Wie meiner.

Jetzt lebe ich nur noch
In Gesellschaft mit dem Ungehorsam
Einiger Worte.

2 Karl Krolow entwickelte in seinem Gedicht mehrere Aspekte der Situation des Robinson.
a) Erarbeiten Sie diese, indem Sie einen Cluster (☞ S. 300) anfertigen. Stellen Sie die ersten beiden Zeilen in dessen Mittelpunkt.
b) Setzen Sie sich mit jeweils einem dieser Aspekte auseinander, indem Sie entweder eine zeichnerische Gestaltung wählen oder einen Essay (☞ S. 317) dazu verfassen.
3 Karl Krolow schrieb über sein Gedicht:

„Robinson ist ein Ausgesetzter.
Aber wem oder was ausgesetzt? Zeitgenossen oder sich selber? Einer unbewohnten Insel? Den Folgen seines Schiffbruchs? Der Verlassenheit ohne Menschen? Oder – inmitten von Menschen – der eigenen Kontaktschwäche, seiner Neigung, seinem Zwang zur Isolation, seinem Eigensinn, seinem Egoismus, allen folgenreichen Unfähigkeiten des eigenen Wesens?"

Setzen Sie sich im Rahmen einer literarischen Erörterung (☞ S. 43) mit den hier von Krolow herausgestellten unterschiedlichen Interpretationsansätzen auseinander.

Heinrich Heine
Ohne Titel (1823/24)

Mein Herz, mein Herz ist traurig,
Doch lustig leuchtet der Mai;
Ich stehe, gelehnt an der Linde,
Hoch auf der alten Bastei.

Da drunten fließt der blaue
Stadtgraben in stiller Ruh;
Ein Knabe fährt im Kahne,
Und angelt und pfeift dazu.

Jenseits erheben sich freundlich,
In winziger, bunter Gestalt,
Lusthäuser, und Gärten, und Menschen,
Und Ochsen, und Wiesen, und Wald.

Die Mägde bleichen Wäsche,
Und springen im Gras herum:
Das Mühlrad stäubt Diamanten,
Ich höre sein fernes Gesumm.

Am alten grauen Turme
Ein Schilderhäuschen steht;
Ein rotgeröckter Bursche
Dort auf und nieder geht.

Er spielt mit seiner Flinte,
Die funkelt im Sonnenrot,
Er präsentiert und schultert –
Ich wollt, er schösse mich tot.

INFO

Heinrich Heine (1797–1856) wurde in Düsseldorf als Sohn einer liberalen jüdischen Familie geboren. Nach seinem Studium und im Zuge des Revolutionsjahres 1830/31 ging Heine als freier Schriftsteller nach Paris. Die reaktionären Verhältnisse im Deutschen Bund – fehlende Freiheitsrechte, semiabsolutistische Verhältnisse und soziale Probleme – verhinderten eine Rückkehr nach Deutschland.
Heine schrieb unterschiedlichste Werke, die in die Weltliteratur eingingen; in Deutschland wurde insbesondere seine Lyrik gefeiert. Einerseits schrieb er im romantischen Ton – auch deshalb wurden viele seiner Gedichte vertont –, andererseits zerstörte er die romantische Empfindung durch Ironie. Sein Werk richtete sich entschieden gegen Sentimentalität und falsche Harmonie in der Dichtung und gegen die Unfreiheit in der Gesellschaft. Als satirischer Dichter und scharfer Kritiker der Zustände gehört er zu den Schriftstellern des Vormärz und steht in der Literaturgeschichte zwischen Romantik und Realismus.

4 Erarbeiten Sie in Gruppen das Gedicht von Heinrich Heine. Jede Gruppe geht für ihre Analyse von einem anderen Aspekt aus:

- Die Wahrnehmungsmöglichkeiten des lyrischen Ichs von seiner Position aus
- Der romantische Charakter der Beschreibung. Dazu vergleichen Sie die beschriebene Welt mit der im „Taugenichts" (☞ S. 24 f.)
- Widersprüche, Brüche und Ungereimtheiten
- Der mögliche politische Bezug – wegen des rotgeröckten Burschen –; dafür müssen Sie Heines politische Haltung recherchieren
- Melancholie als Grundstimmung
- Die stilistische und formale Gestaltung des Gedichts

Sarah Kirsch
Ohne Titel (1977)

Dieser Abend, Bettina[1], es ist
Alles beim alten. Immer
Sind wir allein, wenn wir den Königen schreiben
Denen des Herzens und jenen
Des Staats. Und noch
Erschrickt unser Herz
Wenn auf der anderen Seite des Hauses
Ein Wagen zu hören ist.

[1] Sarah Kirschs Gedicht entstand während einer Arbeitswoche auf Schloss Wiepersdorf, einem Schriftstellerheim der DDR. Schloss Wiepersdorf gehörte im 19. Jahrhundert der Familie von Arnim. Bettina von Arnim (1785–1859), Schwester von Clemens Brentano (☞ S. 141), verfasste 1843 ein sozialkritisches Buch, das sie dem preußischen König Friedrich Wilhelm IV. widmete. Ihr nächstes Buch wurde verboten.

5 Sarah Kirsch wurde 1978 in einem Interview von einer Schülerin gefragt, wie privat oder politisch ihre Gedichte zu verstehen seien. Sie antwortete, sie seien „politisch in einem sehr weiten Sinn“, und verdeutlichte, sie habe, als sie dieses Gedicht schrieb, nicht an ein „Stasi Auto“ gedacht, sondern an eine private Trennung. „Aber es ist eine Situation eingetreten, wo ich auch in der Art und Weise auf ein Auto gehört habe.“ Überprüfen Sie in einem Schreibgespräch (☞ S. 302) die Möglichkeiten, einzelne Zeilen eindeutig oder mehrdeutig zu verstehen.

METHODE

Lineares und aspektorientiertes Interpretieren

Eine Gedichtinterpretation kann zwei Mustern folgen:

→ Sie gehen **linear** vor: Wort für Wort, Zeile für Zeile, Satz für Satz. Das üben Sie, indem Sie nacheinander die Zeilen des Gedichtes aufdecken und verfolgen, wie sich Ihr Textverständnis allmählich aufbaut und verändert

→ Sie wählen alternativ – ausgehend von Ihrer Interpretationshypothese – einzelne **Aspekte**, um diese zur Erschließung des Textes zu nutzen. Diese Aspekte können inhaltlicher, formaler sowie sprachlicher Art sein
Aspektorientiertes Interpretieren verlangt Folgendes von Ihnen:
- Sie beschränken sich nicht auf einen einzelnen Aspekt
- Sie überprüfen selbstkritisch, wie weit die Aspekte, die Sie gewählt haben, die Interpretation tragen
- Sie lassen sich von dem Gedicht leiten, um ggf. Ihre aspektorientierte Analyse zu modifizieren

→ Setzen Sie sowohl bei der linearen als auch bei der aspektorientierten Interpretation die **formale und inhaltliche Analyse zueinander in Beziehung**

2 Den Wandel der Intentionen und Ausdrucksformen lyrischen Sprechens in der Moderne untersuchen

2.1 Sich mit dem Inhalt poetologischer Reflexionen auseinandersetzen

Ernst Jandl
Anmerkungen zur Dichtkunst (1979)

SPIEL MIT SPRACHE
Ich verstehe unter dem Spiel mit Sprache eine Voraussetzung für Poesie überhaupt, jede Art Poesie und zu jeder Zeit. Die Sprache wird dabei ihrer nützlichen Funktion, die sie im Alltag besitzt, mehr oder minder enthoben. Mit ihren Bestandteilen, den Figuren dieses Spiels, sind bestimmte, im Alltag nicht übliche Züge und Kombinationen obligat[1] oder gestattet, und zwar auf Grund von poetischen Spielregeln. Das Spiel ist auf ein Ziel gerichtet; das unterscheidet es in jedem Fall von Spielerei. Das Gedicht, als Ergebnis eines solchen Spiels, bleibt als ganzes mehr oder minder befreit von der nützlichen Funktion der Gegenstände des täglichen Gebrauchs. Es wird Anzeichen des Spiels offen oder versteckt, aber jedenfalls auffindbar, weiterhin an sich tragen. Der wiederkehrende Rhythmus von Zeilen und der Reim, um von älteren Konventionen zu reden, sind ein spielerisches Moment und enthalten etwas an Lust. Wir alle kennen die Erfahrung, uns sprechend oder zuhörend der Melodie eines Gedichtes zu überlassen, um uns plötzlich dabei zu ertappen, wie uns der sogenannte Sinn entglitten ist; wobei in dem, was ich leichthin Melodie nannte, nicht weniger der Sinn eines Gedichtes liegt als in den Bedeutungen und Bedeutungsverknüpfungen seiner Wörter.

In jeder Epoche, etwa der Klassik, und in jeder Gruppierung, etwa der konkreten Poesie, sind bestimmte Spielregeln obligat. Sie wechseln von Epoche zu Epoche, oder, innerhalb des gleichen Zeitabschnittes, von Gruppierung zu Gruppierung. Sie werden überdies, da wie dort, von Einzelgängern durchbrochen.

Seit Beginn unseres Jahrhunderts kommt es in der Literatur, durch das Wirken bestimmter Autoren – ich nenne […] August Stramm, Kurt Schwitters, Hans Arp –, zur Auflösung so gut wie aller innersprachlichen Bindungen, die der literarische Text, sei es Prosa oder Gedicht, bis dahin mit der Alltagssprache gemeinsam hatte. Das ist eine Parallelerscheinung zur Auflösung der Tonalität in der Musik und zur Verflüchtigung des Gegenstandes in der Malerei.

Es geschah keinesfalls unter Beteiligung aller, ja auch nur der Mehrzahl der ernsthaft Schreibenden, aber diejenigen, die die radikalsten Veränderungen vollzogen,

Der Wiener Schriftsteller *Ernst Jandl* (1925–2000) arbeitete nach Kriegsdienst und Studium als Lehrer. Insbesondere die Bekanntschaft mit der angelsächsischen Literatur führte ihn zum Schreiben. Seine Lyrik ist von einer radikalen Betrachtung und Behandlung der Sprache geprägt. Er schrieb u. a. Sprechgedichte (z. B. „Schntzngrmm"), von seinen erfolgreichen Vorträgen existieren Schallplattenaufnahmen. Außerdem entstanden Kombinationen seiner Lyrik mit Jazz.

[1] *obligat*: verbindlich, dazugehörig

schufen für uns alle eine neue Situation. Man mag sich als Lesender wie als Schreibender dafür oder dagegen entscheiden, die Erweiterung des Spielraums, die nun einmal erfolgt ist, wird dadurch nicht rückgängig gemacht.
Die gewonnene Freiheit für die aktiv Partizipierenden ist groß, aber nicht grenzenlos. Für die Puristen etwa beinhaltet sie die Abstinenz von den meisten der bisher praktizierten Spielregeln. Das führt zu einer neuen Art von Nötigung: Die Hervorbringung von Kunst wird weitgehend identisch mit der Erfindung neuer Spielregeln.

1 Geben Sie Jandls Thesen über „ältere Konventionen" mit eigenen Worten wieder.
2 Wählen Sie ein älteres Gedichte aus diesem Kapitel aus, überprüfen Sie die Gültigkeit von Jandls Thesen und präsentieren Sie Ihre Ergebnisse in einem Gruppen-Vortrag.

Ernst Jandl (1973)
Ohne Titel

einfach
ein tag
eine nacht

es hüpft mich
vom einen
zum andern

es wächst mich
es wacht mich
es schläft mich

es lebt mich
vom einen
zur einen

tag

nacht

Ernst Jandl
vermessen (1978)

von den füßen abwärts –
von den füßen aufwärts – ein mensch
von den knien abwärts – ein mensch
von den knien aufwärts – ein mensch
von den hüften abwärts – ein mensch
von den hüften aufwärts – ein mensch
von den schultern abwärts – ein mensch
von den schultern aufwärts – ein mensch
vom scheitel abwärts – ein mensch
vom scheitel aufwärts –

3 Beschreiben Sie, wie Ernst Jandl in den beiden vorliegenden Gedichten das „Spiel mit Sprache [als] eine Voraussetzung für Poesie" (S. 135, Z. 1 ff.) umsetzt und mit welchen „poetischen Spielregeln" (S. 135 f., Z. 9, 38 ff.) er arbeitet.
4 Möglicherweise könnte man Jandls Gedicht „Ohne Titel" als moderne Version von Lenz' Klagen über das Räderwerk des Lebens (S. 127 f.) verstehen. Bilden Sie zwei Gruppen, die anhand der beiden Texte Argumente für oder gegen diese Interpretation sammeln, und diskutieren Sie.

Rolf Dieter Brinkmann
Notiz zu dem Gedichtband „Die Piloten“ (1968) *Auszug*

Ich denke, dass das Gedicht die geeignetste Form ist, spontan erfasste Vorgänge und Bewegungen, eine nur in einem Augenblick sich deutlich zeigende Empfindlichkeit konkret als snap-shot festzuhalten. Jeder kennt das, wenn zwischen Tür und Angel, wie man so sagt, das, was man in dem Augenblick zufällig vor sich hat, zu einem sehr präzisen, festen, zugleich aber auch sehr durchsichtigen Bild wird, hinter dem nichts steht als scheinbar isolierte Schnittpunkte. [...] Eine Zeitung ist aufgeschlagen und man liest zufällig einen Satz, sieht dazu ein Bild und denkt, dass der Weltraum sich auch jetzt gerade wieder ausdehnt. [...] Man braucht nur skrupellos zu sein, das als Gedicht aufzuschreiben. [...] Man muss vergessen, dass es so etwas wie Kunst gibt! Und einfach anfangen.

Rolf Dieter Brinkmann
Selbstbildnis im Supermarkt (1968)

In einer
großen
Fensterscheibe des Super-

markts komme ich mir selbst
entgegen, wie ich bin.

Der Schlag, der trifft, ist
nicht der erwartete Schlag
aber der Schlag trifft mich

trotzdem. Und ich geh weiter

bis ich vor einer kahlen
Wand steh und nicht weiter
weiß.

Dort holt mich später dann
sicher jemand

ab.

Duane Hanson (1925–1996): Supermarket Lady, lebensgroße Plastik (1970)

5 Formulieren Sie Brinkmanns Überlegungen in der Notiz als thesenartige Regeln.
6 Erläutern Sie schriftlich, wie Brinkmann seine Notiz in diesem Gedicht umsetzte.
7 Verwenden Sie Brinkmanns Regeln für eine eigene lyrische Produktion.

Ulla Hahn

Ars poetica[1] (1981)

Danke ich brauch keine neuen
Formen ich stehe auf
festen Versesfüßen und alten
Normen Reimen zu Hauf

zu Papier und zu euren
Ohren bring ich was klingen soll
klingt mir das Lied aus den
Poren rinnen die Zeilen voll

und über und drüber und drunter
und drauf und dran und wohlan
und das hat mir ihrem Singen
die Loreley getan.[2]

[1] *ars poetica*: die Kunst des Dichtens

[2] *das hat mir ihrem Singen / die Loreley getan*: Zitat aus einem Gedicht von Heinrich Heine, in dem die Loreley mit ihrem Singen verführt

8 Analysieren Sie die Syntax in diesem Gedicht, indem Sie die einzelnen Haupt- und Nebensätze identifizieren.
9 Entwerfen Sie eine Anleitung für das Verfassen von Gedichten nach Ulla Hahn.
10 Überprüfen Sie, inwieweit sich Ulla Hahn an die zitierten „festen Versesfüße" (V. 3) hält und interpretieren Sie die Bedeutung der Abweichungen.

WISSEN

Moderne Lyrik experimentiert mit Inhalt und Form, z. B. im **Surrealismus** und **Dadaismus**. Nach dem Zweiten Weltkrieg entwickelt sich die deutsche Lyrik in unterschiedliche Richtungen: So erfasst z. B. die sog. **Trümmer- oder Kahlschlagliteratur** die Welt lakonisch und realistisch; zugleich gestaltet die **hermetische Lyrik** aber eine vieldeutige Wirklichkeit mithilfe von Chiffren und absoluten Metaphern, die sich dem Leser kaum oder nicht mehr erschließen. Ihre auch suggestive Wirkung entsteht u.a. durch Konnotationen.
Chiffren sind meist bildhafte Begriffe, ähnlich dem Symbol, deren Sinn von ihrer ursprünglichen Bedeutung unabhängig ist. Die verschlüsselte Bedeutung wird vom Autor bewusst gesetzt und lässt sich ggf. nur aus dessen Werkzusammenhang erschließen.
In den Sechziger- und Siebzigerjahren wenden sich viele Lyriker von dieser artifiziellen Dichtung ab, sie verzichten auf Metapher und Symbol, verwenden Alltagssprache und behandeln gesellschaftskritische Themen. Einen anderen Weg gehen die Vertreter der **konkreten Poesie** wie Jandl, die in ihren experimentellen Gedichten die Sprache radikal reduzieren.
Seit den späten Siebzigerjahren setzen sich **postmoderne** Autoren spielerisch und experimentell mit der literarischen Tradition auseinander.

2.2 Sich mit der Reflexion deutscher Gegenwart in Gedichten auseinandersetzen

Reiner Kunze
Die mauer
Zum 3. oktober 1990 (1991)

Als wir sie schleiften, ahnten wir nicht,
wie hoch sie ist
in uns

Wir hatten uns gewöhnt
an ihren horizont

Und an die windstille

In ihrem schatten warfen
alle keinen schatten

Nun stehen wir entblößt
jeder entschuldigung

Birgit Kinder, Test The Best (1990)
Das Bild ist Teil der East Side Gallery, Berlin: Im Frühjahr 1990 bemalten 118 Künstler aus 21 Ländern einen 1316 Meter langen Teil der Mauer, um auf ihre Weise den Mauerfall zu kommentieren.

Volker Braun
Das Eigentum (1992)

Da bin ich noch: mein Land geht in den Westen.
KRIEG DEN HÜTTEN FRIEDE DEN PALÄSTEN.[1]
Ich selber habe ihm den Tritt versetzt.
Es wirft sich weg und seine magre Zierde.
Dem Winter folgt der Sommer der Begierde.
Und ich kann *bleiben wo der Pfeffer wächst.*
Und unverständlich wird mein ganzer Text
Was ich niemals besaß wird mir entrissen.
Was ich nicht lebte, werd ich ewig missen.
Die Hoffnung lag im Weg wie eine Falle.
Mein Eigentum, jetzt habt ihrs auf der Kralle.
Wann sag ich wieder *mein* und meine alle.

[1] *„Krieg den Hütten Friede den Palästen"*: bezieht sich auf das Motto von Büchners Schrift „Der Hessische Landbote" (1834), mit der er zum Aufstand gegen eine ausbeuterische und korrupte Obrigkeit aufrief: „Friede den Hütten, Krieg den Palästen."

1 Beschreiben Sie, wie der jeweilige Sprecher der Gedichte zur Wiedervereinigung steht.

2 Informieren Sie sich über die Biografie der beiden Autoren und ergänzen Sie Ihre Interpretation mit Ihrem Wissen über die jeweilige Lebensgeschichte.

3 Interpretationen zu Naturgedichten im Vergleich verfassen

3.1 Klassische und romantische Lyrik vergleichen

Johann Wolfgang Goethe (☞ Autoren-Info S. 70)
Über seine Gedichte (1820) *Auszug*

Was von meinen Arbeiten durchaus und so auch von den kleineren Gedichten gilt, ist, dass sie alle, durch mehr oder minder bedeutende Gelegenheit aufgeregt, im unmittelbaren Anschauen irgendeines Gegenstandes verfasst worden, deshalb sie sich nicht gleichen, darin jedoch übereinkommen, dass bei besonderen äußeren, oft gewöhnlichen Umständen ein Allgemeines, Inneres, Höheres dem Dichter vorschwebte.

1 Formulieren Sie eine Interpretationshypothese für das folgende Gedicht; berücksichtigen Sie dafür Goethes Bemerkung über seine dichterische Produktion.

	Johann Wolfgang Goethe (1830)	
Klänge	Dämmrung senkte sich von oben,	Verben der Bewegung
	Schon ist alle Nähe fern;	
Versmaß	Doch zuerst emporgehoben	Gegensätze:
	Holden Lichts der Abendstern!	
Reimschema	Alles schwankt ins Ungewisse,	
	Nebel schleichen in die Höh';	
Satzbau	Schwarzvertiefte Finsternisse	
	Widerspiegelnd ruht der See.	
Inversionen		
	Nun im östlichen Bereiche	Himmelserscheinungen
	Ahn' ich Mondenglanz und -glut,	– Erde – Mensch
	Schlanker Weiden Haargezweige	
	Scherzen auf der nächsten Flut.	Personifizierungen
	Durch bewegter Schatten Spiele	
	Zittert Lunas Zauberschein,	Atmosphäre
	Und durchs Auge schleicht die Kühle	
	Sänftigend ins Herz hinein.	

2 Bereiten Sie einen Interpretationsaufsatz vor, indem Sie die Markierungen und Kommentare ergänzen. Untersuchen Sie Folgendes:
- Die Beschreibung des Dunkelwerdens
- Die Bewegungen und Gegenbewegungen
- Die Unterstützung der inhaltlichen Aussage durch sprachliche und klangliche Mittel

3 Interpretieren Sie auf der Grundlage Ihrer Analyse das letzte Verspaar.

Clemens Brentano

Sprich aus der Ferne! (~ 1800)

Sprich aus der Ferne,
Heimliche Welt,
Die sich so gerne
Zu mir gesellt!
Wenn das Abendrot niedergesunken,
Keine freudige Farbe mehr spricht
Und die Kränze still leuchtender Funken
Die Nacht um die schattichte Stirne flicht:
Wehet der Sterne
Heiliger Sinn
Leis durch die Ferne
Bis zu mir hin.

Wenn des Mondes still lindernde Tränen
Lösen der Nächte verborgenes Weh,
Dann wehet Friede. In goldenen Kähnen
Schiffen die Geister im himmlischen See.
Glänzender Lieder
Klingender Lauf
Ringelt sich nieder,
Wallet hinauf.

Wenn der Mitternacht heiliges Grauen
Bang durch die dunklen Wälder hinschleicht,
Und die Büsche gar wundersam schauen,
Alles sich finster, tiefsinnig bezeugt:
Wandelt im Dunkeln
Freundliches Spiel,
Still Lichter funkeln
Schimmerndes Ziel.

Alles ist freundlich wohlwollend verbunden,
Bietet sich tröstend und trauernd die Hand,
Sind durch die Nächte die Lichter gewunden,
Alles ist ewig im Innern verwandt.
Sprich aus der Ferne,
Heimliche Welt,
Die sich so gerne
Zu mir gesellt!

Clemens Brentano (1778–1842) stammte aus einer wohlhabenden Frankfurter Kaufmannsfamilie. Er schrieb Lyrik, Romane und Bühnenwerke, von denen er nur wenig veröffentlichte. Insbesondere seine Lyrik ist von teilweise surrealer Sinnlichkeit geprägt.
Brentano studierte – ohne eigentliches Ziel und ohne später einen Beruf zu ergreifen – verschiedene Fächer. Zeitweise arbeitete er eng mit Achim von Arnim zusammen; beide erarbeiteten die volksliedhafte Gedichtsammlung „Des Knaben Wunderhorn“ und begründeten die „Heidelberger Romantik“. Brentano reiste viel, oft ziellos, und konzentrierte sich in den letzten Jahrzehnten seines Lebens auf seinen Katholizismus.

INFO

4 Markieren Sie formale Gestaltungsmerkmale und inhaltliche Bezüge.

5 Brentanos Gedicht ist von Bedingungssätzen geprägt. Stellen Sie die gedankliche Logik des Textes grafisch dar.

6 Bestimmen Sie das Versmaß (☞ S. 314 f.) und beschreiben Sie seine Wirkung.

Walther Killy

Gemütererregungskunst (1956)

Wieder nehmen wir als erstes Musik wahr. Sie ist nicht allein irdische, sie ist auch Sphärenmusik. [...] Auch in diesem großen Gedicht[1] ist nur das Element der Sensitivität durchgängig, die nicht aus der Anschauung entspringt, sondern aus dem Zusammenwirken aller Vermögen. Zwar sind zahlreiche Bilder darin, *Kränze, goldener Kahn, dunkle Wälder, Lichter im Dunkeln*, aber keines dieser Bilder hat Beharrung und keines drängt nach Explikation. Jedes tritt sogleich aus sich selbst heraus, indem es in Welt- oder Seelenraum übergeht, so flüchtig, wie jede, auch die schönste sinnliche Empfindung. [...] Alle Dinge sind gelöst oder Lösungsmittel, grenzenlos. Sie haben jenen Chiffrencharakter, der die Eindruckskraft nicht mehr so sehr dem Dasein und den Eigenschaften des Dinges selbst, als der Erregbarkeit des Gemütes entnimmt. [...] Die Dinge sind Vorwand des Selbst-Gefühls [....] Damit ist ein Unterschied gegenüber der Funktion von Ding und Bild bei Goethe beschrieben. In Brentanos Versen sind Sinn und Wirklichkeit hinter die Sprache zurückgegangen, die nicht mehr auf beides weisen will. Zugleich ist die Person kaum mehr auch vernünftige Person, welche Sinn und Realität zu erfahren trachtet und durch das Bewusstsein dieser Erfahrung sich geschichtlich verhält, sondern sie ist gänzlich fühlende Person.

[1] gemeint ist Brentanos „Sprich aus der Ferne" (☞ S. 141)

7 Walther Killy schreibt über Brentanos Gedicht: „Die Dinge sind Vorwand des Selbst-Gefühls" (Z. 11). Erläutern Sie dieses Urteil mithilfe einer Analyse des Gedichts.

8 Ordnen Sie Brentanos Gedicht begründet in die Epoche der Romantik (☞ S. 29 f.) ein.

9 Entwickeln Sie in Aufsatzform aus einem Vergleich von Goethes (☞ S. 140) und Brentanos (☞ S. 141) Gedichten einen übergeordneten Vergleich der Inhalte, Ausdrucksformen und Wirkungen von klassischer und romantischer Lyrik.

METHODE

Kontextwissen unterschiedlicher Art anwenden

- → Nutzen Sie **gattungsspezifisches Wissen**, um die formale Gestaltung zu erklären
- → Setzen Sie Ihre **historischen und literaturhistorischen Kenntnisse** ein, um historische Bezüge und Anspielungen zu erläutern, epochenspezifische Themen und Haltungen zu erschließen. Auch besondere literarische Formen können epochentypisch sein
- → Schließen Sie ggf. mit einer **begründeten Einordnung eines literarischen Textes in seine Epoche** eine Interpretation sinnvoll ab
- → Ziehen Sie auch die **Biografie eines Autors oder einer Autorin** zum Verständnis des Textes heran. Diesem Bezug muss aber eine textimmanente Analyse vorausgehen, um übereilte, einseitige Schlussfolgerungen zu vermeiden (☞ S. 102 ff.)

3.2 Unterschiedliche Auffassungen zur Existenz des Menschen in Gedichten vergleichen und bewerten

Paul Zech

Die Häuser haben Augen aufgetan ... (vor 1920)

Am Abend stehn die Dinge nicht mehr blind
und mauerhart in dem Vorüberspülen
gehetzter Stunden; Wind bringt von den Mühlen
gekühlten Tau und geisterhaftes Blau.

Die Häuser haben Augen aufgetan,
Stern unter Sternen ist die Erde wieder,
die Brücken tauchen in das Flussbett nieder
und schwimmen in der Tiefe Kahn an Kahn.

Gestalten wachsen groß aus jedem Strauch,
die Wipfel wehen fort wie träger Rauch
und Täler werfen Berge ab, die lange drückten.

Die Menschen aber staunen mit entrückten
Gesichtern in der Sterne Silberschwall
und sind wie Früchte reif und süß zum Fall.

1 Bereiten Sie die Interpretation vor, indem Sie durch Markierungen, tabellarische Zusammenstellungen, Stichwortsammlungen, Mind-Maps (☞ S. 301) und andere grafische Gestaltungen folgende Aspekte erfassen:

- Die Bedeutung der Sonett-Form (☞ S. 314) und der Abweichungen davon
- Die klangliche Gestaltung (Alliterationen und Assonanzen)
- Gegensätze (Antithesen) und Wiederholungen
- Satz- und Strophenbau, z. B. Zeilenstil und Enjambements
- Die Atmosphäre und ihre Veränderungen
- Welt- und Menschenbild

2 Formulieren Sie eine Interpretationshypothese.

3 Charakterisieren Sie Zechs Gedicht als expressionistisch (☞ S. 92, 325). Beziehen Sie sich auf die Äußerung Kurt Pinthus, der 1920 in einem Vorwort zu einer Sammlung expressionistischer Gedichte die literarische Strömung darstellte als ...

„[...] charakteristische Dichtung jener Jugend, die [...] am schmerzlichsten an dieser Zeit litt, am wildesten klagte und mit leidenschaftlicher Inbrunst nach dem edleren, menschlicheren Menschen schrie. [...] Niemals war das Ästhetische [...] so missachtet wie in dieser Dichtung [...], weil sie ganz Eruption, Explosion, Intensität ist – sein muss, um jene feindliche Kruste zu sprengen."

Bertolt Brecht (☞ Autoren-Info S. 60)
Erster Psalm (1920/21)

1. Wie erschreckend in der Nacht ist das konvexe[1] Gesicht des schwarzen Landes!

2. Über der Welt sind die Wolken, sie gehören zur Welt. Über den Wolken ist nichts.

3. Der einsame Baum im Steinfeld muß das Gefühl haben, daß alles umsonst ist. Er hat noch nie einen Baum gesehen. Es gibt keine Bäume.

4. Immer denke ich: wir werden nicht beobachtet. Der Aussatz des einzigen Sternes in der Nacht, vor er untergeht!

5. Der warme Wind bemüht sich noch um Zusammenhänge, der Katholik.

6. Ich komme sehr vereinzelt vor. Ich habe keine Geduld. Unser armer Bruder Vergeltsgott[2] sagte von der Welt: sie macht nichts.

7. Wir fahren mit großer Geschwindigkeit auf ein Gestirn in der Milchstraße zu. Es ist eine große Ruhe in dem Gesicht der Erde. Mein Herz geht zu schnell. Sonst ist alles in Ordnung.

[1] *konvex*: nach außen gewölbt

[2] *Vergeltsgott*: Im Bayrischen übliche Form des Dankens

4 Bereiten Sie die Interpretation vor, indem Sie durch Markierungen, tabellarische Zusammenstellungen, Stichwortsammlungen, Mind-Maps (☞ S. 301) und andere grafische Gestaltungen folgende Aspekte auf ihre Bedeutung für das Textverständnis hin untersuchen:

- Die Wortfelder für „einsam/einzeln“
- Die Ausdrücke der Verneinung und deren Auswirkungen auf den Satzbau
- Die einzelnen Naturphänomene, die Brecht thematisiert, und seinen jeweiligen Kommentar
- Die Position des lyrischen Ichs in der Natur
- Elemente des Religiösen
- Welt- und Menschenbild

5 Informieren Sie sich über die literarische Form des Psalms und entwickeln Sie eine Hypothese über Brechts Entscheidung, diesen Text als Psalm zu bezeichnen.

6 Wählen Sie Aspekte aus, die Ihnen helfen, das in Zechs (☞ S. 143) und Brechts Gedichten vermittelte Welt- und Menschenbild zu verstehen. Verwenden Sie hierfür das erarbeitete Wissen über den Expressionismus (☞ S. 92).

7 Entwerfen Sie das Konzept zu einer vergleichenden Gedichtinterpretation.

Gedichte vergleichend interpretieren

METHODE

Ein Gedichtvergleich betrifft häufig motivgleiche Texte. Gegenstand eines Vergleichs können jedoch auch Gedichte mit unterschiedlichem Motiv sein, die aber aus der gleichen Epoche oder vom selben Autor stammen; hier müssen Sie dann bestimmen, welche Thematik durch beide Texte angesprochen wird. Zweck des Gedichtsvergleichs ist ein vertieftes Verständnis durch wechselseitiges Aufeinanderbeziehen.

Die Vorbereitung

→ Bearbeiten Sie zunächst jedes Gedicht einzeln durch aktives Lesen. Wählen Sie anschließend die Aspekte aus, die Sie für den Vergleich nutzen wollen
→ Bereiten Sie den Vergleich vor, indem Sie in Tabellenform in beiden Gedichten die Schlüsselwörter und die Wortfelder, die das Verständnis steuern, notieren
→ Definieren Sie Ähnlichkeiten und Gegensätze. Dies kann sowohl den Inhalt als auch die Form betreffen. Auch einzelne Wörter können jeweils gleich oder verschieden verstanden werden. Notieren Sie Ihre Erkenntnisse in Stichworten, ggf. in Clusterform oder als Mind-Map (☞ S. 301)
→ Informieren Sie sich über den Kontext, aus dem beide Gedichte stammen. Überlegen Sie, inwieweit Ihnen Kontextwissen hilft, Ähnlichkeiten und Gegensätze zu verstehen

Die Ausformulierung

→ Formulieren Sie eine Einleitung, in der Sie die Gedichte und ihre Thematik vorstellen. In der Einleitung wird auch die äußere Form der Gedichte beschrieben (Anzahl der Strophen, Metrik, Reimschema). Ihre Interpretationshypothese sollte sich auf beide Gedichte beziehen
→ In der Analyse können Sie sich nacheinander mit beiden Texten beschäftigen oder aspektorientiert vergleichend vorgehen. Für ein aspektorientiertes, vergleichendes Vorgehen (☞ S. 111) brauchen Sie eine sorgfältige inhaltliche Übersicht über beide Gedichte. Wenn Sie die Gedichte nacheinander analysieren (☞ S. 111), müssen Sie die Vergleichsaspekte abschließend benennen und interpretieren. Auch die Reihenfolge der Gedichte in der Analyse ist von Bedeutung. Das Gedicht, das Sie gründlicher analysieren wollen oder – entsprechend der Aufgabenstellung – vordringlich interpretieren müssen, sollte als erstes untersucht werden

Die abschließende Deutung

→ In der abschließenden Deutung beziehen Sie beide Gedichte aufeinander. Überprüfen Sie, inwieweit die Gedichte sich kommentieren, einander bestätigen oder widersprechen

4 Kompetenzen überprüfen und sichern

4.1 Ein modernes Gedicht interpretieren

Paul Celan
Schlaf und Speise (1952)

Der Hauch der Nacht ist dein Laken, die Finsternis legt sich
zu dir.
Sie rührt dir an Knöchel und Schläfe, sie weckt dich zu Leben
und Schlaf,
sie spürt dich im Wort auf, im Wunsch, im Gedanken,
sie schläft bei jedem von ihnen, sie lockt dich hervor.
Sie kämmt dir das Salz aus den Wimpern und tischt es dir
auf,
sie lauscht deinen Stunden den Sand ab und setzt ihn dir vor.
Und was sie als Rose war, Schatten und Wasser,
schenkt sie dir ein.

1 Formulieren Sie eine Interpretationshypothese, in der Sie den Titel des Gedichts berücksichtigen.
2 Beschreiben Sie in Stichworten den formalen Aufbau des Gedichtes (Vers- und Satzbau).
3 Verfolgen Sie, wie sich die Metaphorik von Aussage zu Aussage verschiebt, und stellen Sie diese Verschiebung grafisch dar.
4 Entscheiden Sie zwischen Bildern, die für Sie zu deuten sind, und Bildern, deren Bedeutung sich Ihnen nicht erschließt. Diskutieren Sie Ihre Deutungshypothesen in Kleingruppen. Entwerfen Sie das Konzept eines Interpretationsaufsatzes.
5 Überprüfen Sie in einer Schreibkonferenz, welcher der folgenden Aussagen über den Text Sie zustimmen können:

- Die Finsternis erscheint als Geliebte des lyrischen Dus
- Die Finsternis hilft dem lyrischen Du, zu sich selbst zu finden
- Leben und Schlaf sind eins
- Das lyrische Du hat sich in seinen Wünschen und Gedanken verborgen
- Das lyrische Du besteht aus Wörtern, Wünschen, Gedanken
- Das lyrische Du braucht die Nacht, um sich selbst zu begegnen
- Die Rose kann als Chiffre für Kreativität verstanden werden
- Wenn die Finsternis die Rose und die Rose Schatten und Wasser war, hat eine Metamorphose stattgefunden
- Hinter der Schläfe wohnen die Gedanken und Träume
- Das Gedicht beschreibt eine konkrete Situation: den Abendwind, die Dunkelheit, den Schlaf, Rosen im Garten

4.2 Gedichte epochenübergreifend vergleichend interpretieren

Joseph von Eichendorff (☞ Autoren-Info S. 120)
Mondnacht (1837)

Es war, als hätt' der Himmel
Die Erde still geküsst,
Dass sie im Blütenschimmer
Von ihm nun träumen müsst'.

Die Luft ging durch die Felder,
Die Ähren wogten sacht,
Es rauschten leis die Wälder,
So sternklar war die Nacht.

Und meine Seele spannte
Weit ihre Flügel aus,
Flog durch die stillen Lande,
Als flöge sie nach Haus.

Sarah Kirsch
Kalt (1992)

Aus teerschwarzem Meer steigt der
Mond auf. Solltest nun
Unter ein Dach gelangen verehrtes
Herz. Sonst greint die Sehnsucht
Ihren verlorenen Traum von der
Schönheit der Welt die so
Verkommen darnieder
Liegt. Blatt geht weil Frost
Andere Zeit macht.

1 Benennen Sie die Aspekte, die Ihnen für einen Gedichtvergleich sinnvoll erscheinen. Beschränken Sie sich nicht nur auf inhaltliche Aspekte.
2 Stellen Sie in Tabellenform die Ausprägung dieser Aspekte in beiden Gedichten dar.
3 Erweitern Sie die Tabelle, indem Sie anschließend Ihr Wissen über die Lyrik der Romantik (☞ S. 323) und der Moderne (☞ S. 138) diesen Aspekten zuordnen.
4 Diskutieren Sie in Aufsatzform, inwiefern Sie Sarah Kirschs Gedicht als Kommentar zu Eichendorffs Gedicht lesen können.

Perspektiven Jugendlicher

Finn, 15, liest

Er ist natürlich nicht Holden Caulfield oder wie Holden Caulfield, das ist Finn klargeworden, der das Buch mal wieder zur Hand genommen hat, so wie er es manchmal tut und gern, wenn er Zeit dazu hat und sich, ach, Finn weiß auch nicht, wie eigentlich, allein gelassen vorkommt und sonderbar. Dann ist Holden für ihn da, er ist wie ein Freund, ein älterer, ein Bruder, der nicht so ist wie Leif, nicht immer perfekt und nicht hundert Jahre älter als Finn. Leif ist schon fast erwachsen gewesen, als Finn noch klein war, er hat zwar mit Finn gespielt, aber eben wie ein Erwachsener mit einem Kind spielt. Es wäre anders, einen Bruder zu haben wie Holden, nur ein, zwei Jahre älter als man selbst, mit dem man richtig reden könnte und der wissen würde, was man meint und fühlt. Der selbst so viel fühlt, während alle anderen um Finn herum so wenig oder gar nichts zu fühlen scheinen. Da geht es ihm wie Holden. Finn bewundert dessen Offenheit. Wenn er zu Sally Hayes sagt, wie sehr ihm alles verhasst ist. Wie er die Schule hasst. Autos. Seine Mitschüler, die er geradeheraus als verlogene Heuchler bezeichnet, die den ganzen Tag nur über Mädchen und Alkohol und sexuellen Mist schwätzen. Und in der Schule soll man nur immer lernen, damit man sich später einen verdammten Cadillac kaufen kann. Oder einen Mercedes, gehupft wie gesprungen.

(Auszug aus „Last Exit Volksdorf" (2011) von Tina Uebel)

bis zur Gegenwart

n der Literatur

Einführung

KAPITEL & KOMPETENZEN

Die **deutsche Literatur der Gegenwart** trat nach dem Ende des NS-Regimes ab 1945 wieder in Kontakt mit modernen internationalen Strömungen der Literatur. Die Literatur und Sprache von 1945 bis zur Gegenwart wurde und wird ebenso geprägt durch die historische Entwicklung Deutschlands und Europas in der Nachkriegszeit, z. B. durch die Erfahrung der deutschen Teilung und ihres Endes 1989, durch Migrationsbewegungen und den kulturellen Austausch in der Globalisierung.
In diesem Kapitel lernen Sie Beispiele aus der deutschsprachigen erzählenden Literatur ab 1945 bis heute kennen, in denen **Jugendliche die Hauptrolle spielen**, in denen ihre Sicht der Welt, ihre Erwartungen an ihr Leben literarisch gestaltet werden. Ebenso setzen Sie sich (auch kreativ) mit der Frage auseinander, inwiefern die Lebenswelten Jugendlicher nicht nur in literarischen, sondern auch in pragmatischen Texten widergespiegelt werden.
Das Kapitel einleitend, reflektieren Sie die Rezeption von Literatur durch Jugendliche und untersuchen im **ersten Teil** davon ausgehend, **wie literarische und pragmatische Texte mit Sinnfragen umgehen** und was sie zur Sinnbildung bei ihren Lesern beitragen können. Hierfür vergleichen Sie die Werte und existenziellen Fragen Jugendlicher, wie sie zwei Romanausschnitte widerspiegeln, mit der Shell Jugendstudie 2010 bzw. mit soziologischen Forschungsergebnissen zu Werthaltungen heutiger Jugendlicher.
Dass *die* deutsche Literatur der Gegenwart nicht existiert, sondern **Norm wie Abweichung die literarische Sprache seit 1945 beeinflussen**, ist ebenso Thema dieses Unterkapitels. Darüber hinaus lernen Sie unter Einbeziehung der aktuellen Medienentwicklung **Elemente des Literaturbetriebs** kennen.
Auf der Basis literarischer Texte aus der Zeit zwischen 1945 bis heute wird im **zweiten Teil** des Kapitels kontrastiv untersucht, **wie Literatur politische, kulturelle und gesellschaftliche Entwicklungen aufgenommen und verarbeitet hat**. Sie werden verschiedene Formen erzählender Texte interpretieren, die Jugendliche und Heranwachsende in verschiedenen Phasen der Bundesrepublik zeigen, die jugendliche Perspektiven auf die DDR darstellen und die interkulturelle Erfahrungen thematisieren. Hauptgegenstand der Untersuchung ist dabei der Vergleich unterschiedlicher Lebensentwürfe, Lebenswege und Weltbilder Jugendlicher, um das **zeitdiagnostische Potenzial literarischer Texte** zu erfassen.
Im **dritten Teil** des Kapitels lernen Sie in der Auseinandersetzung mit einem zeitgenössischen Romanausschnitt Verfahren zur **gestaltenden Interpretation erzählender Texte** kennen.
Im **Kompetenztest** schließlich werden Sie einen Prosatext gestaltend interpretieren.

Hintergrundinformationen: „Last Exit Volksdorf" von Tina Uebel (2011):
Der 16-jährige Holden Caulfield ist der Protagonist des Romans „The Catcher in the Rye" („Der Fänger im Roggen") von J. D. Salinger, 1951 in den USA erschienen. Der Roman erzählt in Ich-Perspektive drei Tage aus Holdens Leben nach seinem letzten Schulverweis von einer teuren Privatschule; Holden kann sich nicht entschließen, nach Hause zu gehen, und lässt sich durch New York treiben.
Finn ist eine der Hauptfiguren aus dem Roman „Last Exit Volksdorf". Er lebt in einem Nobelvorort Hamburgs, sein Vater ist Chefarzt, seine Mutter eine erfolgreiche Rechtsanwältin, sein Bruder Leif schlägt die Karriere der Mutter ein.

Tina Uebel (☞ Autoren-Info S. 164)
Last Exit Volksdorf (2011) *Fortsetzung der Auftaktseite,* ☞ S. 148

Die Szene mit Sally Hayes ist eine von Finns Lieblingsstellen. Natürlich ist Sally Hayes eine dumme Schnalle, aber wie Holden sich aufregt über alles, wirklich alles, davon kann Finn nicht genug kriegen. Einen solchen Bruder müsste man haben, nicht einen, der alles am besten kann und konnte, sodass Finn gar keine Chance mehr hat, egal was er tut, er kann bloß versagen, zweiter werden, allerhöchstens. Leif ist der Igel, der immer schon da ist und da war, wohin auch immer Finn sich abstrampelt.
Hast du schon mal alles sattgehabt, fragt Holden Sally Hayes, und Finn bejaht zögernd an ihrer Stelle. Die Szene ist wirklich gut. Wie er sagt, sie sollten einfach abhauen, nach Massachusetts oder Vermont, und an einem Fluss leben. Hätte er einen großen Bruder oder einen guten Freund wie Holden, der ihn so was fragen würde, Finn nähme, ohne zu zögern, an. Mit einem wie Holden ginge er jederzeit und überallhin. Nur gibt es so jemanden nicht in Wirklichkeit, oder nur woanders, wo Finn ihn niemals treffen wird.
Allein kann man nicht weggehen, das hat Holden selbst nicht gekonnt. Und der traut sich nun wirklich einiges, von dem sich Finn kaum zu träumen traut. Finn ist nicht sehr mutig, leider, er weiß das. [...] Manchmal hofft er, das könne sich ändern, hofft er, dass ihm Mut einfach wachsen wird, langsam aber stetig, wie ihm Schamhaare gewachsen sind und ein paar Barthaare auch schon, genauso. Man muss möglicherweise bloß abwarten und ein bisschen geduldig sein. Bis einem genug Mut gewachsen ist. Aber vielleicht wächst einigen Leuten einfach nicht besonders viel Mut, wie einige eben auch nicht so groß werden wie andere. Finn wäre gerne größer. Es gibt so vieles an ihm, was besser sein könnte.
Er blättert, Avril Lavigne singt von der CD. Die Szenen mit Phoebe, Holdens kleiner Schwester, gefallen ihm nur mäßig. Kleine Mädchen auf Karussells, damit kann Finn nicht viel anfangen. Außer, dass er ein wenig neidisch ist auf Phoebe, die einen Bruder wie Holden hat, der sich um sie sorgt und kümmert. Auch Holden hat einen älteren Bruder, der sich sorgt und kümmert. Fair ist das nicht, denkt Finn, und fühlt sich, Holden leiht ihm die Worte, „wahnsinnig deprimiert".

➔

1 Notieren Sie mithilfe der Tabelle stichwortartig Finns Gedanken zu der Romanfigur Holden.

Anspielungen auf „The Catcher in the Rye“	Finns Gedanken dazu
...	...

2 Ziehen Sie aus Ihren Ergebnissen Rückschlüsse auf Finns Charakter, beschreiben Sie diesen stichwortartig.

3 Formulieren Sie in einer These, welche Bedeutung das Lesen für Finn hat.

4 Nach der „Shell Jugendstudie 2010“ beantworteten die Jugendlichen die Frage nach ihren häufigsten Freizeitbeschäftigungen im Laufe einer Woche (fünf Nennungen waren möglich, Angaben in %) folgendermaßen:

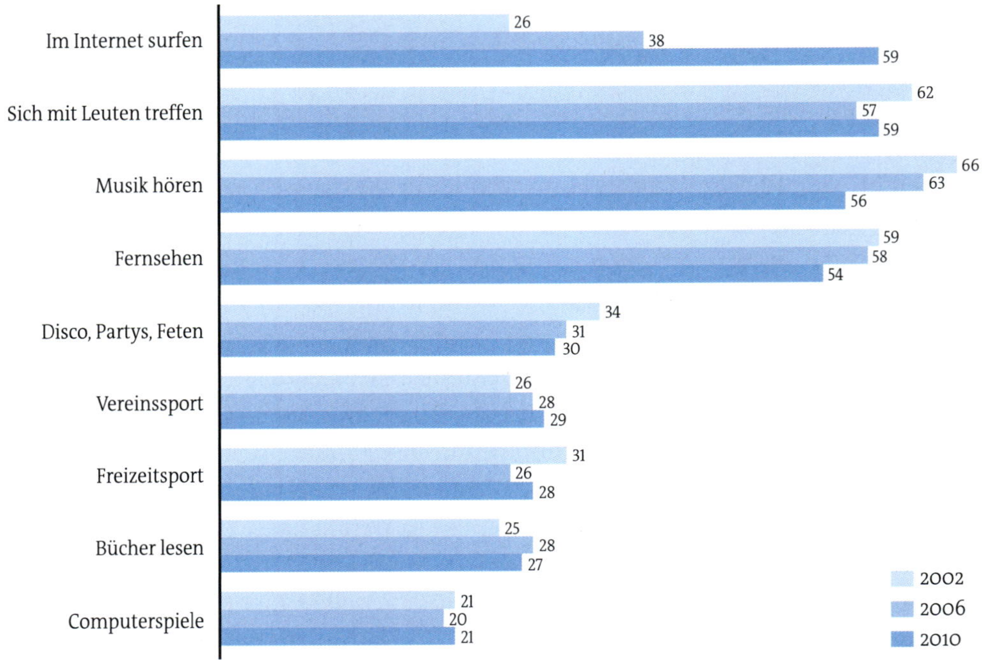

Geben Sie die wesentlichen Inhalte der Umfrage wieder. Bereiten Sie sich hierauf mithilfe von Notizen vor.

5 Setzen Sie sich mit Ihren eigenen Freizeitbeschäftigungen auseinander:

a) Erstellen Sie eine – geschätzte – eigene Liste Ihrer Freizeitbeschäftigungen, tauschen Sie sich in Ihrer Gruppe über Ihre Ergebnisse aus. Vergleichen Sie Ihre Ergebnisse im Plenum.

b) Erstellen Sie für Ihren Kurs ein eigenes Balkendiagramm.

6 Notieren Sie auf Moderationskarten Themen und Situationen, die ein Roman behandeln müsste, damit Sie in ähnlicher Weise von ihm fasziniert sein könnten wie Finn von Salingers Roman.

7 Sammeln und sortieren Sie die – anonymen – Karten. Stellen Sie Schwerpunkte bei den Erwartungen fest und diskutieren Sie deren Beispielhaftigkeit für Ihre Generation.

1 Sinnfragen – literarische und pragmatische Texte untersuchen und vergleichen

1.1 Lange Schatten – Lebensgefühle und Werthaltungen jugendlicher Protagonisten vergleichen

Heinrich Böll

Ansichten eines Clowns (1963) *Auszug*

Der Ich-Erzähler des Romans, Hans Schnier, ist Clown geworden, um seinen Zeitgenossen einen Spiegel vorzuhalten, ist aber in seiner zunächst erfolgreichen Karriere gescheitert. Er stammt aus einer einflussreichen Bonner Industriellenfamilie und reflektiert die Ursachen seines Scheiterns und Wege aus dieser Krise. Bei Kriegsende ist Hans etwa 13 Jahre alt, sein Bruder Leo acht. Direkt nach Kriegsende stellt seine Mutter gute Beziehungen zu den amerikanischen Besatzern her, gründet einen „Verein zur Aussöhnung rassischer Gegensätze" und sichert so Vermögen und Einfluss der Familie.

Heinrich Böll (1917–1985) begann nach dem Abitur zunächst eine Buchhändlerlehre. Sein Plan, anschließend Literatur zu studieren, wurde durch den Krieg unterbrochen. Er war während des gesamten Krieges von 1939 bis 1945 Soldat, wurde verwundet und lag im Lazarett. Nach kurzer Kriegsgefangenschaft kehrte er 1945 nach Köln zurück und nahm sein Studium wieder auf. Nach ersten literarischen Erfolgen – er erhielt 1951 den Preis der Gruppe 47 (☞ S. 166) – entschloss er sich für die freie Existenz als Schriftsteller. Böll gilt als einer der bedeutendsten Autoren der deutschen Nachkriegsliteratur. Er erhielt 1972 den Literaturnobelpreis.

Seit dem Tod meiner Schwester Henriette existieren meine Eltern für mich nicht mehr als solche. Henriette ist schon siebzehn Jahre tot. Sie war sechzehn, als der Krieg zu Ende ging, ein schönes Mädchen, blond, die beste Tennisspielerin zwischen Bonn und Remagen. Damals hieß es, die jungen Mädchen sollten sich freiwillig zur Flak[1] melden, und Henriette meldete sich, im Februar 1945. Es ging alles so rasch und reibungslos, dass ich's gar nicht begriff. Ich kam aus der Schule, überquerte die Kölner Straße und sah Henriette in der Straßenbahn sitzen, die gerade in Richtung Bonn abfuhr. Sie winkte mir zu und lachte, und ich lachte auch. Sie hatte einen kleinen Rucksack auf dem Rücken, einen hübschen, dunkelblauen Hut auf und den dicken, blauen Wintermantel mit dem Pelzkragen an. Ich hatte sie noch nie mit Hut gesehen, sie hatte sich immer geweigert, einen aufzusetzen. Der Hut veränderte sie sehr. Sie sah wie eine junge Frau aus. Ich dachte, sie mache einen Ausflug, obwohl es eine merkwürdige Zeit für Ausflüge war. Aber den Schulen war damals alles zuzutrauen. Sie versuchten sogar, uns im Luftschutzkeller Dreisatz beizubringen, obwohl wir die Artillerie schon hörten. [...] Ich winkte noch einmal hinter der Straßenbahn her, in der Henriette davonfuhr, ging durch unseren Park nach Hause, wo meine Eltern mit Leo schon bei Tisch saßen. Es gab Brennsuppe[2], als Hauptgericht Kartoffeln mit Soße und zum Nachtisch einen Apfel. Erst beim Nachtisch fragte ich meine Mutter, wohin denn Henriettes Schulausflug führe. Sie lachte ein bisschen und sagte: „Ausflug. Unsinn. Sie ist nach Bonn gefahren, um sich bei der Flak zu melden. Schäle den Apfel nicht so dick, Junge,

[1] *Flak*: eigentlich Flugabwehrkanone; auf dem Boden stationierte, sehr stark gefährdete Einheiten

[2] *Brennsuppe*: einfache Suppe aus Mehl und Wasser sowie weiteren, verfügbaren Zutaten

sieh mal hier", sie nahm tatsächlich die Apfelschalen von meinem Teller, schnippelte daran herum und steckte die Ergebnisse ihrer Sparsamkeit, hauchdünne Apfelscheiben, in den Mund. Ich sah Vater an. Er blickte auf seinen Teller und sagte nichts. Auch Leo schwieg, aber als ich meine Mutter noch einmal ansah, sagte sie mit ihrer sanften Stimme: „Du wirst doch einsehen, dass jeder das Seinige tun muss, die jüdischen Yankees von unserer heiligen deutschen Erde wieder zu vertreiben." Sie warf mir einen Blick zu, mir wurde unheimlich, sie sah dann Leo mit dem gleichen Blick an, und es schien mir, als sei sie drauf und dran, auch uns beide gegen die jüdischen Yankees zu Felde zu schicken. „Unsere heilige deutsche Erde", sagte sie, „und sie sind schon tief in der Eifel drin." Mir war zum Lachen zu Mute, aber ich brach in Tränen aus, warf mein Obstmesser hin und lief auf mein Zimmer. Ich hatte Angst, wusste sogar warum, hätte es aber nicht ausdrücken können, und ich wurde rasend, als ich an die verfluchten Apfelschalen dachte. [...]
Als die Nachricht von Henriettes Tod kam, wurde bei uns zu Hause gerade der Tisch gedeckt, Anna[3] hatte Henriettes Serviette, die ihr noch nicht waschreif zu sein schien, in dem gelben Serviettenring auf der Anrichte gelassen, und wir alle blickten auf die Serviette, es war etwas Marmelade dran und ein kleiner brauner Fleck von Suppe oder Soße. Ich spürte zum ersten Mal, wie furchtbar die Gegenstände sind, die einer zurücklässt, wenn er weggeht oder stirbt. Mutter machte tatsächlich einen Versuch zu essen, sicher sollte das bedeuten: Das Leben geht weiter oder etwas ähnliches, aber ich wusste genau: Es stimmte nicht, nicht das Leben geht weiter, sondern der Tod. Ich schlug ihr den Suppenlöffel aus der Hand, rannte in den Garten, wieder zurück ins Haus, wo das Gekreische und Geschreie in vollem Gang war. Meine Mutter hatte sich an der heißen Suppe das Gesicht verbrannt. Ich rannte in Henriettes Zimmer hinauf, riss das Fenster auf und warf alles, so wie es mir zwischen die Hände kam, in den Garten hinaus: Schächtelchen und Kleider, Puppen, Hüte, Schuhe, Mützen, und als ich die Schubladen aufriss, fand ich ihre Wäsche und dazwischen merkwürdig kleine Dinge, die ihr bestimmt teuer gewesen waren: getrocknete Ähren, Steine, Blumen, Papierfetzen und ganze Bündel von Briefen, mit rosa Bändern umwickelt. Tennisschuhe, Schläger, Trophäen, wie es mir in die Hände kam, warf ich es raus in den Garten. Leo sagte mir später, ich hätte ausgesehen wie „ein Verrückter", und es wäre so schnell gegangen, wahnsinnig schnell, dass niemand etwas hätte tun können. Ganze Schubladen kippte ich einfach so über die Fensterbank, rannte in die Garage und trug den schweren Reservetank voll Benzin in den Garten, kippte ihn über das Zeug und steckte es an: Alles, was herumlag, stieß ich mit dem Fuß in die hohe Flamme, suchte alle Fetzen und Stücke, getrocknete Blumen, Ähren und die Briefbündel zusammen und warf sie ins Feuer. Ich lief ins Esszimmer, nahm die Serviette mit dem Ring von der Anrichte, warf sie ins Feuer. Leo sagte später, das ganze habe keine fünf Minuten gedauert, und bevor einer ahnte, was geschah, brannte die Flamme lichterloh, und ich hatte alles reingeworfen.

[3] *Anna*: das Dienstmädchen

1 Analysieren Sie die Gefühle des Ich-Erzählers gegenüber seiner Schwester und seiner Mutter; beachten Sie dabei vor allem die Funktion von Alltagsgegenständen und -handlungen. Halten Sie Ihr Ergebnis in einer grafischen Darstellung fest.
2 Tauschen Sie sich in Gruppenarbeit darüber aus, inwieweit Sie das Verhalten des Ich-Erzählers nachfühlen können. Entwickeln Sie unter Einbeziehung Ihrer Ergebnisse aus Aufgabe 1) Interpretationshypothesen zur Bedeutung der Verbrennungsaktion.
3 Entwerfen Sie einen Tagebucheintrag des erwachsenen Hans Schnier, der sich in einer finanziellen Notlage befindet und überlegt, ob er seine Eltern um Hilfe bittet.

Moritz von Uslar
Deutschboden (2010) *Auszug*

Der Erzähler aus „Deutschboden" ist ein Berliner Autor und Journalist. Dieser erlebt und beobachtet den Alltag einer brandenburgischen – zwar real existierenden, aber als „Oberhavel" verschleierten – Provinzstadt. „Speedy" ist der Spitzname eines 21-jährigen Farbigen, der, in Oberhavel geboren, mit Hauptschulabschluss und ohne Ausbildung von Hartz IV lebt und für das folgende Interview 50 € vom Ich-Erzähler bekommen hat.

Wir standen vor den Häusern, in denen Speedy mit seinem Pflegevater wohnte: brutal heruntergekommene Buden. In einem der beiden Zimmer, so Speedy mit Blick auf die Fassade, schimmelte es, das sei deshalb leider nicht zu betreten. Gras; Sand; Brennholzstapel; verrostete Öfen; Wellblech. Vor einem Schuppen saßen zwei Frauen mit Arbeitskittel und dicken Bäuchen und guckten; Katzen strichen durchs Gras. Es war natürlich auch wieder ein poetischer Anblick, eine Mischung aus Michel aus Lönneberga, Huckleberry Finn und irgendeinem eisenharten Gangsterfilm mit Sean Penn, der in den Trailerparks von Los Angeles spielte.
[...] Er fahre gerne Motorrad, erzählte Speedy, praktisch das ganze Gelände der ehemaligen Ziegeleien sei Privatgelände, da brauche man keinen Führerschein. Er habe mit Drogen nie viel am Hut gehabt, aber bei einigen seiner Kumpels, da sei mit Pillen und Amphetaminen natürlich die Hölle los. Es sei nicht ganz einfach, aber auch nicht ganz schwierig, mit schwarzer Hautfarbe in Oberhavel zu leben: „Wenn meine Freunde mich Neger nennen, dann habe ich damit kein Problem, weil ich weiß, dass das meine Freunde sind. Wenn mich in Berlin einer so nennt, sehe ich das als Beleidigung."
Wenn er besoffen sei, so fuhr Speedy fort zu erzählen, höre er am liebsten deutsche Schlager, ja richtig, die harten Sachen, Matthias Reim, Andrea Berg – aber stopp. Komisch.
All diese Geschichten interessierten mich plötzlich nicht mehr. Ich fand ihn [sic] einen besonders netten Jungen, ich hörte ihm gerne zu, ich hielt ihn auf eine glamouröse Art für schlau, gerissen und seinen Lebensumständen perfekt angepasst, aber das interessierte jetzt alles nicht, das war jetzt gleich.

Ich stand im hohen Gras der ehemaligen Ziegelei Werk V, sah den Jungen mit dem Brasil-T-Shirt an. Ich dachte: Wer bist denn du? Warum erzählst du mir das alles? Was geht mich dein Leben an?

Es war dies der Moment, an dem meine Recherchen beendet waren. Simple Sache: Die Beobachtungsbatterien waren leer. Meine Reporter-Energien waren aufgebraucht. [...]

Was kannst du am besten, Speedy?

„Was kann ich am besten ..."

Perverse Frage, oder?

„Perverse Frage, ja ..."

Wie geht Nichtstun, Speedy?

„Weeßicknicht. Nichtstun eben. Dumm rumsitzen. Quatschen. Dusselig labern. Fernsehgucken. Playstation spielen. Leuten auf'n Sack gehen. Von morgens bis abends saufen."

Was rät der Vater?

„Der hält zu mir. Ich soll mir nichts ausreden lassen, sagt er. Ich soll einfach machen, was mein Herz sagt."

Wo wirst du in zehn Jahren sein, Speedy? „In zehn Jahren ..."

Er erzählte die rührende Geschichte, dass er nur einmal den eigentlich ja naheliegenden Ausflug nach Berlin gemacht habe. Da sei er bis Spandau gekommen, und da habe er sich gleich derartig verlaufen. Die Leute, das Chaos, der Verkehr. Er habe es gerade noch irgendwie auf den Zug nach Hause geschafft. Nein, Berlin sei nichts für ihn. Da habe er Angst, dass er vor die Hunde komme. Er erzählte, dass, wer von Oberhavel wegwollte, am besten gleich ins Ausland ginge. Im Ausland habe man noch Chancen.

Er sagte: „Ich bin etwa fünf Jahre zu spät dran, ich hab es im Gefühl."

Er spuckte ein grandioses Geschoss zwischen die Gräser. Er sah plötzlich älter und ziemlich entschlossen aus, wie einer, der vielleicht doch etwas anzufangen wusste mit seinem Leben.

Speedy sagte: „Ich würde gerne weg von hier, aber ich glaube nicht, dass ich's hier wegschaffen werde. Das ist hier alles nichts: keine Zukunft. Nichts." Speedy hatte die Hände in den Hüften, er guckte, so weit er [sic] gucken ging, in die Ferne, und sein Gesicht bekam einen harten und gefassten Ausdruck, als er sagte: „Ich werde hier verrotten."

4 Beschreiben Sie die sprachlichen und stilistischen Mittel, mit denen der Text Person und Umgebung Speedys darstellt; notieren Sie ein aus Ihrer Sicht besonders überzeugendes Textbeispiel.

5 Diskutieren Sie die Charakterisierung, die der Erzähler formuliert (Z. 20–23).

6 Moritz von Uslar nennt seinen Roman im Untertitel „Eine teilnehmende Beobachtung" und vermeidet eine klare Zuordnung des Textes zu fiktionaler Literatur. Notieren Sie Textbeispiele, die eher aus einer Reportage (☞ S. 265) stammen könnten, und Textbeispiele, die eher literarisch gestaltet sind.

7 Analysieren Sie, wie der Autor Nicht-Fiktion sprachlich umsetzt. Vergleichen Sie die beiden Texte dieses Unterkapitels (☞ S. 153 f., S. 155 f.) unter diesem Aspekt und stellen Sie Ihre Ergebnisse in einer Tabelle stichwortartig gegenüber.

8 Diskutieren Sie, inwieweit die beiden Texte klare Wertvorstellungen vermitteln. Nennen Sie ggf. die Wertvorstellungen, die in den Texten transportiert werden.

WISSEN

Bis zum Ende des 19. Jahrhunderts sah man Kinder übergangslos zu Erwachsenen werden – Konfirmation bzw. Firmung stellten eine kulturelle Grenzmarkierung dar. Erst ungefähr seit dem Beginn des 20. Jahrhunderts wird **Jugend als ein eigenständiger Lebensabschnitt** zwischen Kindheit und Erwachsenendasein aufgefasst und als solcher soziologisch untersucht. Dabei wurden die Grenzen zum Erwachsenendasein mit dem Begriff der **Adoleszenz** immer weiter verschoben, sodass man heute bis ca. Mitte 20 als Heranwachsender bzw. Adoleszent gelten kann.

Nach dem 2. Weltkrieg erlebte die **Jugendsoziologie** einen Aufschwung, und zwar auch in Auseinandersetzung mit den empirischen Untersuchungen, die wissenschaftliche Institute seit 1953 im Auftrag des Mineralölkonzerns Shell durchführen (**Shell Jugendstudien**).

Nach 1945 gab es mehrere **Jugendbewegungen**, die durch Kritik an der Verstrickung der Elterngeneration in der NS-Zeit geprägt waren; heute noch bekannt ist vor allem die sogenannte **„68er“-Bewegung** von Studenten und jungen Intellektuellen, die auf politische und umfassende gesellschaftliche Neuorientierung drängte. Die Impulse dieser „68er“-Bewegung reichten bis zur **Anti-Atomkraft-Bewegung** der 70er Jahre und zur **Friedensbewegung** zu Beginn der 80er Jahre.

Seit den 90er Jahren lässt sich ein Umschwung feststellen: Die Einstellung der Jugendlichen gegenüber der Erwachsenenwelt ist insgesamt positiver geworden; die Jugendsoziologie richtet auch als Konsequenz hieraus ihr Interesse stärker auf die **Erforschung der Unterschiedlichkeit von Jugendkulturen**, die nebeneinander bestehen.

Klaus Hurrelmann

Die Shell Jugendstudie 2010

Eine pragmatische Generation behauptet sich (2010) *Einleitung zur Studie*

Der Begriff „Pragmatische Generation“, den wir seit der 14. Shell Jugendstudie 2002 verwenden, soll vor allem die Handlungsorientierung der aktuellen Jugendgeneration hervorheben, die durch viel Ehrgeiz und Zähigkeit unterbaut ist. Mit tatkräftigem Anpacken, wechselseitiger Unterstützung und einer pragmatisch-taktischen Flexibilität will die Mehrheit der Jugendlichen die Dinge in den Griff bekommen. Diese Haltung prägt die Einstellungen und den Lebensalltag und bietet zugleich Schutz davor, sich unterkriegen zu lassen. Schutz bietet ebenfalls das besondere

Lebensgefühl von Jugendlichen, ihre eher lockere Art, die Dinge auf sich zukommen zu lassen, oder ihre Haltung, in Freizeit und Alltag zusammen mit anderen einfach nur mal „gut drauf“ sein zu wollen.

9 Fassen Sie die Aussagen des Textes in Form einer Mind-Map (☞ S. 301) zusammen. Zeigen Sie auch evtl. auf den ersten Blick sich widersprechende Aussagen auf.

Die 16. Shell Jugendstudie

Die 16. Shell Jugendstudie 2010 stützt sich auf eine repräsentativ zusammengesetzte Stichprobe von 2.604 Jugendlichen im Alter von 12 bis 25 Jahren aus den alten und neuen Bundesländern, die zu ihrer Lebenssituation und zu ihren Einstellungen und Orientierungen persönlich befragt wurden. Die Erhebung fand auf Grundlage eines standardisierten Fragebogens im Zeitraum von Mitte Januar bis Ende Februar 2010 statt.

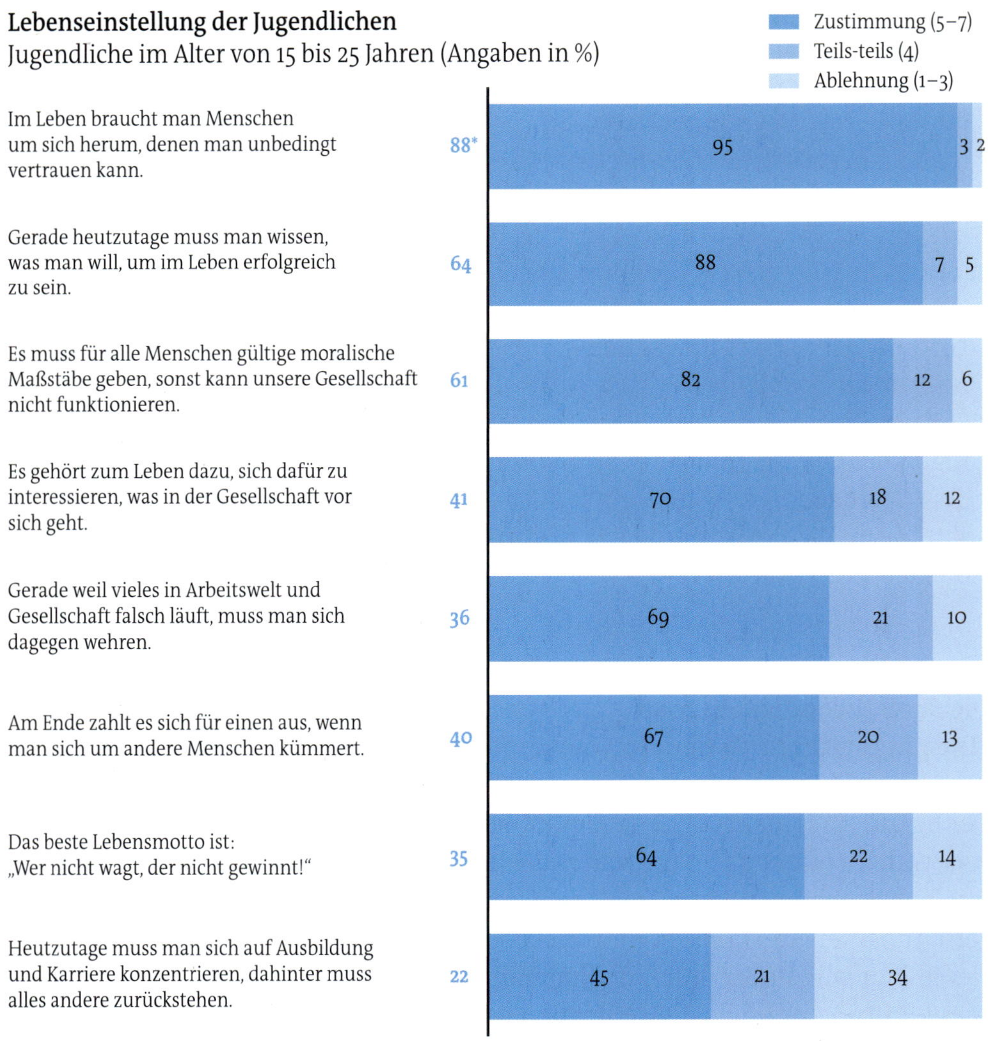

* Anteil besonders hohe Zustimmung (Skalenpunkte 6–7)

Thomas Gensicke

Wertorientierungen heutiger Jugendlicher (2010)

Die aktuelle Shell Jugendstudie interessierte sich dafür, wie die Jugendlichen die Chancen der Werterealisierung einschätzen. Halten sie es überhaupt für sinnvoll, sich in der Lebenspraxis an Werten, Normen und Regeln zu orientieren, oder führt die Unübersichtlichkeit der gesellschaftlichen Verhältnisse zur Skepsis darüber, ob moralisches Verhalten überhaupt einen Sinn hat?

10 Erläutern Sie mithilfe einer grafischen Darstellung, welchen Zusammenhang Gensicke zwischen Werthaltung, Lebenseinstellung (= Strategien der Lebensbewältigung) und Lebenspraxis herstellt, und arbeiten Sie die Leitfrage der Jugendstudie für die Umfrage heraus.

11 Beantworten Sie Gensickes Leitfrage auf der Grundlage des Balkendiagramms (☞ S. 158) in Thesen.

12 Diskutieren Sie unter Einbeziehung Ihrer Ergebnisse und Ihrer eigenen Erfahrungen, z. B. in einer Fish-Bowl-Diskussion (☞ S. 300), die These „Die heutige Jugend ist geprägt durch Werteverlust“.

13 Spielen Sie ein Gespräch in einer Talkshow, in der sich der jugendliche Hans Schnier (☞ S. 153 f.), Speedy (☞ S. 155 f.) und ein im Sinn Hurrelmanns „pragmatischer“ Jugendlicher, angeleitet durch einen Moderator, über den Sinn des Lebens – und den Wert solcher Sinnfragen – austauschen. Bereiten Sie die Rollen in Gruppen vor.

Anselm Vogler, 19 (2010)

Ständig lesen wir in den Zeitungen neue Bezeichnungen für uns Jugendliche. Das nervt. Wir sind Computer-Süchtige, die nur vorm Rechner hocken, auf virtuelle Gegner ballern und niemals raus an die frische Luft gehen. Das nenne man dann „Generation Internet“. Die weltoffenen Streber unter uns, die sogenannte „Generation Y“, treibt unpolitisch mit dem Strom und will mit 20 schon auf der Karriereleiter ganz weit nach oben. Nicht zu vergessenen die studierten Kaffeemaschinen, die „Generation Praktikum“. [...]

14 Entwerfen Sie in Einzelarbeit anhand Ihrer bisherigen Überlegungen einen Leserbrief (☞ S. 316) oder Blog (☞ S. 255) zur Shell Jugendstudie 2010; beziehen Sie dabei auch das Zitat von Anselm Vogler sowie das Bild mit ein.

15 Gestalten Sie schriftlich einen Paralleltext zu „Deutschboden“ (☞ S. 155 f.), der jedoch einen der „pragmatischen“ und optimistischen Jugendlichen der Shell Jugendstudie 2010 (☞ S. 157 f.) zum Gegenstand hat.

Die 14. Shell Jugendstudie von 2002

1.2 Die eigene Sprache finden – Norm und Abweichung in der literarischen Sprache seit 1945 untersuchen

Wolfgang Borchert
Das ist unser Manifest (1947) *Auszug*

Wolfgang Borchert (1921–1947) war Schauspieler, Kabarettist und Autor. Ab 1941 wurde er als Soldat an der Ostfront eingesetzt und kam schwer krank aus dem Krieg zurück.
Mit seinen Kurzgeschichten und einem Drama beeinflusste er trotz der kurzen Zeitspanne seines literarischen Schaffens die Literatur der Nachkriegszeit.

INFO

Wir brauchen keine Dichter mit guter Grammatik. Zu guter Grammatik fehlt uns Geduld. Wir brauchen die mit dem heißen heiser geschluchzten Gefühl. Die zu Baum Baum und zu Weib Weib sagen und ja sagen und nein sagen: laut und deutlich und dreifach und ohne Konjunktiv. Für Semikolons haben wir keine Zeit und Harmonien machen uns weich und die Stilleben überwältigen uns: Denn lila sind nachts unsere Himmel. Und das Lila gibt keine Zeit für Grammatik, das Lila ist schrill und ununterbrochen und toll. Über den Schornsteinen, über den Dächern: die Welt: lila. Über unseren hingeworfenen Leibern die schattigen Mulden: die blaubeschneiten Augenhöhlen der Toten im Eissturm, die violettwütigen Schlünde der kalten Kanonen – und die lilane Haut unserer Mädchen am Hals und etwas unter der Brust. Lila ist nachts das Gestöhn der Verhungernden und das Gestammel der Küssenden. Und die Stadt steht so lila am nächtlich lilanen Strom. [...] Unsere Moral ist die Wahrheit. Und die Wahrheit ist neu und hart wie der Tod. Doch auch so milde, so überraschend und so gerecht. Beide sind nackt. Sag deinem Kumpel die Wahrheit, beklau ihn im Hunger, aber sag es ihm dann. Und erzähl deinen Kindern nie von dem heiligen Krieg: Sag die Wahrheit, sag sie so rot wie sie ist: voll Blut und Mündungsfeuer und Geschrei. [...]
Unser Manifest ist die Liebe. Wir wollen die Steine in den Städten lieben, unsere Steine, die die Sonne noch wärmt, wieder wärmt nach der Schlacht – Und wir wollen den großen Uuh-Wind wieder lieben, unseren Wind, der immer noch singt in den Wäldern. Und der auch die gestürzten Balken besingt – Und die gelbwarmen Fenster mit den Rilkegedichten dahinter –
Und die rattigen Keller mit den lilagehungerten Kindern darin –
Und die Hütten aus Pappe und Holz, in denen die Menschen noch essen, unsere Menschen, und noch schlafen. Und manchmal noch singen. Und manchmal und manchmal noch lachen –
Denn das ist Deutschland. Und das wollen wir lieben, wir, mit verrostetem Helm und verlorenem Herzen hier auf der Welt.
Doch, doch: Wir wollen in dieser wahn-witzigen Welt noch wieder, immer wieder lieben!

1 Führen Sie ein Schreibgespräch (☞ S. 302) zu diesem Manifest; beginnen Sie, indem Sie einen Satz, der Ihnen besonders aussagekräftig erscheint, notieren.

2 Erörtern Sie schriftlich an zwei ausgewählten Beispielen, inwieweit der Text seine eigenen – sprachlichen und inhaltlichen – Vorgaben erfüllt.

3 Erzählung – Programm – Gesetz – Aufruf – Reportage – Essay.
Finden Sie mindestens ein Beispiel in Form einer Textpassage, die jede der genannten Textsorten in Borcherts „Manifest" repräsentiert; notieren Sie diese in Form einer Tabelle.

4 Diskutieren Sie auf dieser Grundlage, welche Textsorte Sie dem Manifest am ehesten zuordnen würden, und fassen Sie sein Anliegen thesenartig zusammen.

5 Heinrich Bölls literarisches Schaffen begann direkt in der Nachkriegszeit. Analysieren Sie auf der Grundlage des Romanausschnitts (☞ S. 153 f.), inwieweit sein Roman „Ansichten eines Clowns" die Ansprüche von Borcherts „Manifest" erfüllt.

Peter Böthig
die verlassene sprache (1990) *Auszug*

die offensive der dichtung in den endsiebzigern und frühen achtzigern in der d.d.r. vollzog sich auf eben dieser symbolischen ebene. die soziale botschaft vieler gedichte und ästhetischer vorstöße bestand in vielen fällen zunächst hauptsächlich darin, zu sagen: ich existiere, bin der und der, bin so und so, anders und mehr als die mir verordneten koordinatenpunkte im festgefügten sozialen netz. gegen die entmachtende logik der hermetischen herrschafts-diskurse wurden die festen räume des sagbaren erweitert, und damit die räume des poetischen sprechens und der poetischen form: um die wilde, ungezähmte subjektivität, die freie imagination, die erotisierung der sprache, die freiräume der phantasie, das spiel der worte und wort-reste ..., eine der macht nicht (mehr) verständliche sprache, die aber gerade darin ihre reibung fand. im ausverkauf der gesellschaftlichen wahrheiten, der totalisierung der sprache als organ der unterwerfung des einzelnen unter die prinzipien eines verengten weltbildes und zur funktionalisierung des lebens. die literatur der achtziger in der d.d.r. ist in großen teilen ein anlaufen gegen die verhinderung von leben durch eine in diesen zwecken erdrosselte sprache. [...]

6 Klären Sie Ihr Verständnis des Textes von Peter Böthig mit der Placemat-Methode (☞ S. 301).

7 Präsentieren und diskutieren Sie Ihre Ergebnisse im Plenum.

8 Formulieren Sie eine Hypothese zu der Frage, inwiefern die besondere Rechtschreibung des Textes die Aussagen über die Funktion von (dichterischer) Sprache widerspiegelt.

9 Vergleichen Sie auf der Grundlage Ihrer bisherigen Ergebnisse die Texte von Borchert und Böthig in Bezug auf die Funktion von Literatur in der Gesellschaft; halten Sie die Unterschiede und Gemeinsamkeiten in Stichworten tabellarisch fest.

Nora Bossong
Was kann Prosa heute? (2011) *Auszug*

Die Prosa ist wortlos, solange sie nicht benutzt wird, sie wird an die Wand gedrängt, während Sofa, Couchtisch, Fernseher den Mittelpunkt des Wohnzimmers besetzt halten. Was sollen wir heute mit ihr noch anfangen? Sollten wir nicht zugeben, dass die Möglichkeit der Filmnarration und die Entwicklung der Fernsehserie der an ihre Buchstaben geklammerten Prosa mittlerweile so weit voraus sind, dass es vollkommen sinnlos ist, überhaupt noch zu schreiben ohne Hinblick auf eine Verfilmung? Allein, noch unerträglicher als Romane sind Romane, die in Hinblick auf eine Verfilmung geschrieben werden. Sind Drehbuchautoren und Regisseure somit die einzig legitimen Erben des Epikers, des Romanciers? Ein Roman ist mehr als Narration, Handlung, Abfilmbares. Er ist Sprache, und zwar in dem Sinne, dass er die Sprache einer in Schieflage geratenen, einer seit jeher in Schieflage befindlichen Welt vorführen kann, die Sprachgrotesken aufzeigen, aus denen unser Miteinander besteht. Eine Arbeit an der Sprache ist immer auch eine Arbeit am Denken. Doch nicht nur das: Es ist auch eine Arbeit am Sehen und an unserer Vorstellungsfähigkeit. Lesen wie auch Schreiben sind genuin einsame Tätigkeiten und unterscheiden sich so von dem gängigen Verhalten in unseren (so viel sei hinzugefügt: nicht nur westlichen) Gesellschaften, sie treten diesem Gruppentrott entgegen. Doch was ist damit gewonnen? Ist nicht die gemeinsame Tätigkeit eine viel heilsamere als die solitäre, eine ständige Verschlossenheit in sich selbst dagegen lediglich etwas für Menschen, die nichts lieber als eine bipolare Störung in sich heranzüchten wollen?
Die Einsamkeit, so könnte man argumentieren, ist im Lesen nur eine körperliche, keine geistige, denn mittels Sprache tritt der Autor in Kommunikation mit dem Leser, die Figuren offenbaren ihr Weltbild und ihren Zugriff auf Welt durch Handlungen, Dialoge, Gedanken, Handhabung von Sprache und lassen so den Leser wenn nicht stärker, so doch *anders* teilhaben, als eine Fernsehserie dies leistet. Gerade durch die Beschränkungen, durch die Lücken, die wir als Leser füllen müssen*, verwachsen wir eng mit den Figuren, mit der Landschaft, mit dem Geschehen. Gerade die Beschränkung, die Literatur mit sich bringt, und die Einsamkeit, die sie von uns einfordert, ermöglichen zudem eine Konzentration, die in einer viele Sinne ansprechenden, immer schnelleren Ästhetik folgenden Film- bzw. Fernsehnarration nicht mehr gegeben ist. Eine Arbeit an der Sprache überschwemmt uns nicht wie die mediale Bilderflut, die wir nicht selbst herstellen, nicht mehr angemessen verarbeiten, nur noch wegzappen können. Die Prosa kann wenig, aber gerade darin liegt auch ihre Chance.

* z. B. haben wir kein Bild von einer Figur, sondern nur Eckpunkte, lückenhafte Beschreibungen, die wir selbst zu einem Ganzen ausfabulieren, dem wir Farbe geben müssen. Der Film hat alle Farben bis zur letzten Ecke des Bildes schon ausgefüllt.

10 Erläutern Sie thesenhaft, worin der Text den Wert literarischer Prosa gegenüber anderen Medien sieht.

11 Vergleichen Sie die Thesen Bossongs mit Finns Leseerfahrungen und Ihren eigenen (☞ Aufgabe 7, S. 152).

a) Verfassen Sie eine prägnante These, die jeweils stellvertretend für die unterschiedlichen Leseerfahrungen steht.

b) Stellen Sie die einzelnen Thesen gegenüber, indem Sie die Widersprüchlichkeiten und ggf. Gemeinsamkeiten der drei Thesen schriftlich in zwei bis drei Sätzen erläutern.

12 Verfassen Sie eine kurze Stellungnahme (☞ S. 302) zu Bossongs Thesen.

WISSEN

In der öffentlichen Sprachverwendung (z. B. Massenmedien, Politik) wird eine Standardsprache verwendet. Die Verwendung der allen gleichermaßen bekannten, normierten Sprachform dient der Reibungslosigkeit der Kommunikation. Die Verwendung von Sprachvarietäten, von umgangssprachlichen oder auch vulgären Stilebenen wird hier in der Regel vermieden (☞ Normen, S. 319).

Dies gilt jedoch nicht für die Norm und Abweichung in der literarischen Sprache: **Literarische Texte** schaffen sich ihre eigene Welt und vermitteln diese Welt dem Leser durch ihre Sprache, die nach eigenen **ästhetischen** und sich ständig verändernden Normen gestaltet ist. Entsprechend der **Wirkungsabsicht** der literarischen Texte (Unterhaltung und Aufklärung versus Autonomie der Literatur) verstoßen oder spielen sie mit den Normen der Standardsprache und der Literatursprache.

In der Literatur nach 1945 gibt es beide literarischen Richtungen: Zum einen existieren eher politisch oder **aufklärerisch orientierte** literarische Strömungen; diese Texte bemühen sich um Wahrhaftigkeit wie Verständlichkeit und enthalten daher weniger sprachliche Normverstöße. Zum anderen existieren ebenso **ästhetisierende**, sich als künstlerisch autonom verstehende literarische Strömungen, die spielerisch mit Sprache umgehen.

Je mehr Normverstöße vorliegen, desto schwieriger wird es für den Leser, sich einen Text zu erschließen. Die **„Entautomatisierung" der Rezeption** – in unterschiedlich starker Ausprägung – ist jedoch immer ein wesentliches Anliegen von Literatur.

13 Konstruieren Sie arbeitsteilig zu jedem Text dieses Unterkapitels (☞ Borchert, S. 160; Böthig, S. 161 und Bossong, S. 162) ein Standbild, welches das beschriebene und geforderte Verhältnis zwischen Leser und Literatur ausdrückt.

14 Vergleichen Sie die Standbilder untereinander.

15 Erklären Sie, welchen Normen sich die jeweiligen Ansätze verpflichtet fühlen. Halten Sie Ihre Ergebnisse stichwortartig fest.

16 Entwerfen Sie einen Diskussionsbeitrag zu einer literarischen Gesprächsrunde, in dem Sie begründen, welcher Ansatz aus Ihrer Sicht der überzeugendste ist.

1.3 Aspekte des literarischen Lebens kennenlernen

Schreiben als Beruf: Die Autorin Tina Uebel

Aus www.tina-uebel.de

Tina Uebel

Tina Uebel ist Schriftstellerin, freie Journalistin, Literaturveranstalterin, MACHTmacherin, Poetry-Slam-MC, Ex-Verlegerin, Gelegenheitslehrbeauftragte für Kreatives Schreiben und Diplom-Illustratorin. Seit 1993 zahlreiche literarische Veröffentlichungen in Anthologien[1] und Zeitschriften.
Einzelpublikationen: „Frau Schrödinger bewältigt die Welt", Kurzgeschichten (1999) sowie die Romane „Ich bin Duke" (2002), „Horror Vacui" (2005) und „Die Wahrheit über Frankie" (2009). Ihr aktueller Roman „Last Exit Volksdorf" ist Anfang 2011 bei C.H. Beck erschienen. Sie ist Mitherausgeberin diverser Anthologien. Tina Uebel lebt auf der Reeperbahn in Hamburg-St. Pauli, wenn sie nicht gerade irgendwo auf Reisen ist. [...]
Seit ihrer Gründung 2000 sorgt die Literaturfusion „Macht – Organisierte Literatur" über die Grenzen Hamburgs hinaus für Schlagzeilen und Furore. Macht e.V. ist ein Zusammenschluss von Hamburger Schriftstellern, Literaturveranstaltern und Kleinverlegern, die gemeinsam verschiedene Projekte realisieren. Neben der regelmäßigen Veranstaltung Machtclub gibt es Lesungen und Events der Machtmacher selbst, Publikationen wie [...] die Literaturzeitschrift „Macht". In den Machtclub – [...] seit 2009 im Uebel & Gefährlich – lädt sich Macht monatlich drei Autoren ein, die Macht begeistern [...].

[1] *Anthologie*: Sammlung kurzer, thematisch zusammengestellter literarischer Texte

1 Notieren Sie in Form einer Mind-Map (☞ S. 301), aus welchen Tätigkeiten Tina Uebels Beruf „Schriftstellerin" sich zusammensetzt, und stellen Sie Vermutungen über die Funktion der nicht rein schriftstellerischen Tätigkeiten an.

Marie-Sophie Adeoso

Träge Sonne auf Volksdorfer Asphalt, fr-online vom 10.02.2011 *Auszug*

Menschliche Abgründe einer Mittelschicht, die ihre Erfüllung in Esoterik und Bildungserfolgen sucht und den Verfall der eigenen Kinder übersieht: Tina Uebels Roman „Last Exit Volksdorf" zeigt die Schattenseite des Hamburger Vorortes. Bitterböse ihre Sprache, sarkastisch, dann wieder sensibel.

Hinter den Rhododendron-Büschen wohnt das gutsituierte Grauen. Menschliche Abgründe einer Mittelschicht, die ihre Erfüllung in Esoterik und Bildungserfolgen sucht und dabei den Verfall der eigenen Kinder übersieht. Wer den Hamburger

Vorort Volksdorf kennt, gar dort aufgewachsen ist im satten Grün der Walddörfer, kann den Reiz nachempfinden, dem die Autorin Tina Uebel allzu sehr erlegen ist: der freundlichen Idylle eine kontrastreiche Schattenseite abzuringen. „Last Exit Volksdorf" heißt Uebels neuer Roman, und der Titel zeichnet bereits die Ausweglosigkeit vor, in der sich die Protagonisten wähnen. Aus multipersonaler Perspektive erzählt, verweben sich die Lebensläufe mehrerer Jugendlicher, von Natalie, Finn, Joshua und ihren Eltern, Freunden, Lehrern zu einem Netz, das sich auf betäubte Vorortseelen legt. [...]

„Ihre Füße liegen Klara fern"

Es mag kein sonderlich originelles Motiv sein, heile Fassaden bröckeln zu lassen und das Böse im scheinbar friedlichen Randbezirk zu suchen. Doch Tina Uebel gelingt es in dem ihr eigenen norddeutschen Duktus eine Geschichte zu erzählen, die im fortlaufenden Alltagsfluss an Fahrt gewinnt; deren Figuren mit jeder Seite plastischer werden. Bitterböse ist Uebels Sprache in ihren besten Momenten, sarkastisch und dann doch wieder sensibel.

Anfangs aber schlummert der Erzählfluss noch wie die träge Sonne auf Volksdorfer Asphalt. Der Plot entfaltet sich in der Geschwindigkeit der alten Witwe Klara, die mit ihrem „Hackenporsche" durchs Dorf tappt. [...] Derweil kippt die emotionale Schieflage der jugendlichen Protagonisten, bis sie ins Bodenlose fallen. Dabei bleiben sie jedoch träge, äußerlich teilnahmslos, lagern ihr Ich aus, denken sich weg. Es sind diese Stellen, aus denen das Buch einen bitteren Sog zu entwickeln vermag; Passagen, in denen sich die Vorortlangeweile mit der abgestumpften Seelenqual der Jugendlichen deckt; in denen man sie schütteln möchte, den Schmerz herauszuschreien.

Leider aber überfrachtet die Autorin den Kosmos pubertärer Ausweglosigkeit, indem sie von der Essstörung über Missbrauch und Mobbing, bis hin zu Drogenkonsum und Coming-Out so ziemlich jeden Fallstrick einbaut, der einen heranreifenden Menschen zum Straucheln bringen kann. Dabei hätte subtiles Grauen bereits genügt, um den Mikrokosmos Volksdorf auszufüllen als Parabel für einen gesamtgesellschaftlichen Emotionsverfall. „Zwei oder drei Tage später hat Volksdorf alles gewusst, Volksdorf weiß immer alles, weiß der Geier woher, Volksdorf ist eben, denkt Joshua, allüberall."

2 Notieren Sie nach dem ersten Lesen der Rezension Ihre Meinung: Würden Sie sich den Roman kaufen oder schenken lassen wollen? Verfassen Sie eine knappe Begründung.

3 Analysieren Sie den Argumentationsgang der vorliegenden Internetrezension zu „Last Exit Volksdorf". Arbeiten Sie dabei heraus, welches Urteil die Rezensentin fällt, welche Wertmaßstäbe sie dabei anlegt und wie sie diese ihren Lesern vermittelt.

4 Stellen Sie in einer Grafik (Mind-Map o.Ä.) zusammen, welche Aspekte und Teilbereiche des literarischen Lebens Sie bisher in diesem Kapitel kennengelernt haben. Berücksichtigen Sie zum Beispiel die Arbeitsfelder eines Schriftstellers und die Berufsgruppen, die am literarischen Leben beteiligt sind.

Benjamin von Stuckrad-Barre
Livealbum (1999) *Auszug*

Der Erzähler berichtet im Folgenden von einer eigenen literarischen Lesung:
Draußen kreischte eine Moderatorin, drinnen verzweifelte ein Autor. [...] Aber ich las weiter. Dachte ans Radio, ans Geld, meine Karriere, den von noch KEINEM Besucher frequentierten Büchertisch, meine Agentin, das Wort „Ochsentour", an meine neuen Hemden. Einen Saal leerzulesen, muss scheußlich sein, aber einen Saal zu belesen, wie man will, und der Saal reagiert GAR NICHT, sondern führt ein komplettes Eigenleben, pfeift auf, aber nicht gegen diesen Vertreter der Unterhaltungsindustrie, das erst verursacht die größten Schwitzflecken auf Entertainerhemden. Es war eine lausige Vorstellung.

5 Stellen Sie dar, welche Funktion Stuckrad-Barre der Lesung innerhalb des Literaturbetriebs (Wissenskasten unten) zuordnet und welche Kritik deutlich wird.

WISSEN

Ein Autor wird zumeist vom Verlag, dessen Lektoren und von seinem Literaturagenten beim Schreiben und bei der Vermarktung seiner Texte begleitet. Zwischen ihm und dem Leser entfaltet sich ein **Literatur„betrieb"**, der im Wesentlichen folgende Funktionen hat:

- Literatur an den Leser zu bringen, zu verkaufen, indem er Orientierung in der kaum zu überblickenden Zahl der jährlichen Neuerscheinungen bietet
- Die Qualität von Literatur zu fördern: Die Autoren kommen miteinander, mit Rezensenten oder auch bei Literaturwettbewerben ins Gespräch; somit werden Qualitätsmaßstäbe immer neu ausgehandelt
- Der Literatur ihren Platz neben und in den „neuen" Medien zu sichern

Dem Leser wird der „Literaturbetrieb" meist medial vermittelt, in den Feuilletons der Tageszeitungen, Literaturzeitschriften, Kultursendungen im Radio und Fernsehen, in Auftritten im Internet.
Bedeutenden Anteil am Literaturbetrieb haben die beiden **Buchmessen**, im Herbst in Frankfurt und im Frühjahr in Leipzig, wo die Verlage Neuerscheinungen präsentieren. Daneben gibt es **Literaturpreise**, internationale wie den Literaturnobelpreis und nationale wie z. B. den „Deutschen Buchpreis". Ein weiterer renommierter Buchpreis ist der „Georg-Büchner-Preis", der an einen Autor für sein Gesamtwerk verliehen wird. Daneben gehören **Zusammenschlüsse von Schriftstellern** selbst zum Literaturbetrieb. Am bekanntesten geworden ist die **Gruppe 47**, die bis zu ihrer Auflösung 1967 durch jährliche Zusammenkünfte die Literatur der Bundesrepublik mit prägte. Heute gibt es eine Vielzahl von Zusammenschlüssen junger Autoren, die z. T. für kleine, ambitionierte **Literaturzeitschriften** schreiben. Darüber hinaus wird Literatur mit vielfältigen Mitteln als **Event** inszeniert (z. B. Poetry Slams, szenische Formen von Lesungen (S. 202)), um ihre Attraktivität zu erhöhen.

2 Zeitdiagnosen? – Literatur aufgrund ihrer Wirklichkeits- und Zeitbezüge vergleichen

2.1 Literatur aus der Nachkriegszeit und der Bundesrepublik deuten

Wolfgang Borchert (☞ Autoren-Info S. 160)
Vielleicht hat sie ein rosa Hemd (1947)

Die beiden saßen auf dem Brückengeländer. Ihre Hosen waren dünn und das Brückengeländer war eisig. Aber da gewöhnte man sich dran. Auch dass es so drückte. Sie saßen da. Es regnete, es regnete nicht, es regnete. Sie saßen und hielten Parade ab. Und weil sie einen Krieg lang nur Männer gesehen hatten, sahen sie jetzt nur Mädchen. Eine ging vorbei.

Hat einen ganz schönen Balkon. Kann man auf Kaffee trinken, sagte Timm.

Und wenn sie so lange in der Sonne rumläuft, wird die Milch sauer, grinste der andere. Dann kam noch eine. Steinzeit, resignierte der neben Timm. Alles voll Spinngewebe, sagte der.

Dann kamen Männer. Die kamen ohne Kommentar davon. Schlosserlehrlinge, Büroangestellte mit weißer Haut, Volksschullehrer mit genialen Gesichtern und schäbigen Hosen, dicke Männer mit dicken Beinen, Asthmatiker und Straßenbahner mit Feldwebelschritt.

Und dann kam sie. Sie war ganz anders. Man hatte das Gefühl, sie müsse nach Pfirsich riechen. Oder nach ganz sauberer Haut. Sicher hatte sie auch einen ganz besonderen Namen: Evelyne – oder so. Dann war sie vorbei. Die beiden sahen hinterher. Vielleicht hat sie ein rosa Hemd, meinte Timm dann. Warum, sagte der andere. Doch, antwortete Timm, die so sind, die haben meistens ein rosa Hemd.

Blöde, sagte der andere, sie kann ebensogut ein blaues haben. Kann sie eben nicht, du, kann sie eben nicht. Solche die haben rosane. Das weiß ich ganz genau, mein Lieber. Timm wurde ganz laut, als er das sagte.

Da sagte der neben ihm: Du kennst wohl eine? Timm sagte nichts. Sie saßen da und das Brückengeländer war eisig durch die dünnen Hosen. Da sagte Timm: Nein, ich nicht. Aber ich kannte mal einen, der hatte eine mitn rosa Hemd. Beim Kommiss[1]. In Russland. In seiner Brieftasche hatte er immer son Stück rosa Zeug. Aber das ließ er nie sehen. Aber einen Tag fiel es auf die Erde. Da haben es alle gesehen. Aber gesagt hat er nichts. Nur angelaufen ist er. Wie das Stück Zeug. Ganz rosa. Abends hat er mir dann erzählt, das hätte er von seiner Braut. Als Talisman, weißt du. Sie hat nämlich lauter rosa Hemden, hat er gesagt. Und davon ist es. Timm hörte auf. Na und? fragte der andere.

Da sagte Timm ganz leise: Ich hab es ihm weggenommen. Und dann hab ich es hochgehalten. Und wir haben alle gelacht. Mindestens eine halbe Stunde haben wir gelacht. Und was die für Dinger gesagt haben, kannst du dir denken. Und da? fragte der neben Timm.

[1] *Komiss*: Militär

Timm sah auf seine Knie. Er hat es weggeworfen, sagte er. Und dann sah Timm den andern an: Ja, sagte er, er hat es weggeworfen, und dann hat es ihn erwischt. Am nächsten Tag hat es ihn schon erwischt.
Sie sagten beide nichts. Saßen da so und sagten nichts. Aber dann sagte der andere: Blödsinn. Und er sagte es noch einmal. Blödsinn, sagte er.
Ja, ich weiß, sagte Timm. Natürlich ist es Blödsinn. Das ist ja ganz klar. Das weiß ich auch. Und dann sagte er noch: Aber komisch ist es, weißt du, komisch ist es doch. Und Timm lachte. Sie lachten alle beide. Und Timm machte eine Faust in der Hosentasche. Dabei zerdrückte er etwas. Ein kleines Stück rosa Stoff. Viel rosa war da nicht mehr dran, denn er hatte es schon lange in der Tasche. Aber es war noch rosa. Er hatte es aus Russland mitgebracht.

1 Analysieren Sie die Entwicklung der Beziehung zwischen Timm und seinem Gesprächspartner. Veranschaulichen Sie Ihr Ergebnis grafisch, zum Beispiel durch eine Beziehungskurve (☞ S. 300).
2 Markieren Sie, an welchen Stellen des Gesprächs der Leser für ein vertieftes Verständnis auf Vermutungen angewiesen ist.
3 Sammeln Sie diese Leerstellen im Plenum und füllen Sie sie arbeitsteilig durch innere Monologe der beiden Figuren. Achten Sie darauf, dass die gestalteten Monologe zum Handlungsverlauf und zu den Charakteren passen.
4 Tragen Sie ausgewählte Ergebnisse vor, diskutieren Sie, wie sich Ihre Rezeption der Geschichte durch die Monologe verändert.

Uwe Timm
Heißer Sommer (1974) *Auszug*

Uwe Timm (geb. 1940) arbeitet seit Beginn der 70er Jahre als freier Schriftsteller. „Heißer Sommer" ist sein erster Roman.

Der Ich-Erzähler Ullrich ist Student und hat sich, beeinflusst durch die 68er Studentenbewegung und gegen den Willen seiner Freundin, mit der er in einer Kommune lebt, dazu entschlossen, als Fabrikarbeiter andere Arbeiter für eine sozialistische Basisgruppe zu gewinnen.

In der Mittagspause lachten sie wieder über Ullrichs lange Haare. Er versuchte mitzulachen. Hätte ihn jetzt jemand gefragt, ob er Student sei, er hätte es abgestritten. Er versuchte, sich besonders breit hinzusetzen. Seine Zigarette rauchte er besonders bedächtig. Die Gespräche verstummten plötzlich. Andere sahen von ihren Zeitungen auf. Morgen sei eine Versammlung der Vertrauensleute, sagte Roland. [...]
Nach einer Woche konnte Ullrich schon unterscheiden: Das Kreischen der Fräsen, das Rattern der Bohrmaschinen, das Stampfen der Motoren.
Ohne anzustoßen zog er seinen Wagen durch die Gänge. Manchmal pfiff er: *See you later alligator*. Jetzt verstand er auch die Zurufe der Arbeiter. (Kiek ens! Wenn der Meister kam.)

Er hatte inzwischen auch mehr Zeit. Zwischendurch saß er immer wieder auf dem Klo und las: *Markovic, Dialektik der Praxis*. Er saß im Overall auf der Klosettbrille. Er zündete sich eine Zigarette an. Der erste Zug. Renate und Nottker schliefen noch. Gestern Abend hatte Renate mit Ullrich reden wollen. Wir müssen endlich mal darüber reden, hatte sie gesagt und sich in seiner Kammer auf die Matratze gesetzt. Man sieht dich kaum noch. Abends früh ins Bett, morgens früh raus. Warum machst du das, hatte sie Ullrich mit feierlichem Ernst gefragt. Morgens um zwei fragte sie immer noch: Warum machst du das?
[...] Nebenan gurgelte das Klosett, dann das Rauschen des nachlaufenden Wassers. Die blaue Hose wurde hochgezogen, die Tür aufgeriegelt und dann zugeschlagen. Als der nächste kam, sich wieder eine Hose am Boden kringelte, stand Ullrich auf. Er ging zu den Waschbecken. Er betrachtete sich in dem fast blinden Spiegel. Ein müdes graues Gesicht, fand er. Er hatte sich die Haare abschneiden wollen. Aber Renate hatte protestiert: Wenn du das tust, bin ich stocksauer. Er rieb sich die Hände mit der sandigen Seife ein. Sie roch nach Marzipan. Die offenen Stellen in der Hand brannten. Warum machst du das, hatte sie immer wieder gefragt.

5 Gestalten Sie schriftlich einen Antwortbrief Ullrichs an seine Freundin, der deutlich macht, ob Ullrich seine Arbeit und sein Vorhaben immer noch sinnvoll findet. Gestalten Sie den Brief sprachlich so, dass er Ullrichs äußerer und innerer Situation entspricht.
6 Überarbeiten Sie Ihre Entwürfe im Rahmen einer Schreibkonferenz (S. 302).
7 Vergleichen Sie mithilfe einer Grafik, wie historische Ereignisse und politische Bewegungen das Lebensgefühl der Protagonisten in beiden Texten beeinflussen.

WISSEN

Die vielfältigen literarischen Strömungen in der Bundesrepublik seit 1945 sind nur mit groben Vereinfachungen zusammenzufassen.
Die Problematik der Kriegsheimkehrer und die Not der Nachkriegszeit thematisiert die **Trümmerliteratur**, die neue Ausdrucksformen sucht. Eine Auseinandersetzung mit dem NS-Regime und seinen Verbrechen zieht sich in unterschiedlicher Intensität und Ausprägung durch die Literatur der Bundesrepublik. In den 60er Jahren setzt sich eine zunehmend **politische** Aussagen treffende **Literatur** kritisch mit den Verhältnissen in der Bundesrepublik auseinander, vorwiegend in **dokumentarischen** Formen. Daneben spielen ab den 70er Jahren Strömungen einer **neuen Subjektivität** ebenso eine Rolle wie die sogenannte **Postmoderne**, die seit den 80er Jahren ein einheitliches Lebens- und Literaturmodell ablehnt und durch Verwendung intertextueller Bezüge gekennzeichnet ist. Eine Variante postmoderner Literatur ist die **Popliteratur**, welche die Unterscheidung zwischen anspruchsvoller und unterhaltender Literatur negiert; bewusst verwendet sie Zitate, Sprach- und Stilmittel aus der Musikszene und aus Unterhaltungsmedien. Seit den 90er Jahren gibt es daneben eine sogenannte **Renaissance des** (traditionellen) **Erzählens**, angeregt u. a. durch erfolgreiche US-amerikanische Familienromane.

2.2 Zwischen Anpassung und Aufbegehren – Die Darstellung der DDR in der Literatur deuten

Christa Wolf
Nachdenken über Christa T. (1968) *Auszug*

INFO

Christa Wolf (1929–2011) trat nach dem Abitur 1949 in die SED ein und studierte Germanistik in Leipzig und Jena. Von 1953 bis 1962 war sie als Lektorin und Journalistin tätig. 1959 wurde sie vom Ministerium für Staatssicherheit (MfS) als „Informelle Mitarbeiterin" (IM) angeworben, jedoch beendete die Stasi 1962 die Zusammenarbeit – ab Mitte der 60er Jahre wurde Christa Wolf selbst observiert (1993 publizierte sie ihre IM-Akte unter dem Titel „Akteneinsicht Christa Wolf").
Ab 1962 arbeitete Wolf als freie Schriftstellerin. Sie war ab 1955 im Vorstand des Schriftstellerverbandes der DDR, wurde aber wegen öffentlicher Kritik an den Machthabern der DDR 1977 aus dem Vorstand ausgeschlossen. SED-Mitglied blieb sie bis 1989. Sie gilt – auch international – als eine der bedeutendsten deutschen Schriftstellerinnen. Die Erzählung „Kassandra" (1983) oder aber auch der Roman „Medea. Stimmen" (1996) gehören zu ihren bekanntesten Veröffentlichungen.

Die Ich-Erzählerin überdenkt das Leben ihrer früh verstorbenen Freundin Christa T. In den Anfangsjahren der DDR studierten die beiden zusammen.

Denn die neue Welt, die wir unantastbar machen wollten, und sei es dadurch, daß wir uns wie irgendeinen Ziegelstein in ihr Fundament einmauerten – sie gab es wirklich. Es gibt sie, und nicht nur in unseren Köpfen, und damals fing sie für uns an. Was aber immer mit ihr geschah oder geschehen wird, es ist und bleibt unsere Sache. Unter den Tauschangeboten ist keines, nach dem auch nur den Kopf zu drehen sich lohnen würde …
Sie hat, jetzt spreche ich von Christa T., nichts inniger herbeigewünscht als unsere Welt, und sie hat genau die Art Phantasie gehabt, die man braucht, sie wirklich zu erfassen – denn was man auch sagen mag, mir graut vor der neuen Welt der Phantasielosen. Der Tatsachenmenschen. Der Hopp-Hopp-Menschen, so hat sie sie genannt. […]
Sie hat an unseren Gesprächen teilgenommen, jenen herrlichen ausschweifenden nächtlichen Gesprächen über die Beschaffenheit des Paradieses, an dessen Schwelle wir, meistens hungrig und Holzschuhe an den Füßen, mit großer Gewißheit standen. Die Idee der Vollkommenheit hatte uns erfaßt, aus unseren Büchern und Broschüren war sie in uns eingedrungen, und von den Podien der Versammlungen kam die Ungeduld dazu: Wahrlich, ich sage dir, heute noch wirst du mit mir im Paradiese sein! Oh, wir hatten das Vorgefühl davon, es war unleugbar und unersetzbar, wir vergewisserten uns seiner, indem wir stritten: Würde es mit Atomstrom beheizt sein, unser Paradies? Oder mit Gas? Und würde es zwei Vorstufen haben oder mehr, und woran würden wir es, wenn es endlich einträte, erkennen? [… Wir] lächeln heute, wenn wir uns gegenseitig daran erinnern. Werden noch einmal, für Minuten, einander ähnlich, wie wir es damals durch diesen Glauben jahrelang waren. Können uns heute noch an einem Wort, einer Losung erkennen. Blinzeln uns zu. Das Paradies kann sich rar machen, das ist so seine Art. Soll den Mund verziehen, wer will: Einmal im Leben, zur rechten Zeit, sollte man an Unmögliches geglaubt haben. […]

1 Untersuchen Sie, ob die erwachsene Ich-Erzählerin in der Erzählgegenwart des Romans noch zu den Ideen ihrer Jugend steht. Notieren Sie aussagekräftige Textstellen und deuten Sie sie stichwortartig.

2 Die beiden Freundinnen grenzen sich im Text von „Tatsachenmenschen, Hopp-Hopp-Menschen" (Z. 14) ab.

a) Stellen Sie auf der Grundlage des Textauszugs Vermutungen über die Charakterzüge und Wertvorstellungen dieser „Tatsachenmenschen" an.

b) Recherchieren Sie Informationen zur Politik der DDR-Führung in den 1960er Jahren. Überprüfen und präzisieren Sie Ihre Vermutungen auf dieser Grundlage.

c) Beziehen Sie die Begriffe „Tatsachenmenschen, Hopp-Hopp-Menschen" auf Ihre Gegenwart und verfassen Sie einen Essay (☞ S. 317) oder eine Glosse (☞ S. 265, 279) über solche Menschen.

3 Interpretieren Sie den Romanausschnitt auf der Grundlage Ihrer bisherigen Ergebnisse als Diagnose seiner Zeit; gehen Sie dabei – ausgehend von Ihren Ergebnissen in Aufgabe 2 – auch auf die Frage ein, ob der Text heutigen Jugendlichen ohne historische Vorkenntnisse etwas zu sagen hat.

WISSEN

Viele spätere **DDR-Autoren** wurden zur Zeit des NS-Regimes wegen ihrer politischen Überzeugung verfolgt und zogen nach dem Exil bewusst in die entstehende DDR. Die Auseinandersetzung mit der NS-Zeit war deshalb und wegen des antifaschistischen, sozialistischen Selbstverständnisses dieses Staates ein wichtiges Thema der **DDR-Literatur**.
Viele Autoren fühlten sich dem **sozialistischen Realismus** verpflichtet, zu dem sie jedoch auch von der diktatorisch regierenden SED-Führung gedrängt wurden, die über den Schriftstellerverband und über vielfältige Zensurmechanismen in die Literatur eingriff. In eher traditioneller Erzählform sollten dabei die Verhältnisse in der DDR optimistisch dargestellt werden, um zum gemeinsamen Aufbau eines sozialistischen Staates beizutragen.
Im sogenannten „**Bitterfelder Weg**" versuchte die Staatsführung Anfang der 60er Jahre im Sinne ihres Ideals einer „allseitig gebildeten sozialistischen Persönlichkeit" die Trennung zwischen Laienkunst und professioneller Kunst aufzuheben. Künstler und Autoren wurden zeitweise auch in die Fabriken geschickt, um sie durch den Einsatz in der Produktion an Partei und Werktätige zu binden.
Ab etwa den 70er Jahren entwickelten sich – streng kontrolliert durch die staatliche Zensur – Autorengruppen, die **neue Formen der Literatur** erprobten und die auch in der Bundesrepublik literarisch Anerkennung fanden.
Viele Autoren gerieten durch ihre kritische Haltung immer stärker in einen **Konflikt mit der Staatsführung**, der 1976 mit der Ausbürgerung von Wolf Biermann einen ersten Höhepunkt erlebte; in der Folge emigrierte eine Reihe von Autoren und anderen Künstlern in die Bundesrepublik.

Uwe Tellkamp
Der Turm (2008) *Auszug*

Uwe Tellkamp (geb. 1968 in Dresden) arbeitete nach dem Studium zunächst als Arzt. Um sein geplantes Medizinstudium abzusichern, verpflichtete er sich nach dem Abitur zum dreijährigen Dienst als Unteroffizier in der Nationalen Volksarmee (NVA; Armee der DDR). Aufgrund von Befehlsverweigerung wurde er jedoch frühzeitig (1989) beurlaubt. 2004 gab Tellkamp den Arztberuf zugunsten seiner Schriftstellerkarriere auf. Er veröffentlichte zahlreiche Beiträge in Literaturzeitschriften, gelegentlich verfasst er auch Essays für Zeitungen. Im Jahr 2000 erschien sein erster Roman „Der Hecht, die Träume und das Portugiesische Café“. Einer breiteren Öffentlichkeit bekannt wurde Tellkamp durch den Roman „Der Schlaf in den Uhren“, für den er den Ingeborg-Bachmann-Preis gewann. Im Herbst 2008 ist der Roman „Der Turm“ erschienen, der in der Öffentlichkeit als einer der großen Wenderomane der jüngeren Generation“ gewertet wird und den Deutschen Buchpreis (☞ S. 166) erhielt.

Fahner ist der leitende Direktor des Schulkomplexes, dessen Schüler Christian Hoffmann ist, der Sohn einer DDR-kritischen Arztfamilie in Dresden. Die Szene spielt Mitte der 80er Jahre.

„Medizin“, sagte Fahner in nachdenklichem Ton, „das begehrteste und schwierigste Studium. Ihre Noten sind gut, außer in Mathematik. Da scheinen Sie eine Katastrophe abzugeben. Aber Zensuren allein machen keinen Mediziner. Was nützen uns Verräter, die auf Kosten unseres Staates die EOS[1] und die Universität besuchen, danach aber nichts Besseres zu tun haben, als egoistisch nur an sich zu denken und sich davonzumachen? Soziale Verantwortung, Hoffmann, auch das zählt. Es zählt sogar vor allem. Der parteiliche Standpunkt. Die Menschen hier ermöglichen es Schülern wie Ihnen, sich frei von Sorgen Wissen anzueignen, und gegenüber diesen Menschen haben wir eine Verpflichtung: Sie, indem Sie Ihr Bestes geben – und ich, indem ich Ihnen dabei helfe, wenn Sie guten Willens sind. Und indem ich diejenigen, die sich als Schmarotzer entpuppen, die nicht begreifen können oder wollen, was unsere Arbeiter- und Bauern-Macht für sie tut, indem ich solche Subjekte erkenne und als das behandle, was sie sind. Unser Volk investiert Hunderttausende von Mark in Ihre Ausbildung. Dieses Vertrauens und dieser Großzügigkeit müssen Sie sich würdig erweisen. Deshalb erwarte ich von Ihnen Ihr Ja zum dreijährigen Ehrendienst in unseren Streitkräften, mit dem Sie Ihrem Volk ein klein wenig von dem zurückgeben, was es für Sie leistet. Zumal Sie als Agitator[2] eine Vorbildrolle in Ihrem Klassenkollektiv einnehmen! Ihr Standpunkt.“ Fahner legte den Stift beiseite, mit dessen Spitze er, seine Rede bekräftigend, auf den Tisch eingestochen hatte. Christian hatte vorgehabt, etwas einzuwenden, Fahner wenigstens einmal zu widersprechen, es ihm nicht ganz so leicht zu machen, aber er konnte nicht, er musste Fahner innerlich recht geben. Er spürte, dass es in Fahners Argumenten einen entscheidenden Fehler gab, aber er fand ihn nicht heraus, sosehr er sich auch mühte; eine Diskussion würde darauf hinauslaufen, wieso er diesem Land ein Recht verweigerte, das alle anderen Länder wahrscheinlich ebenso beanspruchten, wieso er, und an diesem Punkt der Diskussion wäre es gefährlich geworden, zwischen der Landesverteidigung drüben und hier, zwischen der Bundeswehr und der NVA[3], einen Unterschied machte. Er sah die entsetzten Gesichter seiner Eltern vor sich, die mit ihm dieses Gespräch und mögliche Argumentationen an mehreren Wochenenden durchgeprobt hatten; er hatte den undemokratischen Charakter der hiesigen Streitkräfte erwähnt und sich, seit vielen Jahren wieder einmal, eine Ohrfeige von seinem Vater eingehandelt. Christian, du hältst deinen Mund, hast du das verstanden! Und Christian hatte seinen Vater für einen Moment gehasst – obwohl es Fahner war, den er hätte hassen müssen; aber den hasste er nicht und wunderte sich darüber, wie er, vor ihm auf der Stuhlkante hockend, an Fahner vorbei mit Verständnis auf die Gesichter der Genossen Machthaber blickte; er empfand keinen Hass, sondern das Bedürfnis, Fahner zuzustimmen, und das nicht nur mit lauen Worten, die der Direktor gewiss schon hundertmal zu hören bekommen hatte und deren Phrasenhaftigkeit mit der Eilfertigkeit, in der sie parat waren, eine widerliche Verbindung eingingen; eine Art von Bimetall[4], die Angst kroch hindurch als Strom, erzeugte Wärme, das Metall krümmte sich, und das Lämpchen der Lüge leuchtete auf. Christian hatte das Bedürfnis, Fahner nicht zu enttäuschen, ihm entgegenzukommen, ihn zu unterstützen. Deshalb vermied er die Phrasen und begann ehrlich zu lügen.

[1] *EOS*: Erweiterte Oberschule, höhere Schule im Schulsystem der DDR
[2] *Agitator*: Funktion in Schulklassen der DDR; Beeinflussung des politischen Meinungsbildes der Klasse im Sinn der Staatsführung
[3] *NVA*: Nationale Volksarmee, Streitkräfte der ehemaligen DDR
[4] *Bimetall*: Metallstreifen aus zwei Schichten unterschiedlicher Metalle. Bei Temperaturänderung verändert sich die Form bzw. verbiegt sich das Metall

4 Fügen Sie in erlebter Rede eine Passage ein, die Christians zwiespältige Gefühle nach der Ohrfeige (Z. 38–52) verdeutlicht und erklärt.

5 Analysieren Sie die Sprachgestaltung des Textes in der Figurenrede Fahners und in dem durch innere Monologstücke unterbrochenen Erzählerbericht, der Christians Gedanken wiedergibt. Halten Sie Ihr Ergebnis in Form einer Tabelle fest.

6 *Sachlicher Chronist – Teilnehmender Beobachter – Politischer Analytiker*
Analysieren Sie, welche Haltung der Erzähler zum Geschehen einnimmt; begründen Sie Ihre Einschätzung in einer kurzen Stellungnahme. Berücksichtigen Sie dabei, dass der Roman ca. 20 Jahre nach dem Ende der DDR und der hier erzählten Szene veröffentlicht wurde.

7 Erarbeiten Sie in einem Schreibgespräch auf der Grundlage Ihrer bisherigen Ergebnisse die Aussage des Textes über die Funktion von Sprache bei der Ausübung von Herrschaft in der DDR (vgl. Böthig-Text, S. 161). Erklären Sie, was mit „ehrlich lügen" (Z. 51 f.) gemeint sein könnte.

8 Entwerfen Sie schriftlich einen Vorschlag für die Antwort Christians und tragen Sie diese in einem kurzen Rollenspiel vor. Übersetzen Sie dabei die verbale Machtausübung und Anpassung der Figuren in Körperhaltungen.

2.3 Interkulturalität als Thema moderner Literatur deuten

Melinda Nadj Abonji
Tauben fliegen auf (2010) *Auszug*

Die Ich-Erzählerin Ildi, eine Studentin, hilft zusammen mit ihrer Schwester Nomi zeitweise im Café ihrer Eltern aus. Die Familie, die aus der ungarisch-sprachigen Minderheit in Serbien stammt, lebt seit einigen Jahren in der Schweiz und erlebt den Jugoslawien-Krieg der 90er Jahre aus der Ferne.

My darling, ruft Glorija, ich brauche noch einen frisch gepressten Orangensaft, und ich, mit meiner schwarz-weiß gestreiften Bluse, beeile mich, drei Orangen zu halbieren, die wunde Fläche auf den unteren Teil der Presse zu legen, den schwarzen Hebel rasch nach unten zu ziehen, zu drücken, bis schließlich aus den Orangen der erwünschte Saft schießt, und meine Mutter taucht hinter der Theke auf, fragt, ob sie mir helfen könne, ja, ich brauche noch zwei kalte Schokoladen, drei Rivella, einen gespritzten Apfelsaft, und eine Frage, die musst du mir auch noch beantworten, sage ich. Das hat aber noch ein bisschen Zeit, oder?, und Mutter klemmt die kalte Milch mit dem Schokoladenpulver in den Mixer, Glorija, immer noch Bestellungen aufgebend, und die ziemlich laut surrende, blubbernde, pfeifende Komposition für Dampfhahn, Kaffeemaschine, Mixer verhindert im Moment sowieso jede Unterhaltung hinter dem Büffet [...].
Und als wir eine halbe Stunde später am Personaltisch sitzen, Nomi sich zu uns setzt, frage ich, Mutter, hast du noch nie daran gedacht, dass Tante Icu[1] bei uns in der Küche arbeiten könnte? Ich meine, wir könnten doch wenigstens Tante Icu zu uns holen, und ich spreche ganz leise, fast flüstere ich, weil es plötzlich so still ist in der Cafeteria, sogar das dezente Ticken der Wanduhr ist zu hören, weil jetzt fast keine Gäste mehr da sind, Mutter, die mich anschaut, sie schaut mich lange mit ihren großen Augen an, und ich weiß nicht, ob es stimmt, dass die Augen das Spiegelbild der Seele sind, vielleicht spiegeln sie wirklich etwas, das im tiefsten Inneren eines Menschen vor sich geht, aber was nützt einem das, wenn man es nicht zu lesen versteht? [...]
Meinst du, ich habe noch nie daran gedacht, was ich tun könnte für Tante Icu? Doch, schon, sage ich, aber Mutter lässt mich nicht weiterreden, ihre Augen, die mich ohrfeigen, weißt du, was ich nachts tue?, weißt du, ob ich schlafe?, du, du bist doch so empfindlich, Ildi, und jetzt? (Mutters Blick, der mich nicht am Ohr, sondern an der Wange trifft), und was meinst du würden Onkel Piri und Csilla tun ohne sie?, wie soll sie denn ausreisen, wie sollen wir ein Visum für sie bekommen?, meinst du, ich zerbreche mir nicht den Kopf darüber, was wir tun könnten, weißt du, wie oft ich schon vergeblich mit der serbischen Botschaft telefoniert habe, seit 1991 der Krieg ausgebrochen ist?, glaubst du, das lässt mich kalt, was unsere Familie jetzt ertragen muss? Nomi, die Mutters Hände nimmt, nein, das hat sie nicht gesagt, du bist nicht fair, sagt sie.

[1] *Tante Icu*: ist die Schwester der Mutter, Onkel Piri deren Mann und Csilla die gemeinsame Tochter

Fair?, was ist das wieder für ein Wort von euch, von mir, sagt Nomi, fair heißt gerecht, gut, dann hab' ich wieder einmal etwas gelernt, und jetzt könnt ihr etwas lernen. Neulich habe ich Icu einen Brief geschickt und Geld, Deutsche Mark, mindestens ein halbes Jahr hätten sie und Onkel Piri davon leben können. Meint ihr, der Briefträger fährt dort wie in der Schweiz mit einem gelben Motorrad von Haus zu Haus und bringt mit einem freundlichen „Hallo" die Briefe vorbei? Meint ihr, die Post kommt noch da an, wo sie ankommen sollte? Meint ihr, es gibt da noch irgendeinen ehrlichen Menschen in den öffentlichen Ämtern? [...] Mutter, die schon längstens ins Ungarische gewechselt hat, offenbar vergessen hat, dass wir nicht zu Hause sind, ich will nicht über den Krieg – *háború* – reden, hört ihr, wir können hoffen, dass es bald vorbei ist, das ist das Einzige, was wir tun können, Ildi, ich kann nicht verstehen, dass du so was fragst, ich kann nicht verstehen, dass du mitten in der Arbeit mit so was anfängst, so leichtfertig, Glorija, die den Kopf zu uns dreht, fragt, ob alles gut sei, ob sie uns noch einen Kaffee machen solle. Die Pause ist fertig, sagt Mutter, steht auf, schaut mich nicht mehr an, weder mich noch Nomi, und wahrscheinlich ist es ihr Kleid, die Art, wie ihr Kleid seitlich und energisch ausschwingt, die mir verrät, dass es eine fast unmenschliche Energie braucht, um die Normalität, den Alltag hier aufrechtzuerhalten – eine Energie, die ich nicht werde aufbringen können.
Nomi und ich, wir schauen uns kurz an, stehen dann gleichzeitig auf, um weiterzuarbeiten.

1 Stellen Sie die verschiedenen Entwicklungsstufen der Beziehung zwischen der Ich-Erzählerin und ihrer Mutter durch Standbilder (☞ S. 302) dar.

2 Beschreiben Sie die Sprachgestaltung an den Schlüsselstellen der Entwicklung.

3 Untersuchen Sie den Konflikt zwischen der Mutter und ihren Töchtern. Halten Sie Ihre Ergebnisse in einer grafischen Darstellung fest.

4 Erörtern Sie im Gruppengespräch, inwiefern sich diese Erfahrungen von denen junger Leute ohne Migrationshintergrund unterscheiden. Formulieren Sie Thesen.

WISSEN

Ab etwa den 1980er Jahren gingen aus der sogenannten zweiten Generation der **Arbeitsmigranten** in Deutschland immer mehr Schriftsteller hervor, die – meist mit deutscher Staatsbürgerschaft – in deutscher Sprache ihre Erfahrungen und die ihrer Familien literarisch gestalteten. **Interkulturelle Erfahrungen** und das Leben in verschiedenen Kulturen wurden zu gängigen **Themen der modernen Literatur**. Die Bezeichnung „**Migrationsliteratur**" suggeriert eine irreführende Abgrenzung von der übrigen deutschen Gegenwartsliteratur. Ist erst der Blick auf **Interkulturalität** als Thema von Literatur gelenkt, so wird deutlich, dass – auch aufgrund der europäischen Geschichte und nicht zuletzt durch die Globalisierung – **transkulturelle** Erfahrungen viele deutschsprachige Autoren geprägt haben und prägen, z. B. die deutschen Literaturnobelpreisträger Günter Grass und Herta Müller.

3 Gestaltendes Interpretieren

3.1 Perspektiven wechseln

Tina Uebel (Autoren-Info S. 164)
Last Exit Volksdorf (2011)

Der 17-jährige Joshua ist eine der Hauptfiguren des Romans. Juliette ist 18, eine gute Schülerin; sie soll, nach dem Plan der Mutter, Musik studieren mit dem Ziel einer Solokarriere. Für dieses Treffen mit Joshua schwänzt Juliette eine Tennisstunde. Den Namen Annie Maybe hat ihr Joshua gegeben.

Sie ist spät dran heute. Joshua schiebt seine Ray-Ban, das pornomäßige Pilotenmodell, auf die Nasenspitze und blinzelt gegen die Sonne. Lichtreflexe auf dem Wasser. Als Kind ist er hier Schlittschuh gelaufen in den Wintern. Jetzt nicht mehr. Inlineskates fährt er nicht, eine Trendsportart unwürdiger Deppen. Er schließt die Augen [...] und öffnet sie erst wieder, als Annie Maybes Schatten auf ihn fällt. Die Sonne in ihrem Rücken macht eine Korona[1] aus Annie Maybes offenem Haar. Es wundert Joshua, dass sie nicht durchscheinend ist. Oder zu Staub zerfällt im Tageslicht. My Maybe Baby, Joshua wirft sich rücklings ins Gras und breitet die Arme aus, spät kommt Ihr, doch Ihr kommt, sie machen Schiller in diesem Halbjahr. Nicht übel eigentlich. Sire, gebt Gedankenfreiheit[2], da hat Joshua schon Schlechteres gehört. Er erwägt, einen Deutsch-LK zu nehmen, schon allein, um seinen Papa zu nerven. Annie Maybe lässt ihren Rucksack zu Boden gleiten, Jeansjacke und langärmlige Bluse daneben, kniet sich hin, lässt sich von Joshua umarmen und küssen. Sie küsst hungrig. Kriegt wahrscheinlich nicht genug zu essen, La Anorexia[3]. Schatz, wie war dein Tag, sagt Joshua in einem affektierten Einzelhaustonfall. Wie gestern, sagt sie ernst, wie immer, Volksdorf liegt in einer Zeitanomalie, wusstest du das nicht, hier ist jeder Tag derselbe wie der davor. Erzähls nicht meinem Vater, kriegt der raus, dass sich sein Aktienportfolio deswegen nie bewegen kann, wird der selbst zur Anomalie, sagt Joshua und denkt, na ja, eigentlich ist er das schon. Oder bringt sich um, könnte auch sein. Dann, sagt Annie Maybe, ist er morgen aber wieder lebendig, denn morgen ist ja derselbe Tag wie heute. Wie in dem Film, richtig, den hat Joshua auch gesehen. Und täglich grüßt der Anlageberater[4]. Annie Maybe, du bist ebenso klug wie schön, sagt Joshua, du bist meine persönliche Captain Janeway[5] auf dieser unserer Voyager, gefangen in der Zeitanomalie hier draußen im Deltaquadranten. Deltaquadrant indeed, Annie Maybe lächelt, sie mag es, wenn er sie so nennt, ihren richtigen Namen hasst sie. Was hasst sie nicht. Joshua streichelt ihre Unterarme, die überzogen sind von einem feinen Muster aus roten Narben, sie bilden eine Art Schottenkiltmuster und werden, so hat Joshua erfahren, von Annie Maybe mit einer Rasierklinge gemacht. Annie Maybes karierter Kampfanzug. [...] Dann sagt sie, sie sehe beim besten Willen keine andere Möglichkeit, er müsse eben Captain Kirk sein. [...] Joshua küsst sie. Captain Kirk ist, so-

[1] *Korona*: äußere Schicht der Atmosphäre der Sonne; hier: zarter Strahlenkranz

[2] *gebt Gedankenfreiheit*: Anspielung auf Schillers Drama „Don Carlos" (S. 52 f.)

[3] *La Anorexia*: „Anorexia nervosa"; Magersucht

[4] *Und täglich grüßt der Anlageberater*: Anspielung auf den Film „Und täglich grüßt das Murmeltier", in welchem sich derselbe Tag immer wieder wiederholt

[5] *Captain Janeway*: Figur in „Star Trek"

weit Joshua sich erinnert, immer ein Schwerenöter gewesen. Dann bietet er ihr ein Bier an, sie lehnt ab, hat Glenlivet[6] im Rucksack, von dem Joshua annimmt, sie klaue ihn von ihrem Vater, von dem er annimmt, er saufe genauso viel und teuer wie Joshuas eigener. Vielleicht aber auch kauft sie das Zeug, man weiß es nicht. Sie stoßen an, auf ihr Entkommen aus dem Deltaquadranten. Wir müssen uns vorsehen, Jim, sagt Annie Maybe. Ihre Regenaugen nehmen dieselbe Farbe an wie die Seen der Teichwiesen. Es ist da draußen alles voller Borg. [...] Die Borg, Captain Maybe senkt ihre Stimme, haben keine Seele und keine Individualität, sie sind Cyborgs, halb organisch, halb Maschinen. Gesteuert von einem kollektiven Bewusstsein. Wenn sie eine andere Lebensform treffen, vernichten sie die nicht – Annie Maybe macht eine Kunstpause –, es ist viel schlimmer, die Borg *assimilieren* sie, machen aus ihren Körpern neue Borg und saugen ihr Bewusstsein einfach auf. Einfach so. Schlupp. Weg isses. Jetzt fällt sie aus der Rolle und ist albern. Der Schlaf der Vernunft gebiert Ungeheuer, sagt Joshua, er muss ihr Goya zeigen, es wird ihr gefallen, das ist genau so was, worauf Annie Maybe abfährt [...]. Sein Kunstlehrer hat ihm einen Bildband geliehen. Der ist der einzige Nicht-Borg auf Planet Gymnasium. Der und der irre Brite mit dem Shakespeare- und Fußballfimmel. Die Vernunft auch, sagt Annie Maybe, die erst recht. Sie sind überall da draußen, sie zeigt in den Himmel auf die Galaxien des Deltaquadranten. Der Himmel über dem Deltaquadranten ist hellblau und lässt Regenaugen leuchten. Wir werden sie vernichten, Janeway, schlägt Kirk männlich vor; das können wir nicht, Jim, es sind zu viele, sie sind überall, sagt Janeway, oder es ist Annie Maybe, die das sagt, eine solche Äußerung ist schließlich überhaupt nicht janewaystyle. Scheiße, klar können wir, wir sind die Guten, hast du selbst drauf bestanden, sagt er. Auch wieder wahr, gibt Annie Maybe zu. Vielleicht finden wir eine Subraumspalte in den Alphaquadranten. Vielleicht. Sie küssen sich, bis Annie Maybe sagt, sie muss los. Dringend. Sie steckt ihre Haare hoch, zieht sich die langärmelige Bluse über, die Jacke klemmt sie unter den Rucksack auf den Gepäckträger. Es ist warm für einen Hamburger Sommer. Lass dich nicht assimilieren, sagt Joshua.

Franciso de Goya (1746–1828): Der Schlaf der Vernunft gebiert Ungeheuer (1799)

[6] *Glenlivet*: Whisky-Sorte

1 Notieren Sie sich Stichpunkte zu einer Charakterisierung Annie Maybes.

2 Setzen Sie sich in einer gestaltenden Interpretation mit Annie Maybe auseinander. Wählen Sie eine der beiden folgenden Aufgaben:

a) Gestalten Sie einen Tagebucheintrag Annie Maybes, den sie nach dieser Begegnung mit Joshua verfasst und in dem sie darüber nachdenkt, ob sie die Beziehung mit Joshua – auch gegenüber ihrer Mutter – offen fortsetzen möchte.

b) Gestalten Sie in personalem Erzählverhalten (☞ S. 309) die Szene aus Sicht Annie Maybes.

3 Überarbeiten Sie Ihre Texte in einer Schreibkonferenz (☞ S. 302); achten Sie dabei auf die sprachliche und inhaltliche Kohärenz Ihrer Texte zum Ausgangstext.

3.2 Intertextuelle Bezüge gestalten

WISSEN

Literaturwissenschaftler formulierten in der 2. Hälfte des 20. Jahrhunderts die These, **Intertextualität** sei ein konstitutives Merkmal literarischer Texte. Jeder literarische Text kommuniziere also – vereinfacht formuliert – mit anderen Texten, indem er sie aufgreift oder direkt zitiert. Kein literarischer Text sei daher aus sich selbst heraus verständlich. Parallel dazu entwickelten sich literarische Strömungen wie die Popliteratur (☞ 2.1, S. 169), die bewusst Zitate aus anderen Texten und künstlerischen Gestaltungsformen, aber auch aus der Alltagswelt in ihre Texte aufnahmen; in der Kombination solcher Zitate konstruierten sie neue Bedeutungen, oft ironische Brechungen.

1 Listen Sie die intertextuellen Bezüge zu Texten oder künstlerischen Darstellungsformen auf, die im Textausschnitt im Kapitel 3.1 (☞ S. 176 f.) vorkommen, und bestimmen Sie arbeitsteilig an zwei ausgewählten Beispielen ihre Funktion für die Figurengestaltung von Joshua. Halten Sie Ihr Ergebnis in Thesenform fest.
2 Ersetzen Sie den intertextuellen Bezug auf das Star-Trek-Universum durch einen anderen Bezug Ihrer Wahl und schreiben Sie das Gespräch ab Z. 23 um. Begründen Sie anschließend zentrale gestalterische Entscheidungen Ihres Textes.
3 Prüfen Sie, ob in dem Schülerbeispiel der gewählte intertextuelle Bezug zum Textauszug passt und inwieweit die Einfügung in den Textauszug gelungen ist.

Annie Maybe, du bist ebenso klug wie schön, sagt Joshua, du bist meine persönliche Ginny auf diesem unseren Besen, gefangen unter dem Bann hier in Hogsmeade. Hogsmeade indeed, Ginny lächelt, sie mag es, wenn er sie so nennt, ihren richtigen Namen hasst sie. Was hasst sie nicht. Joshua streichelt ihre Unterarme, die überzogen sind von einem feinen Muster aus roten Narben, sie bilden eine Art Schottenkiltmuster und werden, so hat Joshua erfahren, von Ginny mit einer Rasierklinge gemacht. Ginnys karierter Tarnumhang. [...] Dann sagt sie, sie sehe beim besten Willen keine andere Möglichkeit, er müsse eben wie Harry sein. [...] Harry küsst sie. Harry ist, soweit Joshua sich erinnert, immer ein Schwerenöter gewesen. Dann bietet er ihr ein Butterbier an, sie lehnt ab, hat Feuerwhiskey im Rucksack, von dem Harry annimmt, sie klaue ihn von ihrem Vater, von dem er annimmt, er saufe genauso viel und teuer wie Joshuas eigener. Vielleicht aber auch kauft sie das Zeug, man weiß es nicht. Sie stoßen an, auf ihr Entkommen aus dem Bann. Wir müssen uns vorsehen, Harry, sagt Ginny. Ihre Regenaugen nehmen dieselbe Farbe an wie die Seen der Teichwiesen. Es ist da draußen alles voller Gnome. [...] Die Gnome, Ginny senkt ihre Stimme, haben keine Seele und keine Individualität, sie sind Mischwesen ...

4 Überprüfen Sie durch einen Vergleich mit dem Ausgangstext und mit Ihrem eigenen Entwurf, ob der Schülertext inhaltlich und sprachlich stimmig ist; schreiben Sie ggf. eine verbesserte Fassung des Textes.

Eine gestaltende Interpretation verfassen

METHODE

Die gestaltende Interpretation setzt ein genaues Textverständnis voraus: Sie verdeutlichen, wie Sie als Leser den Text interpretieren, indem Sie ...

1) die Textvorlage gestaltend interpretieren,
2) die eigene Textgestaltung begründen.

Häufiger Gestaltungsauftrag ist das Füllen einer Leerstelle des Textes mithilfe eines inneren Monologs, eines Briefes, eines Tagebucheintrags etc. Auch die Erfindung einer Vorgeschichte oder das Fortschreiben der Handlung ist möglich.

Freiere Gestaltungsaufträge sind ...

→ die Veränderung der Erzählperspektive oder der Erzählstruktur,
→ die Gestaltung von intertextuellen Bezügen, auch als Einfügung literarischer Figuren aus anderen Texten,
→ die Veränderung der Textsorte,
→ die Gestaltung eines Paralleltextes, der den Aufbau des Ausgangstextes übernimmt, aber von einer veränderten zeitlichen oder thematischen Vorgabe ausgeht,
→ die Gestaltung eines Gegentextes, der einen vorgegebenen Text so transformiert, dass ein inhaltlich-thematischer Gegensatz entsteht, aber in enger Auseinandersetzung mit dem Ausgangstext verfasst wird.

Zur **Vorbereitung einer gestaltenden Interpretation** sollten Sie in der Regel ...

→ den Ausgangstext gründlich lesen (aktives Lesen) und unter Berücksichtigung der Aufgabenstellung analysieren,
→ Ihre Ideen in Form einer Liste oder eines Clusters (☞ S. 300) sammeln,
→ einen groben Überblick über Ihren Text in Stichworten festhalten,
→ ggf. einzelne Sätze und Satzzusammenhänge ausformulieren, die assoziativ beim Lesen oder bei der Ideensammlung entstanden sind,
→ Notizen zur Begründung Ihrer gestalterischen Entscheidungen machen.

In der **Durchführung Ihrer gestaltenden Interpretation** versichern Sie sich immer wieder der Vorgaben des Ausgangstextes und der Aufgabenstellung. Sie achten besonders auf die Ausgestaltung des Einstiegs – der Leser wird „gefangen" – und des Endes – der Leser wird „entlassen" – und auf die Gestaltung eines „Spannungsbogens".

In der **Begründung Ihrer gestalterischen Entscheidungen** sollten Sie mögliche Alternativen nennen, die von Ihnen gewählte begründen und Ihre Sprachgestaltung mithilfe von Textzitaten erläutern.

Kriterien zur Bewertung einer gestaltenden Interpretation sind ...

→ die Stimmigkeit in Bezug auf Inhalt, Aufbau, Sprachgestaltung und Figurengestaltung des Ausgangstextes,
→ die Einhaltung der geforderten Textsortenmerkmale,
→ die kreative Gestaltung.

4 Kompetenzen überprüfen und sichern

Botho Strauß
Paare, Passanten (1981)

Botho Strauß (geb. 1944 in Naumburg/Saale) studierte nach dem Abitur Germanistik, Theaterwissenschaften und Soziologie (Abbruch des Studiums 1967). Er versuchte sich als Schauspieler, Redakteur und Dramaturg. In den 1970er Jahren wurde er insbesondere als Autor von Theaterstücken bekannt; er genießt internationales Renommee und zählt immer noch zu den erfolgreichsten Gegenwartsdramatikern, selbst wenn in den letzten Jahren die Anzahl der Inszenierungen abgenommen hat. Auch mit Prosawerken wie der Erzählung „Die Widmung" (1977) war Strauß erfolgreich.
Er erhielt zahlreiche Auszeichnungen, u. a. den Georg-Büchner-Preis 1989 und den Schiller-Gedächtnispreis 2007. In seinen Werken thematisiert der Autor oft gestörte Kommunikation, die Bindungslosigkeit und Isolation der Figuren.

In erzählerischen Miniaturen wie der folgenden versammelt „Paare, Passanten" kaleidoskopartig Eindrücke und Reflexionen des Ich-Erzählers über die Gesellschaft und den Alltag der Bundesrepublik um 1980.

Oben beim Lächeln haben wir, die beiden Geschlechter, noch die gleiche Chance. Darunter die Ungleichheit des Leibs, das eine Zerwürfnis. Dass aber das Lächeln die höchste soziale Errungenschaft unseres stummen Körpers ist ...
Da traf ich dieses junge Mädchen. Ein wenig überfordert von seiner Schönheit, starrte ich häufig zur Seite oder auf die eigenen Hände. Ich ließ das Mädchen reden, drei Stunden bald, und hörte zu, wie es einfältig und verwöhnt, lebhaft und rein seine unerfahrenen Ansichten ausbreitete und ahnungslos blieb in seiner ganzen Anlage. Ich erfuhr, dass einer wunderschönen Zwanzigjährigen auf dieser Welt nichts ein größeres Interesse abverlangt als das eigene Befinden und seine geheimnisvollen Schwankungen. Erst vergangene Woche sei ihr Selbstbewusstsein, plötzlich und grundlos, enorm gestiegen. Gestern noch zog sie für sich singend durch den Supermarkt. Man sieht sich, aus fast zwanzigjähriger Entfernung, die Nachgeborene als ein Prinzesschen auf der Erbse an. Man nickt, man lächelt matt und denkt doch nur: die möcht ich mir verderben. Nun ist diese Junge zwar ahnungslos, doch vor Verführung, Einfluss, Kopfverdrehn schützt sie der blinkende Schuppenpanzer des Narzissmus, sodass sie, die so wenig zuhören kann, auch keinem hörig wird. Wer schon genügend Freude an sich selber findet, der hat die aus Gier gemischte Neugier nicht, die in diesem Alter die Verführung zum Bewusstsein erst ermöglicht. Im Kino mag sie nur lustige Filme. Ihr Berufswunsch: Filmregisseuse; in jedem Falle aber eine leitende Position, ganz gleich wo. Sie erinnert mich an eine kalte Reine in einem Bunuel-Film[1]. Sie sagt indessen: „Bunuel? Nie gehört."
Als sie mich anrief, da war es nicht zu überhören: die hat etwas, dessen sie sich nicht zu schämen braucht. Ein helles Lachen am anderen Ende sagte doch ganz deutlich: wenn du mich sähst, gewiss würdest du es nicht ablehnen, dich mit mir zu treffen ... Wie sollte man es auch nicht an der Stimme hören, ob jemand eine geschmähte und geduckte oder eine verwöhnte und umworbene Person ist? Ich

[1] *Bunuel*: Luis Bunuel, 1900–1983, international beachteter spanischer Filmregisseur, der surrealistische, groteske Filme schuf

erinnere mich, dass sie mir erzählte, wie sie mit Vierzehn einen Wunschtraum sich gebastelt und aufgeschrieben habe – eine Einschlafgeschichte, in der sie erschien als „unheimlich tolles Mädchen, also nicht ich, ein unheimlich schönes Mädchen, das alle Jungens ganz aufreißend (!) finden“ ... Ein Versprecher? Ein Verschnitt von aufregend, reizend, aufreißen? Ich hatte jäh das Empfinden, durch den Spalt des Versprechers ihre Unberührtheit erblickt zu haben. Ich musste etwas sagen, doch es verrutschte zu einem albernen Kompliment: dass sie schön sei, müsse sie sich wahrhaftig nicht erst zurechtträumen. Dabei lief ich rot an. Sie hatte, was ich sagte, wohl nicht richtig verstanden. Oder mein lüstern verlegenes Gesicht empfahl ihr, diese Bemerkung schnell zu übergehen. Am Ende lud sie mich zu einem gemeinsamen Schlittschuhlauf ein. Ich sagte zu, denn ich wollte sie wiedersehen. Aber ich weiß, dass ich nicht mehr Schlittschuhlaufen kann. Es ist noch nicht lange her, da mussten mich einmal fünf Kinder an den Armen von der Eisfläche ziehen, da ich mich nicht mehr aufrecht auf den Kufen halten konnte.

1 Ordnen Sie Textzitate den folgenden Haltungen zu:
- Beschützer
- Verführer
- Liebender
- Bewunderer
- Kritiker

2 Fassen Sie zusammen, welche Haltung des Ich-Erzählers gegenüber dem jungen Mädchen überwiegt.

3 Untersuchen Sie den Text und Ihre Zitate aus Aufgabe 1 noch einmal in Bezug auf die Frage, welches Selbstbild der Ich-Erzähler dem Mädchen vermittelt.

4 Charakterisieren Sie das Mädchen in Stichworten; beachten Sie dabei, wie die Sicht des Lesers durch den Ich-Erzähler gesteuert wird.

5 Erzählen Sie die Szene aus der Perspektive des Mädchens. Entscheiden Sie sich für eine der folgenden gestaltenden Verfahren:

a) Verfassen eines Paralleltextes (☞ Methode S. 179): Die Sichtweise des Ich-Erzählers wird aufgenommen.

b) Verfassen eines Gegentextes (☞ Methode S. 179): Die Sichtweise des Ich-Erzählers wird aufgebrochen.

6 Begründen Sie zentrale gestalterische Entscheidungen, indem Sie folgende Aspekte erläutern:
- Die Stimmigkeit der eigenen Textproduktion in Bezug auf Inhalt, Aufbau, Sprachgestaltung und Figurengestaltung des Ausgangstextes
- Die Einhaltung der geforderten Textsortenmerkmale
- Die kreative Gestaltung

Reflexion über Sprache und Sprachgebrauch

Das Neudeutsch
ist dem guten

Deutsch sein Tod?

Weil Wirtschaft und Wissenschaft unsere Sprache zunehmend durch Englisch ersetzen, fordern wir einen Zusatz in Artikel 22 des Grundgesetzes: „Die Sprache der Bundesrepublik ist Deutsch."
Unterschriftenaktion „Deutsch ins Grundgesetz!" des Vereins Deutsche Sprache, 2010

Deutsch ist die Sprache derer, die zwar deutsch fühlen, aber nicht Deutsch können.
Karl Kraus, österr. Kritiker und Satiriker, 1937

Als Wort des Jahres wurde *Wutbürger* gewählt. Diese Neubildung wurde von zahlreichen Zeitungen und Fernsehsendern verwendet, um einer Empörung in der Bevölkerung darüber Ausdruck zu geben, dass politische Entscheidungen über ihren Kopf hinweg getroffen werden.
Gesellschaft für deutsche Sprache kürt „Wort des Jahres 2010"

Der Sprachpfleger gleicht einem Gärtner, der lange gegen ein bestimmtes Unkraut in seinem Blumenbeet kämpft, bis er am Ende eingestehen muss, dass es eigentlich ganz aparte Blüten treibt.
Ulrich Greiner, dt. Journalist, 2007

Einführung

KAPITEL & KOMPETENZEN

„Ich weiß, [...] dass dein Kopf schmerzt [...]. Aber bedenke, womit du es zu tun hast: mit der Majestät und Großartigkeit der Sprache. [...] Ohne sie würden wir das Herz unseres Nächsten nicht erreichen. [...] Wir wären eingeschlossen in unser armseliges Selbst und würden als einsame Tiere eine öde Welt durchstreifen. Erst diese geheimnisvolle Mischung aus Lauten hat die Fähigkeit, uns eine Welt aus Sinn und Bedeutung zu schaffen. Und diese Welt sollst du erobern." – So beschwört der Sprachlehrer Higgins im Musical „My Fair Lady" seine ungebildete Schülerin Eliza.

Eben um diese „geheimnisvolle Mischung aus Lauten" geht es in diesem Kapitel. Wie kann der **Zusammenhang zwischen Sprache und Denken** dargestellt werden? Welche Bedeutung hat die Sprache für den Menschen und seine Sicht auf die Welt? Wie lernen Kinder sprechen? Zu diesen wichtigen Fragen lernen Sie im ersten Teilkapitel unterschiedliche Thesen kennen.

Deutsch als lebende, in stetem Wandel begriffene Sprache – davon handelt das zweite Teilkapitel: Sie untersuchen Veränderungen des Deutschen im Laufe seiner sprachgeschichtlichen Entwicklung, um anschließend die **Positionen öffentlicher Sprachkritik** einzuordnen und zu beurteilen.

Als eine besondere Erscheinungsform der Gegenwartssprache wird Ihnen schließlich die **Jugendsprache** vorgestellt. Durch die Auseinandersetzung mit Sprachbeispielen und pragmatischen Texten beschreiben Sie diese besondere Sprachform sprachwissenschaftlich und beurteilen ihren Einfluss auf die Sprachentwicklung des Deutschen.

In beiden Teilkapiteln werden Sie dazu angeleitet, die vorliegenden Texte – ihre Inhalte, Absichten und Argumentationsstrukturen – zu analysieren und selbst zu den angesprochenen Themen Stellung zu beziehen.

Inhaltlich wie methodisch wird dabei das dritte Teilkapitel vorbereitet, welches sich mit dem Thema „**Sprachwandel oder Sprachverfall?**" beschäftigt. Hier steht die Kompetenz der **Texterörterung auf der Grundlage eines pragmatischen Textes** im Mittelpunkt. Pragmatische Texte mit verschiedenen Inhalten und Absichten werden analysiert und tragen zur Differenzierung der Fragestellung und zur Fundierung Ihrer eigenen Position bei.

Ihre erworbenen **Kompetenzen** zur Erörterung einer sprachwissenschaftlichen Fragestellung auf der Grundlage eines pragmatischen Textes können Sie am Ende des Kapitels **überprüfen und sichern**.

1 Tauschen Sie sich in Form des Placemat-Verfahrens (☞ S. 301) zu den Zitaten auf der Auftaktseite (☞ S. 183) aus.

2 Formulieren Sie Fragen an das Kapitelthema. Notieren Sie Ihre Fragen auf Moderationskärtchen, die Sie im Plenum sammeln und sortieren.

3 Halten Sie in einer Mind-Map (☞ S. 301) alle Aspekte fest, unter denen Sprache betrachtet werden kann.

1 Sich mit Sprache und Denken sowie Spracherwerb auseinandersetzen

1.1 Die Bedeutung der Sprache für den Menschen erörtern

Spiegel-Online

Zahlenspiele: Die Sprache bestimmt die Gedanken (2004) *Auszug*

Pirahã-Indianer

Eins, zwei, viele: Beim Zählen nehmen es die Mitglieder des Pirahã–Stammes im Amazonas-Gebiet nicht so genau. Selbst „eins“ bedeutet bei den etwa 200 isoliert lebenden Stammesangehörigen nur so viel wie „ungefähr eins“ – auf jeden Fall nicht viel. Und genau diese sprachliche Ungenauigkeit wirkt sich auf das Denken und die Wahrnehmungsfähigkeit der Pirahã aus, wie der US-Forscher Peter Gordon nun entdeckt hat.

Schon seit den dreißiger Jahren kursiert unter Linguisten[1] die Theorie, dass die Sprache auch die Natur und den Inhalt der Gedanken bestimmen kann. Oder anders ausgedrückt: Was in der Sprache nicht vorkommt, kann auch im Denken der Menschen nicht auftauchen […]. Sollte die Theorie stimmen, müsste es in bestimmten Kulturen Denkweisen und Konzepte geben, die Mitglieder eines anderen Kulturkreises nicht verstehen können – einfach, weil sie keine Worte dafür kennen.

Gordon hat die These nun im südamerikanischen Regenwald getestet. Der Verhaltensbiologe […] legte […] den Ureinwohnern Bilder mit einer unterschiedlichen Anzahl von Fischen vor. Waren auf verschiedenen Fotos jeweils zwei oder drei Fische zu sehen, konnten erwachsene Stammesangehörige die Bilder einander zuverlässig zuordnen – auch wenn die Tiere auf den beiden Fotos unterschiedlich angeordnet waren. Bei acht bis zehn Fischen nahm die Leistung deutlich ab, bei mehr als zehn Fischen auf einem Foto versagten die Probanden völlig. […] Die Wahrnehmungsstörung hat offenbar sprachliche Ursachen: Zwar ist die Sprache der Pirahã komplex, und die Verb-Struktur entspricht der in den Sprachen anderer amerikanischer Ureinwohner, doch Zahlen spielen darin so gut wie keine Rolle – nicht einmal das Wort „Zahl“ existiert. Vergleiche, die mit „mehr … als“ gebildet werden, fehlen ebenso wie zahlenmäßige Vorsilben und eine Unterscheidung zwischen Ein- und Mehrzahl.

Für Gordon ein deutliches Zeichen dafür, dass eine derartige Einschränkung nicht folgenlos bleibt – zumindest nicht in der Gedankenwelt der Pirahã. „Ob die Sprache zwischen zwei verschiedenen Dingen unterscheiden kann, bestimmt offensichtlich“, so Gordon, „wie ein Mensch die Realität wahrnimmt.“

[1] *Linguisten*: Sprachwissenschaftler; Inhalte der Forschung sind generell das System sowie die Bestandteile und Einheiten der Sprache

→

1 Geben Sie die zentrale These, die dazugehörenden Argumente und Beispiele des Textes wieder. Veranschaulichen Sie die Argumentationsebenen wie folgt:
These:
  Argument:
    Beispiel:

2 Die im Text enthaltene These über den Zusammenhang zwischen Sprache und Weltwahrnehmung wird als „linguistisches Relativitätsprinzip" bezeichnet. Notieren Sie Denksituationen, die nicht ohne Sprache möglich sind, und solche, die ohne den Rückgriff auf Sprache vonstattengehen könnten. Diskutieren Sie, ob das Relativitätsprinzip grundsätzlich zutrifft.

Peter Bieri
Brücke zum fremden Geist (2007) *Auszug*

Die Sprache macht uns zu Wesen, die des Verstehens fähig sind. Bevor wir über Worte und Sätze verfügen, sind wir blind den kausalen Kräften der Welt ausgesetzt und werden von ihnen herumgestoßen. Mit dem Erlernen von Sprache ändert sich das grundlegend: Weil wir auf die Welt nun mit einem System von Symbolen reagieren können, wird sie zu einer verständlichen Welt, die wir uns gedanklich anzueignen vermögen. Sprache gibt uns eine begriffliche Organisation von Erfahrung. Begriffe [...] helfen uns, das Erfahrene zu klassifizieren. Anschauung ohne Begriffe und also ohne Sprache ist blind. [...] Sprache gibt uns ein System von Kategorien, das gedankliches Licht auf die Dinge wirft.

Indem wir eine Sprache lernen, lernen wir auch die Idee des Begründens. Begründen heißt schließen, und richtig schließen bedeutet, von einem Satz so zu einem anderen überzugehen, dass Wahrheit erhalten bleibt. Durch Sprache werden wir zu Wesen, die begründen können, was sie sagen – also zu denkenden, vernünftigen Wesen. Als solche sind wir fähig, das, was uns begegnet, aus seinen Bedingungen heraus verständlich zu machen. Bedingungen kennen heißt, Gesetzmäßigkeiten zu kennen, und die Idee der Gesetzmäßigkeit können wir nur haben, wenn wir darüber nachdenken können, was möglicherweise und was notwendigerweise der Fall ist. Auf diese Weise ist Sprache die Quelle von gedanklich transparenter Erfahrung einer verständlichen Welt.

Auch für das Verstehen anderer Menschen ist Sprache entscheidend. Einmal die eigene, in der wir uns die Gründe ihres Tuns zurechtlegen, dann aber auch die der Anderen, in der sie uns bestätigen oder korrigieren können. Sprache ist sowohl Ausdruck eines fremden Geistes als auch Brücke zu einem fremden Geist. Dabei sind wir auf Erzählungen angewiesen, auf die sprachliche Vergegenwärtigung einer Situation und ihrer Entstehungsgeschichte. [...]

Sprechende und schreibende Wesen haben ein ganz besonderes Verhältnis zu sich selbst, und ihr Erleben wird durch dieses besondere Verhältnis geprägt. Auch wenn es sich vor allen Worten auf bestimmte Weise anfühlen mag, etwas zu denken, zu wünschen und zu empfinden: Was *genau* wir denken, wünschen und empfinden, wissen wir erst, wenn es uns gelingt, die Inhalte des Geistes in Worte zu fassen. Und mehr noch: Indem wir die Gefühle und Wünsche beschreiben, wandeln sie sich zu etwas, das genauere Erlebniskonturen hat als vorher. Durch sprachliche Artikulation kann aus Gefühlschaos emotionale Bestimmtheit werden und aus Unbewusstem Bewusstes.

Auch das Erinnern wird durch Sprache geprägt. [...] Sich erinnern heißt, die erlebte Vergangenheit zu erzählen. In diesem Prozess bildet sich unsere seelische Identität heraus. Ein Selbst ist ein Zentrum erzählerischer Schwerkraft: Ich bin derjenige, um den sich all meine Erzählungen der erlebten Vergangenheit drehen. [...] Eine Erfahrung zur Sprache zu bringen verhindert, dass wir nur ihre *Opfer* sind; wenn wir Worte dafür finden, entsteht eine erkennende Distanz, die wir als befreiend erleben. [...]

3 Stellen Sie Peter Bieries Aussagen in einer Mind-Map (☞ S. 301) dar.

4 Überprüfen Sie die im Text geäußerten Thesen anhand alltäglicher Sprechsituationen. Notieren Sie gegebenenfalls Belegbeispiele für die einzelnen Thesen.

5 „Der Mensch ist nur Mensch durch Sprache." Erklären Sie dieses Zitat des Sprachwissenschaftlers Wilhelm von Humboldt (☞ Wissenskasten unten) auf der Grundlage des Textes.

6 Verfassen Sie im Sinne Peter Bieris einen Blog-Kommentar (☞ S. 255) zu dem Spiegel-Online-Text über die Sprache der Pirahã (☞ S. 185).

WISSEN

Die Frage nach dem **Zusammenhang von Sprache und Denken** beschäftigt verschiedenste Wissenschaftsbereiche und ist bis heute nicht eindeutig beantwortet. Eine bekannte, heute umstrittene These stammt aus den 1950er Jahren: Aufgrund von Sprachuntersuchungen bei den Hopi-Indianern formulierten die Wissenschaftler Edward Sapir (1884–1939) und Benjamin Lee Whorf (1897–1941) das „sprachliche Relativitätsprinzip". Diese Theorie – auch „**Sapir-Whorf-Hypothese**" genannt – nimmt eine umfassende Abhängigkeit der Weltsicht des Menschen von seiner Sprache an. *Was* und *wie* der Mensch wahrnehme und erkenne, sei im Wesentlichen durch Grammatik und Wortschatz seiner Sprache bestimmt.
Eine ähnliche Vorstellung entwickelte der deutsche Sprachwissenschaftler **Wilhelm von Humboldt** (1767–1835) im 19. Jahrhundert, indem er ebenfalls davon ausging, dass Sprache und Denken voneinander abhängig seien. Humboldt bezeichnet die Sprache als das „**bildende Organ der Gedanken**". Die radikale Abhängigkeit des Denkens von der Sprache, wie sie von Sapir und Whorf noch unterstellt wurde, ist inzwischen widerlegt. Dennoch gehen auch neuere Thesen von der Vorstellung einer großen Nähe zwischen Denken und Sprache aus, wobei das Verhältnis eher aus einer **wechselseitigen Beeinflussung** als aus einer zu eng verstandenen Abhängigkeit zu bestehen scheint.

1.2 Thesen zum menschlichen Spracherwerb erklären

Tagebucheinträge einer Mutter

3 Tage alt: Wenn wir Ben ansprechen, reagiert er mit unkoordinierten Arm- und Beinbewegungen. Bei Hunger schreit er sofort. Sobald er merkt, dass ich ihn stillen will, wird er ruhiger und dreht seinen Kopf suchend Richtung Brust. Wenn er schreit, können wir ihn beruhigen, wenn wir ihn auf den Arm nehmen und leise mit ihm sprechen.

10 Wochen: Wenn er satt und zufrieden ist, lallt, brabbelt und gurrt er ausdauernd vor sich hin, was sich wie „rarararererererarara" anhört.

5 Monate: Ben hat Spaß daran, sich mit uns zu „unterhalten": Er macht Geräusche nach und sagt „dadada". Wenn wir ihm auf die gleiche Weise „antworten", lacht er und wiederholt bzw. variiert die Lautfolgen.

8 Monate: Er versteht vieles, was wir zu ihm sagen oder was wir ihn fragen. Er kann uns auch seine Wünsche klar verständlich machen, z.B. durch Kopfschütteln, Wegdrehen, Lachen oder Händeausstrecken.

11 Monate: Ben unterhielt sich heute vor dem Spiegel mit sich selbst: Man verstand kein Wort, aber die Sprachmelodie war dieselbe wie unsere.

12,5 Monate: Heute sagte er das erste Mal „Mama".

18 Monate: Ben zeigt auf Dinge und fragt „is des?". Schmetterling heißt bei ihm „bettabin", Schrank „bant", Hose „dode". Meist ahnen wir, was er meint.

1 Veranschaulichen Sie die von der Mutter beobachteten frühkindlichen Sprachlernfortschritte in einer Grafik.

2 Wie lernt der Mensch sprechen? Formulieren Sie in Stichworten Ihre persönliche, spekulative Vorstellung vom kindlichen Spracherwerb. Berücksichtigen Sie dabei die Bedeutung des sprachlichen und gegenständlichen Umfeldes, das Verhalten der Bezugspersonen und die Einbeziehung unterschiedlicher Sinnesorgane.

3 Diskutieren Sie Ihre Ergebnisse im Plenum.

Dieter E. Zimmer

Die Sprache, die den Kindern zuwächst (1986) *Auszug*

[...] Offenbar lernt das Kind gar keine Einzelfälle von Sprachanwendung, sondern Regeln, die den Einzelfällen zugrunde liegen; es lernt nicht die Oberfläche der Sprache, es dringt in deren Tiefe vor. Dazu muss es notwendig drei andere Schritte vollziehen: Induktion, Generalisierung und Erprobung. Induktion: Das Kind entnimmt der Sprache, die es zu hören bekommt, nicht nur Wörter, sondern auch grammatische Regelhaftigkeiten. Generalisierung: Es dehnt diese Regeln auf alle gleichartigen Fälle aus, bildet sich also Hypothesen. Erprobung: Es testet seine Hypothesen, indem es selber Sätze nach den betreffenden Regeln hervorbringt.

Zum Beispiel „merkt“ es (Induktion), dass Dingwörter hinten verändert werden, wenn von einer Mehrzahl die Rede ist. Es bildet sich, implizit, die Hypothese: Plurale werden durch Suffixe markiert. Ehe es sie ausprobieren kann, muss es noch ergründen, welche Suffixe in Frage kommen. Es hört einen Satz wie *Hähne, die am Morgen krähen, frisst am Abend der Adler*. Jetzt generalisiert es: Wenn es *Hähne* heißt, wird es auch *Kämme* heißen und *Bähne*. Und nun kann es seine Hypothese erproben. Dabei fällt ihm auf, oder es wird von einem perfekteren Sprecher darauf aufmerksam gemacht, dass das in dem einen Fall richtig ist, in dem anderen aber nicht. Um die verbliebenen Unrichtigkeiten zu beseitigen, muss es sich eine weitere Hypothese bilden und sehen, ob es sie näher an die Erwachsenensprache heranbringt. So tastet sich das Kind Hypothese auf Hypothese vorwärts. [...] Aber reicht dies Modell aus, den Spracherwerb ganz zu erklären? Viele Linguisten meinen heute: Nein, es reicht nicht. Dagegen spricht vor allem, was die Sprachtheoretiker im Gefolge von Noam Chomsky die „Armut des Stimulus“ nennen. Stimulusarmut heißt: Das Kind bekommt meist nur einen kleinen zufälligen und oft sogar verstümmelten oder schadhaften Ausschnitt aus seiner Muttersprache zu hören, keineswegs aber das volle Sortiment aller ihrer grammatischen Möglichkeiten mit wohlgebildeten Beispielen für jede einzelne Regel, wenigen für die leichten, vielen für die schweren. Trotzdem genügt ihm das Angebot. Selbst wenig helle Kinder und solche, denen ihre Eltern nur dürftigen Sprachschutt vorsetzen, lernen wie von selbst eine komplette Grammatik. Ihr Output ist reicher als der Input. [...] Eben solche Beobachtungen haben viele Linguisten zu der Auffassung geführt, dass das Kind irgendein Vorwissen mitbringen muss. Wenn es erst alle denkbaren Grammatiken durchprobieren müsste, käme es nie ans Ziel. Allen natürlichen Sprachen liege eine einzige und universale Grammatik zugrunde, und die rekonstruiere das Kind nicht aus dem unverlässlichen Sprachmaterial, das ihm angeboten wird. Vielmehr trage es sie im Keim von Anfang an in sich, und in der Zeit, in der es eine Sprache zu lernen scheint, reiften ihre Regeln eine nach der anderen in ihm [...] wie auch sein Körper eine vorprogrammierte Reifung durchmacht.

Dieter E. Zimmer (geb. 1934) ist ein deutscher Schriftsteller, Übersetzer und Publizist. Mit seinen Artikeln zum aktuellen Sprachgebrauch und Sprachwandel ist Zimmers Werk ein wichtiger Teil der populärwissenschaftlichen Linguistik.

Von diesem Standpunkt aus ist nicht „Lernen“ und auch nicht „Erwerb“ das richtige Wort für die Entwicklung, die die Kindersprache durchmacht. Das richtigere Wort wäre „Wachstum“ oder „Reifung“. Das Kind „lernte“ seine erste Grammatik nicht, es „erwürbe“ sie auch nicht, sie wüchse oder reifte in ihm. [...] Eine solche Sicht der Sprachentwicklung behauptet nicht, dass der Spracherwerb auch von allein und ganz ohne Input vonstattengehen kann, ebenso wenig wie das dennoch genetisch vorprogrammierte Körperwachstum ohne Input vor allem in Form bestimmter Nährstoffe vonstattengehen kann. Sie meint nur, dass das Kind darum so sicher durch das hochkomplizierte Labyrinth einer Grammatik hindurchfindet, weil ihm ein angeborenes Vorwissen [...] von Anfang an all die vielen in die Irre führenden Abzweigungen erspart.

→

4 Definieren Sie folgende Begriffe aus dem Text schriftlich in eigenen Worten: *Induktion* (Z. 4), *Generalisierung* (Z. 6), *Erprobung* (Z. 7), *universale Grammatik* (Z. 35).

5 Markieren Sie weitere Schlüsselbegriffe im Text.

6 Entwerfen Sie eine grafische Gestaltung der von Zimmer vertretenen Spracherwerbstheorie. Setzen Sie hierfür veranschaulichende Bilder und Symbole ein.

7 Begründen Sie, weshalb der von Zimmer beschriebene Spracherwerbsprozess auch als „Sprachwachstum" bezeichnet werden kann. Ordnen Sie diesen Begriff mithilfe des folgenden Wissenskastens einer Spracherwerbstheorie zu.

8 Vergleichen Sie in Partnerarbeit Zimmers Spracherwerbstheorien mit Ihren Thesen aus Aufgabe 2 (☞ S. 188). Notieren Sie Gemeinsamkeiten und Unterschiede.

WISSEN

Der menschliche **Erstspracherwerb** beginnt offenbar bereits im Mutterleib, sodass neugeborene Kinder sofort nach der Geburt auf die Stimme ihrer Mutter reagieren und die für die Muttersprache typische Sprachmelodie erkennen können. Die Artikulation besteht in den ersten sechs Lebensmonaten eines Säuglings aus einem einfachen Lallen. Dieser „**Lallphase**" folgt die „**Plapperphase**", bei der bereits einfache Silbenketten gebildet werden. Mit ca. einem Jahr formt das Kind **erste Wörter** und ca. ab dem 18. Monat ist es in der Lage, **Zweiwortsätze** zu konstruieren. In der Regel werden bis zum zwölften Lebensjahr alle wesentlichen **Sprachstrukturen** erworben, wobei sich die Sprachkompetenz bis ins hohe Alter weiterentwickelt.

Die Frage, wie der menschliche Erstspracherwerb vonstattengeht, wird in unterschiedlichen Spracherwerbstheorien zu beantworten versucht:

Inzwischen überholt ist die Sprachlerntheorie des **Behaviorismus**, nach welcher das Sprachlernen auf positiver Verstärkung basiert. Ihm zufolge lernten die Kinder sprechen, indem sie alle möglichen Laute erzeugen wie imitieren und bei korrekten Lautfolgen von ihrem Umfeld, also v. a. den Eltern, verstärkt, also durch aufmunternde Worte belohnt werden.

Die **nativistischen Sprachlerntheorien** gehen davon aus, dass jeder Mensch über einen angeborenen „Spracherwerbsmechanismus" verfügt, auf dessen Grundlage er durch Sprachimpulse der Umgebung die Sprachstruktur generieren könne.

Der **Konstruktivismus** setzt eine fruchtbare Wechselwirkung zwischen angeborener und erworbener Sprach- und Sprechfähigkeit voraus: Äußerungen der Umwelt werden aufgrund bereits vorhandener, z. T. angeborener Fähigkeiten interpretiert, sodass sich die sprachlichen Kompetenzen in einem kognitiven Reifeprozess immer weiter ausdifferenzieren. Die Lerntheorie des Konstruktivismus wird durch Ergebnisse der modernen Hirnforschung gestützt. Der **Interaktionismus** schließlich betont die Rolle der Bezugspersonen beim Sprachlernprozess, die dem Kind in der Interaktion eine vereinfachte Sprache anbieten und abfordern.

2 Deutsch als lebende und lebendige Sprache – Die Entwicklung des Deutschen untersuchen

2.1 Den Sprachwandel des Deutschen an Beispielen beschreiben

Wiener Notgerhandschrift
Sprichwort

Soz regenot, so nazzent ti bouma.
So iz uuat, so uuagot iz.

[nhd. Übertragung:]

Wenn es regnet, werden die Bäume nass.
Wenn es weht, so wackelt es.

Unbekannter Verfasser
Ohne Titel

Dû bist mîn, ich bin dîn:
des solt dû gewis sîn.
dû bist beslozzen
in mînem herzen,
verlorn ist daz slüzzelîn:
dû muost immer drinne sîn.

Friedrich von Logau
Heutige Welt-Kunst.

Anders seyn / vnd anders scheinen:
Anders reden / anders meinen:
Alles loben / alles tragen /
Alles heucheln / stets behagen /
Allem Winde Segel geben:
Bös- vnd Guten dienstbar leben:
Alles Thun vnd alles Tichten
Bloß auff eignen Nutzen richten;
Wer sich dessen wil befleissen
Kann Politisch heuer heissen.

1 Notieren Sie die Themen und möglichen Intentionen der einzelnen Gedichte.
2 Übertragen Sie den Text des „unbekannten Verfassers" in heutiges Deutsch.
3 Vergleichen Sie bei allen drei Texten jeweils drei historische Wortformen mit ihren neuhochdeutschen Entsprechungen und beschreiben Sie stichpunktartig die Veränderung. Stellen Sie Ihre Ergebnisse in einer Tabelle dar.

	histor. Form	nhd. Form	Veränderung
Sprichwort (ahd.)			
Dû bist mîn/ o.T. (mhd.)			
Heutige Welt-Kunst (frühnhd.)			

Werner König
Zur Entwicklung des neuhochdeutschen Wortschatzes (1978) *Auszug*

[...] Ahd. *frouwa* ist die vornehme, hohe Frau, die ‚Herrin' [...]. Ahd. *quena* ‚Ehefrau' steht im Gegensatz zu *kebisa* ‚nicht angetraute (Neben-)Frau' ([...] die Kinder aus solchen Verbindungen hießen ‚Kegel', heute noch im Stabreim *Kind und Kegel* erhalten). In mhd. Zeit, mit der zunehmenden christlichen Durchdringung des Volkes, sterben beide Begriffe ab. [...] Das allgemeine Wort für ‚Frau' ist ahd. wie mhd. das Wort *wib / wip*, die unverheirateten Vertreter dieser Art sind im Ahd. *magad* [...] und *diorna* (das auch ‚junges Mädchen' ganz allgemein heißen kann). Im Mhd. hat sich dieses Verhältnis bereits so weit verschoben, dass *maget* den Bereich ‚Dienerin', ‚Magd' mit abdeckt und *dierne* nur mehr in diesem Feld zu finden ist und sich im 16. Jh. zur heutigen Bedeutung verschlechtern kann. [...] Im 17./18. Jh. sprach man in den höheren Bildungsschichten [...] von *Madame*, *Demoiselle* und *Mamsell* [...]. Heute ist davon noch die *Dame* (seit dem 17. Jh.) für ‚vornehme Frau' geblieben, die *Gattin* ‚Ehefrau' ist eher im hohen Stil gebräuchlich. *Frau* ist das Normalwort geworden und hat damit *Weib* in niedere Sprachschichten (auch Mundarten) zurückgedrängt. *Jungfrau* ging parallel mit der *Frau*, spezialisierte sich aber auf sexuelle Unberührtheit und Jugend (im Gegensatz zur Variante *Jungfer*, die nur mehr im Kontext ‚alt' zu verwenden ist). *Fräulein* [...] bezeichnet die unverheiratete junge Frau, die noch jüngere Person weiblichen Geschlechts bezeichnet der Ausdruck *Mädchen* als Diminutivbildung[1] [...].

[1] *Diminutivbildung*: Verkleinerungsform eines Substantivs, die besonders der Verniedlichung dient

4 Stellen Sie die Bedeutungsveränderungen zum Wortfeld „Frau" in einem Flussdiagramm (☞ S. 300) dar. Kennzeichnen Sie Bedeutungsverengungen bzw. -erweiterungen (☞ Wissenskasten, S. 193) mit den Abkürzungen „BV" oder „BE".

Nach Helmut Glück / Wolfgang Werner Sauer

Ein Blick in die Zukunft (1997) *Auszug*

Sprachen verändern sich zu jeder Zeit auf vielfältige Weise, wobei manche Veränderungen erst nach Jahrzehnten wissenschaftlich beschrieben werden. Dabei existieren alte und neue Sprachformen oft lange nebeneinander.
Die Sätze a)–d) enthalten sprachliche Phänomene, die derzeit (noch) gegen die amtlichen Regelwerke verstoßen bzw. als umgangssprachlich gelten:

a) „Nichts konnte uns aufhalten; wir fuhren trotz *dem schlechten Wetter* los."
Einige Verben wie „bedürfen", „anklagen" oder „gedenken" fordern ebenso wie bestimmte Präpositionen eine Genitivkonstruktion. Zunehmend werden diese Formen durch Dativkonstruktionen ersetzt. Diese Verdrängung wird u. a. darauf zurückgeführt, dass Verben wie „bedürfen" oder „harren" und Präpositionen wie „trotz" oder „seitens" als veraltet gelten und immer seltener verwendet werden. Mit ihnen geht dann die Genitivkonstruktion verloren.

b) „Ich glaube, sie sind schon weg, *weil das Auto steht nicht vorm Haus.*"
Bis ins 16. Jahrhundert existierten im Nebensatz sowohl die Verbzweit- als auch die Verbendstellung und erst mit der Normierung der Schriftsprache im 17. und 18. Jahrhundert setzte sich die Verbendstellung im eingeleiteten Nebensatz allgemein durch. [...]

c) „Unvorsichtigerweise plauderte der Pressesprecher brisante *Internas* aus."
In der Umgangssprache existieren nicht selten zu Begriffen der Wissenschaftssprache, aber auch zu Wörtern aus der Alltagssprache neben der Pluralform der Ausgangssprache (Espresso/Espressi) auch Pluralformen, die nach den Regeln der deutschen Sprache konstruiert sind (Espresso/Espressos).

d) „*Bewerbe* dich, bevor es andere tun!"
Der Formenreichtum des deutschen Verbs nimmt auf Kosten der starken Verben seit langem kontinuierlich ab. Starke Verben bilden nämlich schwache Formen u.a. auch beim Imperativ Singular aus, die die alten starken Formen verdrängen (fragen – fragte / frug, schieben – schiebte / schob). Parallel dazu geht in der Umgangssprache das Präteritum zugunsten des Perfekts zurück.

5 Diskutieren Sie im Plenum, ob die in dem Text aus dem Jahr 1997 beschriebenen Tendenzen noch immer zu beobachten sind.

6 Sprachliche Norm bzw. Normveränderung ist der fachwissenschaftlich zentrale Begriff für sprachliche Veränderungen.

a) Erklären Sie den Begriff mithilfe des folgenden Wissenskastens.

b) Erläutern Sie den Begriff, indem Sie nun genauer recherchieren und eigene Beispiele finden. Ordnen Sie diese den im Text genannten Beispielen zu.

7 Entwerfen Sie auf der Grundlage der Texte dieses Teilkapitels einen Lexikoneintrag zum Thema „Veränderungen der deutschen Sprache". Tragen Sie hier die Ebenen und Ursachen der Veränderungen zusammen.

WISSEN

Das **heutige Deutsch** ist mit ca. 100 Mio. Sprechern die meistgesprochene Muttersprache in der EU und wird u.a. in Österreich, der Deutschschweiz, Liechtenstein, Luxemburg, Ostbelgien oder Südtirol gesprochen.
Die **Geschichte der deutschen Sprache** wird im Wesentlichen in vier Sprachepochen eingeteilt, die durch fließende Übergänge verbunden sind:

- Althochdeutsch (ca. 750–1050)
- Mittelhochdeutsch (ca. 1050–1350)
- Frühneuhochdeutsch (ca. 1350–1650)
- Neuhochdeutsch (ab ca. 1650)

Neben Veränderungen in der Lautung und Schreibung erfuhren und erfahren viele Wörter im Laufe der Zeit **Bedeutungsveränderungen**. So kam es zu Bedeutungserweiterungen und -verengungen. Auch finden auf sprachlich stilistischer Ebene Bedeutungsverbesserungen wie -verschlechterungen statt. Da die Sprache auch heute noch ständigen Veränderungen unterworfen ist, kann man die jeweils gültige **Sprachnorm** immer nur für einen bestimmten Zeitpunkt exakt bestimmen. Verstöße, die gegen die Norm immer wieder und dauerhaft zu beobachten sind, führen auf Dauer zu sog. Normveränderungen.

2.2 Positionen zur Sprachkritik und -pflege wiedergeben und beurteilen

Der Barockdichter *Martin Opitz* (1597–1639) studierte in Heidelberg Philosophie und Jura. Opitz war zunächst als Hauslehrer und Lehrer an einem akademischen Gymnasium tätig, bevor er 1624 zum Rat am Hof zu Breslau avancierte. In seinem Hauptwerk „Buch von der Deutschen Poeterey“ (1624) stellte Opitz Regeln zur neuen deutschen Kunstdichtung und Verssprache auf; er lehnte z. B. unreine Reime ab und empfahl als Versmaß den Alexandriner (☞ S. 315). Seine Regeln beeinflussten auch nachfolgende Dichtergenerationen maßgeblich. Opitz gilt ebenso als der Begründer der Schlesischen Dichterschule.

Martin Opitz

Von der zuebereitung vnd ziehr der worte. (1624)

Die worte bestehen in dreyerley; inn der elegantz oder ziehrligkeit / in der composition oder zuesammensetzung / vnd in der dignitet[1] vnd ansehen.

Die ziehrligkeit erfordert das die worte reine vnd deutlich sein. Damit wir aber reine reden moͤgen / sollen wir vns befleissen deme welches wir Hochdeutsch nennen besten vermoͤgens nach zue kommen / vnd nicht derer oͤrter sprache / wo falsch geredet wird / in vnsere schrifften vermischen: als da sind / *es geschach* / fuͤr / *es geschahe* / *er sach* / fuͤr / *er sahe*; *sie han* / fuͤr *sie haben* vnd anderes mehr: welches dem reime auch bißweilen außhelffen sol; als:

Der darff nicht sorgen fuͤr den spot /
Der einen schaden krieget hot.

So stehet es auch zum hefftigsten vnsauber / wenn allerley Lateinische / Frantzoͤsische / Spanische vnnd Welsche[2] woͤrter in den text vnserer rede geflickt werden; als wenn ich wolte sagen:

Nemt an die courtoisie[3], *vnd die deuotion*[4],
Die euch ein cheualier[5], *madonna, thut erzeigen* [...]

[1] *dignitet*: Dignität (lat.), Würde
[2] *Welsch*: französisch
[3] *courtoisie*: (frz.) Höflichkeit
[4] *deuotion*: Devotion (frz.), Verehrung
[5] *cheualier*: Chevalier (frz.), Ritter

1 Formulieren Sie auf der Grundlage dieses Textes Handlungsanweisungen zum Umgang mit der deutschen Sprache.

2 Nehmen Sie an, Martin Opitz würde unser heutiges Deutsch kennenlernen. Formulieren Sie eine Stellungnahme, in welcher er unsere Sprache bewertet.

Emblem der „Fruchtbringenden Gesellschaft“, einer Gesellschaft zur Pflege der deutschen Sprache, die im Jahr 1617 gegründet wurde. Auch Martin Opitz war Mitglied des Palmenordens, wie sich die Gesellschaft auch nannte.

Bastian Sick

An was erkennt man schlechten Stil? (2007) *Auszug*

Bastian Sick (geb. 1965): Journalist, Lektor und Übersetzer, der insbesondere als Autor der sprachpflegerischen Kolumne „Zwiebelfisch" und der daraus entstandenen Buchreihe „Der Dativ ist dem Genitiv sein Tod" bekannt wurde.

Der junge Mann vom Radiosender wirkt reichlich nervös. Es sei sein erstes Interview, verrät er mir, und das ausgerechnet mit einem Experten für die deutsche Sprache! [...] Der junge Mann [...] hält mir das Mikrofon vor die Nase und fragt: „Erzählen Sie unseren Hörern doch bitte, durch was Sie zum Schreiben gekommen sind." – „Durch meine Arbeit als Schlussredakteur", erwidere ich, „ich habe zunächst einige Jahre die Texte meiner Kollegen korrigiert. Dabei habe ich so die eine oder andere Beobachtung gemacht, die ich später in meinen Kolumnen verarbeitet habe." – „Verstehe", sagt der Radioreporter und kommt gleich zur nächsten Frage: „Bei was zucken Sie denn am häufigsten zusammen?" „Sie wollen wissen, *wobei* ich besonders häufig zusammenzucke?" Der junge Mann nickt: „Genau! Über was regen Sie sich am meisten auf?" – „*Aufregen* ist vielleicht nicht das richtige Wort. *Auffallen* trifft es eher. Es gibt immer wieder Dinge, die mir auffallen, weil sie gegen meine Sprachgewohnheiten verstoßen. Ich beobachte, höre, lese, notiere – und irgendwann fange ich an, darüber zu schreiben." – „Mit was beschäftigen Sie sich im Moment?", fragt der Radioreporter weiter. „Mit nichts Konkretem. Aber gerade kommt mir der Gedanke, eine Geschichte über Pronominaladverbien zu schreiben." – „Um was handelt es sich dabei genau?" – „Pronominaladverbien werden auf Deutsch Umstandsfürwörter genannt; das sind kleine nützliche Platzhalter, die eine Fügung aus Präposition und Pronomen ersetzen. Ein Beispiel: Die Antwort auf die Frage ‚Liegt es am Wetter?' könnte lauten: ‚Ja, es liegt an ihm'. Üblicherweise drückt man es aber kürzer aus: ‚Ja, es liegt daran' oder ‚Ja, daran liegt es'. Das Wort ‚daran' ist so ein Umstandsfürwort. Es ersetzt die beiden Wörter ‚an ihm'. Diese Pronominaladverbien sind sehr praktisch – leider geraten sie [...] aus der Mode, gerade die mit ‚wo' gebildeten." – „Und an was liegt das Ihrer Meinung nach?" – „An falschen Vorbildern. Zum Beispiel daran, dass viele Radiosender keinen Wert auf grammatische Feinheiten legen und sich der Umgangssprache bedienen, um frisch und jung zu wirken." Der Reporter spricht das Schlusswort: „Dann bekommen wir in Ihrer Kolumne also demnächst was über ... prominente Verben zu lesen. Da freue ich mich schon drauf. Vielen Dank für dieses Gespräch!"

Auch ich bin voll des Dankes für das Gespräch, liefert es mir doch gleich ein halbes Dutzend Beispiele für den Rückgang der mit „wo" gebildeten Umstandsfürwörter. Möglicherweise werden diese Umstandsfürwörter von vielen eher als *umständliche Fürwörter* empfunden, das würde ihr Verschwinden aus der Alltagssprache erklären; dennoch gelten „woran", „womit" und „wofür" nach wie vor als die bessere Wahl; die Formen „an was", „mit was" und „für was" sind umgangssprachlich und sollten in Aufsätzen und Briefen ebenso vermieden werden wie in Fernsehsendungen und Radiobeiträgen.

Im norddeutschen Raum lässt sich eine starke Tendenz zum Auseinanderreißen der Pronominaladverbien feststellen. Statt „Dagegen habe ich nichts" sagt mancher Hamburger [...]: „Da habe ich nichts gegen!" [...] Die Neigung, das vorangestellte „wo" durch ein nachgestelltes „was" zu ersetzen, ist allerdings nicht nur im Norden vorhanden. „Von was ernähren sich Erdmännchen?", fragt man sich auch andernorts [...]. Nach dem Tod des Palästinenserführers Jassir Arafat schrieb eine Internetzeitung prompt: „An was starb Arafat?"

3 Listen Sie die grammatischen Fehler des Reporters auf. Schreiben Sie ein Statement (☞ S. 302) zu der Frage, ob diese Fehler Normverstöße (☞ S. 319) sind.

4 „Viele bei uns können sich heute schlechter ausdrücken als vor 20, 30 Jahren." In einer Allensbach-Umfrage von 2008 stimmten 42 Prozent der Befragten – also knapp die Hälfte – diesem Satz zu. Sammeln Sie in Tabellenform Pro- und Kontra-Argumente mit Beispielen für eine Erörterung der These.

5 Entwerfen Sie ein Gespräch zwischen Martin Opitz (☞ S. 194) und Bastian Sick über die Notwendigkeit einer Sprachpflege. Lassen Sie die beiden dabei auch gemeinsam auf die deutsche Gegenwartssprache blicken.

tagesschau.de

„Alternativlos" ist Unwort des Jahres (2010) *Auszug*

„Alternativlos" ist das Unwort des Jahres 2010. Die Jury[1] unter Leitung des Germanisten Horst Dieter Schlosser wählte den Begriff aus 1120 Vorschlägen aus, wie der emeritierte[2] Professor in Frankfurt am Main bekanntgab. „Das Wort suggeriert sachlich unangemessen, dass es bei einem Entscheidungsprozess von vornherein keine Alternativen und damit auch keine Notwendigkeit der Diskussion und Argumentation gebe", sagte Schlosser zur Begründung. „Behauptungen dieser Art sind 2010 zu oft aufgestellt worden, sie drohen, die Politikverdrossenheit in der Bevölkerung zu verstärken."

Das von Bundeskanzlerin Angela Merkel im Zusammenhang mit der Griechenland-Hilfe genannte „alternativlos" war der meistgenannte Vorschlag. Die Floskel verwendeten Politiker auch für die Gesundheitsreform, das Bahnprojekt „Stuttgart 21" oder den Ausbau des Frankfurter Flughafens.

Gerügt wurden noch zwei weitere Begriffe: Das Wort „Integrationsverweigerer", das Bundesinnenminister Thomas de Maizière (CDU) zwar nicht erfunden, aber in Umlauf gebracht habe, unterstelle, dass Migranten in größerem Umfang selbst ihre Integration verweigerten. Dass dafür die notwendige Datenbasis fehle und der Staat selbst zu wenig für Integration tue, werde dabei ausgeblendet. Zudem wurde auch die Formulierung „Geschwätz des Augenblicks" gerügt, mit der der Dekan des Kardinalskollegiums, Angelo Sodano, bei der Ostermesse des Papstes 2010 die massiven Vorwürfe sexuellen Missbrauchs in der katholischen Kirche habe beiseiteschieben wollen.

[1] *Jury*: Das Unwort des Jahres wird seit Anfang der 90er Jahre von einer unabhängigen sechsköpfigen Jury ausgewählt. Der Jury gehörte im Jahr 2010 auch der Literaturkritiker Hellmuth Karasek an

[2] *emeritiert*: Form der altersbedingten Befreiung (Entpflichtung) eines Bischofs, Professors, Hochschullehrers oder Pastors

Weitere Vorschläge für das Unwort waren „Steuersünder" und „Schwarzsparer" als Begriffe für Bürger, die ihre Konten im Ausland vor dem Staat verstecken. Auch die „Brückentechnologie" für die Atomkraft und das „Sparpaket" der Bundesregierung waren unter den Vorschlägen.

6 Veranschaulichen Sie in einer Grafik, gegen welche Qualitätskritierien die im Text genannten „Unwörter" verstoßen.
7 Notieren Sie alle in diesem Kapitel vorkommenden sprachlichen Qualitätskriterien. Diskutieren Sie in Gruppen Stellenwert und Bedeutung der einzelnen Kriterien.
8 Entscheiden Sie sich als Gruppe für ein sprachliches Qualitätskriterium und sammeln Sie „Unwörter", die gegen dieses Kriterium verstoßen.

WISSEN

Sprachveränderungen skeptisch betrachtend zielen die Bemühungen der **Sprachpflege** auf den Erhalt und den Ausbau eines bestehenden Sprachsystems. Die Grundlage bildet dabei eine **Sprachkritik**, die das Sprachsystem analysiert und unter verschiedenen Gesichtspunkten bewertet. Sprachkritik und Sprachpflege basieren auf verschiedenen – etwa auf historischen, ästhetischen, kulturkritischen oder politischen – Motivationen.
Anders als etwa in Frankreich ist die **Sprachpflege in Deutschland** nicht staatlich institutionalisiert. Um unterschiedliche Formen von Sprachpflege des Deutschen mit verschiedenen Zielsetzungen bemühen sich z. B. die Gesellschaft für deutsche Sprache und die Goethe-Institute.
Sprachkritische Ansätze und sprachpflegerische Bemühungen unterschiedlicher Ausrichtungen finden sich in verschiedenen **Sprachepochen**. So entstanden schon im 17. Jahrhundert sogenannte „**Sprachgesellschaften**" zur Pflege und Förderung der „Reinheit" der deutschen Sprache. Sie wandten sich z. B. gegen die Übernahme fremdsprachlicher – vor allem französischer – Wortformen ins Deutsche und propagierten einen extremen **Sprachpurismus**, d. h. die Sicherung des Deutschen vor fremden Einflüssen.
Zur Förderung einer klaren Verständlichkeit betrieb man im Sinne der Aufklärung auch im 18. Jahrhundert Sprachpflege. Die **politisch motivierte Sprachpflege** am Ende des 19. Jahrhunderts war wieder puristisch ausgerichtet: Die „Reinheit" der Sprache sollte das deutsche Nationalgefühl stärken.
Nach dem Zweiten Weltkrieg wurde als Reaktion auf den Jargon der Nationalsozialisten die Sprachkritik auch zur **Kultur- und Ideologiekritik**. Menschenverachtende Formulierungen sollten erkannt und vermieden werden, da man einen engen Zusammenhang zwischen ihrer Verwendung und den entsprechenden Verhaltensweisen befürchtete.
Heutige Sprachpflege diskutiert die Anglisierung des Deutschen (sog. „Denglisch"), blickt auf Rechtschreibung und korrekten Grammatikgebrauch, den Wortschatz oder den vermeintlichen Sprachverfall durch die Verwendung von Kurzsprachformen in den Neuen Medien, etwa in Chats oder Blogs.

2.3 Sich mit Erscheinungsformen der Gegenwartssprache auseinandersetzen

1 Übertragen Sie den Dialog zwischen „doro" und „Bea" in Standarddeutsch.

2 Benennen Sie die Unterschiede zwischen der Chat- bzw. Mail-Sprache und der Standardsprache. Berücksichtigen Sie die gängigen Beschreibungsebenen *Laut-Buchstaben-Zuordnung*, *Wortwahl* und *Wortbildung*, *Syntax* und *Interpunktion*. Gehen Sie auch auf Besonderheiten außerhalb der gängigen Beschreibungsebenen ein.

Der Journalist und Autor Harald Martenstein (geb. 1953) schreibt u.a. Glossen für die Wochenzeitung „Die Zeit". In überarbeiteter Form erschien eine Auswahl der Glossen 2004 in dem Sammelband „Vom Leben gezeichnet".

Harald Martenstein

Voll psycho – Harald Martenstein spricht mit seinem Sohn (2006)

Mein Sohn ist 14 Jahre alt. Wenn er etwas großartig fand, sagte er bis vor kurzem: „Das ist geil." Das Wort geil bedeutete im Mittelalter gut. Später bedeutete es lüstern. Jetzt heißt geil wieder gut. Ich habe meinen Sohn gefragt: „Was ist das Gegenteil von geil? Wie nennt ihr, in eurer jungen, taubedeckten Welt, in welcher gerade die Morgensonne der Selbstfindung aufgeht, eine Person, ein Tier oder eine Sache, die nicht großartig ist?"

Mein Sohn sagte: „Das Gegenteil von geil heißt schwul. Ein schwuler Film ist ein Film, der nicht geil war. Schwule Schulsportschuhe. Eine schwule Mathearbeit. Der Pitbull – ein schwuler Hund. Die Klassenfahrt nach Bad Orb war schwul. Die Klassenfahrt nach Beverly Hills war geil. Oder es heißt, dieses Mädchen finde ich schwul, jenes Mädchen finde ich geil."

In meiner Jugend ist schwul ein Schimpfwort gewesen. In meinen Mannesjahren wechselte schwul die Bedeutung. Schwule Regierungschefs priesen auf schwulen Stadtfesten in schwulstmöglicher Weise das Schwulsein.[1] In der neuerlichen Umprägung des Wortes kommt meiner Ansicht nach nicht ein Wiederaufleben des Ressentiments gegen Homosexuelle zum Ausdruck, sondern die ewige Lust der Jugend an der Provokation. Hätten geile Regierungschefs auf dem geil-lüsternen Stadtfest in geilen Worten das Geilsein gepriesen, dann wäre in der Jugendsprache manches anders gekommen. An dem Tag aber, an dem der Ministerpräsident von Rheinland-Pfalz auf dem Parteitagspodium mit schwerem Atem und ungeordnetem Haar ins Mikrofon stöhnt: „Genossinnen und Genossen, ich bin geil, und das ist gut so", werden in der Jugendsprache die Karten neu gemischt.

Kürzlich kehrte mein Sohn aus der Schule zurück und teilte mir mit, weitere Umwertungen hätten stattgefunden. „Man sagt nicht mehr geil. Nur Dreißigjährige sagen geil." Jetzt sagt man, zu etwas Gutem, meistens porno. Das Schulfest war voll porno. Der Pfarrer im Jugendgottesdienst hat porno gepredigt. Mein Sohn sagte, das Gegenteil von porno bezeichne die Jugend neuerdings als psycho. Ein Mädchen, das gestern noch schwul war, ist heute schon psycho. In der Kombination dieser beiden Begriffe ergeben sich reizende sprachliche Effekte, zum Beispiel: *Psycho* von Hitchcock ist ein porno Film. N. ist ein porno Typ, aber er muss jede Woche zu einem psycho Therapeuten.

Nach einigem Nachdenken wurde mir klar, dass die Gutwörter und die Schlechtwörter der Jugend meist dem Bereich des Sexuellen entnommen werden. Dabei wird stets das gesellschaftlich Goutierte[2] negativ besetzt, das gesellschaftlich Verpönte aber ins Positive gewendet. Dies ist die Entdeckung eines sozial-psychologischen Gesetzes, dies ist das Holz, aus dem Promotionen[3] geschnitzt werden. In zehn Jahren werden die 14-Jährigen sagen: Die Klassenfahrt nach Bad Orb war sensibel und nachhaltig. Die Klassenfahrt nach Beverly Hills aber war pädophil. Dann aber dachte ich an das große Wort des großen Sigmund Freud[4]: „Derjenige, der zum erstenmal an Stelle eines Speeres ein Schimpfwort benutzte, war der Begründer der Zivilisation."

[1] *Schwule Regierungschefs ...*: Anspielung auf den Berliner Oberbürgermeister Klaus Wowereit, der sich 2001 mit den Worten „Ich bin schwul, und das ist auch gut so" geoutet hat.

[2] *Goutierte*: (frz.) für gut Befundene

[3] *Promotion*: wissenschaftliche Doktorarbeit

[4] *Sigmund Freud*: österreichischer Arzt und Psychologe (1856–1939); Begründer der Psychoanalyse, einer Therapiemethode, die auf das Bewusstmachen unbewusster psychischer Vorgänge abzielt

3 Martensteins Text ist eine Glosse, eine Textsorte, deren Sprache durch Ironie bestimmt ist (☞ S. 265, 279). Markieren Sie mindestens drei ironische Textstellen; erklären Sie deren Absicht und Wirkung im Textzusammenhang.

4 Stellen Sie sich vor, der Sohn von Harald Martenstein würde die Glosse lesen: Wie würde er reagieren? Halten Sie Ihre Thesen stichwortartig fest.

5 Geben Sie Martensteins These zur Begriffsbildung in der Jugendsprache mit Ihren Worten wieder. Überprüfen Sie die These anhand weiterer Beispiele aus eigenen Erfahrungen mit Jugendsprachen.

6 Erläutern Sie, welche Aussageabsicht Martenstein mit der Glosse verfolgt.

a) Erklären Sie schriftlich Aussage und Funktion des Sprichworts von Freud (Z. 42 ff.).

b) Überprüfen Sie Ihre aufgestellten Thesen aus Aufgabe 4, indem Sie die Ihrer Meinung nach überzeugendste erläutern.

7 Gestalten Sie selbst eine Glosse, in der Sie Martensteins Gedanken aufgreifen oder in der Sie ihm widersprechen.

Fenja Mens
„Was guckst du, bin isch Kino?" (2008) *Auszug*

[1] *Soziolinguistik*: Wissenschaftszweig innerhalb der Linguistik (Sprachwissenschaft), welche die wechselseitige Abhängigkeit von Sprache und sozialem Umfeld untersucht

[...] Gruscheln? Digga? Lollig? Manchmal verstehen Erwachsene nur Bahnhof. Aus gutem Grund, sagt die Wuppertaler Soziolinguistin[1] Eva Neuland: „Jugendliche grenzen sich mit ihrem Sprachstil von Älteren ab, durchaus aber auch von Jüngeren und Gleichaltrigen." Dies ist eines der Ergebnisse einer Studie, die Neuland kürzlich abgeschlossen hat. Von der Deutschen Forschungsgemeinschaft gefördert, befragten die Wissenschaftlerin und ihr Team 1200 Kinder, Jugendliche und junge Erwachsene zwischen zehn und 24 Jahren zu ihrem Sprachgebrauch.
[...] Dass der Anteil von Anglizismen zunimmt, konnte die Forscherin widerlegen. Fachbegriffe wie „Skateboard" nicht mitgerechnet, tauchte nur etwa alle zwölf Minuten ein aus dem Englischen entlehnter Ausdruck in einem Gespräch auf. Außerdem werden diese regelgerecht ins deutsche Wortbildungssystem integriert, etwa bei den Verbendungen: „Lass uns shoppen gehen" heißt es dann, oder „Hat er das gecheckt?". In jeder Region, Stadt, Schule, ja sogar Clique kursieren andere Wörter, denn *die* Jugendsprache existiert so wenig wie *die* Jugend. Die meisten Begriffe lassen sich jedoch kategorisieren: Es gibt sogenannte Verstärkungspartikel wie „echt", typologisierende Begriffe für andere Leute wie „Emo" (emotionaler Mensch), Wertungsausdrücke wie „fett" (für großartig) und bildhaft-ironische Neukreationen wie „Friedhofsgemüse" (für Senioren). [...] All dies, so Neuland, diene dazu, sich der Gruppen- und Geschlechtsidentität zu versichern: „Die Jugendlichen gleichen in ihrer Freundesgruppe regelmäßig sprachlich ab, ob die anderen ihre Werte und Einstellungen teilen."
Inhaltlich geht es meist um die unmittelbaren Lebensumstände. Das zeigt bereits die Studentensprache des 18. und 19. Jahrhunderts, in der die Universität, das Fechten auf den Paukböden der Verbindungshäuser, Geldsorgen und Frauen im Mittelpunkt stehen. Sie gilt Linguisten als erste deutsche Jugendsprache überhaupt. „Der Student [...] hat auch eine Anzahl eigentümlicher Ausdrücke und Phrasen. [...] Manche sind so ziemlich sinnlos, manche hingegen sehr naiv und ihrer Bedeutung angemessen. Kürze und Derbheit sind das Gepräge der meisten", schrieb zum Beispiel Ludwig Wallis 1813 in seinem Büchlein „Der Göttinger Student". Etliche der Begriffe, die Wallis festhielt, wie „mogeln" oder „anschleppen", sind auch heute noch in Gebrauch. Schon damals bediente sich der Nachwuchs gern bei anderen Sprachen und Jargons, um sich abzugrenzen: „Kneipe" und „Moneten" etwa stammten aus der Gaunersprache – die Bildungsbürger grauste es.
Heute gruseln sich Sprachbewahrer, wenn ihnen das sogenannte Kiezdeutsch zu Ohren kommt, die derzeit wohl ungewöhnlichste Art von Jugendsprache. Sie ist in Migrantenvierteln wie Berlin-Kreuzberg und Hamburg-Mümmelmannsberg entstanden. „Das Besondere ist, dass diese Form sich im Kontakt verschiedener Sprachen entwickelt hat", erklärt [die Linguistin] Heike Wiese. [...] „Kiezdeutsch wird in ethnisch gemischten Gruppen auch von Jugendlichen deutscher Herkunft benutzt." Typisch für diese neuen Sprachstile sind Entlehnungen wie das türkische

„lan" (für Kumpel) oder das arabische „wallah" (leitet sich von *wa allah* ab, wörtlich „und Gott", und dient zur Bekräftigung). Daneben gibt es Neukreationen wie „musstu", bei denen Wörter zu einem neuen Ausdruck verschmolzen sind. „Musstu wird gegenüber Einzelpersonen und gegenüber Gruppen verwandt", sagt Wiese. „Das zeigt, dass es sich von der ursprünglichen Bedeutung entfernt hat." Charakteristisch sei es auch, Verben mit Nomen zu kombinieren („Hast du U-Bahn?" – „Nein, ich habe Fahrrad" / Fährst du mit der U-Bahn? – Nein, mit dem Fahrrad) und Ortsangaben durch bloße Nomen auszudrücken („Ich geh Schule").

Während viele Deutschlehrer solche Sätze als Sprachverfall brandmarken, findet die Germanistik-Professorin Wiese sie wissenschaftlich hochinteressant: „Was für die Information nicht zentral ist, wird weggelassen, das ist sehr ökonomisch." Verschmelzungen gebe es im Übrigen auch in der Umgangssprache. „Viele sagen ‚hamwa' statt ‚haben wir' und ‚gehste' statt ‚gehst du'." Der Sprachmix höre sich zwar chaotisch an, habe aber Regeln und Strukturen. „Für die berufliche Zukunft der Jugendlichen ist es jedoch wichtig, dass dies nicht die einzige Varietät[2] des Deutschen ist, die sie beherrschen", sagt Wiese. [...] Auch unter Teenagern ohne Kontakt zur Migrantenszene hatten sich vor einigen Jahren Ausdrücke wie „ultrakorregd" und Sprüche wie „Was guckst du, bin isch Kino?" verbreitet. [...]

Spätestens mit dem Eintritt in das Berufsleben verliert sich der Jargon jedoch bei den meisten Jugendlichen. Aus „fett" wird dann womöglich „fabelhaft". „In der Gruppe herumhängen und über andere lästern, der Zeit quasi enthoben, das hat dann nicht mehr die Bedeutung wie im Jugendalter", sagt Eva Neuland. „Provokation ist nicht mehr wichtig." Das war vor rund 200 Jahren nicht anders: „Sobald man der Burschenschaft entrückt ist", schrieb der Göttinger Korpsstudent Ludwig Wallis, „fallen nach und nach die fremdartigen Wörter weg, so wie sich allmählich die Studenten-Manieren abschleifen."

[2] *Varietät*: hier Sprachform, ☞ S. 320

8 Gliedern Sie den Text in Sinnabschnitte und fassen Sie diese jeweils in einer Überschrift oder einem Satz zusammen.

9 Analysieren Sie den inhaltlichen und argumentativen Gedankengang. Setzen Sie dazu den Beispielsatz fort:

Nach einleitenden Beispielen für Jugendausdrücke stellt Mens eine Studie der Jugendsprachforscherin Eva Neuland vor, welche die These aufstellt, das Ziel der verschiedenen Jugendsprachen sei Abgrenzung gegenüber Älteren, Jüngeren und Gleichaltrigen (Z. 2ff.). Im zweiten Absatz ...

10 Notieren Sie stichpunktartig die im Text genannten Funktionen der Jugendsprache.

11 Entwerfen Sie einen Leserbrief zu Mens' Artikel, in dem Sie Ihre Meinung zum Thema „Kiezdeutsch – Beleg für Sprachkreativität oder falsches Deutsch?" darstellen. Verwenden Sie Argumentationsmethoden aus der Tabelle auf Seite 203. Belegen Sie Ihre Thesen ggf. durch repräsentative Daten, eigene Erfahrungen oder das Zitieren von Autoritäten.

Der Lyriker und Poetry-Slammer Bas Böttcher (geb. 1974)

Bas Böttcher

Deep, Yo! (Poetry-Slam-Beitrag[1]; 2012)

Herzlich willkommen zur Freakshow!
Hier ist schon wieder einer von euren supadupa Poeten am Mikro.
Inmitten von derbsten Propheten und so! Da gibts sowieso
nie niedriges Niveau! Wir sind alle krass profund und deep, Yo!
Und wenn dus schlecht findest, dann hast dus einfach nicht verstanden.
So wie du drauf bist, kann ja nicht mal Nietzsche bei dir landen.

[...] Aber: Hey! Wir bleiben lieber *underground* und *real*.
Wir reden auf der Bühne durcheinander, laut und viel!
Die Menge raunt: „Wow, was fürn Stil!" – Aber das war ja noch gar NIX!
Dieser Reim kommt krasser als der von Stefan Raab beim Gra PRIX.
Und wenn dus schlecht findest, dann hast dus einfach nicht verstanden.
So wie du drauf bist, kann ja nicht mal Schiller bei dir landen.

Wir sind der Untergrund des Untergrund des Underground.
Auf der Bühne pflegen wir unsere Marotten.
Wir stehen auf Chillout- und Downbeatsound.
Das sieht man an unsern Klamotten.
Und wenn dus schlecht findest, dann hast dus einfach nicht verstanden.
So wie du drauf bist, kann ja nicht mal Heine bei dir landen.

Wir sind die Avantgarde der Avantgarde der Avantgarde!
Noch in zwanzig Jahren reden die Leute von uns knallhart:
„Begabte Poeten und begnadete Dichter
reichten sich das Mic unter den Augen der Kampfrichter.
Ihre Worte waren bahnbrechenden Weisheiten geweiht.
Und nie dagewesene Erkenntnis machte sich im Nachtklub breit."
In vierzig Jahren predigen irgendwelche Deutschlehrer
Uns als Schöpfer einer neuen Ära.
Und ihr könnt dann von euch sagen – (ein bisschen gerädert.)
Ich war damals dabei! – (Auch wenn es manchmal wehtat!)

Und alles, was abhebt, wird irgendwann landen.
Alles, was ablegt, wird irgendwann stranden.
Alles, was abgeht, wird langsam versanden.
Dies war nur ein Test. – Du hast ihn bestanden!

[1] *Poetry Slam*: literarischer Vortragswettbewerb, bei dem selbstgeschriebene Texte innerhalb einer bestimmten Zeit einem Publikum vorgetragen werden und die Zuhörer anschließend den Sieger küren

12 Üben Sie in Kleingruppen einen Slam-Vortrag von Böttchers Gedicht, indem Sie mit Lautstärke, Betonung und Sprechgeschwindigkeit experimentieren.

13 Wählen Sie aus der folgenden Themenauswahl einen Vorschlag und nutzen Sie diesen zur Formulierung einer Interpretationshypothese:
- Werbung für Slam-Veranstaltungen
- Selbstbewusste Zurückweisung von Kritik an der Slam-Szene
- Kritik an Slam-Publikum

14 Analysieren Sie potenzielle jugendsprachliche Begriffe und Phrasen in Bas Böttchers Slam-Text. Füllen Sie für mindestens vier Beispiele die Tabelle aus:

Begriff/ Phrase	Sprachliche Besonderheit	Absicht/ Wirkung
...	...	...

15 Charakterisieren Sie die einzelnen Argumente, mit denen Bas Böttcher für die Slam-Kultur wirbt. Formulieren Sie zusammenfassende Sätze und greifen Sie auf die Argumentationsarten aus dem folgenden Begriffsspeicher zurück (z. B.: *In der ersten Strophe wertet der Autor sich und seine Slamkollegen auf, indem er …*).

Zitieren einer Autorität • Übertreibungen • Abwertung • Unterstellung • Vergleich • Prophezeiung • Behauptung • positive Beschreibung • Leserherabsetzung • ~~Aufwertung~~ • These • indirekte Herabsetzung

16 Erörtern Sie, ob man …
- Slammer als „Schöpfer einer neuen Ära" (☞ Z. 26, S. 202) bezeichnen kann,
- im Deutschunterricht verstärkt aktuelle (Slam-)Literatur lesen sollte.

Verwenden Sie Argumentationsmethoden aus der folgenden Tabelle und nutzen Sie die vorgeschlagenen Formulierungshilfen.

Argumentationsmethode	Formulierungsbeispiele
Behauptung / These	*Man kann zurecht / wohl kaum von … sprechen.*
Urteil / Wertung / Meinung	*… ist richtig / schlecht. Erfreulich ist, dass …*
(rhetorische) Frage	*Warum …? Wie (Was) ist …?*
Annahme / Vermutung	*Vermutlich … Es ist anzunehmen, dass …*
Prophezeiung	*Mit Sicherheit wird bald … Wir werden künftig …*
Definition	*Darunter versteht man … Das ist …*
Gegenthese / Widerlegung	*Obwohl …, kann man sagen, dass …*
Gegenfrage	*Wie (Was) ist dagegen, wenn …?*
Einschränkung	*Man muss allerdings einräumen, dass … Zwar …*
Erläuterung / Beispiel / Beleg	*… zeigt, … z. B. … Typisch dafür ist …*
Folgen	*Als Folge davon … Daraus ergibt sich …*
Gründe / Ziele	*… dient dazu … weil … Gründe dafür … Deshalb …*
Bedingung / Voraussetzung	*Unter der Voraussetzung, dass … Falls … Wenn …*
Schlussfolgerung	*Wenn …, Wenn … dann … , Dann …, Daraus folgt …*
Zusammenfassung	*Kurz gesagt … Zusammenfassend … Also …*
Appell an Leser	*Wir müssen daher … Wir sollten …*

Peter Wippermann

Wie geht es weiter? Ein Blick in die Zukunft (2007) *Auszug*

- Kraft muss sich sprachlich ausdrücken. Bei Jugendlichen dominiert das Gefühl, sich durchboxen zu müssen. [...] Bezogen auf die gesprochene Sprache bedarf es starker Ausdrücke, die die eigene Kraft demonstrieren. Im Hip-Hop haben Wortgefechte, sogenannte Battles, von jeher diese Funktion.
- Gesprochene Härte demonstriert Macht und sichert Anerkennung. Der Sprechende inszeniert sich über diese extreme Mündlichkeit selbst. Er demonstriert damit, dass er selbst an etwas wirklich Außergewöhnlichem und Beeindruckendem teilgenommen oder selbst etwas geleistet hat. Außerdem zollen sich die Sprechenden damit gegenseitig Respekt. [...]
- Kraftausdrücke werden schnell schal. Die ständige Suche nach dem Größten, Stärksten, Neuesten etc. braucht Ausdrücke des Unfassbaren. Dabei sind die Begriffe hochinflationär. Genügte früher ein „krass", um klarzumachen, dass etwas besonders oder herausragend ist, so ist heute „krass" [...] längst kein Merkmal von etwas Einzigartigem mehr. Eine weitere Steigerung muss her, um etwas wirklich Tolles zu betonen („derbkrass", „voll-krass", „mega-krass").
- Die Hemmschwellen sinken. Dank SMS und Chat kommunizieren viele heute sehr viel offener. Die gefühlte Anonymität der medialen Kommunikation schafft eine Distanz, die mutig macht. Es gibt kaum Tabus, weil man so schön distanziert ist. Nach einer äußerst kurzen Eingewöhnungsphase geht es sofort zur Sache. Die elektronischen Medien erleichtern die erste Kontaktaufnahme erheblich. [...] Um sich zu verstehen, muss man die gleiche Sprache sprechen. Ähnlich wie beim Online-Dating wird erst dann umgangssprachlich kommuniziert, wenn ein entsprechendes Vertrauensverhältnis aufgebaut wurde. Da sich mehr und mehr Menschen über das Internet kennenlernen, führen sie die ihnen vertraute Sprache auch mündlich fort. Wer einmal die Schwelle hinter sich gelassen hat und schriftlich herzhaft intim kommuniziert, setzt das auch mündlich ohne Hemmungen fort. Sprachverkürzungen demonstrieren Lockerheit, Privatsphäre und Vertrautheit. Die Wortverschmelzungen der SMS-Sprache sind vom Slang der Straße inspiriert und werden durch die Kurzmitteilungskultur neu befruchtet. So ist der häufigste gesprochene Satz am Mobiltelefon „Wo bist du gerade?". Mündlich geht es weniger um Zeitersparnis. Mündlich geht es um Vertrautheit.

17 Stellen Sie die Argumentationsstruktur des Textes grafisch dar, etwa durch eine Mind-Map (☞ S. 301) oder ein Konspekt (☞ S. 300).

18 Markieren Sie in der grafischen Darstellung Aussagen, mit denen Sie übereinstimmen, und solche, mit denen Sie nicht übereinstimmen.

19 Bereiten Sie eine Diskussion zu der Frage „Jugendsprache – ein Symptom für Sprachwandel oder Sprachverfall?" vor.

a) Sammeln Sie auf der Grundlage aller Informationen und Thesen dieses Kapitels stichpunktartig Pro- und Kontra-Argumente.

b) Formulieren Sie Ihre eigene Position zu der Fragestellung und ergänzen Sie die brauchbaren Argumente. Die folgende Übersicht hilft Ihnen.

Sie stützen Ihre Argumentation mit ...	Formulierungsbeispiele
Zahlen, Daten, Fakten: Geben Sie die Quelle an. Prüfen Sie, wie repräsentativ die Daten sind.	*Eine repräsentative Studie des Statistischen Bundesamtes aus dem Jahr 2010 wies nach, ...*
allgemein gültigen Aussagen: Prüfen Sie, ob es Gegenargumente dazu gibt.	*Es ist klar ersichtlich, dass ...* *Man weiß ... Jeder kennt ...*
Erfahrungen: Prüfen Sie, ob diese überzeugend und plausibel erscheinen.	*In meinem Bekanntenkreis gibt es ... Aus eigener Erfahrung ...*
Traditionen: Legen Sie die Denk- bzw. Forschungstradition dar. Erwähnen Sie ggf. auch die Gegenposition.	*Behavioristen erklären Spracherwerb mit ..., Nativisten hingegen ... Seit dem 17. Jahrhundert beklagen Sprachpuristen ...*
Lehrsätzen: Prüfen Sie, ob es dazu Kritik bzw. andere Lehrmeinungen gibt.	*(Sprach-)Wissenschaftler / Psychologen behaupten ...*
Autoritäten, die allgemein anerkannt sein sollten. Geben Sie deren Funktion an.	*Der Psychologe Sigmund Freud ... Die Linguistin XY ...*

c) Gewichten Sie Ihre eigenen Argumente.

d) Notieren und gewichten Sie die Gegenargumente. Halten Sie auch mögliche Einschränkungen der Gegenargumente fest.

WISSEN

Zu den zahlreichen Erscheinungsformen der deutschen Sprache gehören die **Jugendsprachen**, die als Sondersprachen oder **Varietäten** (☞ S. 320) – als „Sprachen innerhalb der Sprache“ – verstanden werden. Ebenso wie es nicht *die* Jugend gibt, existiert auch nicht *die* Jugendsprache: Sie ist an **bestimmte Kommunikationssituationen** gebunden, sehr **kurzlebig** und beschränkt sich auf **kleine Sprechergruppen**. Eine umfassende sprachwissenschaftliche Beschreibung jugendsprachlicher Elemente fällt also schwer. Zu den grundsätzlichen Eigenheiten gehören aber Mündlichkeitsmerkmale, ein eigener (kreativer) Wortschatz und Stilmittel wie Übertreibung, Ironie und Provokationen.

(Nicht nur) Jugendliche nutzen auch eine „**SMS-**“ oder „**Chatsprache**“. Merkmale sind zum Beispiel:

- Zeichenwiederholungen (Iterationen): z. B. *Hammer!!!!!!!!!!!*
- Verwenden von Emoticons (Ideogramme): z. B. *:-) :-o :-(;-)*
- Buchstabenauslassungen /-verkürzungen (Elisonen), z. B. *nich, aba, selba*
- Bilden von Kunstwörtern (Akronyme): z. B. *lol* (*laughing out loud*)
- Leseabkürzungen (Abkürzungen durch Homophone): z. B. *2L8* für *too late*

Eine andere Variante der Schriftsprache stellt das **Parlando** dar, das eine zwischen Schriftlichkeit und Mündlichkeit angesiedelte Sprachform bezeichnet. Es wird häufig in E-Mails verwendet.

3 Sprachwandel oder Sprachverfall? – Eine Erörterung zu pragmatischen Texten verfassen

3.1 Hauptthesen und Argumentationsstrukturen erkennen – Die textgebundene Erörterung vorbereiten

- Der letzte Schliff -

- Tower of babel -

1 Beschreiben und erklären Sie die Karikaturen.

2 Formulieren Sie eine These, die die Aussage der Karikaturen widerspiegelt.

3 Handeln Sie mit der Schneeball-Methode (☞ S. 301 f.) eine Position zu den Thesen der Karikaturen aus.

4 Sammeln Sie weitere Beispiele für das angedeutete Phänomen.

„Tower of babel":
Der Turmbau zu Babel (Gen 11,1–9 EU) ist zusammen mit der babylonischen Sprachverwirrung trotz ihres geringen Umfangs von nur neun Versen eine der bekanntesten biblischen Erzählungen des Alten Testaments. Dort wird das Turmbau-Vorhaben als Versuch der Menschheit gewertet, Gott gleichzukommen. Wegen dieser Selbstüberhebung straft Gott die Völker, die zuvor eine gemeinsame Sprache hatten, mit Sprachverwirrung und zerstreut sie über die ganze Erde.

Jutta Limbach

Purismus als Sprachkritik (2008)

Jutta Limbach (geb. 1934) ist eine Rechtswissenschaftlerin und Politikerin der SPD. Von 1994 bis 2002 war sie Präsidentin des Bundesverfassungsgerichts und von 2002 bis 2008 Präsidentin des Goethe-Instituts.
Limbach ist Mitglied im Stiftungsrat des Friedenspreises des Deutschen Buchhandels und war bis 2007 Vorsitzende des Deutschen Sprachrats, in dessen Auftrag sie das Buch „Ausgewanderte Wörter" herausgegeben hat. Seit 2009 ist Limbach die Vorsitzende des Medienrats der Medienanstalt Berlin-Brandenburg.

INFO

Ob im Internet, auf der Chefetage oder im Hörsaal, so lesen wir, zerstöre „das globalisierte Englisch der Zeitgeist-Schwaner das lebendige Deutsch". Die *coole* Jugendsprache wird, weil erfrischend, mit etwas größerer Nachsicht bedacht, wenn auch Ausdrücke wie „toggeln" und „zupowern" an die Grenze des Großmuts stoßen. Das zur Schwatzsucht verleitende Handy wird als sprachlich-moralische Krankheit bewertet. Die Internetsprache, als ein weiterer Totengräber der deutschen Sprache ausgemacht, wird als eine gesellschaftliche Kommunikationsstörung, ja gar als Volkskrankheit entlarvt. „Deutsch for sale", so titelt mit bemühter Ironie ein Magazin und klagt, dass wohl nie zuvor so schlampig gesprochen und geschrieben worden sei.
[...] Die Versuche linguistischer Kammerjäger, Fremdwörter einzudeutschen und statt des „Airbags" das „Prallkissen", statt des „Chattens" das „Netzplaudern" in Umlauf zu bringen, sind mitunter unfreiwillig komisch. Sie erinnern mich an Kindheitslektüre, an das Buch „Nesthäkchen und der Weltkrieg", in dem unser deutsches Mädchen vom Bäcker einen „Kuss" verlangte, um das Wort „Baiser" aus dem Wortschatz des Feindes zu vermeiden. Die Heiterkeit der herumstehenden Kundschaft war groß. Das harmlose Beispiel aus dem Kinderbuch deutet an, dass Feldzüge für die Sprachreinheit in dem Gefühl der Gefahr und des Bedrohtseins eine Erklärung finden.
Die um sprachliche Reinheit bemühte Kritik gilt vor allem den ausgeborgten oder selbst gebastelten Anglizismen. Und in der Tat treibt die zum Teil hausgemachte Produktion von Anglizismen mitunter kuriose Blüten. Der Rucksack, der als body bag bei eBay feilgeboten wird, bietet das trefflichste Beispiel. Die Verkaufsstrategen hatten offenbar keine Zeit, einmal in ein Lexikon zu schauen, das sie belehrt hätte, dass body bag Leichen-, aber nicht Rucksack bedeutet. Bastian Sick hat sich auf der Suche nach dem englischen Ausdruck für Rucksack die Mühe gemacht, das Wörterbuch zu befragen. Und dort begegnete ihm an erster Stelle – man glaubt es kaum – das Wort „rucksack" und dann erst die „eingeenglischte" Vokabel „back-pack".
Mit konkreten Beispielen für Sprachschludereien solcher Art kann man Seiten füllen – und offenbar in einen heiligen Zorn verfallen. Aber lohnen sprachliche Ärgernisse wie „relaxen" oder „downladen [sic]" wirklich mehr als eine Glosse? Ein Streiflicht in der Tonart der Ironie verspricht eher Erfolg als eine an Schmäh grenzende Jammeriade[1], die mitunter selbst den Sprachverfall demonstriert, den sie bei anderen denunziert. Denn was verrät das Reden von „hirnfreien Labors der Werbeagenturen", von der „fast paranoiden Lust der Deutschen an der Vernachlässigung oder Vergröberung des eigenen Idioms[2]"?

[1] *Jammeriade*: Wortspiel zu Jeremias und Tirade, womit – in Anlehnung an den biblischen Propheten Jeremias – Klageschriften bezeichnet werden

[2] *Idiom*: griech., Eigentümlichkeit, Besonderheit; eigentümliche Sprechweise einer regional / sozial abgegrenzten Gruppe

Nicht nur der Mangel an Humor und der Hang zum Moralisieren beeinträchtigen die Überzeugungskraft einer solchen Kritik. Der geschichtsferne und provinzielle Blickwinkel dieser Sprachschelte ist das eigentliche Ärgernis. Ein Studium der Tageszeitungen lehrt, dass die europäischen Sprachen sich schon seit Jahrhunderten wechselseitig beeinflusst und bereichert haben. Nicht nur in den Wissenschaften, auch im Alltag benutzen wir eine Fülle von Wörtern, die wir den klassischen Sprachen, dem Lateinischen und Altgriechischen, oder modernen Sprachen, dem Französischen und Englischen, verdanken. Und wie arm wäre die Sprache der Musik ohne die Anleihen bei der italienischen Sprache. Manche Wörter hat sich die deutsche Sprache derart angeeignet, dass uns ihre fremde Herkunft nicht mehr gegenwärtig ist. Wer würde heute noch – wie Nesthäkchen seinerzeit – „Nase" durch das Wort „Gesichtserker" ersetzen wollen? Im Fremdwörterlexikon taucht dieses gut eingebürgerte Wort gar nicht mehr auf.

Nicht zuletzt verrät die Kritik an den Anglizismen und anderen Jargons eine Ansicht von Sprache, deren Aufgabe sich in der Darstellung und im Informationsaustausch erschöpft. Der Wunsch, zu überzeugen und zu beeindrucken, gerät ins Hintertreffen und wird des Öfteren mit dem Vorwurf der Schaumschlägerei bedacht. Vernachlässigt wird überdies die Einsicht, dass mit bestimmten Sprachformen und -stilen gegenüber anderen sozialen Gruppen bewusst Grenzen gezogen werden. Die sich der Hochsprache bedienenden und die Anglizismen meidenden Sprecher wollen gern zur guten Gesellschaft gehören, die coolen Jugendlichen sich gegenüber der Welt der Erwachsenen abgrenzen. Das Kanakische[1] dürfte auch weniger mit Sprachdefiziten als mit dem Wunsch zu erklären sein zu provozieren. Auch unsere Muttersprache ist [...] kein einheitliches homogenes und nach außen abgeschlossenes Gebilde. Ihre Vielfalt und ihre Konfliktträchtigkeit veranschaulichen ihre Lebendigkeit. Die aus der Sprachgemeinschaft geübte Kritik hat darum auch eine legitime Aufgabe und verdient Gehör, sofern sie nicht in Rechtgläubigkeit entgleist.

[1] *Kanakisch*: ursprünglich deutscher Soziolekt (☞ S. 319) türkischer Migrantengruppen in Großstädten, heute auch von anderen Jugendlichen verwendet

5 Entscheiden Sie, welche der folgenden Aussagen den Text am besten wiedergibt, und nutzen Sie die gewählte Aussage zur Formulierung eines Einleitungssatzes:

- Sachlich-ausgewogene Information über Lehnwörter im Deutschen
- Zerstreuung von Befürchtungen hinsichtlich einer Sprachverlotterung
- Beißende Kritik an geschichtsfernen Bestrebungen der Sprachpuristen
- Unterhaltung durch amüsante Anekdoten über Lehnwörter und skurrile Anglizismen

6 Beziehen Sie Limbachs Text stichpunktartig auf die oben abgebildeten Karikaturen (☞ S. 206) und deren Aussagen.

7 Arbeiten Sie die Argumentationsstruktur des Textes heraus. Übertragen und ergänzen Sie hierfür nachfolgendes Konspekt (☞ S. 300):

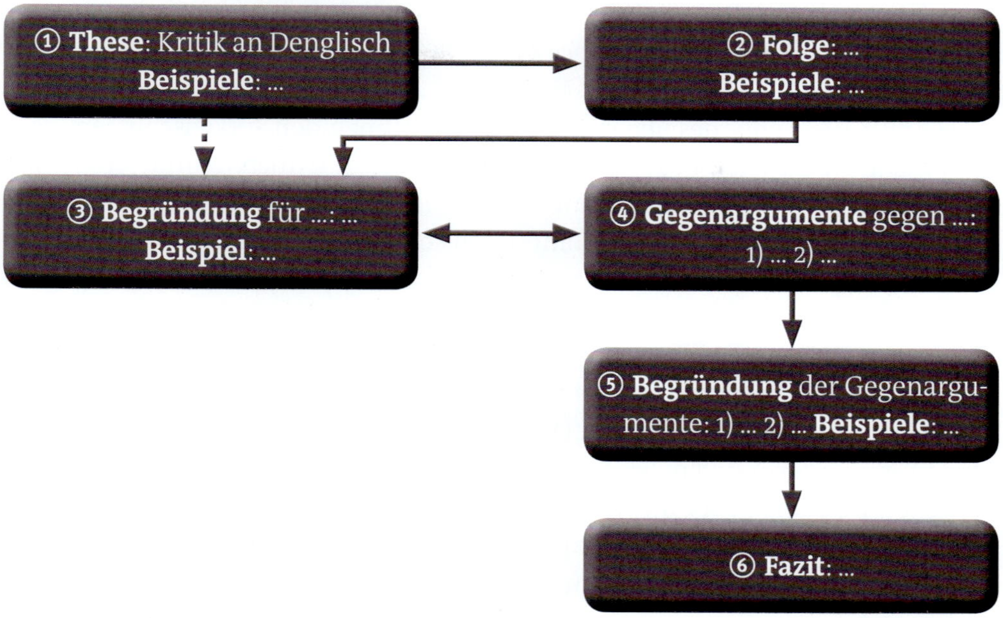

8 Fassen Sie Limbachs Argumentation (Thesen, Begründungen, Beispiele, Schlussfolgerungen etc.) in schriftlicher Form zusammen.

METHODE

Die textgebundene Erörterung vorbereiten: Hauptthesen und Argumentationsstruktur des Grundlagentextes ermitteln

Wenn ein Text der Ausgangspunkt einer Erörterung ist, müssen Sie sich **ausführlich dem Grundlagentext widmen**. Sie analysieren die Position des Autors – seine Thesen und Begründungen – sowie sprachliche Besonderheiten, indem Sie wie folgt vorgehen:

- → Lesen Sie den Text mehrmals gründlich und klären Sie unbekannte Begriffe aus dem Satzzusammenhang heraus oder mithilfe eines Lexikons
- → Fassen Sie zusammen, mit welchem Thema sich der Text befasst
- → Notieren Sie stichwortartig die **Funktion bzw. die Absicht** (z. B. informieren, warnen, unterhalten, belehren ...) und die Textsorte (☞ S. 265, 316)
- → **Gliedern** Sie den Text und fassen Sie die Abschnitte jeweils knapp zusammen. Markieren Sie außerdem die Schlüsselbegriffe
- → Analysieren Sie die **Argumentationsstruktur** des Textes: Bestimmen Sie, in welchem Verhältnis die einzelnen Abschnitte zum Gesamtthema stehen und welche Struktur innerhalb der einzelnen Abschnitte erkennbar ist
- → Bestimmen Sie Thesen, Argumente, Erläuterungen, Folgerungen, Einschränkungen. Arbeiten Sie mit verschiedenfarbigen Textmarkierungen
- → Markieren Sie **sprachlich auffällige Stellen** und charakterisieren Sie die Sprache des Textes (☞ S. 272)

3.2 Eine Erörterung zu einem pragmatischen Text verfassen

Jens Jessen

Deutsch: Die verkaufte Sprache (2007) *Auszug*

[...] Es gibt einen Typus des übellaunigen, heimattümelnden Sprachschützers, dem man nicht im Dunklen begegnen möchte. Aber es gibt auch Gründe, im hellen Mittagslicht der aufgeklärten Vernunft Sorge um den Bestand der deutschen Sprache zu empfinden. Warum ist auf Bahnhöfen kein Schalter für Auskünfte, sondern ein *Service Point*? Was hat der englische Genitiv-Apostroph[1] in Susi's Häkelstudio zu suchen? Welcher Teufel trieb eine deutsche Wissenschaftsministerin zu einer Kampagne mit dem Motto „*Brain up*", was weder auf Deutsch noch auf Englisch Sinn ergibt? Die Überflutung mit englischen Wendungen ist nur ein, wahrscheinlich der kleinste Teil des Problems. Der größere Teil besteht in ihrer kenntnislosen Aneignung zu dekorativen Zwecken. Viel spricht dafür, den Geist einer aufschneiderischen Werbung dabei am Werk zu sehen. Die deutsche Bahn will sich nicht nur technisch modernisieren; sie will auch modern wirken. Dass ihre sprachliche Modernisierung ein *fake* ist (um ein gutes englisches Wort zu verwenden), scheint ihr egal zu sein. [...]

Um sprachschützerische Einfalt von berechtigter Sorge zu trennen, muss man sich klarmachen, dass Deutsch seit Langem eine Hybridsprache[2] ist, die nicht nur Fluten fremder Wörter aufgenommen hat, sondern auch in ihrer Grammatik mehrfach überformt wurde. [...] Daraus folgt freilich keine Entwarnung für die Gegenwart. Denn die früheren Übernahmen haben das Deutsche komplexer, reicher, intellektueller und expressiver, philosophischer und dichterischer, auch wissenschaftsfähiger gemacht. Unter dem Einfluss des globalisierten Englisch aber vollzieht sich eine geradezu atemberaubende Simplifizierung. Die englischen oder pseudoenglischen Ausdrücke kommen nämlich nicht einfach hinzu, sie ersetzen auch nicht nur deutsche Wörter, was schlimmstenfalls überflüssig wäre. Sie verdrängen vielmehr die natürliche Wortbildung des Deutschen, die keinerlei Schwierigkeiten mit Neologismen hätte, weil sie mit ihrer Leichtigkeit der Wortzusammensetzung sonst nur im Altgriechischen einen Vergleich hat.

Es scheint aber, dass die Eigenarten des Deutschen inzwischen selbst zum Ärgernis geworden sind, vielleicht schon als Standortrisiko gelten. Das Hauptärgernis lässt sich freilich nur schlecht leugnen. Es gibt, mit Schweiz, Österreich und Südtirol, kaum 100 Millionen Sprecher des Deutschen. Das Englische, jedenfalls in seiner globalisiert heruntergekommenen Spielart, wird dagegen auf der ganzen Welt verstanden. Es hat daher seine Logik, wenn sich der Gebrauch des Deutschen aus der Wissenschaft zurückzieht, die auf weltweiten Austausch angewiesen ist. Aber muss deshalb neu gegründeten Universitäten in Deutschland gleich das Englische als Unterrichtssprache aufgezwungen werden? Manches spricht dafür, dass hier nicht internationale Konkurrenz, sondern ein Zeitgeistopportunismus[3] am Werk ist, der das Deutsche wie eine überholte Technologie ablegen will. Denn es sind ja nicht

[1] *Genitiv-Apostroph*: Mittlerweile wurde die Regel der Apostroph-Schreibung angepasst; es kann ein Genitiv-Apostroph bei gewerblichen Namen von Gaststätten etc. gesetzt werden (☞ S. 336).

[2] *Hybridsprache*: aus verschiedenen Sprachen zusammengesetzte Sprache

[3] *Opportunismus*: prinzipienloses Verhalten aus Nützlichkeitserwägungen heraus

Amerikaner, die uns ihre Wörter aufzwingen. Es sind Deutsche, die in ihrer Bewunderung für alles Amerikanische mit der transatlantischen Praxis zugleich die Begriffe dafür mitbringen – wie Geschenke, die glitzernd verpackt werden müssen, damit ihrem dürftigen Inhalt Respekt gezollt werde.

Es lohnt sich, bei der Psychologie des Sprachimporteurs zu verweilen. Es ist nicht deutscher Selbsthass, der ihn antreibt, wie manche Sprachschützer meinen. Der Sprachimporteur ist vor allem ein Marketingexperte in eigener Sache. Er will angeben mit der frisch erworbenen Kenntnis, er kehrt ins verschnarchte Dorf seines Ursprungs zurück und brilliert dort im Glanze seiner Glasperlen, die er den zurückgebliebenen Landsleuten andrehen will. Die Undeutlichkeit und die Euphemismen des Business-Englisch sind kein Mangel, sie sind die Voraussetzung des betrügerischen Tuns. So werden dem *Trainee* (deutsch: Lehrling) die *Karriere-Optionen eröffnet* (deutsch: Hoffnungen gemacht), zum *Asset Manager*[4] (deutsch: Kaffeekocher) aufzusteigen. Unvergessen ist der Bertelsmann-Chef Thomas Middelhoff, dessen Lieblingsmotto „*Speed, speed, speed*" lautete und der selbst im internen Schriftverkehr seine leitenden Angestellten anwies, englisch zu schreiben.

[...] Es liegt in der Macht jeden einzelnen Sprechers, die Zukunft des Deutschen zu gestalten. Das unterscheidet marodes[5] Deutsch etwa von einem maroden Kernkraftwerk, das nur Experten reparieren können. Das Deutsche wird nicht sterben, es sei denn, die Deutschen wollen es. Es sei denn, sie kapitulieren vor der Werbung, vor der Geschäftssprache, vor dem kollektiven Hass auf alles Komplizierte, den die Medien nähren. Aber selbst wenn das Deutsche stürbe – es würde als tote Sprache weiterleben, als eine Art Griechisch oder Latein der Neuzeit. Die Zahl kanonischer[6] Autoren, von Philosophen wie Dichtern, wird den Gelehrten das Deutsche immer attraktiv erhalten. Das ist vielleicht kein Trost – aber ein Gedankenspiel, das uns Heutigen Respekt vor der achtlos malträtierten Umgangssprache einflößen sollte.

[3] *Asset Manager*: engl., Vermögensverwalter

[5] *marode*: österr., moralisch verdorben, heruntergekommen

[6] *kanonisch*: von griech. Kanon: Richtschnur; hier literarisch mustergültig

1 Bereiten Sie eine Erörterung auf der Grundlage des Textes von Jens Jessen vor (☞ Methode, S. 209). Orientieren Sie sich an den folgenden Teilschritten.

a) Formulieren Sie so präzise wie möglich die These oder Fragestellung, um die es in dem Text geht.

b) Bestimmen Sie die Themen und Funktionen des gesamten Textes und seiner einzelnen Abschnitte. Arbeiten Sie mit Textmarkierungen und Randnotizen.

c) Stellen Sie die Argumentationsstruktur des Textes in einem Treppendiagramm dar. Orientieren Sie sich an der Vorgehensweise des Beispiels.

These: Fremdsprachenüberflutung ist kein grundsätzliches, aber ein derzeit aktuelles Problem.

Argument: Begriffe aus Fremdsprachen werden kenntnislos allein zu dekorativen Zwecken übernommen.

Beispiel: Anglizismen bei der Bundesbahn: „Service Point" (Z. 5)

→

2 Klären Sie Ihre eigene Position zu der These bzw. Fragestellung des Textes und deren einzelnen Argumenten. Notieren Sie Ihre grundsätzliche Einstellung zum Thema sowie Ihre Meinung zu den einzelnen Thesen des Textes von Jens Jessen.

3 Formulieren Sie nun eine schriftliche Erörterung zu dem Text und der in ihm enthaltenen Fragestellung. Orientieren Sie sich an den folgenden Arbeitsschritten:

a) Gestalten Sie einen Satz als Erörterungseinleitung mit Informationen zu Autor, Titel, Erscheinungsdatum, Thema, Textsorte (☞ S. 265, 316) und vermuteter Intention des Autors.

b) Verfassen Sie eine knappe Inhaltswiedergabe, in welcher Sie die Hauptthesen und die wichtigsten Argumente nennen.

c) Beschreiben Sie nun gründlich den Text- bzw. den Argumentationsaufbau.

d) Beschreiben Sie auch die Sprache und belegen Sie Ihre Erkenntnisse am Text.

e) Gestalten Sie das Kernstück Ihrer textgebundenen Argumentation, indem Sie Ihre eigene Meinung zu den Thesen des Autors begründet und durch Beispiele/Belege abgestützt erläutern. Dabei haben Sie die drei Möglichkeiten der vollen Übereinstimmung, der teilweisen Übereinstimmung oder keiner Übereinstimmung.

f) Gestalten Sie den Schluss Ihrer Erörterung, indem Sie die wichtigsten Argumente in drei bis vier Sätzen gegeneinander abwägen und evtl. einen Kompromiss formulieren.

4 Beurteilen Sie die Qualität der folgenden Schülertextbeispiele.

a) Notieren Sie, zu welchem Teil der Texterörterung sie jeweils gehören.

b) Kennzeichnen Sie gelungene und weniger gelungene Passagen der Schülertexte. Begründen Sie Ihre Kennzeichnungen stichwortartig.

Ein Argument gegen Jessens These der Sprachverlotterung ist meiner Meinung nach, dass diese Begriffe vor allem in der Werbe- und Businesssprache verwendet werden, jedoch weniger im normalen umgangssprachlichen Wortschatz zu finden sind. Wie die Soziolinguistin Eva Neuland in einer Studie aus dem Jahr 2008 herausfand, ist der Anglizismengebrauch z.B. bei Jugendlichen erstaunlich gering und sie werden oft auch eingedeutscht.

Ich finde Jessens Sorge um eine Verlotterung des Deutschen berechtigt. Wer schreibt denn heute noch richtig, Mails und Chats z.B. wimmeln vor Fehlern? Das Parlando drängt sich in den schriftlichen Sprachgebrauch und so ist es kein Wunder, dass immer mehr Kinder und Jugendliche unter Lese-Rechtschreibschwäche leiden. Es wäre notwendig, mehr auf korrekte Rechtschreibung und Grammatik auch bei flüchtigen Texten zu achten, denn Rechtschreibsicherheit ist eine Schlüsselqualifikation für fast alle Berufe. Und wer bereits bei der Bewerbung durch Rechtschreibfehler negativ auffällt, vergibt sich viele Jobchancen, weil man für dumm gehalten wird.

METHODE

Eine Erörterung zu einem pragmatischen Text verfassen

Um die eigene (kritische) Auseinandersetzung mit zentralen Problemstellungen des Textes überzeugend darzustellen, gehen Sie wie folgt vor:

Die Vorbereitung

→ Analysieren Sie Thesen und Argumentationsstruktur des Textes (☞ S. 209)
→ Aktivieren Sie mithilfe von Stichpunkten Ihr Vorwissen zur Thematik
→ Klären Sie Ihre eigene Position zur im Text dargestellten Thematik
→ Überprüfen und markieren Sie, welche Textanalyseergebnisse Ihre Argumentation stützen
→ Ordnen Sie die Argumente nach Wichtigkeit (gemäß eigener Position):
- **Linearer Aufbau**: Sie führen nur stützende Argumente auf, da nur diese im Text vorhanden sind und/oder dies die Aufgabenstellung erfordert
- **Dialektischer Aufbau**: Sie führen erst die Gegenposition mit dem jeweils stärksten (eigenen oder vom Autor übernommenen) Argument an, dann stellen Sie Ihre eigene Position in steigerndem Aufbau dar und schließen mit Ihrem stärksten Argument

Die Ausformulierung

→ Informieren Sie in der **Einleitung** über Autor, Titel, Erscheinungsdatum, Thema, Textsorte und vermutete Intention des Textes
→ Stellen Sie im **Hauptteil** nach einer knappen Inhaltswiedergabe den Argumentationsverlauf dar (☞ Methode, S. 209)
→ Formulieren Sie dann Ihre eigene Position:
1) Sie stimmen dem Autor zu, indem Sie ...
- die Argumente des Autors weiter abstützen und ausbauen und
- die logische Schlüssigkeit des Textes erläutern oder

2) Sie stimmen dem Autor nur teilweise zu und erläutern genau, an welchen Stellen und weshalb Sie die Argumentation (nicht) unterstützen können oder
3) Sie widersprechen dem Autor, indem Sie ...
- zunächst die Gegenposition (mithilfe der Argumente des Autors und/oder eigener Argumente) erläutern, dann zur eigenen Position überleiten (mithilfe der Argumente des Autors und/oder eigener Argumente),
- von Ihnen ausgewählte Argumente des Autors entkräften: Sie zeigen die Schwachpunkte der Argumentation auf, widerlegen die Argumentation durch Gegenargumente (mit Begründung, Belegen/Beispielen) und vom Autor unberücksichtigte Konsequenzen.

→ Am **Schluss** stellen Sie zusammenfassend die wichtigsten Ergebnisse der Erörterung und Ihre Wertung dar, wägen ggf. Pro- und Kontra-Argumente gegeneinander ab bzw. formulieren evtl. einen Kompromissvorschlag

4 Kompetenzen überprüfen und sichern

Georg Ringsgwandl
Angriff der Käuze (2009) *Auszug*

Es ist ein Wahnsinn, was die deutsche Sprache schon alles überlebt hat. Tausend Jahre Dialektdurcheinander, Jahrhunderte, in denen die Oberschicht Lateinisch oder Französisch gesprochen hat – und dann nochmal 1000 Jahre die regierungsamtliche Strapaze seitens Adolf Hitlers und Konsorten[1]. Jetzt aber droht der Todesstoß aus den Tiefen des world wide web: die Aktion „Lebendiges Deutsch“. Wir sollen künftig Klapprechner sagen statt Laptop, Prallkissen statt Airbag, meuten statt mobben, und wenn dich die Pubertät heimsucht, sollst du auf keinen Fall chatten, sondern netzplaudern.
Das ist kein Witz, sondern eine Initiative aus dem „Haus der Deutschen Sprache“ (HDS), erbaut von einem Fähnlein sprachbesorgter Käuze, die unerschrocken der Anglizismenflut entgegentreten. [...]
Man fragt sich nun, welche Zielgruppe diese Sprachwächter im Visier haben. Es können ja nur die sein, die bekehrbar sind zum manierlichen Deutsch. Die brauchen aber keine Nachhilfe mehr, sie kaufen schon seit Jahren die freundlich geschriebenen Sprachverbesserungsbücher von Bastian Sick und Epigonen[2]. Bei der Masse derer aber, die bzgl. dass/das-Unterscheidung schmerzfrei sind, pocht der Sprachsittenwächter vergeblich an eine fest verrammelte Tür. Drinnen sitzen Erna und Herbert im Jogginganzug auf dem Sofa und sehen fern.
Die Verhunzung des Deutschen droht von allen Seiten. Und das Problem sind aber nicht ein paar angstgebeutelte Industrieangestellte, die versuchen, ihr Gestammel mit englischen Brocken aufzumöbeln; die gefährlichste Art der Sprachverstümmelung kommt vielmehr direkt von der Regierung: *Job-AQTIV-Gesetz* oder *Berufenet-Team* sind amtlich verordnete Sprachgrausamkeiten, die mit verschärftem Kerker geahndet werden sollten. [...]
Die Vorstellung, dass alle von klein auf astrein Deutsch lernen und es später ein Leben lang in Beruf und Familie vollstrecken, hat etwas Beklemmendes. Mir ist es lieber so, wie es ist: Eine sprachliche Elite spricht astreines Deutsch und drumherum wuchert eine Wildnis von Dialekten, Mixturen aus gebrochenem Deutsch und Fremdsprachen, Fachchinesisch vom Installateur bis zum Hirnchirurgen, und dazwischen wuseln die Journalisten mit permissiver[3] Orthographie. Sprachliche Unbeholfenheit ist kein eindeutiges Merkmal, aber sie macht es einem immerhin einfacher zu erkennen, wen man vor sich hat. Früher, als man den Herrn oder die Dame körperlich vor sich hatte, kamen einem Kleidung, allgemeiner Pflegezustand, sogar geruchliche Faktoren bei der Beurteilung des anderen zuhülfe. Heute dagegen, wo die meisten Kontakte über Telefon, SMS oder E-Mail geschehen, ist die Sprache das einzige Kriterium zur Einschätzung des Gesprächspartners. Willst also nicht übel auffallen Du, bemüh' Dich um ordentlichen Ausdruck. Ernsthafte Gefahr droht der Sprache eigentlich nur von ihren berufsmäßigen Wächtern. Ver-

[1] *Konsorten*: (hier abwertend) Mitbeteiligte; Anspielung auf NS-Pläne für ein 1000-jähriges Deutsches Reich

[2] *Epigone*: griech. epigonos, Nachgeborener, Nachahmer ohne Schöpferkraft

[3] *permissiv*: lat. permittere, zulassen, durchlassen, frei gewähren lassend

mutlich hat Verona Feldbusch mit ihrem „Hier werden Sie geholfen“[4] dem Deutschen mehr geholfen als jene Literaturkritiker, die einen Edelverlag solange in den Schwitzkasten nehmen, bis er ihren Roman veröffentlicht, darin sich dann über hunderte von Seiten schön formulierte Trostlosigkeit verbreitet. Hätte man mich als Gymnasiast gezwungen, so etwas zu lesen, wäre ich für die deutsche Sprache verloren gewesen. Georg R., dessen Eltern nur insgesamt vier Bücher besaßen, hatte aber das Glück von Deutschlehrern, die es verstanden, in dem Unterschichtsbuben eine Begeisterung für die Lyrik von Trakl und die Prosa Wolfgang Borcherts zu wecken.

[...] In dieser kleinen Realitätsrundschau hoffte ich zu zeigen, dass die Aktion Lebendiges Deutsch schon seit der Völkerwanderung läuft. Also, liebe Sprachwächter, das Haus der Deutschen Sprache kann vom Netz genommen und die Stiftung geschlossen werden.

4 *„Hier werden Sie geholfen“*: Werbespruch der Telefonauskunft mit absichtlich falscher Grammatikform

1 Stellen Sie die Argumentationsstruktur des Textes grafisch – zum Beispiel in einem Konspekt (S. 300) – dar.

2 Markieren Sie innerhalb der Darstellung in unterschiedlichen Farben diejenigen Argumente, denen Sie zustimmen, und diejenigen, denen Sie nicht zustimmen.

3 Bestimmen Sie die Textsorte des Textes (S. 265, 316). Begründen Sie die Textsortenbestimmung schriftlich.

4 Überarbeiten Sie die folgenden Schülertexte:

Ringsgwandl macht sich über die Initiative „Lebendiges Deutsch“ gegen Anglizismen lustig, indem er Beispiele für schlechtes Deutsch in Ämtern und Betrieben bringt und selbst z.T. schlechtes, d.h. umgangssprachliches Deutsch schreibt.

Ringswandl findet es gut, dass es neben dem Standarddeutsch Ethnolekte gibt, weil dadurch die Gebildeten mehr auffallen. Die Bildungselite hat ja heutzutage keine Standeskleidung mehr und oft hört man sich nur noch oder liest.

5 Korrigieren Sie folgende Schülerbewertung inhaltlich und stilistisch.

Ich stimme dem Autor mit seiner Kritik an Sprachwächtern zu, da diese meist wirkungslos bleiben in ihrer Kritik. Denn wer sich für korrekte Rechtschreibung und Grammatik interessiert, kauft sich auch Sprachratgeber wie den des Bestseller-Autors Bastian Sick, wer aber, wie auch Ringsgwandl bemängelt, sowieso kein Interesse oder keine Intelligenz für sprachliche Unterscheidungen hat, wird sich wohl kaum um eine sprachliche Verbesserung bemühen. Also laufen diese Bemühungen, wie auch die HDS-Initiative, vermutlich ins Leere. Wichtiger wäre meiner Meinung nach, dass im regulären Deutschunterricht, der ja noch am meisten Menschen erreicht, mehr Rechtschreibung und Grammatikunterricht erfolgt, da sich hier viele unsicher sind und es dann ihr Leben lang bleiben.

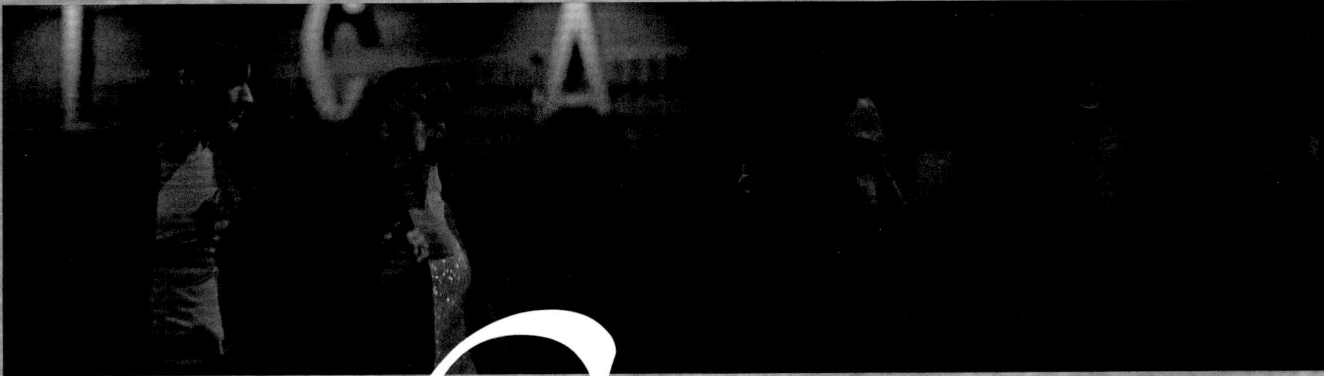

Filmisches Erzählen zum Thema Jugend

Sag' Ja zum Leben!

Sequenz aus „Trainspotting", GB, 1995

„Man kann nicht einfach nur etwas zeigen auf dem Bildschirm. Mehr Story, bessere Storys mit möglichst viel Handlung – das ist unsere Entwicklung."
Studio-Manager aus Hollywood, 1907

„Auf gewaltige Maße vergrößert und dreimal hintereinander aufgeführt ist das schlechthin widerwärtig. In ihrer betonten Obszönität ist die Darbietung nahezu unzüchtig."
Auszug aus einer Rezension zu dem Film „Kiss" (siehe untere Szenenbilder) von 1896

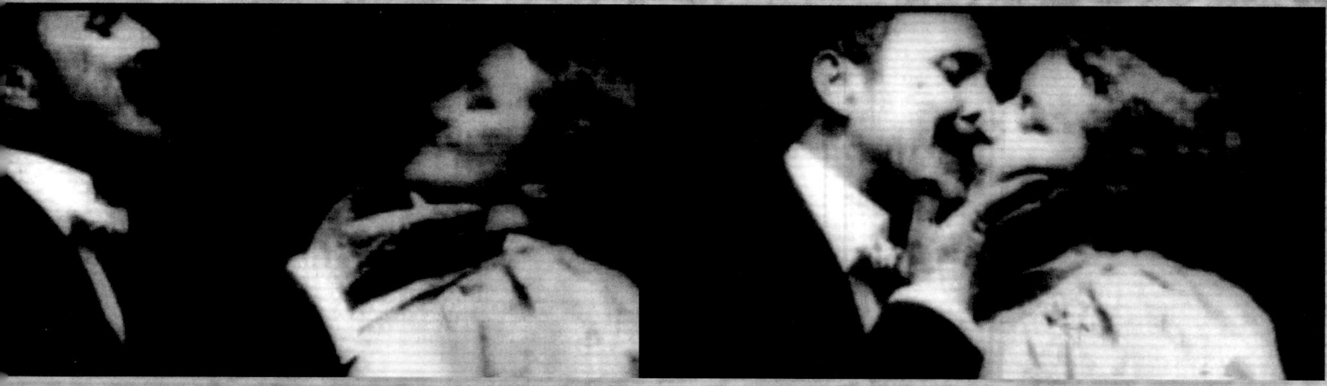

„Kiss", Stummfilm, USA 1896

Einführung

KAPITEL & KOMPETENZEN

Jeder Film bewegt sich im Spannungsfeld zweier Wirkungsabsichten: Auf der Ebene der Bilder will er Dinge *zeigen*. Die Fachterminologie spricht von der beabsichtigten „**Attraktion**". Durch Bewegung stellt der Film aber auch Zusammenhänge her, er *erzählt* Geschichten. Hierbei spricht man von der „**Narration**" des Films. Das Zusammenspiel dieser beiden Intentionen und ihre jeweilige Gewichtung bestimmen die Natur jedes Films. Sie prägen sowohl spezifische Filmgattungen (z. B. Videoclips als Aneinanderreihung von Attraktionen, Spielfilme und Fernsehserien als erzählende Filme) als auch filmgeschichtliche Phasen.

In diesem Kapitel untersuchen Sie das Zusammenspiel von Narration und Attraktion im Rahmen einer **Spielfilmanalyse**. Die Untersuchung richtet sich erst auf den Film an sich, auf seine **inhaltliche Seite**, d. h. die Dramaturgie der Figuren und Handlungen, dann auf die **formale Seite** (die sog. Filmsprache), also auf die Komposition der Bildelemente, auf Kameraführung und Bildschnitte. Nach dieser filmimmanenten Betrachtung werden Sie angeleitet, **Kontexte**, **Themen** und **Motive eines Genres** sowie die **Botschaften** von Filmen zu analysieren.

Im Mittelpunkt der Untersuchungen stehen **jugendliche Filmfiguren** und ihre typischen Lebensgefühle und Erfahrungen als Gegenstand filmischer Attraktionen und Erzählungen. Sie arbeiten an preisgekrönten und provozierenden europäischen Jugendfilmen: Der Kurzfilm „**Alright Love**" (D 2005) dient als Musterbeispiel filmischen Erzählens. „**alaska.de**" (D 2000) betont bei klassischem Plot die Möglichkeiten einer ungewöhnlichen Filmsprache. „**Trainspotting**" (GB 1995) ist ein drastischer, Sehgewohnheiten irritierender und seinerzeit äußerst erfolgreicher Film.

Mit den **filmanalytischen Kompetenzen**, die Sie hier erwerben, können Sie Aspekte der Narration und Attraktion differenziert nachweisen und in einer **Filminterpretation** deuten. Dazu zerlegen Sie Filmerzählungen in dramaturgische Muster, erschließen die Figurengestaltung des „Helden", untersuchen die Filmsprache und ihre inhaltlichen Aussagen, ordnen Filmmotive einem Genre zu und erörtern die Wirkungsweise von Filmen.

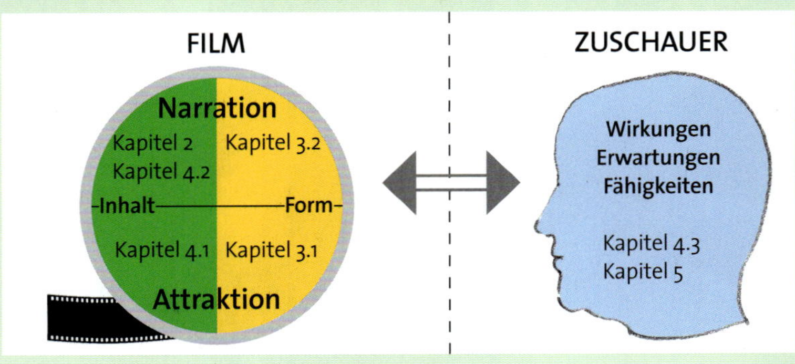

Schema 1: Bereiche der Filmanalyse und Zuordnung der Kapitel

1 Grundlagen der Filmanalyse erarbeiten

1.1 Attraktion und Narration als Grundprinzipien filmischer Darstellung vergleichen

nach Herbert Stone
Widerwärtig! (1896) *Auszug*

„Kiss“ ist die erste und oft gezeigte filmische Darstellung eines Kusses und erster Skandalfilm der Filmgeschichte. Stone, Herausgeber einer Literaturzeitschrift in Chicago, rezensierte „Kiss“ wie folgt:

Bei so etwas sollte die Polizei einschreiten. Keiner der beiden Beteiligten ist körperlich attraktiv, die Hauptdarstellerin hat schon viel von ihren jugendlichen Reizen eingebüßt, der ganze Anblick, wie sie sich gegenseitig ausgiebig an ihren Lippen weideten, war daher *keine Attraktion* und kaum auszuhalten. Auf gewaltige Maße vergrößert und dreimal hintereinander aufgeführt ist das schlechthin widerwärtig. In ihrer betonten Obszönität ist die Darbietung nahezu unzüchtig.

Ein Studio Manager Hollywoods
Mehr Story! (1907) *Auszug*

Die Leute wollen eine Story. Wir Amerikaner stehen im Allgemeinen nämlich auf Bildergeschichten, dann scheinen wir am besten klarzukommen. So oder so, wir neigen einfach mehr zum Melodramatischen. Als wir Hollywood-Produzenten anfingen, zeigten wir gewöhnlich *nur Attraktionen*, einzelne *sensationelle Blitzlichter* – zum Beispiel einen Feuerwehrwagen, der zu einem Feuer rast, einen Baseballspieler, der zur Base rutscht, das Laden einer Kanone, einen Kuss. Nun, wenn wir zum Beispiel ein Pferderennen zeigen wollen, dann muss es eine Szene aus dem Leben eines Jockeys sein, der den Helden in einer ganzen Geschichte spielt – wir müssen den Leuten eine Story *erzählen*. Sie wollen nichts anderes – eine Geschichte mit möglichst viel Handlung. Man kann nicht einfach nur etwas zeigen auf dem Bildschirm. Mehr Story, bessere Storys mit möglichst viel Handlung – das ist unsere Entwicklung.

1 Vergleichen Sie in Partnerarbeit die hier aufgezeigten Bewertungskriterien:
a) Fassen Sie die Aussagen Stones und des Studio-Managers in Stichworten zusammen.
b) Gestalten Sie ein fiktives Gespräch Stones mit dem Studio-Manager, in dem diese die Sequenz des Films „Trainspotting“ (☞ S. 216 f.) kritisch besprechen. Stellen Sie dabei u.a. den Begriff „Attraktion“ in den Mittelpunkt der Auseinandersetzung.
2 Gestalten Sie den Film „Kiss“ (☞ S. 216 f.) nach den Vorstellungen des Studio-Managers um. Entwerfen Sie dafür tabellarisch einen Verlauf von Einzelszenen.

1.2 Grundbegriffe filmischer Darstellung erarbeiten

WISSEN

Ein Film besteht aus bewusst aneinandergefügten Bildern, aus **Montage-Einheiten**, die hierarchisch betrachtet werden können (☞ Schema 2): Läuft eine Aufnahme, produziert die Kamera 24 **Einzelbilder** pro Sekunde („**Frames**"), wahrgenommen als ein ununterbrochener Strom. Wird die Aufnahme einer Einzelbildfolge wahrnehmbar unterbrochen, also geschnitten, entsteht als Einheit eine **Kamera-Einstellung** („**Shot**"). Diese kann kurz oder lang sein, still oder durch **Kamerabewegungen** geprägt. Das Aneinanderschneiden mehrerer Einstellungen heißt **„Cut"**. Meist ist eine Art der **Zusammengehörigkeit** von Einstellungen festzustellen: ein gemeinsamer Ort (z. B. ein Restaurant), eine kontinuierliche Handlung (z. B. ein Dialog). Da der Film diesen Ort oder diese Handlung irgendwann nicht mehr zeigt und sich neue Einstellungen anschließen, ist somit die nächsthöhere Montage-Einheit abgrenzbar: die **Szene**. Reihen sich Szenen aneinander und bilden eine Szenengruppe, also einen abgrenzbaren Zusammenhang (z. B. ein Rendezvous), spricht man von einer **Sequenz**. In der Kette von Szenen eines Filmverlaufs bestimmt vor allem das **filmische Erzählen** die Sequenzen. Szenen und Sequenzen sind eher inhaltlich orientierte Erzähleinheiten. Einstellungen sind demgegenüber eine eher technisch-ästhetisch bedingte Einheit.

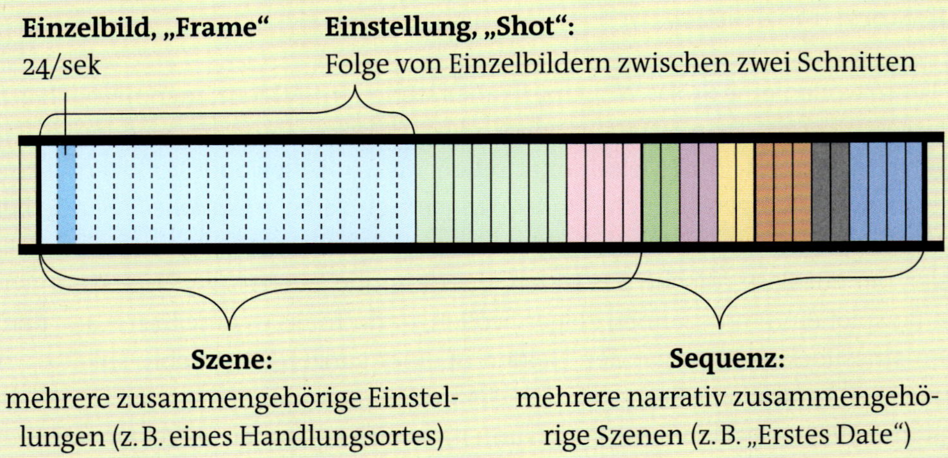

Schema 2: Montage-Einheiten eines Films

1 Beschreiben Sie in Stichworten die Montage-Einheiten der Bilder der Auftaktseite (☞ S. 216 f.). Verwenden Sie die Begriffe aus dem obigen Wissenskasten.

2 Gestalten Sie in einfachen Zeichnungen die zusammengehörigen Einstellungen einer vorgestellten Szene (z. B. eines Gesprächs). Kommentieren Sie Ihre Gestaltung.

3 Gestalten Sie in Partnerarbeit nach den Anweisungen auf der folgenden Seite das Sequenzprotokoll eines Ausschnitts aus einem fiktiven Genrefilm, etwa einem Western, einem Fantasy-Film oder einer Liebeskomödie.

METHODE

Ein Sequenzprotokoll erstellen

Ein Sequenzprotokoll ist die **tabellarische Ordnung** der Erzähleinheiten eines Films (Sequenzen, Szenen) in chronologischer Reihenfolge mit Inhaltsangaben. Die Tabelle wird durch Zeitangaben („Timecode“, Tc) und analytische Kommentare sinnvoll ergänzt. Zusätzlich können Fragen für eine Besprechung notiert werden. Die **Verbalisierung der spezifischen Zusammengehörigkeit** einer Erzähleinheit ist eine besondere Leistung des Protokolls: In der jeweiligen Betitelung einer Sequenz oder Szene sollte der „rote Faden“ des Zusammenhangs definiert werden: Bei Szenen eignen sich häufig einfache, möglichst konkrete Ortsangaben, ggf. mit Figuren (z. B. „Im Schnellrestaurant“); die Bezeichnung einer Sequenz verdeutlicht, was die Szenengruppe zusammenhält (die Szene der Auftaktseite (☞ S. 216 f.) könnte der Sequenz angehören: „Erstes Date“). Manche Filme sind z. B. durch unklare Abgrenzungen von Sequenz und Szene schwer zu schematisieren.

Sequenz		Szene		Tc	Inhalte	Kommentare, Fragen
1	**Unterwegs im Alltag**	a	**J** in der U-Bahn	0.00.58	schläft, telefoniert, Partyhut, schlafender Ukulelenspieler	Held, Gewohnheiten / Rolle des Ukulelenspielers?
		b	**M** an der Ampel	0.01.45	ungeduldig, wird aufgehalten, wartet, reagiert auf Ampelmännchen	Nebenfigur?
2	**Begegnung**		Rolltreppe	0.03.13	Fahrt aufeinander zu, **J** telefoniert, **M** kaut Kaugummi, Rolltreppen-Stillstand, **J** fällt, Begegnung, **J** nimmt Hut ab, Flirt, Weiterfahrt, **J** bemerkt Liebespaar	Verlockung zum Abenteuer Liebespaar: Denkanstoß, Rolle des Hutes?
3	**Zurückrennen**	a	**J** am U-Bahn-Ausgang	0.03.56	nachdenklich, bemerkt Händchen haltende Polizisten, rennt zurück	*Szenen 3 a/b „durcheinander geschnitten“* Polizisten: Entscheidungshilfe
		b	**M** steigt in U-Bahn	0.04.09	nachdenklich, zögerlich, sieht schlafenden Ukulelenspieler („Wait“)	Ukulelenspieler: Hilfe
		c	Am Gleis	0.05.10	**J** fällt hin, **M** übersieht ihn, U-Bahn fährt ab, **J** am U-Bahn-Plan, Jogger, **J** rennt los	Erkenntnis, Entscheidung; Höhepunkt?

Tabelle 1: Beispiel für ein Protokoll der ersten drei Sequenzen aus „Alright Love“

2 „Alright Love" – Die Dramaturgie eines Films analysieren

2.1 Der „Held" – Die Figurengestaltung als dramaturgische Grundlage analysieren

„Alright Love" (*Kurzfilm, D 2005, Regie: Samuli Valkama, 12 Min.*)

Bild 1 und 2: Eröffnende Einstellungen von „Alright Love", Tc 0.00.10, 0.00.30

In Berlin verlässt ein Junge die U-Bahn. Ein Mädchen ist zur gleichen Zeit unterwegs zur U-Bahn-Station. Auf der Rolltreppe unter Tage begegnen sich beide, lächeln sich an. Wie das Mädchen geht der Junge zunächst weiter, entschließt sich aber, zurückzulaufen. Am U-Bahn-Gleis verfehlt er sie, die Bahn fährt ab. Der Junge hastet, stolpert durch die Straßen. Scheinbar zufällige Zusammentreffen mit verschiedenen Menschen geben ihm Orientierung. Er erreicht die nächste Haltestelle, betritt die U-Bahn. Beide, Junge und Mädchen, werden zunächst daran gehindert, miteinander zu sprechen. Das Mädchen erringt endlich mit einer riesigen Kaugummiblase die Aufmerksamkeit des Jungen. Die Blase zerplatzt, Junge und Mädchen nähern sich an.
Im gesamten Film fehlen gesprochene Dialoge. Auch ein Vorspann unterbleibt.

1 Betrachten Sie die abgebildeten Einstellungen (Bilder 1 und 2). Notieren Sie in Stichworten Ihre Eindrücke zu dem Jungen und seiner Situation.

2 Stellen Sie sich vor, im Laufe des Tages würde dem Jungen nichts weiter Interessantes passieren. Gestalten Sie einen Tagebucheintrag am Ende eines solchen Tages. Thematisieren Sie mögliche Gefühle und Sehnsüchte des Jungen.

nach der Filmwissenschaftlerin Michaela Krützen (2004):
Ursache des Verlangens [der Hauptfigur] ist ein nicht befriedigtes Bedürfnis. Dies ist die zentrale Einsicht in die Anlage von Filmfiguren. [...] Die Figur leidet zu Beginn des Films an einem Mangel, der nur durch eine Veränderung ihrer Situation zu überwinden ist.

3 Beschreiben Sie in einem Kommentar mögliche Mängel und Bedürfnisse des Jungen aus „Alright Love".

Bild 3 und 4: Junge und Mädchen auf der Rolltreppe, Tc 0.02.43, 0.02.45

4 Geben Sie dem Bilderpaar 3 und 4 eine die Situation treffende Überschrift.

5 Charakterisieren Sie in Partnerarbeit die Situation:

a) Interpretieren Sie begründet die Wirkungen der Bilder. Beziehen Sie neben den abgebildeten Personen auch die Rolle der Werbeplakate im Hintergrund mit ein. Protokollieren Sie Ihre Ergebnisse in Form einer grafischen Gestaltung.

b) Beurteilen Sie mit kurzer schriftlicher Begründung die „Gewöhnlichkeit" der dargestellten Situation. Ordnen Sie diese zwischen den Möglichkeiten ein, *banal* und *alltäglich* oder *neuartig* und *ungewohnt* zu sein.

6 Entwerfen Sie in kurzen Stichpunkten einen möglichen weiteren Verlauf der Rolltreppenbegegnung, wie er Ihrer Alltagserfahrung nach realistisch wäre.

Der Literaturprofessor Tzvetan Todorov schreibt über den Begriff des Helden:
„Dort, wo es sich in den Augen gewöhnlicher Sterblicher um eine Situation handelt, die keine Wahl lässt und in der man sich ganz einfach den Umständen fügen muss, begehrt der Held auf, lässt sich vom äußeren Schein nicht blenden, und es gelingt ihm, durch eine Tat, die sich über das Gewöhnliche erhebt, das Schicksal zu bezwingen. Der Held ist das Gegenteil des Fatalisten[1]."

[1] *Fatalismus*: Schicksalsergebenheit

nach Michaela Krützen (2004):
Im Status quo[1] [der ersten Szenen] erhält die Geschichte eine Richtung, aber erst durch den initialen[2] Auslöser wird der Weg, der in diese Richtung führt, auch eingeschlagen. Die (instabile) Ausgangssituation verändert sich also durch ein Ereignis, dessen Konsequenzen schließlich zum Abenteuer führen werden, zum Verlassen der vertrauten Welt. Zwar ist der initiale Auslöser eine Anforderung an die Hauptfigur, die sie zum Handeln zwingt. Er allein ist aber kein hinreichender Grund für den Helden, eine Reise zu beginnen, sondern nur eine Art ‚Initialzündung'. In der Regel sind weitere auslösende Momente notwendig, damit das Abenteuer beginnt.

[1] *Status quo*: aktueller Zustand
[2] *initial*: anfänglich

7 Wie das Mädchen geht der Junge zunächst weiter, entschließt sich dann aber dazu, zurückzulaufen. Gestalten Sie diesen Augenblick der Entscheidung, der nach Krützen als „initialer Auslöser" den Jungen „zum Handeln zwingt" (Z. 5 f.):

a) Gestalten Sie einen Bericht eines personalen Erzählers. Wählen Sie als Perspektivfigur den Jungen. Berücksichtigen Sie neben der Handlung auch Gedanken und Gefühle, insbesondere zu dem von Todorov thematisierten „Schicksal" (Z. 4).

b) Entwerfen Sie eine Folge von möglichen Shots (☞ S. 220) für die Entscheidungssituation:

- Der Junge bewegt sich zunächst langsam von der Kamera weg zum Ausgang der U-Bahn-Station. Dann dreht er sich um und rennt auf die Kamera zu.
- Der Junge bewegt sich zunächst auf die Kamera zu. Dann dreht er sich um und rennt von der Kamera weg in die U-Bahn-Station hinein.

Diskutieren Sie, welche Bildfolge Ihnen geeigneter erscheint.

8 Erarbeiten Sie den Begriff des „Helden" nach Tzvetan Todorov:

a) Entwerfen Sie ein Flussdiagramm (☞ S. 300), das die wesentlichen Elemente der Todorov'schen Definition enthält.

b) Kommentieren und veranschaulichen Sie das Diagramm anhand selbstgewählter Beispiele, auch aus Ihnen bekannten Dramen oder Filmen.

9 Diskutieren Sie in Kleingruppen, ob Todorovs Definition auf die „Helden" zutrifft, die Ihnen aus Spielfilmen bekannt sind. Bereiten Sie die Präsentation Ihrer Ergebnisse schriftlich vor.

Bild 5: Mädchen und Junge am U-Bahn-Gleis, Tc 0.04.24

Bild 6 und 7: Jogger und Junge am U-Bahn-Gleis, Tc 0.05.00 und 0.05.02

10 Beschreiben Sie die Bilder 5 bis 7 in Stichworten. Skizzieren Sie Vermutungen über die dargestellte Situation.

11 Erarbeiten Sie im Plenum einen inneren Monolog, um die Situation des Jungen in der 5. Filmminute (Bild 5) zu charakterisieren.

12 Überprüfen Sie, inwiefern der Junge zu Beginn der 6. Filmminute (Bild 6, 7) als Beispiel für Todorovs Heldenbegriff (☞ S. 224) gelten kann. Halten Sie tabellarisch Übereinstimmungen und Abweichungen fest; formulieren Sie ein differenziertes Ergebnis.

Maxwell Anderson

[Der Held als fehlerhafter Mensch] (1938) *Auszug*

Ich las Aristoteles' Poetik noch einmal [...], und eine seiner Beobachtungen führte mich dazu, antike und moderne Methoden der Bühnendichtung miteinander zu vergleichen. Bei der Erörterung des Aufbaus bezeichnete er die Erkennungsszene als einen wesentlichen Bestandteil der Tragödie. Die Erkennungsszene, wie Aristoteles sie aus den Tragödien der Griechen herausschälte, war gewöhnlich etwas Künstliches, eine zentrale Szene, in welcher die Hauptfigur eine Verkleidung durchschaute und eine Person, deren Identität bis dahin verborgen gewesen war, als Freund oder Feind, vielleicht als Liebhaber oder als Mitglied der eigenen Familie erkannte. [... Als] ich mich ein wenig tiefer in die unvergänglichen Werke der Shakespeare-Zeit und unseres eigenen Theaters versenkte, wurde mir klar, dass

Der amerikanische Dramatiker Maxwell Anderson (1888–1959) war Autor vieler erfolgreich verfilmter Drehbücher und literarischer Filmvorlagen. Seine theoretischen Schriften zählen zum Standardstoff vieler Filmakademien. Der vorliegende Textauszug entstammt seinem Vortrag „Vom Wesen der Tragödie".

moderne Erkennungsszenen zwar subtiler sind und schwieriger zu finden, dass es sie aber dennoch in allen Stücken, an die wir uns gern erinnern, gibt. Selten haben sie mit etwas so Naivem wie einer Verkleidung oder der Enthüllung der Identität einer Person zu tun. Aber das Element der Entdeckung ist noch genauso bedeutend wie je zuvor. Denn im Mechanismus eines modernen Stückes ist es fast immer die Haupttriebfeder: Der Held entdeckt etwas in seiner Umgebung oder in seiner eigenen Seele, was ihm bisher nicht bewusst war oder was er nicht genügend beachtet hatte. [...] Ich bin noch immer der Ansicht, dass die Regel, die ich formuliert habe und die ich zur Richtschnur nehme, kürzer und präziser ist als jede andere, und so gebe ich sie hier wieder: Ein Schauspiel sollte zu einem zentralen Höhepunkt hin- und wieder von ihm fortführen, und dieser Höhepunkt sollte darin bestehen, dass die Hauptfigur eine Entdeckung macht, die eine unauslöschliche Wirkung auf ihr Denken und Fühlen ausübt und die Richtung ihres Handelns völlig verändert. Um es noch einmal zu sagen: Die Entdeckung muss von der Hauptfigur gemacht werden; sie muss sie gefühlsmäßig beeinflussen; und sie muss ihre Handlungen in neue Bahnen lenken.

[...] Der Held, der im Drama die zentrale Entdeckung machen soll, darf kein vollkommener Mensch sein. Er muss in irgendeiner Form besitzen, was Aristoteles einen tragischen Fehler nennt, und zwar deshalb, weil er im Augenblick der Entdeckung sein Wesen und seine Handlungsweise ändern muss – und er muss sie zum Besseren ändern. Der Fehler kann beinahe harmlos sein – zum Beispiel eine bloße Unbedachtheit; ist der Held jedoch fehlerlos, kann sein Charakter nicht besser, sondern nur schlechter werden; und aus einem bestimmten Grund [...] ist es notwendig, dass man ihn am Schluss des Stückes mehr bewundert als am Anfang. Mit anderen Worten: Der Held muss eine Erfahrung machen, die ihm die Augen für seinen eigenen Fehler öffnet. Er muss durch Leiden lernen. In der Tragödie bringt ihm dieser Fehler oder der Versuch, ihn zu tilgen, sogar den Tod; doch bevor er stirbt, ist er ein edlerer Mensch geworden, weil er seinen Fehler erkannt und aus dieser Erkenntnis einen neuen Maßstab für sein Handeln gewonnen hat.

13 Erarbeiten Sie die Thesen Maxwell Andersons:

a) Fassen Sie Andersons Überlegungen als Konspekt (☞ S. 300) zusammen.

b) Erläutern Sie die Unterscheidung antiker und moderner (dramatischer) Dichtung; greifen Sie auf Ihr Vorwissen (☞ S. 48–79) zurück.

c) Erläutern und überprüfen Sie schriftlich Andersons Thesen anhand bekannter Dramenfiguren und -handlungen.

14 Erörtern Sie in Gruppenarbeit die Behauptung: „Todorovs Vorstellung des ‚außergewöhnlichen Helden' und Andersons Ansicht über den ‚fehlerhaften Helden' schließen sich aus!" Protokollieren Sie die Ergebnisse.

15 Charakterisieren Sie den Jungen aus „Alright Love" und sein Handeln bis zum Beginn der 6. Filmminute in einer grafischen Gestaltung mit den Begriffen Andersons.

2.2 „Der Held auf Reisen“ – Mythologische Erzählmuster eines Films analysieren

Angebot einer Internetseite:
Sie werden Ihr Abenteuer finden! Wünschen Sie sich, Ihrem tristen Alltag zu entkommen? Etwas zu erleben? Neue Erfahrungen zu machen? Setzen Sie auf Abenteuer-Gutscheine! Ob Nervenkitzel beim Bungee-Jumping oder Romantik eines Candle-Light-Dinners – Sie werden für jeden Wunsch das richtige Abenteuer finden!

Anmoderation eines Radiobeitrags über antike Helden:
Es gibt keine Abenteuer mehr! Wie überschaubar und ereignislos ist doch unser Leben. Selbst die hintersten Flecken der Erde sind inzwischen vermessen und registriert. Was waren das für Zeiten, als es noch etwas zu entdecken gab! Als unbekannte Länder noch von Helden aus Abenteuerlust und unter Einsatz ihres Lebens erobert wurden!

1 Arbeiten Sie den Abenteuerbegriff der Internetwerbung und des Radiobeitrags heraus.
a) Halten Sie stichwortartig die jeweiligen Merkmale eines „Abenteuers“ fest.
b) Entwerfen Sie arbeitsteilig ein Storyboard (☞ Wissenskasten) von Filmszenen, das die unterschiedlichen Abenteuerbegriffe bebildert.

WISSEN

Ein **Storyboard** ist eine sequenzielle Bilderfolge, die z. B. die Einstellungen eines Filmes visualisiert. Es enthält mehr oder weniger ausgearbeitete Zeichnungen – ggf. auch mit Strichmännchen –, die Umgebung, Figuren, Kameraperspektive und Kamerabewegung erfassen. Zur Verdeutlichung von Bewegungen können Pfeile verwendet werden.
Die **Funktion** eines Storyboards für den Film ist vielschichtig: Einerseits werden vor Drehbeginn das Drehbuch visualisiert und einzelne Filmszenen geplant. Das Drehbuch wird also erstmals in konkret gestaltete Bilder umgesetzt. Andererseits können Storyboards bei der Analyse hilfreich sein, da sie die Intentionen des Regisseurs in Bezug auf Einstellungsgrößen, Blickwinkel, Perspektiven und manchmal auch Ausleuchtung oder Gesamtästhetik visualisieren.

2 Entwickeln Sie in Partnerarbeit einen eigenen Begriff von „Abenteuer“:
a) Stellen Sie die verschiedenen Arten von Abenteuern aus der Werbung und des Radiobeitrags in Form einer Mind-Map (☞ S. 301) mit stichwortartigen Erklärungen dar. Ergänzen Sie die Mind-Map durch eigene Beispiele.
b) Diskutieren Sie, inwieweit sich aus den Beispielen der Mind-Map allgemeingültige Merkmale eines Abenteuers ergeben; definieren Sie diese.
3 Prüfen Sie in Gruppenarbeit die Anwendung der Abenteuerbegriffe auf die Erlebnisse des Jungen in „Alright Love“.

Bild 8: Junge läuft durch die Straßen, Tc 0.05.33

Bild 9: Junge begegnet dem Plakatträger, Tc 0.05.45

Bild 10: Junge begegnet dem Plakatträger, Tc 0.05.50

Bild 11: Junge begegnet dem Bauarbeiter, Tc 0.06.38

Bild 12: Junge erreicht U-Bahn, Tc 0.07.34

Bild 13: Junge setzt sich zum Mädchen, Tc 0.07.42

4 Stellen Sie die Ereignisse der 6. bis 8. Filmminute (Bild 8 bis 13) in einem schematischen Verlauf dar:

a) Arbeiten Sie von der Ausgangssituation „Der Junge steht vor dem U-Bahn-Ausgang" ausgehend mit Kästchen und Pfeilen, sodass eine lineare Verkettung der folgenden Ereignisse entsteht.

b) Gestalten Sie die Darstellung differenzierter, indem Sie Ereignisse markieren (z.B. durch farbliche Einrahmung), die Ihrer Ansicht nach wichtige Momente des Geschehens darstellen. Kommentieren Sie Ihre Markierungen.

5 Gestalten Sie die Geschehnisse in Form einer Erzählung. Wählen Sie das personale Erzählverhalten und als Perspektivfigur den Jungen.

6 Der Junge trägt ein T-Shirt mit der Aufschrift „Alright Love". Entscheiden Sie sich, in welcher Situation bzw. Filmminute diese Aufschrift deutlich zu lesen sein soll. Diskutieren Sie Ihre Überlegungen im Plenum.

Christopher Vogler
Die Reise des Helden (1998) *Auszug*

In „Die Odyssee des Drehbuchschreibers“ überträgt der Drehbuchberater Vogler die Erkenntnisse aus der Mythenforschung auf die Strukturen von Hollywoodfilmen.

Trotz ihrer unzähligen Ausprägungen ist die Heldengeschichte im Kern immer die Geschichte einer Reise ins Abenteuer. Der Held verlässt seine gewohnte, alltägliche Umgebung, wagt sich in eine gänzlich unbekannte Welt und stellt sich deren Herausforderungen. In vielen Fällen handelt es sich hier um eine wirkliche Reise zu einer anderen Örtlichkeit – in ein Labyrinth, einen Wald, eine Höhle, eine fremde Stadt oder ein fremdes Land. Ein neuer Ort wird dann zum Schauplatz des Konflikts mit den antagonistischen[1], herausfordernden Kräften.
Doch genauso oft gibt es Geschichten, in denen der Held eine Reise nach innen antritt, eine Reise des Herzens, der Seele, des Geistes. Im Verlauf jeder guten Geschichte wird der Held wachsen und sich wandeln, er wird den Weg von einer Art des Seins zur nächsten antreten: von Verzweiflung zu Hoffnung, von Schwäche zu Stärke, von Torheit zu Weisheit, von Liebe zu Hass – und umgekehrt. Die Abenteuer solcher Reisen des Gefühls nehmen das Publikum gefangen und machen eine Geschichte lesens-, hörens- und sehenswert.
Die Stadien der Reise des Helden lassen sich in allen möglichen Arten von Geschichten verfolgen – nicht nur in solchen, die wir gemeinhin als „abenteuerlich“ empfinden [...]. Der Protagonist einer jeden Geschichte ist der Held, der sich auf eine Reise ins Abenteuer begibt – auch wenn diese Reise ihn nur in sein eigenes Gemüt oder in das Reich der menschlichen Beziehungen führt. [...] Im Folgenden möchte ich die Stationen der Reise des Helden noch einmal zusammenfassen:

1. Der Held wird in seinem Leben in der **gewohnten Welt** vorgestellt und
2. erhält einen **Ruf des Abenteuers**.
3. Er **zögert**, **verweigert** den Ruf, wird aber
4. von einem **Mentor** ermutigt,
5. die erste **Schwelle zu überschreiten**, woraufhin
6. **Bewährungsproben**, **Verbündete** und **Feinde** auf ihn warten.
7. Der Held dringt zur **tiefsten Höhle** vor [...] und
8. hat dann die **entscheidende Prüfung** zu bestehen.
9. Er nimmt die **Belohnung** an sich und
10. ist auf seinem **Rückweg** in die gewohnte Welt Verfolgungen ausgesetzt.
11. [... Er] erlebt seine **Auferstehung** und wird von dieser Erfahrung grundlegend verändert.
12. Nun kann er mit dem **Elixier**, dem Schatz oder einer sonstigen Wohltat in die gewohnte Welt zurückkehren. [...]

Sie sollten dieser Vorlage aber auf keinen Fall sklavisch folgen; achten Sie darauf, dass die Grundstruktur sich nicht in den Vordergrund drängt [...]. Sie können ganze Episoden weglassen oder hinzufügen; Sie können sie sogar ordentlich mischen,

[1] *antagonistisch*: gegensätzlich, unvereinbar

ohne dass die Reise des Helden etwas von ihrer Kraft verliert. Was hier allein zählt, ist die grundsätzliche Bedeutung der Reise des Helden.

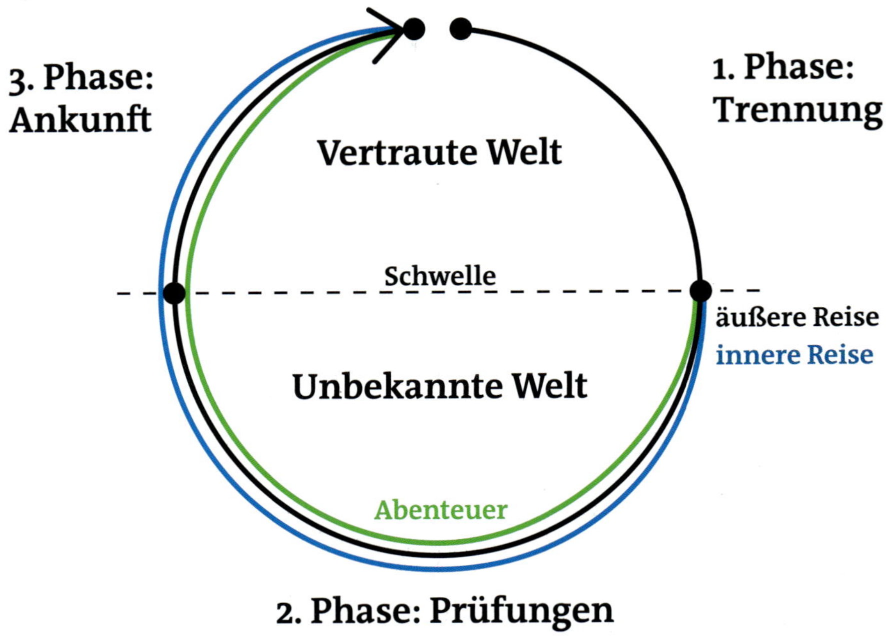

Schema 3: Die Heldenreise durch zwei Welten, idealtypisches Modell nach Michaela Krützen

7 Fassen Sie die Aussagen Voglers schriftlich zusammen.

8 Setzen Sie sich mit den Gedanken Voglers in Partnerarbeit auseinander:

a) Erklären Sie mit eigenen Worten seine Differenzierung von zwei Typen der „Helden-Reise", die „Reisestationen" und die Schlussbemerkung.

b) Gestalten Sie die „Helden-Reise" als kommentiertes Schema (☞ S. 300), das die Verlaufsstruktur veranschaulicht. Greifen Sie auf Schema 3 zurück und vervollständigen Sie die Stationen.

9 Die Bilder 9–11 (☞ S. 228) zeigen verschiedene indirekte Beraterfiguren. Überlegen Sie, welche weiteren Figuren, Plakate, Erlebnisse den Jungen auf seinem Weg zu dem Mädchen ermutigen könnten. Finden Sie auch mögliche Hindernisse, die er überwinden muss. Gestalten Sie „Mentoren" und Hindernisse in Zeichnungen.

10 Überprüfen Sie Voglers Thesen:

a) Wenden Sie die Thesen arbeitsteilig auf bekannte Hollywoodfilme an. Stellen Sie deren Handlung in Form der Verlaufsstruktur einer „Helden-Reise" dar.

b) Analysieren Sie mit dem Modell der Helden-Reise den Film „Alright Love". Erklären Sie die Filmbilder dieses Kapitels mit Voglers Begriffen in einem kommentierten Schema (☞ S. 300), in das Sie passende Filmszenen als Stationen eintragen.

11 Diskutieren Sie folgende Urteile über den Film „Alright Love":

- Der Film erzählt eine romantische Liebesgeschichte
- Der Film ist kitschig
- Der Film setzt sich ironisch mit der Gestalt des Helden und seiner abenteuerlichen Reise auseinander

2.3 Syd Fields „Paradigma“ – Die Strukturnormen Hollywoods untersuchen

Bild 14 (Der Junge telefoniert, Tc 0.09.03) und Bild 15 (Junge und Mädchen schauen sich an): Tc 0.11.30

1 Erörtern Sie die Bedeutung der Bilder 14 und 15.

a) Beschreiben Sie beide Einstellungen von „Alright Love“.

b) Interpretieren Sie in der Gruppe arbeitsteilig folgende Möglichkeiten:

- Bild 14 entfällt. Die Einstellungen 13 (☞ S. 228) und 15 folgen direkt aufeinander
- Bild 14 ist das Schlussbild und folgt auf Bild 15
- Bild 14 steht zwischen Bild 13 (☞ S. 228) und Bild 15
- Bild 15 entfällt

c) Entscheiden Sie sich für eine der Möglichkeiten und begründen Sie Ihre Entscheidung im Plenum.

2 Der Junge wird in der oben abgebildeten Szene zum zweiten Mal in der Filmhandlung angerufen.

a) Erklären Sie schriftlich die dramaturgische Rolle des Handy-Anrufers aus der Sicht Christopher Voglers, indem Sie passende Begriffe des Modells der „Helden-Reise“ (☞ S. 229 f.) anwenden.

b) Gestalten Sie die Gedanken des Jungen während des Telefonats in einem kurzen inneren Monolog. Klären Sie dabei eine Ihres Erachtens nach passende Identität des Anrufers sowie die Gefühle des Jungen in dieser Situation. Kommentieren Sie Ihre Gestaltungsentscheidungen.

3 Entwerfen Sie als Text oder Storyboard (☞ S. 227) ein Ereignis oder einen Gesprächsanlass, durch den der Junge und das Mädchen ins Gespräch kommen. Begründen Sie Ihre Gestaltung.

Syd Field

The Screenwriters Workbook (1984) *Auszug*

Der US-amerikanische Drehbuch-Autor Syd Field gilt als „Guru aller Drehbuch-Autoren" (CNN). Er entwickelte ein „Paradigma", eine strukturelle Norm von drei Akten und spezifischen „Plot Points" für erfolgversprechende Drehbücher. Seine Lehrbücher sind einfach verfasste Anleitungen für Autoren, durchzogen von Filmanalysen.

Über Struktur

Ein gutes Drehbuch besitzt immer einen starken dramatischen Handlungsstrang. Es führt in eine Richtung, bewegt sich voran, Schritt für Schritt auf die Auflösung zu. Wenn Sie eine Reise machen wollen, steigen Sie doch auch nicht in ein Flugzeug oder einen Zug und fragen sich dann erst, wohin die Reise gehen soll! Sie müssen an einen bestimmten Ort. Sie haben ein Ziel. Sie beginnen hier und enden dort. Das ist Dramaturgie. Sie ist ein Werkzeug, mit dem Sie Ihr Drehbuch so formen und gestalten können, dass es den größtmöglichen dramatischen Reiz erhält. Struktur *hält* alles zusammen: die ganze Handlung, die Figuren, den Plot, Ereignisse, Episoden und Vorfälle. [... *Dramatische Struktur*] ist definiert als „ein linearer Zusammenschluss von Geschehnissen, Episoden und Vorfällen, die zu einer dramatischen Auflösung hinführen".

Das Paradigma

Das Paradigma ist ein Modell, eine Vorlage, ein konzeptionelles Muster davon, wie ein Drehbuch aussieht. [...] Und was haben alle Filmgeschichten gemeinsam? Einen Anfang, eine Mitte, einen Schluss. Der Anfang entspricht dem Ersten Akt, die Mitte dem Zweiten Akt und der Schluss dem Dritten Akt. Der übliche Spielfilm ist etwa zwei Stunden lang, beziehungsweise 120 Minuten. Einige Filme sind länger, manche kürzer. Eine geschriebene Drehbuchseite entspricht einer Minute Filmzeit. [...] Jeder Akt ist eine Einheit oder ein Block dramatischer Handlung. Der Erste Akt ist eine Einheit dramatischer Handlung, die Ihre Geschichte etabliert (*Setup*). Auf den ersten 30 Seiten Ihres Drehbuchs müssen Sie Ihre Geschichte aufbauen: Ihre Hauptfiguren einführen, Ihre dramatischen Absichten klarmachen, die Situation schaffen und Szenen und Sequenzen anlegen, die die Information Ihrer Geschichte enthalten und erweitern. Alles im Ersten Akt etabliert Ihre Geschichte. [...]
Ein Plot Point ist ein Vorfall, eine Episode oder ein Ereignis, das in die Handlung „eingreift" und sie in eine andere Richtung dreht. Richtung meint „Entwicklungslinie". Ein Plot Point kann alles mögliche sein: ein Schuss, eine Rede, eine Szene, eine Sequenz, eine Handlung – alles, was die Story vorantreibt. [...]
Der Zweite Akt ist eine Einheit, ein Block aus dramatischer oder komischer Handlung. Er ist 60 Seiten lang und wird von dem dramatischen Kontext geprägt, der als Konfrontation bekannt ist. Er reicht vom ersten Plot Point bis zum zweiten Plot Point. In diesem Abschnitt Ihres Buches wird Ihre Hauptfigur mit Hindernissen und Konflikten konfrontiert, die überwunden und gelöst werden müssen, damit Ihre Person ihr oder sein dramatisches Ziel erreicht. Drama besteht aus Konflikten.

Ohne Konflikte gibt es keine Handlung, ohne Handlung keine Figur, ohne Figur keine Geschichte [...].

Der Plot Point am Schluss des Zweiten Akts „wendet“ die Geschichte zum Dritten Akt.

Der Dritte Akt ist eine Einheit dramatischer Handlung und umfasst 30 Seiten; er reicht von dem Plot Point am Ende des Zweiten Akts bis zum Schluss. Der Dritte Akt dreht sich um den dramatischen Kontext der *Auflösung*. [...] Auflösung heißt „eine Lösung finden, erklären oder deutlich machen, in verschiedene Einzelteile zerlegen“. Sie ist nicht der Schluss Ihrer Geschichte, sondern die Auflösung Ihres Drehbuchs. Was passiert Ihrer Hauptfigur? Bleibt sie am Leben oder muss sie sterben? Hat sie Erfolg oder scheitert sie?

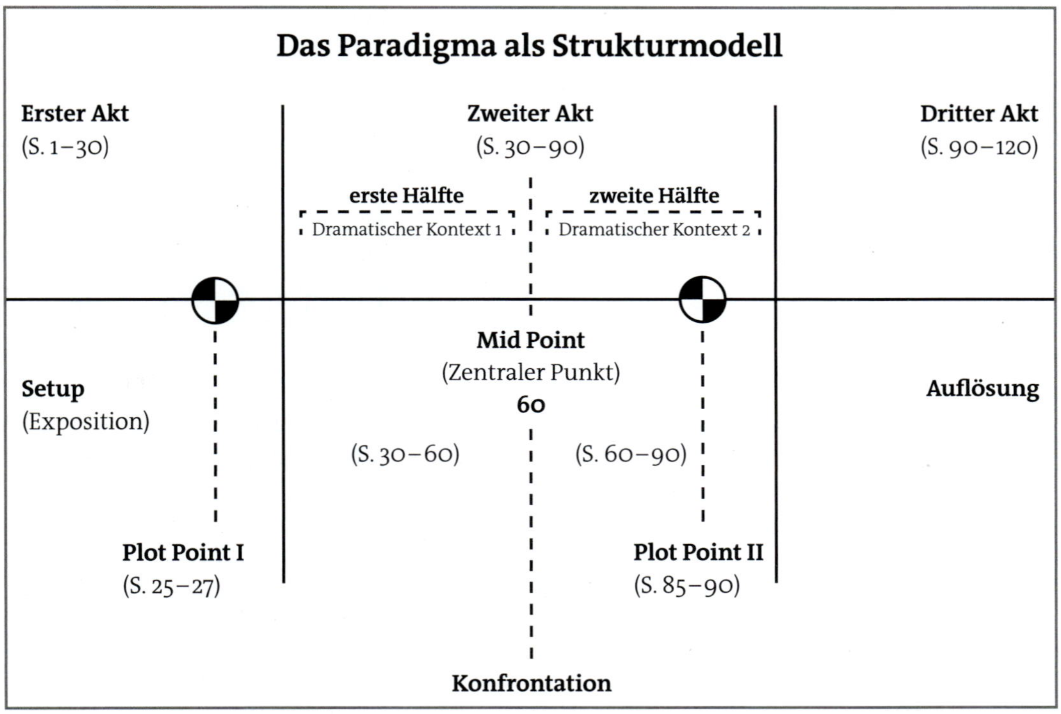

Schema 4: Syd Fields „Paradigma“

4 Erarbeiten Sie Fields Aussagen zur Struktur von Filmen mithilfe einer grafischen Gestaltung, in der Sie ...
- Fields Modell mit dem Aufbauprinzip eines klassischen Dramas (☞ S. 305) vergleichen,
- Fields Modell mit dem der „Heldenreise“ (☞ S. 230) in Beziehung setzen.

5 Analysieren Sie in Gruppenarbeit „Alright Love“ mithilfe des Paradigmas:

a) Erklären Sie die Filmbilder dieses Kapitels in den Begriffen Fields.

b) Syd Field rät in seinem Lehrbuch, das Paradigma als Folie für Analysen zu verwenden. Übertragen und vervollständigen Sie das Paradigma, indem Sie passende Szenen und Handlungsphasen von „Alright Love“ eintragen. Nutzen Sie die Bilder 3 und 4 (☞ S. 223) als möglichen Plot Point I.

WISSEN

Dramaturgie meint die Anordnung inhaltlicher Filmelemente unter der leitenden Absicht, eine für den Zuschauer möglichst spannende Handlung zu schaffen. Dabei haben sich – zumindest im klassischen Hollywood-Kino – zwei Kompositionstypen bewährt, die zugleich auch die Dramaturgie-Analyse bestimmen:

(1) Eine Komposition nach **allgemeingültigen Handlungsabschnitten**; diese wird *storydriven* („handlungsgetrieben") genannt. Modellbeispiel ist Gustav Freytags Pyramidenschema (☞ S. 64 f., 305). Ziel ist es hier, möglichst symmetrisch und zeitlich genau Akte und Spannungspunkte einzuteilen und ihre Bezüge zu kennzeichnen.

(2) Eine Dramaturgie kann an der **Hauptfigur** orientiert sein; dies wird *characterdriven* („charaktergetrieben") genannt. Ziel ist es hier, eine Filmhandlung als Entwicklung einer Figur zu beschreiben und zeitlich flexibel die Handlungsmomente als äußere und innere Momente dieser Entwicklung zu kennzeichnen.

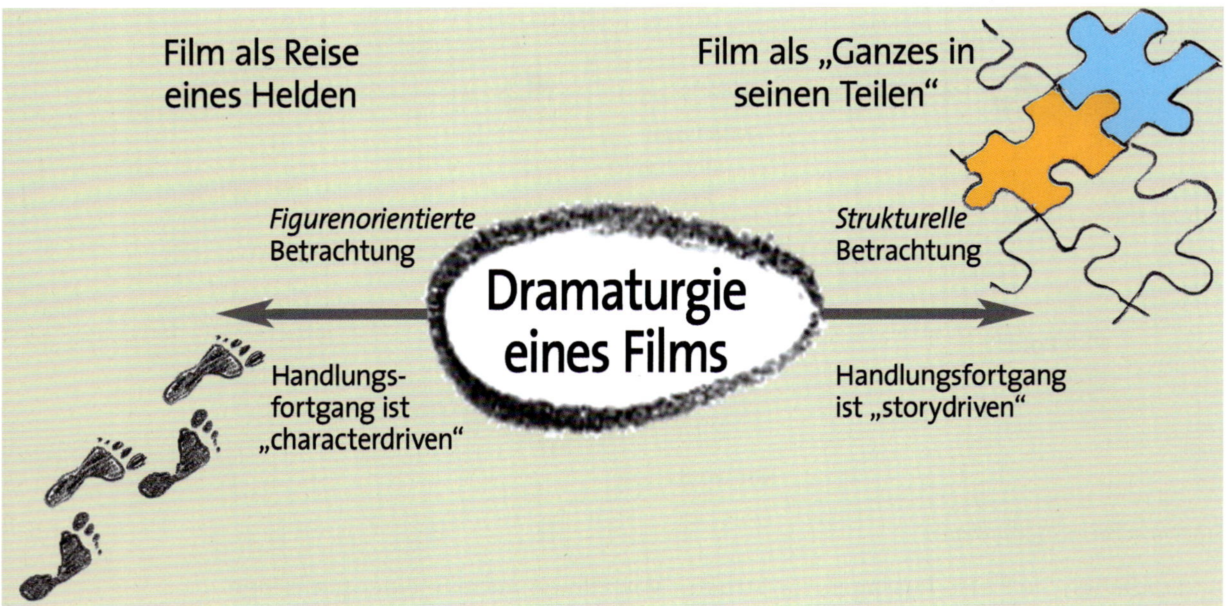

Schema 5: Zwei Modelle der Filmdramaturgie

6 Ordnen Sie die in diesem Kapitel behandelten Dramaturgiemodelle (☞ Andersons „Der Held als fehlerhafter Mensch" S. 225 f., Voglers „Die Reise des Helden" S. 229 f., Syd Fields „Paradigma" S. 232 f.) dem handlungs- oder charaktergetriebenen Typus zu. Notieren Sie Ihre Begründung.

7 Diskutieren Sie das handlungs- und das charaktergetriebene Dramaturgiemodell, indem Sie es jeweils auf selbst gewählte bekannte Filmbeispiele Hollywoods anwenden (z. B. „Star Wars", „Titanic", „Fluch der Karibik"). Protokollieren Sie Ihre Ergebnisse.

3 „alaska.de“ – Die Sprache eines Films erschließen

3.1 Gestaltungsmittel der Kamera untersuchen

„alaska.de“ *(Spielfilm, D 2000, Regie: Esther Gronenborn, 86 Min.)*

Bild 16–19: Sabine und Eddie am Gitterzaun, Tc 0.44.00 bis 0.46.14

Die 16-jährige Sabine zieht zu ihrem Vater an den Rand einer Großstadt. Plattenbau, Pipelines, steppenartige Landschaft, neue Schule und Gesichter umgeben sie hier. Sie lernt Eddie kennen, Klassenkamerad und Mitglied einer Gang.

An einem zunächst sorglos verbrachten Nachmittag gerät Eddie mit seinem besten Freund, dem 18-jährigen vorbestraften Micha, in eine Schlägerei und tötet einen Mitschüler. Sabine gerät nur Augenblicke später zufällig an den Tatort, stößt dabei mit dem flüchtenden Micha zusammen, verliert ihr Biologiebuch in der Blutlache. Sie steht unter Schock, schweigt aber. Die Jungen bedrohen sie anonym. Micha verlangt von Eddie, Sabine auszuhorchen. In den darauffolgenden Tagen kontrolliert die Polizei alle Biobücher, Eddie sucht Kontakt zur verängstigten Sabine. Diese lernt die Gang kennen. Sabine vertraut Eddie tags darauf an, am Tatort jemanden bemerkt zu haben, benennt Micha aber nicht. Eddie und Sabine küssen sich. Währenddessen wächst Michas Angst, als Mittäter ins Gefängnis zu müssen. Er bedroht Sabine. Schließlich wird sie von Micha und Eddie verhört, Micha wird handgreiflich. Sabine gesteht, Micha erkannt zu haben. Sie flüchtet und bewaffnet sich während eines Streits ihrer Eltern mit einem Küchenmesser. Micha stiehlt eine Pistole. In einem verlassenen Gebäude kommt es zur Auseinandersetzung. Versehentlich erschießt ein unbeteiligter Junge Micha. Eddie verzweifelt, gesteht vor allen Anwesenden seine Tat. Am Ende verhaftet ihn die Polizei, die auch Sabine mitnimmt.

1 Notieren Sie Ihre spontanen Eindrücke zu den Bildern 16 bis 19. →

2 Untersuchen Sie in Gruppen die Bilder 16–19 (☞ S. 235) und die Bedeutung der jeweiligen (in der folgenden Tabelle vorgegebenen) Kameraeinstellung. Notieren Sie Ihre Ergebnisse mithilfe der Tabelle.

a) Benennen Sie detailliert die Informationen, die dem Betrachter bei jedem Bild gegeben werden, und die Informationen, die ein Bild dem Betrachter nicht gibt.

b) Zeigen Sie, welchen Informationsschwerpunkt die Einstellungsgrößen jeweils setzen.

	Sichtbar	Nicht sichtbar	Informationsschwerpunkt
Bild 16 Totale	bedeckter Himmel ...	Mimik der Personen ...	Wetter, Umgebung
Bild 17 Halbtotale	...	...	...
Bild 18 Großaufnahme	...	...	...
Bild 19 Großaufnahme	...	...	...

3 Das Gespräch zwischen Sabine und Eddie in der 45. Filmminute (Bilder 16–19, ☞ S. 235) ist eine wichtige Station der Annäherung beider Figuren: Sabine vertraut Eddie zum ersten Mal.

a) Untersuchen Sie arbeitsteilig in Ihren Gruppen die Möglichkeit, die Szene in lediglich einer einzigen Kameraeinstellung zu zeigen. Listen Sie tabellarisch die Vor- und Nachteile jeder der folgenden Möglichkeiten auf:

- Die „Totale" als einzige Einstellungsgröße (Bild 16)
- Die „Halbtotale" als einzige Einstellungsgröße (Bild 17)
- Die Szene als einen Wechsel zweier Groß-Einstellungen von Sabine und Eddie (Bilder 18 und 19)

b) Vergleichen Sie in der Gruppe Ihre Ergebnisse. Entscheiden Sie sich in einer kurzen schriftlichen Begründung für eine der Möglichkeiten.

4 Stellen Sie sich vor, Sie sähen die abgebildeten Personen in der Wirklichkeit. Entwerfen Sie die Szene in drei Varianten, jeweils passend zu den Bildern 16–19 (☞ S. 235). Beschreiben Sie Ihr Verhältnis zu Sabine und Eddie und Ihre Wahrnehmungen. Beginnen Sie z. B. folgendermaßen: „Würde ich Sabine und Eddie sehen wie in Bild 17, wäre ich ein fremder Spaziergänger, der gerade seinen Hund ausführt."

Steven D. Katz

Großaufnahme und Naheinstellung (1991) *Auszug*

Der amerikanische Filmemacher Steven D. Katz schreibt in seinem renommierten Lehrbuch zur Filmsprache „Shot by Shot": Die Großaufnahme kann uns eine intimere Beziehung zu den Personen auf der Leinwand vermitteln, als wir sie normalerweise mit einem anderen Menschen hätten, abgesehen von unseren engsten Freunden und Familienangehörigen. Diese Fähigkeit, Einblick zu gewähren, wird manchmal überstrapaziert. [...]

Die Großaufnahme enthüllt nicht nur das Persönliche, sie vermittelt uns auch das Gefühl, als würden wir in die Intimsphäre eindringen oder an Augenblicken der Verletzlichkeit teilnehmen – so, als habe sich die Person auf der Leinwand uns gegenüber geöffnet. Man kann unsere Gefühle zu den Ereignissen und Personen auf der Leinwand auf Abstand halten oder aufwühlen, je nachdem, wie der Raum durch das Objektiv der Kamera erscheint. [...] Bezogen auf den Film ist der Begriff „ästhetische Distanz“ besonders passend. Ein Filmemacher erzeugt nämlich, anders als ein Romancier oder ein Dichter, die fast handgreifliche Illusion von räumlicher Tiefe und Distanz im Bild. Die Größe einer Einstellung, ob Detailaufnahme oder Totale, bringt den Zuschauer in eine körperliche Beziehung zum Bildgegenstand und hat so psychologische und letztendlich auch moralische Auswirkungen.

5 Erstellen Sie ein Schema, das Nähe („Aufwühlen“) und Distanz („Auf-Abstand-Halten“) als Wirkungen eines Filmbilds nach Katz darstellt.

6 Erläutern Sie das Potenzial der „Enthüllung“ durch die Großaufnahme anhand der Bilder 18 und 19 (☞ S. 235).

Schema 6: Die acht üblichen Einstellungsgrößen
a = Supertotale, b = Totale (Bild 16), c = Halbtotale (Bild 17), d = Amerikanisch, e = Halbnah, f = Nah
g = Groß (Bild 18, 19), h = Detail

a

b

f

h

7 Beschreiben Sie in Form kleiner Merkmallisten die acht Einstellungsgrößen in Filmen. Kopieren Sie das Schema 6 (☞ S. 237) und ordnen Sie diesem die Bilder aus dem gesamten Kapitel zu.

8 Charakterisieren Sie die Einstellungsgrößen jeweils hinsichtlich ihrer spezifischen Zweckmäßigkeiten, Einschränkungen und Wirkungen.

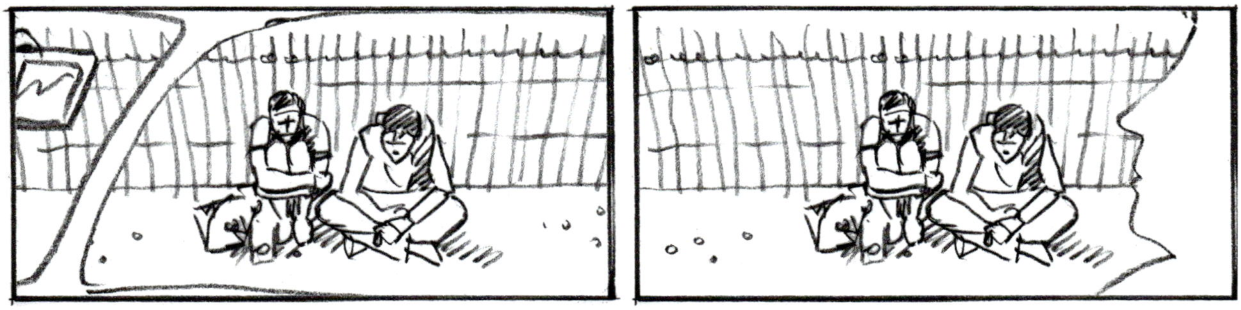

Möglichkeiten der Rahmung von Filmbildern (Varianten zu Bild 17, ☞ S. 235)

9 Entwerfen Sie in Arbeitsgruppen weitere Möglichkeiten der Rahmung (Kadrierung) dieser Einstellung. Erläutern Sie arbeitsteilig die jeweilige Wirkung. Stellen Sie Ihre Ergebnisse im Plenum vor.

Bild 20 und 21: Micha bewaffnet sich, Tc 1.12.05

10 Notieren Sie die Gefühle, die die Bilder 20 und 21 bei Ihnen hervorrufen.

11 Vergleichen Sie, wie der Blickwinkel der Kamera (☞ Wissenskasten) die Wirkung der Bilder 20 und 21 beeinflusst. Erklären Sie schriftlich prägnant, wie Distanz bzw. Nähe hergestellt wird.

WISSEN

Jeder Zuschauer sieht einen Film mit dem Auge bzw. dem **Blickwinkel der Kamera**. Die drei Blickwinkel **Augenhöhe**, **Aufsicht** und **Untersicht** erzeugen – abhängig vom Kontext – je unterschiedliche Wirkungen. Insbesondere die schrägen Blickwinkel können das gefilmte Objekt in besonderem Maße interpretieren.

3.2 Gestaltungsmittel der Montage untersuchen

Walter Murch
Warum funktionieren Schnitte? (1995) *Auszug*

Walter Murch, mehrfach oscarprämierter Hollywood-Cutter, schreibt über die Funktion von Schnitten:

Tatsache ist, dass [... jeder Kinofilm ...] aus vielen verschiedenen Filmstücken besteht, die zu einem Bildermosaik zusammengefügt werden. Das Geheimnis dabei aber ist, dass das Zusammenfügen dieser Einzelteile tatsächlich zu funktionieren scheint, obwohl es bedeutet, ein Blickfeld augenblicklich und vollständig durch ein anderes zu ersetzen, wobei Ersetzen manchmal auch Sprünge vor und zurück in Zeit und Raum bedeuten kann. Das alles funktioniert; aber es hätte leicht auch anders sein können, denn nichts in unserer Alltagserfahrung scheint uns darauf vorzubereiten. Vielmehr nehmen wir die visuelle Realität von dem Moment an, an dem wir morgens aufwachen, bis zu dem Augenblick, an dem wir abends die Augen schließen, als ununterbrochenen Strom miteinander verknüpfter Bilder wahr. Es ist eine Tatsache, dass seit Millionen von Jahren [...] alle Lebensformen auf der Erde die Welt auf diese Weise erfahren haben. Dann plötzlich, zu Beginn des 20. Jahrhunderts, wurden die Menschen mit etwas anderem konfrontiert – dem geschnittenen Film.

Wenn die visuelle Verschiebung groß genug ist – im Moment des Schnitts –, sind wir [...] gezwungen, das neue Bild einem *anderen Kontext* zuzuordnen, was uns wundersamerweise in den meisten Fällen keine Probleme bereitet. Was wir dagegen tatsächlich schwer akzeptieren können, sind solche Verschiebungen, die weder subtil noch vollständig sind: wenn beispielsweise von einem Master Shot[1] in der Totale auf eine etwas engere Einstellung geschnitten wird, die die Schauspieler von den Knöcheln aufwärts zeigt. Die neue Einstellung ist zwar unterschiedlich genug, um zu signalisieren, dass sich etwas verändert hat, aber nicht unterschiedlich genug, um sie einem anderen Kontext zuzuordnen.

[1] *Master shot*: Szene oder Sequenz, die von Anfang bis Ende kontinuierlich in der Totalen oder Halbtotalen gefilmt wird

1 Entwerfen Sie jeweils eine Zeichnung der Bilder 20 und 21 (☞ S. 238). Markieren Sie alle Elemente der ersten Einstellung, die in der folgenden aufgegriffen werden, und notieren Sie die Veränderungen.

2 Verwenden Sie die folgende Liste, um den Cut zwischen den Bildern 20 und 21 (☞ S. 238) zu charakterisieren.

hart *weich* auffällig **flüssig** störend **nützlich**
aufdringlich
passend notwendig **unlogisch** springend **überflüssig**
unmerklich **ruckelig** *schnell* ***unpassend***

Steven D. Katz

Kontinuität und Anschlüsse (1991) *Auszug*

Diese Einstellungsgrößen gehören insofern zum System der Kontinuitätserzeugung, als sie überlappende Teilstücke eines einzigen Raumes darstellen und ihren Sinn nur dadurch erhalten, dass sie aufeinander bezogen sind. Das bedeutet, sie werden als Einheit benutzt, um eine zusammenhängende räumliche und/oder zeitliche Ordnung zu schaffen. Mit ihnen kann man Räume beschreiben, die so groß sind wie das Sonnensystem oder so klein wie ein Stecknadelkopf. [...] Der Wechsel in der Einstellungsgröße wird unterschiedlich gehandhabt, ist aber von den Grenzen der Erkennbarkeit bestimmt. Solange wir sehen können, dass eine Einstellung ein Ausschnitt aus der Totalen ist, ist es erlaubt, die Größe der Einstellung zu ändern. [...] Aus Angst, das Publikum könnte in Verwirrung gestürzt werden, war es Hollywoods Cuttern lange verboten, eine Totale mit einer Großaufnahme gegeneinander zu schneiden. Heute akzeptiert das Publikum extreme Wechsel in der Einstellungsgröße ohne Schwierigkeiten, da es seit mehreren Jahrzehnten mit den Hollywood-Konventionen vertraut ist. Mittlerweile scheint es vielmehr so, als hinkten die konservativen Montageregeln aus der Vergangenheit dem Auffassungsvermögen des Publikums hinterher.

Es ist jedoch nur die eine Hälfte des Kontinuitätsprinzips, Einstellungen als räumlich zusammengehörig erkennen zu können. Am häufigsten besteht die Beziehung zwischen den Einstellungen darin, etwas vorausahnen oder schlussfolgern zu können. Wir sehen zum Beispiel in einer Totalen einen Mann, der auf eine Tür zugeht, dann folgt ein Schnitt auf eine Detailaufnahme von der Hand des Mannes, die den Türknauf herumdreht. Der Türknauf war zwar in der Totalen zu klein, als dass wir auf ihn geachtet hätten, wir erwarten aber doch, dass diese Einstellung mit der vorhergehenden in Zusammenhang steht, denn das ist logisch sinnvoll – obgleich wir auch eine andere Tür an einem anderen Ort zu einer anderen Zeit sehen könnten. Erzählerische Logik und die visuelle Verbindung zwischen den Einstellungen erzeugen zusammen das Gefühl, einen einheitlichen Raum vor sich zu haben. Ursache und Wirkung einerseits und räumliche Wiedererkennbarkeit andererseits bilden dabei als Ideenpaar die Organisationsbasis für das Kontinuitätsprinzip.

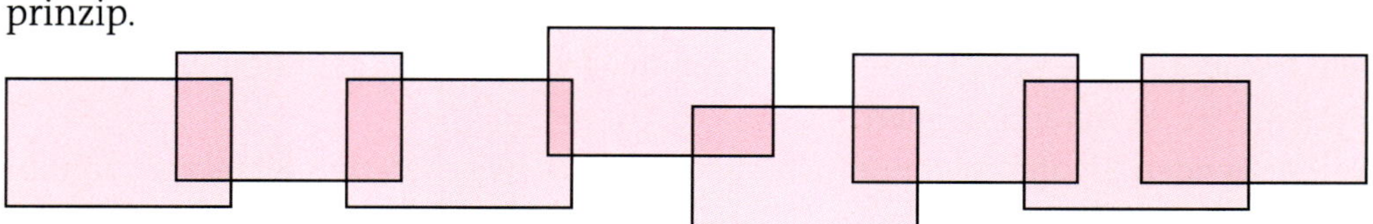

Schema 7: Kontinuität der Bilder durch „Überlappung"

3 Fassen Sie Katz' Aussagen zum Kontinuitätsprinzip schriftlich zusammen und markieren Sie wesentliche Begriffe.

4 Veranschaulichen Sie die Kontinuität der Shots 16 bis 19 (☞ S. 235). Zeichnen Sie dafür ein Storyboard (☞ S. 227).

5 Entwickeln Sie eine Szenenfolge, in der das Kontinuitätsprinzip verletzt wird.

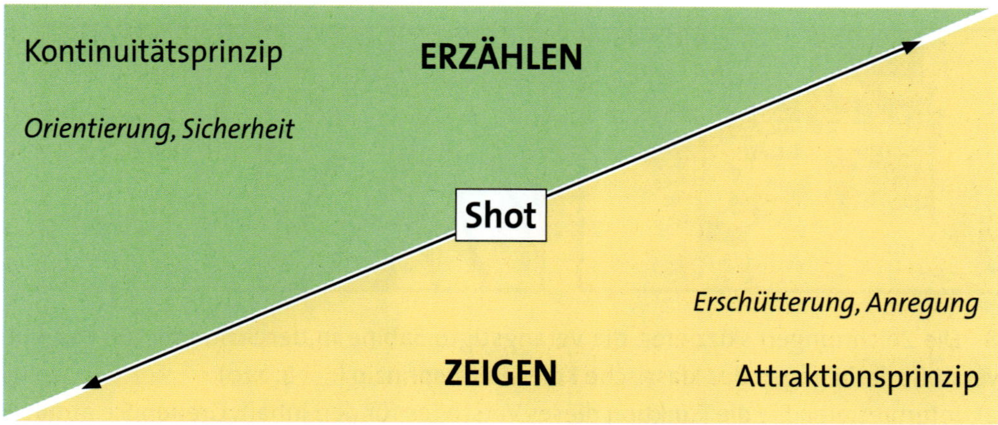

Schema 8: Montageprinzipien in der Filmsprache

6 Erklären Sie die beiden Montageprinzipien der „Kontinuität" und der „Attraktion" in eigenen Worten in Form von zwei Lexikonartikeln. Ziehen Sie dazu Schema 7 sowie den folgenden Wissenskasten heran.

7 Erörtern Sie schriftlich, inwieweit sich die Montageprinzipien gegenseitig ausschließen oder ergänzen können. Gehen Sie insbesondere auf die Frage ein, ob Filmschnitte sowohl eine orientierende Sicherheit beim Zuschauer vermitteln können als auch eine Irritation oder emotionale Beeinflussung.

WISSEN

Als **Montage** bezeichnet man das systematische und bewusste Aneinanderfügen von Einstellungen. Sind einzelne Szenen in verschiedene Kameraeinstellungen zerlegt (**Multiple-Shot-Szenen**), spricht man von der Auflösung einer Szene. Die Multiple-Shot-Auflösung ist der „Normalfall" filmischen Erzählens. Dagegen sind **One-Shot-Szenen** oft Zeichen künstlerischen Anspruchs und von Bewegung vor oder durch die Kamera bestimmt.

Der einzelne Schnitt liegt in der Regel als sogenannter „**Bewegungsschnitt**" vor. Der Bewegungsschnitt führt die Kontinuität eines Bewegungsablaufs über die Schnittstelle hinweg vom *exit frame* der letzten Einstellung in den *entrance frame* der folgenden. Da Bewegungsabläufe von unserem Gehirn vordringlich bearbeitet werden, übersehen wir die Schnittstelle trotz eventuell deutlicher Veränderungen. Die Bewegung lenkt vom Schnitt ab, sie ist eine Art Zaubertrick.
In typischen Hollywood-Filmen ist die Montage so gestaltet, dass sie möglichst „unsichtbar" bleibt und den Fluss der Narration nicht stört.
Einen anderen Weg gehen Regisseure, die die Montage als solche ins Bewusstsein des Zuschauers treten lassen, die unkonventionelle Schnitte verwenden und so auf die Psyche des Zuschauers einwirken, Erschütterung, Anteilnahme, auch Verwirrung erzielen wollen.

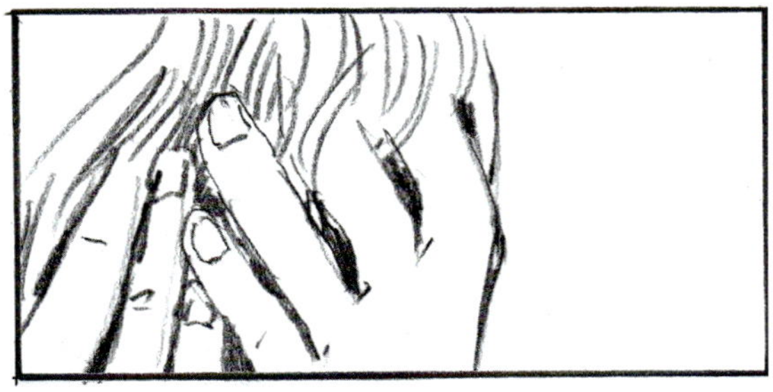

8 Die Zeichnungen skizzieren die verängstigte Sabine in der Schultoilette. Der Cut verstößt darin gegen das klassische Kontinuitätsprinzip (☞ S. 240).

a) Interpretieren Sie die Funktion dieses Verstoßes für den Inhalt. Greifen Sie auf den folgenden Methodenkasten zurück.

b) Entwerfen Sie entsprechende Bildsprünge für andere Situationen des Films.

METHODE

Korrespondenz zwischen Filmsprache und Inhalt erschließen

Wenn Sie eine Szene oder Einstellung interpretieren, untersuchen Sie den Zusammenhang von Filmsprache und Inhalt. Sie analysieren das, *was* dem Zuschauer gezeigt wird (**Bildinhalte**), sowie die Art, *wie* es ihm gezeigt wird (**Kamera, Montage**); Sie schließen auf die Wirkung, auf die Bedeutung der Darstellung und erarbeiten Zusammenhänge.

Folgende Schritte helfen Ihnen bei der Analyse:

→ **Beschreiben** Sie die Filmbilder unter **inhaltlichen Aspekten** (Ort, Zeit, Situation, Figuren, Handlungen u. Ä.) und **formalen Aspekten** (Kameraeinstellungen, Schnitte, Szenenauflösungen, Farben, Licht etc.) genau

→ **Analysieren** Sie die Funktion und Wirkung ausgewählter **Bildelemente** unter folgenden Fragestellungen:
- Bewirken die Elemente eher die Kontinuität einer Erzählung oder eher Irritationen, Attraktionen?
- Erzeugen die Elemente Nähe oder Distanz zum Zuschauer?
- Legen die Elemente ein bestimmtes Verhältnis des Zuschauers zu einzelnen Figuren fest?
- Welche Bedeutungen haben Symbole, Metaphern, Allegorien?

→ **Kennzeichnen** Sie die **Korrespondenz des Visuellen mit dem Dramaturgischen**. Der Zusammenhang zwischen Bildsprache und dramaturgischer Funktion des Dargestellten kann folgendermaßen gestaltet sein:
- Unterstützung – die Bildsprache verstärkt den „Plot Point"
- Bruch – die Bildsprache läuft entgegen dem „Plot Point"
- Indifferenz – die Bildsprache ist trotz des „Plot Points" eher neutral

→ **Deuten** Sie die Filmbilder **weiterführend** unter folgenden Fragestellungen:
- Ist die Filmsprache typisch für einen Genrefilm (☞ S. 244)?
- Ist eine moralisierende Funktion im Sinne einer Botschaft nachzuweisen?
- Wie wurde der Film von Publikum und Kritik aufgenommen?

4 „Trainspotting" – Die Wirkung eines Films untersuchen

4.1 Themen und Motive in einem Film erschließen

„Trainspotting" *(Spielfilm, GB 1996, Regie: Danny Boyle, 90 Min.)*
Eine Clique junger Arbeitsloser schlägt sich im Edinburgher Arbeiterviertel Leith durch den Alltag. Marc Renton, Sick Boy und Spud konsumieren regelmäßig Heroin bei ihrem Dealer Swanney. Begbie, ein wütender, trunksüchtiger Angeber, sowie das Sportass Tommy lehnen Heroin ab. Eines Tages beschließen die drei Süchtigen, mit Heroin aufzuhören. Nüchtern erlebt die Clique einige Episoden des Alltags: Zeitvertreib im Park, absichtliches Versagen bei der Jobvermittlung, eine Kneipenprügelei, Sex. Renton schläft mit Diane, die sich am Morgen als 16-jährige Schülerin entpuppt und ein Wiedersehen erpresst. Nach einem enttäuschenden Ausflug in die Highlands wenden sich die drei wieder dem Heroin zu und begehen immer mehr Beschaffungsdelikte. Zwischen den Weggetretenen in Swanneys Wohnung verhungert unbemerkt ein Baby. Auch eine Festnahme Rentons bringt keine Veränderung: Nach der Gerichtsverhandlung setzt er sich versehentlich eine Überdosis; den von seinen Eltern erzwungenen kalten Entzug erlebt er als traumatischen Schrecken. Diane rät ihm, Edinburgh zu verlassen. Tommy – inzwischen ebenfalls drogensüchtig – verfällt zusehends.

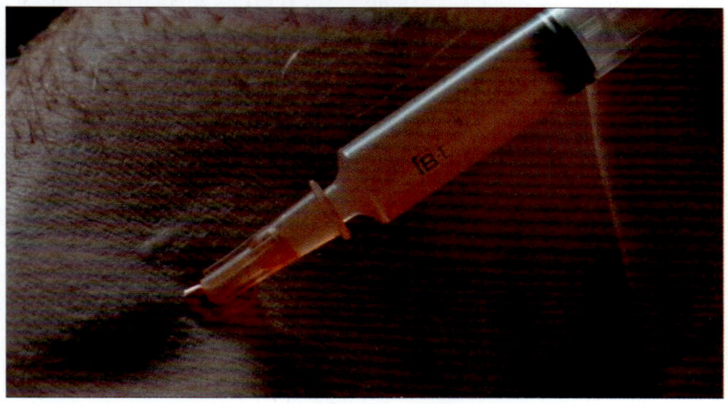

Bild 22 und 23: Renton auf dem Weg zur Überdosis, Tc 0.43.10, 0.44.21

In London arbeitet Renton in einem Maklerbüro. Die Großstadtszene gefällt ihm, bis Begbie nach einem Überfall bei ihm untertaucht. Sick Boy folgt ihm, Renton fühlt sich schnell ausgenutzt. In Edinburgh trifft sich die Clique auf Tommys Beerdigung wieder und nimmt die Gelegenheit eines profitablen Drogendeals wahr: Zwei Kilo sollen in London verkauft werden. Die Freunde bringen ihr Erspartes auf, handeln erfolgreich und feiern. Begbie allerdings, der immer gereizter wird, verletzt in einer Kneipe einen Mann. Nachts im Hotelzimmer stiehlt Renton Begbie das Geld und verlässt die Clique. Spud hinterlegt er noch einen Anteil.

1 Beschreiben Sie die Bilder 22 und 23 und analysieren Sie ihre Wirkung.

2 Prüfen Sie in Partnerarbeit, inwiefern die Einstellungen „Sinnbilder" und nicht nur einfache Schauwerte darstellen. Halten Sie Ihre Ergebnisse schriftlich fest. →

Renton: [Transkript, Tc 0.31.41 - 0.32.15]
„Wir sind der letzte Dreck! Der Abschaum der Menschheit! Das erbärmlichste, elendste, unterwürdigste, jämmerlichste Gesindel, das jemals ins Leben geschissen wurde! [...] Das ist ein scheiß Zustand, in dem wir leben!"

3 Gestalten Sie aus Rentons' Sicht Kommentare zu den Bildern 22 und 23 (☞ S. 243), die als Gedankenstrom sein im Wutanfall offenbartes Selbstbild widerspiegeln.
4 Erläutern Sie mithilfe des folgenden Wissenskastens den Begriff „Thema" am Beispiel von „Trainspotting", indem Sie u.a. darauf eingehen, welche möglichen Themen durch die Filmbilder repräsentiert werden.
5 Erweitern Sie den im folgenden Wissenskasten aufgeführten Katalog von Filmgenres, indem Sie u.a. Unterordnungen finden. Ordnen Sie in einer Tabelle den Genres charakteristische Motive zu.

WISSEN

Filme werden wie Romane **Genres** zugeordnet, wobei es keinen abgeschlossenen Katalog an Filmgenres gibt. Jede Aufzählung von Filmgenres ist unvollständig. Bekannte Genres sind: Abenteuerfilm, Horrorfilm, Katastrophenfilm, Komödie, Krimi, Liebesfilm, Melodram, Science-Fiction, Western etc.

Ein filmisches **Thema** ist ein Leitgedanke in einem Film, der nicht als eine konkrete Handlung oder Situation vorliegt, sondern als abstrakter Zusammenhang den Film bestimmt, ausdrückbar in Begriffen wie „Schuld", „Freiheit" u.Ä. Ein **thematisches Motiv** ist eine Konkretisierung des Themas in für das Thema charakteristischen Filmbildern und filmsprachlichen Elementen (z.B. als Handlung, als Figur, Ort, Szene, als Text u.Ä.). Die Inhalte von Einstellungen und Szenen können ihrer Funktion und Wirkung nach in weitere **Motivtypen** unterschieden werden:

- **Strukturmotive** sind solche Filmbilder, in denen sich Momente der Dramaturgie verdichten (z.B. Stationen der „Reise des Helden")
- **„Freie Motive"** (auch **„exzessive Motive"** genannt) sind Bilder, die nicht vorrangig dramaturgische bzw. strukturelle Funktion haben, sondern eher Schauwerte bieten (z.B. eine Sexszene)
- **Intertextuelle Motive** sind Filmbilder, die im Zusammenhang mit anderen Filmen oder Kunstwerken stehen, diese zitieren und so Traditionen bilden können (z.B. die kreischende Frau im Horrorfilm)
- Eine besondere Form der intertextuellen Motive sind die **Genremotive**: Diese treten als typische „Standardsituationen" eines bestimmten Filmgenres auf und bestimmen somit die Dramaturgie und die Erwartungshaltung des Publikums (z.B. das Pistolenduell im Western)

Die verschiedenen Motivtypen schließen sich nicht aus, ihre Feststellung richtet sich vielmehr nach der Art der Betrachtung.

4.2 Einen Film in ein Genre einordnen

Bild 24: Spuds' Bewerbungsgespräch, Tc 0.13.54

1 Entwerfen Sie ein Storyboard (☞ S. 227) zu Bild 24. Analysieren Sie die spezifische Wirkung der Einstellung.
2 Bild 24 zeigt ein typisches Motiv eines Jugendfilms. Setzen Sie sich in einer Schreibkonferenz (☞ S. 302) mit der Bedeutung dieses Motivs – ggf. auch für andere Genres – auseinander.

Thomas Winkler
Coming-of-Age-Filme. Zusehen, wie andere erwachsen werden (2008)

Kein Wunder, dass die Filmbranche die Jugendlichen als potenziell breiteste aller Zielgruppen mit einem eigenen Genre ins Kino locken will. Dabei ist die Thematik älter als das bewegte Bild selbst. Von Anbeginn an war es ein Gegenstand des Kinos, sich zu beschäftigen mit diesen persönlichkeitsformenden Erfahrungen. Doch ein eigenständiges Genre wurde der heute so genannte Coming-of-Age-Film erst in den 1950er Jahren, als mit dem Rock'n'Roll die jugendliche Revolte und der Teenager erfunden wurden. [...] Die westlichen Gesellschaften mussten anerkennen, dass der bis dahin eher reibungslose Wechsel von der Schul- in die Arbeitswelt plötzlich nicht mehr so problemlos vonstattenging. Die Folgen des Zweiten Weltkriegs veränderten die Gesellschaft, junge Menschen wuchsen sexuell freizügiger auf, Frauen emanzipierter, die Unterhaltungsindustrie stellte neue, altersgerechte Rollenmodelle zur Verfügung: Der Teenager war geboren. Seine Probleme sind es, die die Themen des Coming-of-Age-Films bestimmen. Dabei lassen sich drei zentrale Erzählungen isolieren, von denen zumindest eine, oft mehrere in jedem Film des Genres variiert werden: das sexuelle Erwachen, die Auflehnung gegen Autoritäten und die Identitätsfindung. [... Seit den 60er Jahren wurde dann] Jugendlichkeit nicht mehr nur als Problem gesehen, das man möglichst schnell hinter sich bringen wollte, sondern als Abenteuer, als letzte Station vor dem endgültigen Eintritt in die Welt der Erwachsenen, als Reise in ein neues Dasein. [... Heute ist sexuelle Selbstbestimmung] kaum noch ein Thema mit Konfliktpotenzial, sondern eine Selbstverständlichkeit. Auch die Auflehnung gegen Autoritäten scheint weitgehend ausgestanden, ist weniger Reflexion tatsächlicher Emanzipationskonflikte, sondern meist reiner Selbstzweck. Revolte gegen Schul- oder andere Instanzen, Auseinandersetzungen mit den Eltern sind nur mehr Kollateralschäden einer zunehmend ins Zentrum rückenden Selbstfindung. Dies ist das große Coming-of-Age-Thema unserer Zeit. Der postmodernen Gesellschaft sind die Werte und Orientierungspunkte verloren gegangen, gegen die sich Generationen von jungen Menschen aufgelehnt haben. [...] Die Welt hat im Turbo-Kapitalismus ihre moralische Ordnung verloren, junge Menschen aber suchen immer wieder nach einem Sinn im Leben. Dabei kann man ihnen im Kino zusehen.

3 Setzen Sie Winklers Darstellungen der heutigen Jugend in Beziehung zu den Ergebnissen der 16. Shell Jugendstudie (☞ S. 157–159).

4 Ordnen Sie typischen Themen und Motiven (☞ S. 244) eines Coming-of-Age-Films konkrete Situationen zu:

Themen / Motive	Konkrete Situationen
Sexuelles Erwachen	der erste Kuss
	...
Auflehnung gegen Autoritäten	...
	...
Identitätsfindung	...
	...

5 Erschließen Sie weitere typische Genremotive des Coming-of-Age-Films, die bei Winkler nicht explizit benannt werden. Ergänzen Sie die Liste.

6 Entwickeln Sie für eines der Genremotive einen Erzählstrang. Überarbeiten Sie Ihre Ideen in einer Schreibkonferenz (☞ S. 302).

7 Erklären Sie Winklers historische Differenzierung der Genrethemen von den 50er Jahren bis heute. Kennzeichnen Sie diese Differenzierung in Ihrer Liste, z. B. durch Markierung der „heutigen" wichtigen Motive und Situationen.

8 Gestalten Sie arbeitsteilig einen Kommentar (☞ S. 265) Winklers zu den Filmen „Alright Love" bzw. „Trainspotting", in dem er seine Erklärungen zur Anwendung bringt. Wählen Sie für Ihren Kommentar die Überschrift „Das große Coming-of-Age-Thema unserer Zeit".

4.3 „Sag' Ja zum Leben!“ – Werte und Botschaften eines Films untersuchen

Transkript: Rentons Voice-Over[1] am Filmbeginn (Tc 0.00.11 – 0.03.40)

„Sag' Ja zum Leben. Sag' Ja zum Job. Sag' Ja zur Karriere. Sag' Ja zur Familie. Sag' Ja zu einem pervers großen Fernseher. Sag' Ja zu Waschmaschinen, Autos, CD-Playern und elektrischen Dosenöffnern. Sag' Ja zur Gesundheit, niedrigem Cholesterinspiegel und Zahnzusatzversicherungen. Sag' Ja zur Bausparkasse. Sag' Ja zur ersten Eigentumswohnung. Sag' Ja zu den richtigen Freunden. Sag' Ja zur Freizeitkleidung mit passenden Koffern. Sag' Ja zum dreiteiligen Anzug auf Ratenzahlungen in Hunderten von scheiß Stoffen. Sag' Ja zu Do-it-yourself und dazu, dass du am Sonntagmorgen nicht mehr weißt, wo du bist. Sag' Ja dazu, auf deiner Couch zu hocken und dir hirnlähmende Gameshows reinzuziehen und dich dabei mit scheiß Junkfraß vollzustopfen. Sag' Ja dazu, am Schluss vor dich hin zu verwesen, dich in einer elenden Bruchbude vollzupissen und den missratenen Ego-Ratten von Kindern, die du gezeugt hast, damit sie dich ersetzen, nur noch peinlich zu sein. Sag' Ja zur Zukunft. Sag' Ja zum Leben. Aber warum sollte ich das machen? Ich hab' zum Jasagen Nein gesagt. Ich hab' zu was Anderem Ja gesagt. Und der Grund dafür? Es gibt keinen Grund dafür. Wer braucht Gründe, wenn er Heroin hat? Die Leute denken immer, dass da alles nur Elend, Verzweiflung und Tod und lauter so'n Kack ist, was man natürlich auch nicht einfach so abstreiten kann. Aber was sie immer vergessen, ist, was für'n Spaß das alles macht. Sonst würden wir's doch nicht machen. Wir sind ja schließlich nicht bescheuert. Jedenfalls nicht ganz so bescheuert: Nimm' den besten Orgasmus, den du je gehabt hast, multiplizier' ihn mal tausend und du bist noch nicht mal nah dran. Wenn du an der Nadel hängst, hast du nur eine Sorge: Wo kriegst du Stoff her. Und wenn du davon runter bist, musst du dir plötzlich über allen Scheiß Gedanken machen. Hast du keine Kohle, kannst du dich nicht besaufen. Hast'e Kohle, säufst'e zu viel. Hast'e keine Braut, kannst'e keine Nummer schieben. Hast du 'ne Braut, gibt's nur Stress. Du machst dir Sorgen, wie du dein Essen oder deine Rechnungen bezahlst, oder um deine Fußballmannschaft, die gerade wieder absteigt. Und um zwischenmenschliche Beziehungen und das ganze Zeug, was absolut keine Rolle spielt, wenn man ehrlich und aufrichtig an der Nadel hängt.“

[1] *Voice-Over*: Ein Voice-Over wird von einer Figur gesprochen, die in der gezeigten Szene nicht anwesend ist oder nicht spricht. Ein Voice-Over kann ein Kommentar, ggf. auch rückblickend, oder ein innerer Monolog sein.

1 Fassen Sie das Voice-Over Rentons in einem prägnanten Satz zusammen und charakterisieren Sie die Haltung des Sprechers zu seinen Redeinhalten.

2 Analysieren Sie in einem Schreibgespräch (☞ S. 302) die Art und Weise, wie Renton inhaltlich und sprachlich seine Wertvorstellungen vertritt, und schließen Sie auf die Haltung des filmischen Erzählers zu seiner Figur.

Bild 25: Renton flüchtet vor der Polizei, Tc 0.00.19

3 Bild 25 zeigt eine der ersten Einstellungen des Films „Trainspotting". Zu dieser Einstellung spricht Renton seinen Kommentar (☞ S. 247).

a) Betrachten Sie das Bild in Verbindung mit dem Kommentar und notieren Sie Ihre Eindrücke.

b) Diskutieren Sie die Behauptung: „Das Bild steht im Widerspruch zum Monolog!".

WISSEN

Zentrale Analysebegriffe zur Erschließung von Werten und Botschaften in einem Film sind „Subtext" und „Erzählerische Unzuverlässigkeit" der Kamera. Als **Subtext** wird der „eigentliche" Text bezeichnet, der unter der Oberfläche des sichtbaren Textes bzw. Films liegt. Dieser enthält die „verborgene", eigentlich „autorisierte Botschaft" des Films. Als Hinweise für die Anwesenheit eines Subtextes gelten gemeinhin: Widersprüche, im Film oft auch zwischen den gezeigten Bildinhalten und der Filmsprache (z. B. Kameraoperationen), Mehrdeutigkeiten, Übertreibungen, Vermeidungen, Wiederholungen, Fantastik.

Im Subtext können Eindrücke erzeugt werden, die mit den oberflächlich gezeigten Eindrücken nicht übereinstimmen. In diesem Fall erweist sich der erste Eindruck der Filmbilder als nicht haltbar. Dieses Phänomen bezeichnet man als **erzählerische Unzuverlässigkeit**: Ein filmischer Erzähler ist zuverlässig, wenn er für die offensichtlich gezeigten Werte auch konsequent eintritt. Besondere Zuverlässigkeit herrscht, wenn diese Werte auch die des Zuschauers sind. Der Erzähler gilt als unzuverlässig, wenn er nur scheinbar Zustimmung inszeniert, eigentlich aber die gezeigten Werte im Subtext bricht.

4 Erklären Sie die Fachbegriffe „Subtext" und „erzählerische Unzuverlässigkeit" mit eigenen Worten in jeweils einem kurzen Lexikonartikel.

5 Interpretieren Sie schriftlich das widersprüchliche Verhältnis der von Renton geäußerten Werte (☞ S. 247) zu den Filmbildern der Überdosis sowie auch zur Gesamthandlung des Films (☞ S. 243). Beziehen Sie sich auf die Begriffe „Subtext" und „erzählerische Unzuverlässigkeit".

5 Kompetenzen überprüfen und sichern

Bilder 26–29 (ungeordnet): Sabine und ihre Mutter im Auto, Tc 0.00.00 - 0.01.50

1 Die Bilder 26 bis 29 zeigen Eröffnungsshots des Films „alaska.de“.

a) Beschreiben Sie die Einstellungen und kennzeichnen Sie die Wirkungen der Bilder. Wählen Sie hierfür aus dem folgenden Begriffsspeicher das geeignete Fachvokabular aus.

Frame Detail Sequenz *Kadrierung* ***Inhaltliche Aspekte: Ort, Zeit, Situation, Handlung ...***

Totale Halbtotale *Shot* Nähe

Paradigma Szene **Distanz** Halbnah

Groß *formale Aspekte* **Nah** **Amerikanisch**

b) Definieren Sie die von Ihnen nicht verwendeten Begriffe kurz und prägnant.

2 Erarbeiten Sie die Bildfolge der Exposition von „alaska.de“:

a) Ordnen Sie die Einstellungen so, dass sie dem Kontinuitätsprinzip (☞ S. 241), besonders dem Wunsch des Zuschauers nach Orientierung, nahekommen.

b) Ordnen Sie die Einstellungen so, dass sie dem Attraktionsprinzip (☞ S. 241) nahekommen und die erzählerische Kontinuität nachrangig ist.

3 Erarbeiten Sie die dramaturgische Funktion der Einstellungen:

a) Ordnen Sie die Bilder in Voglers Modell der „Helden-Reise“ (☞ S. 229 f.) und in Fields „Paradigma“ (☞ S. 232 f.) ein.

b) Prüfen Sie, inwieweit Sabine eine „Heldenfigur“ ist. Notieren Sie Ihre Ergebnisse stichwortartig.

Medienanalyse und Medienkritik

Pragmatische Texte untersuchen

WE WANT
INTERNET!

SONY
Gut gegen Nordwind
Weiterlesen
Anfang
Ende
Lesezeichen
Inhaltsverzeichnis
Verlauf
Informationen
Werkzeuge

Einführung

KAPITEL & KOMPETENZEN

Die Kommunikation über Medien – ob über Bücher, Zeitungen, Fernsehen, Radio, digitale soziale Netzwerke, E-Mails oder Websites – ist bestimmend für unsere Gegenwart.
Inhaltlicher Gegenstand dieses Kapitels ist deshalb der **reflektierte und kritische Umgang mit Medien und Medienprodukten**. Methodisch werden zwei Schwerpunkte behandelt: Zum einen erwerben Sie Kompetenzen bei der **Analyse und dem Vergleich unterschiedlicher Typen von Sachtexten**. Zum anderen **erschließen** Sie **Sachtexte gestaltend**, indem Sie auf der Grundlage eines Sachtextes selbst einen journalistischen Text verfassen.
Das Kapitel einleitend setzen Sie sich mit **Chancen und Risiken digitaler Medien** auseinander. Sie lernen, Texten zu diesem Themenkomplex systematisch Informationen zu entnehmen. Unter dem Thema „**Medienentwicklung**" wird ebenfalls dazu angeleitet, zwei diskontinuierliche Texte (Schaubild, Statistik) zu erschließen, um anschließend eigene Ideen zur Zukunft von Medien zu entwerfen.
Im zweiten Abschnitt geht es darum, **auf der Grundlage von Textanalysen die Macht und Verantwortung von Medien kritisch zu beurteilen**. Thematisiert werden so unterschiedliche Aspekte wie die Bedeutung digitaler sozialer Netzwerke, der öffentliche Umgang mit Gewalt-Videospielen und die Kriegsberichterstattung. Sie lernen zunächst, **Positionen und Intentionen unterschiedlicher journalistischer Beiträge zu analysieren**. Danach erwerben und trainieren Sie Kompetenzen bei der **Untersuchung der argumentativen Struktur und Sprache von Sachtexten**.
Im dritten Teilabschnitt wird zum einen dazu angeleitet, **Sachtexte inhaltlich und sprachlich zu vergleichen**. Auf der Grundlage eines Beitrags zur medialen Darstellung eines sportlichen Großereignisses lernen Sie zum anderen, **einen Sachtext gestaltend zu erschließen**, indem Sie einen eigenen journalistischen Beitrag – **eine Glosse** – verfassen.
Das Kapitel abschließend können Sie Ihre **analytischen Fertigkeiten an einem Text überprüfen**, der die innenpolitische Funktion der Medien thematisiert.

1 Beschreiben Sie die Abbildungen der Auftaktseite (☞ S. 250 f.).

2 Analysieren Sie die auf den Abbildungen dargestellten Kommunikationssituationen. Benutzen Sie hierfür die Kategorien des folgenden einfachen Kommunikationsmodells.

Kommunikationsmodell

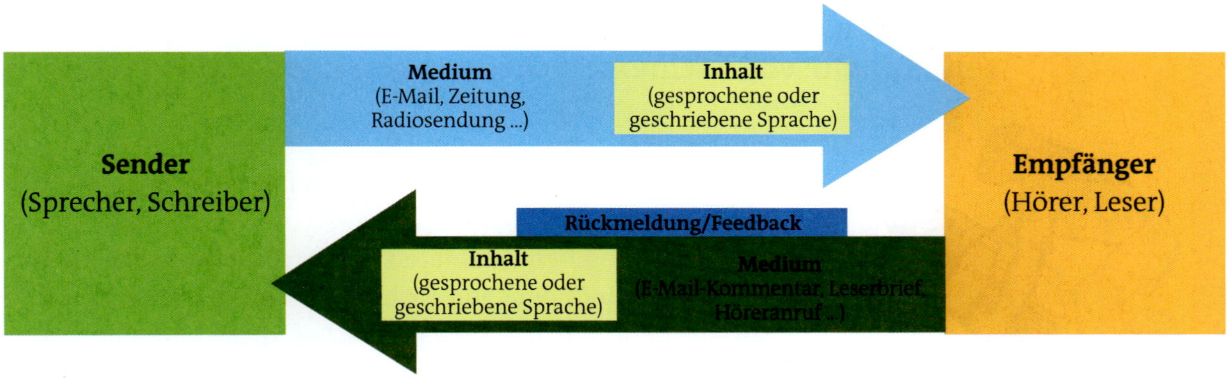

Auf der einen Seite finden wir die Apokalyptiker, auf der anderen die Evangelisten. In mehr als einer Hinsicht hat hier der technische Fortschritt die Nachfolge der Offenbarungsreligionen angetreten. Heil und Unheil, Segen und Fluch lesen die Auguren[1] seit der Aufklärung nicht mehr in den Heiligen Schriften, sondern aus den Eingeweiden der technischen Zivilisation.

Hans Magnus Enzensberger, Das digitale Evangelium (2000)

Kinder müssen die Erwachsenheit erwerben, indem sie sich sowohl Lesen als auch Schreiben als auch Manieren aneignen. In einer Informationsumwelt aber, in der die Literalität als Metapher für die menschliche Entwicklung nichts mehr taugt, müssen auch die Anstandsformen an Bedeutung verlieren.
Die Neuen Medien bewirken, dass die Unterschiede zwischen den verschiedenen Altersgruppen überflüssig erscheinen, und arbeiten insofern der Idee einer differenzierten Sozialordnung entgegen.

Neil Postman, Das Verschwinden der Kindheit (1987)

Das Medium ist die Botschaft. [...] Der Inhalt oder die Verwendungsmöglichkeiten solcher Medien sind so verschiedenartig, wie sie wirkungslos bei der Gestaltung menschlicher Gemeinschaftsformen sind.

Herbert Marshall McLuhan, Die magischen Kanäle (1964)

[1] *Auguren*: römische Beamte, die zu ergründen hatten, ob ein vom Staat oder pater familias geplantes Unternehmen dem Willen der Götter entspricht

3 Erarbeiten Sie, welche einzelnen medienkritischen Aussagen in diesen drei Texten getroffen werden. Halten Sie Ihre Ergebnisse grafisch fest.

4 Gestalten Sie ein kurzes Statement (☞ S. 302), das Kritik an der Medienkritik übt.

1 Die Medienentwicklung untersuchen und beurteilen

1.1 Sich mit Chancen und Risiken neuer Medien auseinandersetzen – Inhalte von Sachtexten wiedergeben und zusammenfassen

Jay D. Bolter

Hypertextualität, Internet, Interaktivität (1997) *Auszug*

[...] Die spezifischen Qualitäten des Hypertextes[1] sind mittlerweile von einer Reihe von Fachleuten untersucht worden [...]. Entscheidend sind dabei die Eigenschaften der Veränderbarkeit und der Interaktivität. Ein Hypertext ist eine Sammlung miteinander verbundener Elemente; die Verbindungen, seine Links, markieren eine Reihe möglicher Lektüren. Jede dieser Lektüren wird realisiert durch eine Interaktion zwischen dem Leser und der verlinkten Struktur. Hypertexte verändern sich, indem sie auf die Bedürfnisse jedes einzelnen Lesers und jeder neuen Lektüre reagieren. [...]

Die Eigenschaften der Veränderbarkeit und der Interaktivität unterscheiden den elektronischen Hypertext vom gedruckten Buch wie vom noch früheren handgeschriebenen Kodex. Metaphorisch gesehen mag auch ein gedrucktes Buch jedes Mal, wenn wir es lesen, ein anderes sein, weil wir als Leser uns verändert haben. Das Buch selber aber bleibt die gleiche physikalische Abfolge von Zeilen und Seiten. Metaphorisch betrachtet stellt ein gedrucktes Buch für jeden Leser eine andere Erfahrung dar, faktisch jedoch besteht die Interaktion eines Lesers mit seinem Buch in nichts anderem als darin, Seiten umzublättern, die immer in der gleichen Reihenfolge angeordnet bleiben. Der Leser kann über Seiten oder ganze Kapitel hinwegsehen; und oft tut er dies auch. Gleichwohl ist solch ein Überfliegen häufig keine besonders gute Lektürestrategie, da das Argument bzw. die Erzählung des Textes eine bestimmte Leseordnung voraussetzt. [...]

Das gedruckte Buch hat eine vorgegebene Leserichtung. Der Leser geht davon aus, dass er am Anfang des Buchs beginnen und Seite für Seite, Kapitel für Kapitel bis zum Ende lesen soll. [...]

Die Hierarchie ist eine klassische Struktur des mittelalterlichen Manuskripts und vor allem des gedruckten Buchs mit seinen Abschnitten, Kapiteln und Abteilungen. Die hierarchische Orga-

[1] *Hypertext*: Text, in dem die Inhalte nicht linear, sondern netzartig verbunden sind. Ein Hypertext ermöglicht dadurch unterschiedliche „Wege" des Lesers.

nisationsweise mag tief im westlich-analytischen Denken eingeschrieben sein oder aber lediglich ein Überbleibsel der Ära des Buchdrucks darstellen. Auf jeden Fall ist es kaum überraschend, dass jene, die im Zeitalter des Drucks schreiben und lesen gelernt haben, hierarchische Aufsätze leicht verstehen und in ihrer intellektuellen Reinheit als angenehm empfinden. [...]

1 Fassen Sie den ersten Textabschnitt auf der Basis der dort bereits markierten Schlüsselwörter mit eigenen Worten zusammen. Erstellen Sie dazu einen Lexikonartikel zum Stichwort „Hypertext" im Umfang von rund fünf Sätzen, der die zum Begriff vorhandene Fußnote weiter erklärt.

2 Erarbeiten Sie nun den Inhalt der anderen Textabschnitte:

a) Markieren Sie weitere Schlüsselwörter auf einer Kopie des Textes.

b) Erstellen Sie auf Grundlage dieser Schlüsselwörter eine Grafik, in der Sie die Prinzipien veranschaulichen, nach denen traditionelle Texte und Hypertexte aufgebaut sind.

c) Präsentieren und erklären Sie diese Grafik anschließend im Plenum. Vergleichen Sie Ihre Grafik mit den Ergebnissen Ihrer Mitschüler.

3 Im Text wird eine These zum Zusammenhang von Produktion und Rezeption von Hypertexten vorgestellt. Formulieren Sie diese These mit eigenen Worten und entwickeln Sie Argumente, die diese These stützen oder widerlegen.

4 Notieren Sie Thesen dazu, wie sich die Produktion von Hypertexten im Vergleich zum Verfassen eines traditionellen Buchtextes ändert. Diskutieren Sie auf der Grundlage Ihrer Thesen, inwiefern der Begriff „Autor" noch zutreffend ist.

WISSEN

Als **Neue Medien** bezeichnet man heute die Medien, deren **Inhalte digital** vorliegen. Dabei kann es sich um **Texte ebenso wie** um (bewegte) **Bilder und Töne** handeln. Neue Medien können in Form von CDs und DVDs vorliegen, vor allem aber spricht man von Neuen Medien bei Medien, die **über das Internet verbreitet** werden (Homepages, Blogs, E-Mails).
Ein **besonderes Kennzeichen** von Neuen Medien ist die **Interaktivität**: Inhalte können vom Empfänger nicht nur konsumiert werden, sondern der Empfänger kann diese Inhalte kommentieren oder erweitern.
Ein **typisches Beispiel** für Neue Medien sind Blogs: Als **Weblog** oder **Blog** (Neologismus aus World Wide Web und Log, d. h. Tagebuch) bezeichnet man ständig aktualisierte Websites, die einem Journal oder **Tagebuch ähnlich** sind. Im Unterschied dazu sind Blogs durch die Publikation **im Internet aber öffentlich**. Meistens werden Blogs von **Einzelpersonen**, manchmal **aber auch von Gruppen**, Institutionen oder Firmen geführt. In Blogs finden sich oft **persönliche Ansichten** und Informationen des Herausgebers (Blogger). **Kommentar- und Diskussionsfunktionen** machen viele Blogs zu einem interaktiven Medium.

Moritz Metz

Bücher laden ohne Buchladen (2010) *Auszug*

Elektronische Bücher und ihre „Reader" sind ein großer Trend auf der Frankfurter Buchmesse: [...] Fast alle eBook-Lesegeräte basieren auf der Technologie des „elektronischen Papiers" mit seinen tausenden kleinen Kügelchen, die auf der einen Seite weiß, auf der anderen Seite schwarz gefärbt sind. Elektrische Impulse drehen die entsprechenden Pixelkügelchen in Sekundenschnelle, wenn eine neue Seite gezeigt werden soll. Weil diese ePaper-Bildschirme – anders als Handy- oder Laptop-Bildschirme – nicht selbst leuchten, ist ihr Schriftbild auch im hellen Sonnenschein lesbar, bei Dunkelheit wird aber eine Leselampe nötig. Wie bei echtem Papier eben.

Aber liest es sich damit genauso wie auf Papier? Der Blogger[1] und Internet-Berater Sascha Lobo findet den Vergleich obsolet[2]. „Ich habe häufig versucht, auf eReadern zu lesen – und es ist mir nie ganz geglückt. Nicht in dem Sinn, dass es einen Lesegenuss darstellt. Es ist ein anderes Gefühl als ein Papierbuch. Und ich denke, da wird man sich früher oder später mit anfreunden müssen, dass das Lesegefühl auf Papier von einem eReader nie ersetzt werden kann. Das ist etwas anderes!"

Als Redakteur der Stiftung Warentest hat Michael Wolf ein Dutzend eBook-Lesegeräte getestet. [...]

„Also insgesamt funktioniert diese Technik schon ganz gut, also man kann auf eBook-Readern Bücher lesen. Es gibt im Detail durchaus noch Macken, was also das Arbeitstempo angeht, auch die Displays könnten durchaus noch besser werden. Aber das Haupthindernis, denk ich mal, bevor es sich jetzt auf dem Massenmarkt durchsetzt, ist vor allem das Problem mit dem Kopierschutz, was die Sache einfach anstrengender macht – und einfach auch das geringe Angebot an elektronischen Büchern überhaupt."

„Nur wenige E-Book-Anbieter haben zurzeit mehr als 40 000 deutschsprachige Bücher im Programm, gedruckt gibt es mehr als 1,2 Millionen Titel", bemängelt die Stiftung Warentest in ihrem aktuellen Test. [...] Ein weiteres Problem, so die Stiftung Warentest, ist oft der strenge Kopierschutz. Im Amazon-Shop gekaufte Bücher ließen sich zwar auch per Kindle-App auf dem iPhone oder dem heimischen Computer lesen, nicht aber auf Readern anderer Hersteller. So sei die Entscheidung für ein Gerät gleich die für ein ganzes Vertriebssystem – wenn man seine digitalen Bücher langfristig behalten möchte. [...] Manche Geräte erlauben per Mobilfunk ein weltweites Bücher-Laden, ganz ohne einen Buchladen zu betreten, oder empfangen nachts ein aktuelles Zeitungsabonnement. Das Angebot ist jedoch noch schlank, manche Abos kosten mehr als die Papierausgabe.

Teure Lesegeräte, wenig Auswahl, zu viel Kopierschutz. Das ist seit Jahren der Stand im deutschen eBook-Markt. Ob günstigere, bessere eBook-Reader die Stagnation von alleine auflösen?

Vielleicht braucht es auch spannendere und mediengerechtere Inhalte. Die Berliner Autorin und Programmiererin Kathrin Passig hält die deutschen Verlage für zu

[1] *Blogger*: jmd. der einen Blog (☞ S. 255) schreibt

[2] *obsolet*: veraltet, überholt, ungebräuchlich

zaghaft – eBook-Reader brächten letztlich viel umfassendere Veränderungen mit sich.

„Wenn man die Buchbranche so hört, dann kriegt man das Gefühl, dass es jetzt wirklich nur um das Thema geht, dass jetzt umgestellt wird von analogen auf digitale Bücher. Aber ich glaube, das greift viel zu kurz, es geht in Wirklichkeit um ein verändertes Leseverhalten, veränderte Lesesituationen, veränderte Lesegründe und vor allem: Buchkaufgründe, ein anderes Buchbesitzverhalten, das Bücherregal als Statussymbol ist am Verschwinden, ein anderes Buchverschenkverhalten, Bücher zum Verschenken machen 25 Prozent des gesamten Umsatzes in Deutschland aus [...].“

Interaktive Bücher mit Notiz-Spalte, in denen Leser online über Textstellen diskutieren oder Nachfragen an den Autor stellen können, solche Möglichkeiten werden bisher zu wenig genutzt. [...]

5 Entwerfen Sie zu dem Artikel eine alternative Überschrift, die sich deutlich auf das Thema des Artikels bezieht.

6 Unterteilen Sie den Text in Sinnabschnitte:

a) Markieren Sie auf einer Textkopie, wo ein neuer Aspekt thematisiert wird. Führen Sie dafür die bereits vorhandenen Markierungen weiter fort. Beachten Sie dabei, dass Sinnabschnitte auch innerhalb eines Absatzes beginnen können.

b) Notieren Sie für jeden Abschnitt ein Stichwort, das den Inhalt des Abschnitts nennt.

c) Überprüfen Sie, ob es Stichworte gibt, die gleiche Sachverhalte bezeichnen. Fassen Sie diese Abschnitte unter einem gemeinsamen Stichwort zusammen.

7 Formulieren Sie ein Konzept für einen erfolgreichen eBook-Reader. Klären Sie darin, welche Merkmale des traditionellen Buches Sie ersetzen und welchen Mehrwert Ihres Geräts Sie vermitteln wollen.

METHODE

Inhalte pragmatischer Texte zusammenfassen

Die Fähigkeit, einen Sachtext angemessen zu rezipieren, beginnt mit dem Erfassen seines **Inhaltes**. Folgende Schritte können hierbei hilfreich sein:

→ Erfassen Sie das **Gesamtthema des Textes** in einem Satz

→ **Strukturieren Sie den Text**, indem Sie ihn in **Sinnabschnitte einteilen**

- Finden und notieren Sie für die Sinnabschnitte eigene Stichworte
- Beachten Sie, dass Anfang und Ende von Sinnabschnitten nicht zwangsläufig mit Absätzen (typographischen Abschnitten) zusammenfallen
- Fassen Sie zusammengehörende Sinnabschnitte gegebenenfalls zusammen

→ **Erfassen Sie die Themen der einzelnen Textabschnitte**, indem Sie neben jedem Abschnitt eine knappe **Inhaltszusammenfassung notieren**

1.2 Die Geschichte von Medien analysieren und Ideen zur Zukunft von Medien entwerfen – Diskontinuierliche Texte interpretieren

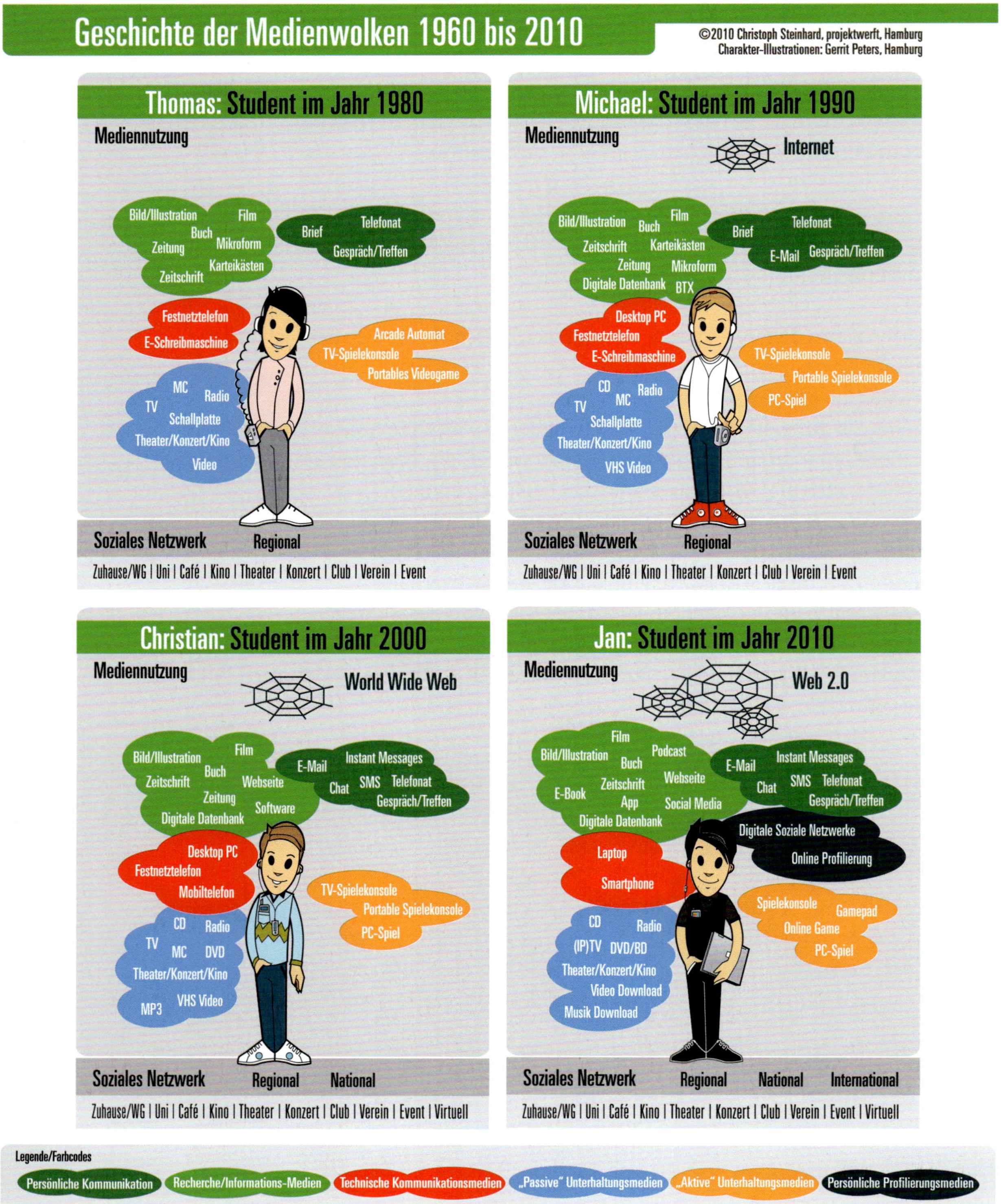

1 Informieren Sie sich über unbekannte Begriffe und untersuchen Sie die Grafik:
a) Benennen Sie Auftreten und Verschwinden von Begriffen und Kategorien im Zeitverlauf. Unterscheiden Sie dabei die unterschiedlichen Ebenen der Grafik.
b) Beschreiben Sie den Gebrauch von Formen, Farben und Schrifttypen in der Grafik. Beziehen Sie diese auf die zugehörigen Begriffe und Kategorien.
2 Fassen Sie die zentralen Entwicklungen, welche in der Grafik dargestellt werden, in einem zusammenhängenden Text zusammen.
3 Informieren Sie sich auf der Internetseite www.kommunikation2020.de über das Mediennutzungsverhalten der Studenten „Hans" und „Peter" in den Jahren 1960 und 1970.
4 Formulieren Sie auf der Grundlage Ihrer bisherigen Ergebnisse eine These zur Veränderung der „individuellen Mediennutzung" im Vergleich zur „Mediennutzung im sozialen Netzwerk".
5 Gestalten Sie einen typischen Tagesablauf eines studentischen Mediennutzers im Jahre 2020 – z. B. in Form eines Blog-Eintrags (☞ S. 255).

Mediennutzung 1997–2010
Durchschnittliche Nutzungsdauer von Fernsehen, Hörfunk und Internet in Minuten/Tag

	1997	2000	2005	2006	2007	2008	2009	2010
Fernsehen (Mo–So)[1]	196	203	231	235	225	225	228	224
Hörfunk (Mo–So)[2]	175	205	193	186	185	186	182	187
Internet (Mo–So)[3]	2	17	46	48	54	58	70	77

[1] AGF/GfK: jeweils 1. Halbjahr
[2] MA97, MA2000, ma2005/II bis ma2007/II, ma2008/I, ma2009/I, ma 2010/I
[3] ARD-Online-Studie 1997, ARD-ZDF-Online-Studien 2000–2010

Quellen: ARD-Online-Studie 1997, ARD-ZDF-Online-Studien 2000–2010

6 Beschreiben Sie den Inhalt der Statistik:
a) Untersuchen Sie, welche Informationen Sie aus Überschrift, Kopfzeile und Randspalte erhalten.
b) Untersuchen Sie die Zahlenverhältnisse und klären Sie, ob es signifikante Entwicklungen und gegebenenfalls Abweichungen von diesen gibt.
c) Fassen Sie die Hauptentwicklung in einem Satz zusammen. Nennen Sie dann die wichtigsten untergeordneten Entwicklungen.
7 Stellen Sie den wesentlichen bzw. auffälligsten Inhalt der Statistik in einem zusammenhängenden Text dar. Rahmen Sie die Darstellung durch eine sachliche Einleitung und einen zusammenfassenden Schluss.
8 Entwerfen Sie in Gruppenarbeit ein Szenario zur Mediennutzung im Jahre 2020 anhand der Familie Blogger (Carsten, Studienrat, 48; Sabine, 46, freie Journalistin; Lasse, 20, Student der Humanbiologie; Lotta, 15, Gymnasiastin). Präsentieren Sie das Szenario im Plenum.

METHODE

Diskontinuierlichen Texten Informationen entnehmen

Diskontinuierliche Texte bezeichnen alle Texte, bei denen die Leserichtung nicht wie sonst im Deutschen üblich „kontinuierlich" – von links oben nach rechts unten – vorgegeben ist. Bei diskontinuierlichen Texten kann das Auge zwischen unterschiedlichen Einstiegsmöglichkeiten, Leserichtungen und -reihenfolgen „wählen".

Ein Schaubild interpretieren

Ein Schaubild (auch Chart oder Informationsgrafik) vermittelt Zusammenhänge zwischen Begriffen, Kategorien und Aussagen durch ihre grafische Anordnung und Verknüpfung. Um ein Schaubild zu erschließen, gehen Sie wie folgt vor:

→ Klären Sie, ob in dem Schaubild ein **Zustand** (z. B. der Fernsehkonsum im Jahr 2012) **oder eine Entwicklung** (z. B. der Fernsehkonsum zwischen 2010 und 2012) dargestellt wird
→ Gehen Sie auf die **Zusammenhänge der einzelnen Text- und Grafikelemente** ein: Analysieren Sie, wo Definitionen vorgenommen werden, ob und wenn ja welche Abhängigkeiten und Bedingungen dargestellt und welche Beispiele genannt werden
→ Untersuchen Sie die **Verwendung von Farben, Formen und weiteren Auszeichnungen** (z. B. Fettdruck o. Ä.): Überprüfen Sie, welche Informationen dadurch herausgehoben oder in eine **Rangfolge** gebracht werden
→ Seien Sie kritisch: Überprüfen Sie, ob **unerklärte Auffälligkeiten** vorhanden sind, z. B. unmotivierte Größenveränderungen von grafischen Elementen
→ Bei der **schriftlichen Analyse eines Schaubildes** sollten Sie in einem Einleitungssatz die Herkunft des Schaubilds, das Erscheinungsjahr und das Thema zusammenfassend nennen. Beschränken Sie sich bei der schriftlichen Analyse auf die wesentlichen Elemente des Schaubilds

Eine Statistik interpretieren

In einer Statistik werden quantitative (mengenmäßige) Zusammenhänge durch Zahlenreihen dargestellt. Diese Informationen können Sie in einen Text oder eine Grafik übersetzen. Untersuchen Sie eine Statistik wie folgt:

→ Klären Sie zunächst, **welche Zahlen ins Verhältnis gesetzt werden**. Dazu geben Ihnen Überschrift, Beschriftungen der Spalten oder Achsen Informationen
→ Stellen Sie fest, ob ein **Zustand oder eine Entwicklung** dargestellt wird
→ Untersuchen Sie dann, ob es sich um **relative Prozentangaben oder absolute Zahlen** handelt
→ Überprüfen Sie den Aussagewert der Zahlen
→ Interpretieren Sie die wesentlichen Aussagen der Statistik in einem zusammenhängenden Text

2 Macht und Verantwortung von Medien kritisch beurteilen

2.1 Soziale Einflüsse von Neuen Medien bewerten – Textintentionen beurteilen und Textsorten unterscheiden

Jörg Blech, Julia Bonstein, Manfred Dworschak, Marco Evers, Ansbert Kneip, Martin U. Müller, Stefan Schmitt, Hilmar Schmundt
Nackt unter Freunden (2009) *Auszug*

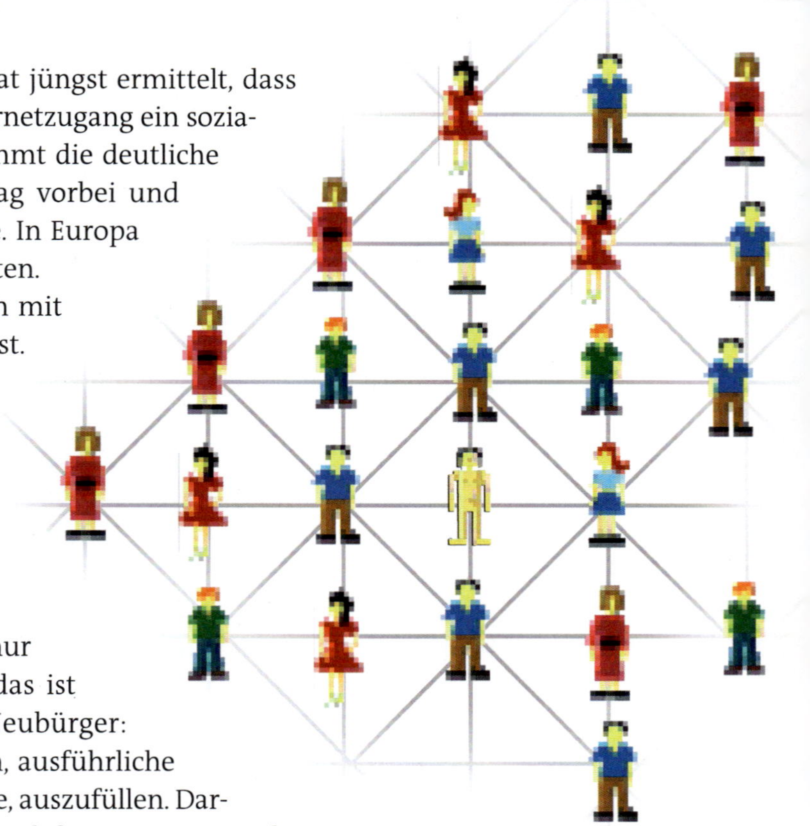

[...] Die Marktforschungsfirma IDC hat jüngst ermittelt, dass gut die Hälfte der US-Bürger mit Internetzugang ein soziales Netzwerk nutzen; von denen kommt die deutliche Mehrheit mindestens einmal am Tag vorbei und bleibt mindestens eine halbe Stunde. In Europa ist eine ähnliche Tendenz zu beobachten. Freilich weiß noch niemand, wie sich mit den Volksmassen Geld verdienen lässt. Mit gewöhnlichen Anzeigen geht es kaum. Denn wer sich in diesen Netzen herumtreibt, ist auf Geselligkeit und Austausch gestimmt; Werbung verärgert da nur, bestenfalls wird sie gar nicht wahrgenommen. [...]
Für Werbeeinnahmen jedoch gibt es nur eine verheißungsvolle Quelle, und das ist die arglose Auskunftsfreude der Neubürger: Kaum angekommen, beeilen die sich, ausführliche Selbstbeschreibungen, genannt Profile, auszufüllen. Darin geben sie Auskunft über Vorlieben, Telefonnummern und Ehestand, ergänzt um möglichst originelle oder verruchte Fotos aus dem privaten Album. Und kaum haben sie sich eingerichtet im Kreis der Freunde, vergessen sie, wo sie sind. Sie betrachten das neue Refugium als ausgelagerten Stützpunkt des Privatlebens im Virtuellen – ein großer Irrtum.
Die Macher der Netze, die immer dringlicher auf Einnahmen aus sind, haben nun einmal nichts Lukrativeres als die Profile der Mitglieder. Diese stecken voller Hinweise auf Bildungsniveau und Berufsbild, Lebensstil und Geschmack. Sie wecken den alten Traum vom gläsernen Kunden, der mit zielgenauer Werbung eingedeckt werden kann, weil er selbst alles über sich verrät. [...]
In der Online-Welt machen die jungen Netzwerker, was sie auch im Leben draußen vornehmlich tun: herumhängen. Sie klicken durch die Profilseiten der Freunde, sie

lesen, was es Neues gibt, hinterlassen neckische Kommentare und laden Handyfotos vom Popkonzert hoch. [...]

Damit erreicht die Herausbildung einer autonomen Jugendkultur, die sich von der Elternwelt abgrenzt, einen neuen Höhepunkt. Die Jugendlichen haben sich eigene Gemeinschaften geschaffen, in denen sie schier ununterbrochen inniglich zusammenstecken. Immer größere Bereiche des Lebens sind den oft ratlosen Eltern entzogen. Die US-Forscher sprechen von „full-time intimate communities", zu Deutsch etwa „Vollzeitkuschelgruppen". [...]

Erfolgreiche Netze werden schnell zur Norm, das gilt für Jugendliche wie für Geschäftsleute: Sind einmal genügend Mitglieder drin, muss der Rest der Welt nachziehen, andernfalls drohen Isolation und Umsatzrückgang. [...]

Für alle Betreiber sind die Aktivitäten und Daten der Nutzer eine verlockende Geldquelle. Das Problem ist nur, wie sie sich erschließen lässt, ohne dass die Kundschaft rebellisch wird. Facebook versucht es seit längerem mit einem Trick. Die Firma hat ihr Netzwerk für Programme von Dritten geöffnet. Diese dürfen den Mitgliedern nun kleine Anwendungen anbieten. Das sind großteils harmlose Sachen, die es etwa ermöglichen, einander mit Schafen zu bewerfen oder eine Art Scrabble zu spielen. Die Resonanz war gleichwohl enorm. Mehr als 52000 solcher Programme gibt es bereits, und manche davon sind millionenfach im Einsatz. Sie funktionieren freilich nach dem Prinzip des trojanischen Pferds: Wer ein Programm installiert, gewährt dem Hersteller Zugriff auf seine Profildaten – dieser kann sie dann für zielgenaue Werbung auswerten. [...]

Dennoch werden die Netzwerker wohl nie lernen, mit ihren Intimitäten zu knausern. Sie sind schließlich nicht in die Netze gegangen, um dort möglichst unauffindbar, unerkannt und unzugänglich zu bleiben. Gerade die Preisgabe von Persönlichem ist es ja, die sie für andere interessant macht.

Im echten Leben entscheidet der Mensch automatisch je nach Umgebung, ob gerade Diskretion und Einsilbigkeit geraten sind oder nicht. In der Kirche verhält er sich anders als in der Firma, auf dem Einwohnermeldeamt anders als unter Kumpeln.

Im Netz dagegen soll er alles zugleich sein: kontrolliert, aber gelöst, leutselig, aber paranoid. Überall, so heißt es, lausche hier ein unsichtbares Auditorium, und beim Geflüster mit den Liebsten könnte der Chef in Hörweite sein. [...]

1 Markieren Sie auf einer Kopie des obigen Textes Schlüsselbegriffe.

2 Unterteilen Sie den Text in Sinnabschnitte und notieren Sie zu jedem Abschnitt den Inhalt zusammenfassende Stichwörter.

3 Untersuchen Sie die Sinnabschnitte darauf, ob in ihnen in erster Linie Fakten vermittelt oder Thesen aufgestellt werden. Fassen Sie gegebenenfalls die Thesen mit eigenen Worten zusammen und halten Sie diese in einer Liste fest.

4 Prüfen Sie, welche Positionen die Autoren zu den dargestellten Thesen einnehmen. Achten Sie darauf, welche Fakten präsentiert und wie diese in den Argumentationsgang (☞ S. 209) der Autoren eingebaut werden. Stellen Sie für Ihre Ergebnispräsentation den Argumentationsgang in Form einer Grafik dar.

5 Der vorliegende Text verfolgt mehrere Intentionen.

a) Benennen Sie diese mithilfe des folgenden Wissenskastens und belegen Sie Ihre Ergebnisse am Text.

b) Hierarchisieren Sie Ihre Ergebnisse und wählen Sie eine Hauptintention des Textes. Begründen Sie Ihre Wahl schriftlich in drei Sätzen.

WISSEN

Man unterscheidet folgende **grundsätzliche Intentionen von nicht fiktionalen Texten**:

- **Informierende Texte** konzentrieren sich auf die Darstellung eines Sachverhalts (wissenschaftliche Artikel, Gebrauchsanweisungen, Urkunden ...)
- **Argumentierende Texte** zielen darauf ab, den Rezipienten durch eine stringente Argumentation zu überzeugen – i. d. R. von der Meinung des Verfassers (Erörterung, Leitartikel, Glosse)
- **Appellative Texte** beeinflussen, „überreden" (Werbung, (manche) politische Rede)
- **Texte mit expressiver Intention** sind subjektiv-ausdrucksbetont (Tagebuch, Brief)

Mark Zuckerberg (geb. 1984): (umstrittener) Gründer und Vorstandsvorsitzender des Online-Netzwerkes Facebook auf dem Titelcover der Time (2010)

Andreas Rosenfelder

Das Facebook der Abwesenden (2010)

Gegen Ende der Offenbarung des Johannes wird ein Buch aufgeschlagen – und wenn man im Zeitalter von Facebook noch an Heilsgeschichte glaubt, dann kann man schon auf die Idee kommen, dass es sich dabei um eine Verheißung handelt. „Und so jemand nicht ward gefunden geschrieben in dem Buch des Lebens[1]", heißt es in der Lutherbibel, „der ward geworfen in den feurigen Pfuhl." Den Spruch hätte sich auch die Marketingabteilung von Mark Zuckerberg nicht besser ausdenken können.

Nun hat sich ja in letzter Zeit eine starke Gegenbewegung zu Facebook entwickelt, und man konnte fast schon das Gefühl bekommen, dass genau jene, die ihren Namen ins digitale Buch des Lebens schreiben, in einem feurigen Pfuhl landen, in einer Datenschutzhölle nämlich, in der sie ihre Menschenwürde oder doch zumindest ihre Bildrechte am Eingang abgeben müssen. Spätestens mit „Social Network", dem großartigen Film von David Fincher, ist Facebook von der Seite des Heils auf die einer dunklen Macht hinübergewechselt. Doch es hilft eben nicht, nicht auf Facebook zu sein – diese Erfahrung machte jetzt ausgerechnet der Kopf einer anderen Internetgroßmacht, Eric Schmidt, der Chef von Google. Der Blogger Michael Arrington nutzte die Tatsache, dass Schmidt kein Facebook-Profil besitzt – und legte selbst eins an, mit nettem Profilbild. Da er bei der Anmeldung Schmidts echte E-Mail-Adresse angab, wurden ihm automatisch

[1] *Das Buch des Lebens*: nach jüdischem und christlichem Glauben ein göttliches Verzeichnis, das die Namen aller Gott wohlgefälligen Menschen enthält, die je gelebt haben

Freunde vorgeschlagen, in deren digitalen Adressbüchern sich diese Adresse befand. Und innerhalb kürzester Zeit war der falsche Schmidt mit dem halben Silicon Valley befreundet. Angebote, die von so weit oben kommen, kann man eben nicht ablehnen.

Angst müssen also in Zukunft doch wieder all jene haben, die Facebook meiden, um ihre Privatsphäre zu schützen. Das sind nicht wenige, gerade im deutschen Kulturbetrieb. Schon letzte Woche traf es Ulla Berkéwicz-Unseld[2], die in der Gutenberg-Galaxis mindestens so wichtig ist wie Eric Schmidt in der Digitalsphäre. Irgendjemand hatte ein Facebook-Profil unter ihrem Namen angelegt und Freundschaftsanfragen versendet, und ziemlich schnell waren um die vierzig Kontakte bestätigt. Freunde meiner Freunde sind auch meine Freunde – das gilt besonders, wenn es sich um namhafte Verlegerinnen handelt.

Das Berkéwicz-Profil wurde inzwischen gelöscht, genau wie jenes von Eric Schmidt. Doch es ist wohl nur noch eine Frage der Zeit, bis es auf Facebook endlich heißt: Peter Handke[3] hat Dir eine Freundschaftsanfrage gesendet. Die würden wir, Datenschutz hin oder her, schon aus Prinzip nicht ablehnen.

[2] *Ulla Berkéwicz-Unseld* (geb. 1948): deutsche Schauspielerin, Schriftstellerin und Verlegerin

[3] *Peter Handke* (geb. 1942): österreichischer Schriftsteller und Übersetzer

6 Fassen Sie den Inhalt des Textes zusammen:

a) Entwerfen Sie eine alternative Überschrift, die das Thema des Textes aufnimmt.

b) Notieren Sie auf einer Textkopie (A3-Format) am Rand Zwischenüberschriften zu Sinnabschnitten.

7 Formulieren Sie eine These zur Intention des Autors; belegen Sie Ihre These mit Zitaten aus dem Text.

8 Analysieren Sie die sprachlichen Aspekte (rhetorische Mittel, S. 341–344) des Textes. Untersuchen Sie insbesondere, welche Wertungen von Personen oder Entwicklungen durch die Verwendung bestimmter sprachlicher Mittel oder Begriffe vorgenommen werden. Unterscheiden Sie dabei direkte und indirekte Wertungen.

9 Vergleichen Sie den Informationsgehalt und die Art der Meinungsvermittlung in den beiden Artikeln dieses Kapitels. Belegen Sie ihre Beobachtungen durch Textverweise oder Zitate. Stellen Sie die Ergebnisse übersichtlich in einem Schaubild dar.

10 Ordnen Sie die beiden Texte journalistischen Formen (Wissenskasten S. 265) zu. Begründen Sie Ihre Zuordnung schriftlich.

11 Folgendes äußerte der Gründer von Facebook, Mark Zuckerberg, 2010 in einem Interview:

> „Die Zeiten, in denen man für seine Kollegen ein anderes Image pflegte als für andere Menschen, die man kennt, werden nicht mehr lange andauern. Zwei Identitäten zu haben, zeigt, dass es einem an Integrität mangelt."

Nehmen Sie Stellung zu dieser Aussage. Notieren Sie Ihre Argumente stichpunktartig und gewichten Sie sie.

12 Verfassen Sie auf Grundlage der Informationen aus dem Text „Das Facebook der Abwesenden" sowie Ihrer Stellungnahme einen Bericht (Wissenskasten S. 316 f.) über die Auswirkungen von Facebook auf den Wandel der sozialen Normen.

WISSEN

Abhängig von Aufbau, Umfang und der **spezifischen kommunikativen Absicht** werden **verschiedene journalistische Textsorten unterschieden**. Zu den **in erster Linie informierenden Formen** gehören ...

- die **Nachricht**, die möglichst wertfrei ist und einen hohen Informationsgehalt besitzt. Eine Nachricht beantwortet „W-Fragen",
- **Berichte**, die Nachrichten um Hintergrundinformationen erweitern,
- die **Reportage**, in der ein Journalist ein selbst erlebtes Ereignis schildert; neben Fakten finden auch individuelle Emotionen und Eindrücke Raum. Reportagen finden sich nicht nur in den Printmedien, sondern häufig auch in Radio und Fernsehen.

Vor allem wertende Formen sind Kommentar, Leitartikel, Glosse, Kolumne oder Kritik. Beachten Sie aber, dass **auch in primär informierenden Texten Wertungen enthalten** sein können.

- Die **Glosse** ist ein persönlicher, meist witziger, ironischer und bissiger Zugriff auf ein Thema. Sie behandelt oft scheinbar nebensächliche Themen oder Alltagsvorgänge. Das Thema wird nicht systematisch analysiert, sondern aus verschiedenen, ungewöhnlichen oder abseitig erscheinenden Perspektiven beleuchtet. Mit einer Glosse soll der Leser zur eigenen Auseinandersetzung mit einer Frage angeregt werden. Wie jeder wertende Text muss eine Glosse als solche erkennbar und von reinen Informationstexten getrennt sein
- Erscheint eine Glosse eines Autors regelmäßig und an gleicher Stelle, so spricht man von einer **Kolumne**
- Auch der **Kommentar** ist ein wertender Text, aber mit Schwerpunkt auf der Darstellung von Zusammenhängen und Hintergründen eines Geschehens; im Gegensatz zur Glosse sind Kommentare selten ironisch
- Ein **Leitartikel** ist ebenfalls klar meinungsorientiert, aber ausführlicher als ein Kommentar und meist an zentraler Stelle (Titelseite) positioniert. Weil in einem Leitartikel oft die Tendenz einer ganzen Zeitungsredaktion dargestellt wird, werden keine individuellen Autoren genannt
- Neue Filme, Theateraufführungen und Bücher werden in **Kritiken** (**Rezensionen**) in Printmedien, im Internet, Radio und Fernsehen besprochen. Dabei wird zumeist der Inhalt skizziert und werden Verbindungen zu anderen Werken hergestellt; die persönliche Wertung des Rezensenten ist deutlich erkennbar
- Ein **Essay** ist ein betont subjektiver Text, der einen Sachverhalt unsystematisch aus verschiedenen Perspektiven beleuchtet. Essays beziehen sich meist auf grundsätzlichere wissenschaftliche, gesellschaftliche, politische oder philosophische Zusammenhänge, selten auf tagesaktuelle Ereignisse. Durch die offene Form soll der Leser vor allem zu eigenem Nach- und Weiterdenken angeregt werden

2.2 Medien und Gewalt – Die Struktur von Sachtexten analysieren

Sebastian Moll

Feuer frei für die X-Box-Generation (2011)

Funkausstellung in Berlin 1977

[1] *konservativ*: Erklärung ☞ S. 268

Spätestens seit Hunter S. Thompson die Leser des Rolling Stone mit auf seine Drogentrips nahm, ist die Zeitschrift in den USA das inoffizielle Sprachrohr der Gegen- und Subkultur. Niemand würde wohl je das Pop-Magazin verdächtigen, in konservative[1] Gewässer abzudriften.

Deshalb ließ aufhorchen, als das Blatt in der vergangenen Woche laut ein Urteil bejubelte, das der reaktionärste US-Verfassungsrichter, Antonin Scalia, verkündet hatte.

Es hatte sicher nicht in Scalias Absicht gelegen, sich bei der Jugendkultur einzuschmeicheln, als er seine Meinung zur Freigabe von Videospielen formulierte. Scalia folgte wohl eher der konservativen Ideologie, staatliches Eingreifen auf ein Minimum zu beschränken, als er erklärte, die Spiele seien unter dem Verfassungszusatz der Meinungs- und Redefreiheit zu schützen – eine Meinung, die im obersten US-Bundesgericht schließlich eine Sieben-zu-Zwei-Mehrheit fand.

Den Nachwuchs freute es trotzdem: Die X-Box-Generation fand ihre vermeintlich missverstandene Subkultur von höchster Stelle legitimiert. „Hillary Clinton – Amerikas Video-Kids verlangen Deine Entschuldigung", frohlockte der Rolling Stone in Anspielung auf die demokratische Außenministerin, die während ihres Wahlkampfes ein Verbot der Spiele gefordert hatte – auch um bei konservativen Wählern Punkte zu machen. Verkehrte Welt.

Vor das Bundesgericht war das Thema gekommen, weil der Staat Kalifornien im Jahre 2005 den Verkauf gewalttätiger Spiele an Minderjährige verbieten wollte. Der Verband der Unterhaltungs-Softwarehersteller reichte daraufhin eine Klage wegen Verfassungswidrigkeit ein. Ganz besonders gefreut haben sich die Produzenten und Konsumenten dieser Spiele dabei über die Begründung des nun ergangenen Urteils. „So wie die geschützten Bücher, Theaterstücke und Filme vor ihnen, kommunizieren die Videospiele Ideen – ja, sogar soziale Botschaften", schrieb Scalia. Über die bedenklichen Gewaltdarstellungen urteilte das Gericht, die seien auch nicht schlimmer als in Werken wie Grimms Märchen oder Goldings „Herr der Fliegen" – allgemein als wertvoll erachteten kulturellen Werken also. In jedem Fall rechtfertige die Gewalt nicht, eine Sonderklasse an Ausnahmen vom Grundrecht auf Redefreiheit zu schaffen. Man könne den Eltern und der Videospiel-Branche zumuten, den Konsum auch ohne den Gesetzgeber zu regulieren.

Die Debatte darüber, ob Videospiele tatsächlich in Anspruch nehmen können, ernstzunehmender künstlerischer Ausdruck zu sein, ist freilich mit dem Urteil längst nicht beendet. Im Gegenteil – Scalia und seine Kollegen haben sie lediglich neu entfacht. Die New York Times etwa meinte, der Ball liege jetzt im Feld der Branche, die beweisen müsse, dass sie der richterlichen Anerkennung auch würdig sei. „Die Hersteller müssen jetzt erwachsen werden und der Welt zeigen, was sie mit ihrer neu gewonnen Achtbarkeit anfangen können."

Konservativere Betrachter glauben ohnehin, dass das Medium, das vor allem hirnlose Splatterspiele wie „Resident Evil" oder „Postal II" hervorgebracht hat, nie und nimmer zur legitimen Kunstform taugen wird. „Man soll zwar niemals nie sagen", schrieb Roger Ebert, Filmkritiker der Chicago Tribune, „aber ich glaube kaum, dass ein Videospieler, der heute lebt, lange genug da sein wird, um das Medium noch als Kunstform zu erleben."

Games Convention 2007

1 Verfassen Sie einen Lead-Absatz – einen Kurztext aus drei Sätzen, der nach der Überschrift und vor dem Artikeltext die Kerninformation des Artikels auf interessante Weise zusammenfasst.

2 Unterstreichen Sie in einer Textkopie die wertenden und die informierenden Passagen mit unterschiedlichen Farben.

3 Markieren Sie durch Unterstreichung und Randzeichen (z.B. „A") die für einzelne Wertungen vorgebrachten Argumente. Verdeutlichen Sie durch Farben und Linien, welche Argumente zu welchen Wertungen gehören.

4 Unterscheiden Sie zwischen Thesen, Argumenten, Belegen, Beispielen. Verfassen Sie hierfür ein sog. Konspekt (☞ S. 209, 300), indem Sie den Argumentationsverlauf in einer Grafik veranschaulichen.

5 Überprüfen Sie die Gültigkeit der Argumente:
- Inwiefern arbeitet der Verfasser mit Faktenargumenten, lassen sich diese Tatsachenaussagen verallgemeinern?
- Stützt sich der Verfasser auf Autoritätsargumente?
- Verwendet der Verfasser normative Argumente; sind diese Normen allgemein bindend?

→

6 Inszenieren Sie auf Grundlage der Ergebnisse eine Talkshow (☞ S. 303), in der sich der Verfassungsrichter Antonin Scalia, ein konservativer Abgeordneter der Republikanischen Partei und ein liberaler Journalist der New York Times zum Thema „Gewaltverherrlichung oder Meinungsfreiheit – Videospiele in der Diskussion“ äußern. Folgende Informationen können Ihnen hierfür helfen:

[1] *konservativ*: In der amerikanischen politischen Landschaft plädieren die „Liberalen“ – meist durch die Demokratische Partei repräsentiert – grundsätzlich für eine starke Rolle des Staats bei der Organisation des Zusammenlebens, während die „Konservativen“ – die Republikaner – die individuelle Freiheit einschließlich einer weitgehenden Meinungsfreiheit propagieren und die Rolle des Staats weitgehend beschränken möchten.

7 Vergleicht man das Bild der Funkausstellung in Berlin 1977 mit dem der 30 Jahre später stattfindenden Games Convention (☞ S. 266, 267), wird die in den letzten Jahrzehnten vollzogene, rasante Entwicklungen der Videospiele-Technik deutlich. Nehmen Sie Stellung zu der im Text aufgeführten These, dass erst die nächste „X-Box-Generation“ das Medium als eine Kunstform (vgl. Z. 62 f.) erleben wird.

8 Entwerfen Sie schriftlich eine eigene Position zum Verkauf von Gewaltvideospielen an Kinder und Jugendliche.

METHODE

Die Struktur von Sachtexten analysieren

→ Markieren Sie **Schlüsselbegriffe** des Textes, um die wesentlichen Inhalte zu erfassen. Seien Sie **sparsam mit Unterstreichungen**. Unterstreichen Sie primär Wörter, keine Sätze

→ Nutzen Sie **verschiedene Farben**, um z. B. Pro- und Kontra-Argumente kenntlich zu machen und die unterschiedlichen Arten von Argumenten und ihre Wertigkeit zu benennen

→ Achten Sie auf **Formulierungen im Text**, die Ihnen Aufschluss über die Textstruktur geben: „einerseits ... andererseits“, „außerdem“, „beispielsweise“, „insgesamt“, „dennoch“, „hingegen“ usw.

→ Formulieren Sie **Zwischenüberschriften**

→ Nummerieren Sie Elemente von **Aufzählungen**

→ Entwickeln Sie ein **persönliches Repertoire von Zeichen und Abkürzungen**, z.B.
- *Th* für These, *A* für Argument ...
- ! für besonders aussagekräftige Passagen
- ein ⚡ für einen Widerspruch im Text
- // als Symbol für eine zusammenfassende Passage
- etc.

→ Erstellen Sie ein **Konspekt** (☞ S. 300), also eine **grafische Darstellung der Argumentationsstruktur**

2.3 Sich mit der politischen Wirkung von Medien auseinandersetzen – Die Sprache von Sachtexten analysieren

„Der Blick des Journalisten fällt durch den Sehschlitz des Panzers. Und der ist nicht sehr groß.“
Friedrich Nowottny, Journalist, über „embedded journalists“ (2003)

„We'll soon be arriving at our target.“ („Wir werden bald an unserem Ziel eintreffen.“)
Journalist der BBC, unterwegs mit einer britischen Militäreinheit im Irakkrieg (2003)

„Die ‚embedded‘ Journalisten sind Info-Kombattanten[1]!“
Ulrich Kienzle, TV-Journalist und Nahost-Experte (2003)

1 Beschreiben und interpretieren Sie das Foto. Verfassen Sie einen kurzen Text, mit dem einer der Fotografen sein Bild an Zeitungen verkaufen könnte.

2 Analysieren Sie, welche Wertungen die Urheber der Zitate – direkt oder indirekt – vornehmen.

3 Welche Bilder darf man ausstrahlen, welche nicht? In einem Interview über Kriegsberichterstattung antwortete die Journalistin Marietta Slomka:

> „Es gibt keinen Regelkatalog im Sinne einer Gebrauchsanweisung, aber es gibt so etwas wie eine Grundorientierung. Nämlich die, dass auch ein Toter ein Recht auf Menschenwürde hat, und dass man grausame Bilder nicht der Grausamkeit wegen sendet, sondern nur, wenn man Grausamkeit dokumentieren muss.“

Formulieren Sie eine schriftliche Stellungnahme (☞ S. 302) zu Slomkas Position; erläutern Sie Ihre Stellungnahme mithilfe der folgenden Information über Medienethik (☞ S. 270).

[1] *Kombattanten*: nach humanitärem Völkerrecht Personen, die unabhängig von der Rechtmäßigkeit des Konflikts zu Kriegshandlungen berechtigt sind

WISSEN

Medienethik bezeichnet ein **System von Regeln**, das die Medien zu bestimmtem **ethischen Handeln verpflichtet** („normative Medienethik“). Dabei geht es um die **Verantwortung der Medienschaffenden** (Journalisten, Redakteure, Fotografen, Kameraleute) **gegenüber der Gesellschaft**. Eine wichtige medienethische Forderung ist die **Unabhängigkeit der Medien** gegenüber Politik und Wirtschaft. Außerdem müssen sich Medienschaffende z. B. mit der Frage auseinandersetzen, wie viel **Gewalt** sie dokumentieren dürfen – medienethisch geht es hier um die Abwägung der **Informationspflicht** gegenüber dem **Schutz der gezeigten Opfer** sowie um die Frage, ob Gewaltdarstellungen einen **Verrohungseffekt beim Publikum** erzeugen können.

Juliana Raupp

Wie Journalisten an Informationen kommen: Informationsquellen. Beispiel: embedded journalists (2010) *Auszug*

In kriegerischen Auseinandersetzungen und Konflikten ist der Zugang zur Information für Journalisten besonders schwer. Insbesondere bei militärischen Konflikten wird mit dem Argument der Sicherheit der Zugang zu Informationen von den militärischen Einrichtungen kontrolliert. Im Irakkrieg 2003[1] wurde für Journalisten, die unter dem Schutz der US-amerikanischen Einsatztruppen standen, der Begriff embedded journalists (wörtlich: eingebettete Journalisten) geprägt. Zwar konnten Journalisten auch ohne militärische Genehmigung aus dem Irak berichten (sogenannte unilaterale Journalisten), doch sie standen dann unter keinem besonderen Schutz und gefährdeten ihr Leben. Das Pentagon[2] entwickelte zu Beginn der 2000er Jahre eine Strategie der [...] Einbindung von Journalisten, um so die Information über Militäreinsätze und den Verlauf von kriegerischen Auseinandersetzungen besser zu kontrollieren und feindlicher Propaganda etwas entgegenzusetzen. Denn das Militär hatte erkannt, dass die Berichterstattung über den Krieg sowohl in den USA als auch in anderen Ländern der Welt einen wichtigen Faktor für Akzeptanz und Unterstützung des Einsatzes darstellt. Waren früher während eines Krieges strikte Zensurmaßnahmen verhängt worden, so stellt die Einbettung von Journalisten eine subtilere[3] Form der Medienlenkung dar. Im Irakkrieg waren über 600 Journalisten aus den USA und anderen Ländern als embedded journalists tätig. Sie erhielten Zugang zu Militärsprechern, reisten mit den Truppen der USA und ihrer Bündnispartner durch das Einsatzgebiet und konnten über strategische Pläne und kriegerische Aktionen in einem Umfang berichten, der vorher nicht denkbar gewesen war. Allerdings mussten sie sich im Gegenzug dazu verpflichten, aus Sicherheitsgründen nicht über alles zu berichten. Das Echo der Journalisten auf die Einbettung war geteilt: Manche begrüßten die neuen Möglichkeiten der Kriegsberichterstattung, andere sahen im embedded journalism eine Beeinträchtigung der Objektivität und Freiheit der Berichterstattung.

[1] *Irakkrieg 2003*: Krieg einer US-geführten Koalition gegen den Irak

[2] *Pentagon*: amerikanisches Verteidigungsministerium

[3] *subtil*: fein strukturiert und daher schwer zu durchschauen, zu verstehen

Josef Seitz

Medien-Krieg: Wahrheit unter Beschuss (2003) *Auszug*

[...] Antonia Rados, 49, ist in Bagdad. Rings um sie herum fallen die Bomben. Für RTL hält sie das Mikro vor den Mund und riskiert tagtäglich ihren Kopf mit den dunklen Haaren, die im Sandsturm in den verrußten Himmel über dem brennenden Bagdad wehen. Das Ministerium für Information hat verboten, die Übertragungswagen aus dem Ministeriumsgelände wegzufahren. Sie stehen weiter in der Nachbarschaft der bombardierten irakischen Fernsehstation geparkt. Antonia Rados und ihren Kollegen bleiben zwei Möglichkeiten: „Entweder wir können berichten, dann bringen wir uns in Gefahr. Oder wir sind nicht in Gefahr, dann können wir nicht berichten." „Wir leben auf einem Vulkan", sagt die Doktorin der Politologie, in ihrer Heimat Österreich 1991 zur „Frau des Jahres" gewählt. [...]

Als viele Kollegen im Torschluss vor Kriegsbeginn die Koffer packen, steht für Antonia Rados fest, sie muss bleiben, „denn an diesem Ort wird Geschichte gemacht". „Es gibt", sagt sie, „ein Phänomen, das mich wahnsinnig interessiert: Ich will einmal miterleben, wie eine Diktatur fällt – und wie die Menschen, wie auch unsere Aufpasser damit umgehen."

500 Journalisten sind den alliierten Einheiten im Irak zugeordnet. Sie haben „tank cams" montiert, Kleinkameras auf dem Panzerstahl, und senden Direktbilder aus dem Vormarsch. Sie leben unrasiert wie die kämpfenden Soldaten und suchen ebenso porentief verstaubt auf Iso-Matten im Wüstensand nach Momenten der Ruhe. Nicht weniger übermüdet kauen sie sich durch die 24 Fertiggericht-Varianten der US-Truppe, greifen zu Hartkeksen als Sättigungsbeilage und naschen Topfkuchen als Dessert. Sie jagen nach Splittern der Wahrheit, um die offiziellen Verlautbarungen punktuell prüfen zu können. Die Nähe ist ihre Chance. Die Nähe ist auch ihr Problem. „Ich empfinde eine enorme Zuneigung für diese Jungs", räumt Oliver North ein, als Korrespondent für den US-Nachrichtenkanal Fox mit einer Hubschraubereinheit unterwegs. „Ich bin sicher, dass man das merkt und dass das nicht professionell und nicht objektiv ist." [...]

Panzerweste und Helm gehören zum Journalistenalltag wie Kamera und Notizblock – und die Lebensgefahr. Nach dem Eilvormarsch mit den Truppen durch ungesichertes Gebiet ist überall Front. Den australischen Kameramann Paul Moran zerreißt eine Autobombe nahe der iranischen Grenze. Er wird 39 Jahre alt. Den britischen Reporter Terry Lloyd treffen Schüsse der britisch-amerikanischen Truppen. Er stirbt mit 51. [...]

4 Fassen Sie Inhalt und Tendenz der beiden Texte in jeweils einem prägnanten Satz zusammen. Definieren Sie die Textsorte.

5 Untersuchen Sie, wie Zahlen in die Argumentationsstruktur der Texte eingebunden sind. Erstellen Sie eine Grafik, in der Sie die Argumentationsstruktur darstellen und die Zahlen an entsprechender Stelle prominent einfügen.

→

6 Analysieren Sie die Sprache beider Texte (☞ S. 270, 271):
a) Überprüfen Sie, ob und wie Fach- und Umgangssprache verwendet werden.
b) Markieren Sie in einer Textkopie wichtige Substantive in beiden Texten. Erstellen Sie je eine Liste der Begriffe und vergleichen Sie sie. Beachten Sie dabei besonders, was mit den Substantiven bezeichnet wird: Prozesse, Dinge, Abstrakta, Konkreta ...
c) Im Titel des zweiten Textes heißt es: „Wahrheit unter Beschuss". Erklären Sie diese Metapher und ihre Wirkung.
d) In „Medien-Krieg. Wahrheit unter Beschuss" tauchen mehrfach Passagen mit wörtlicher Rede auf. Untersuchen Sie, welcher Eindruck damit erzeugt wird.
e) Stellen Sie Ihre Ergebnisse in Form einer Tabelle dar.
7 Erläutern Sie stichwortartig die Funktion der Berichte über persönliche Schicksale im Text „Medien-Krieg: Wahrheit unter Beschuss".
8 Gestalten Sie auf Grundlage der Informationen in Z. 1–15 des Textes „Medien-Krieg: Wahrheit unter Beschuss" einen Text, der in der sprachlichen Gestaltung dem Text „Wie Journalisten an Informationen kommen ..." entspricht. Präsentieren Sie Ihr Ergebnis im Plenum und erläutern Sie Ihre Verwendung sprachlicher Mittel.

METHODE

Die Sprache von Sachtexten analysieren

Informationen können durch unterschiedliche sprachliche Mittel vermittelt werden. Wer einen Text verfasst, kann durch die **Verwendung bestimmter sprachlicher Mittel die Informationsvermittlung in eine bestimmte Richtung lenken**. **Dem Leser gibt die Analyse** der sprachlichen Mittel und ihrer Funktion für den Inhalt **Hinweise auf die Intentionen** eines Textes.
Untersuchen Sie folgende Bereiche in Bezug auf die Sprache des Textes:

→ Der **semantische Bereich**: Wortschatz des Autors; Verwendung von Fach- und Fremdwörtern, die ein bestimmtes Publikum ansprechen (oder abschrecken); Vorherrschen bestimmter Wortarten; Auf- oder Abwertung von Standpunkten durch Verwendung konnotativ besetzter Begriffe; Verwendung von Personalpronomen, die Nähe oder Distanz erzeugen; Übertreibungen, Beschönigungen oder Beschwichtigungen, welche die Haltung des Autors verstärken

→ Der **syntaktische Bereich**: auffällige Häufung von Aussage-, Frage- oder Ausrufesätzen, die eine emotionale Gebundenheit des Autors deutlich machen; Überwiegen hypotaktischer oder parataktischer Konstruktionen, die den Eindruck von Unmittelbarkeit und Spannung oder von professioneller Distanz erzeugen

→ Der **rhetorische Bereich**: Metaphern oder Vergleiche, die das Gesagte in einen bestimmten Kontext stellen; Anaphern und andere Formen der Wiederholung als Mittel der Bekräftigung; rhetorische Fragen und antithetische Wendungen zur Verdeutlichung von Gegensätzen; Klimax zur Steigerung von Aussagen; Komparative und Superlative zur Unterstreichung von Aussagen

3 Mediale Inszenierung von Großereignissen – Sich mit der Medienkritik zu Sportevents auseinandersetzen

3.1 Eine vergleichende Sachtextanalyse verfassen

Im Jahre 2011 fand in Deutschland die Fußball-Weltmeisterschaft der Frauen statt. Von vielen war ein „Sommermärchen" wie bei der Fußball-WM der Männer 2006 erwartet worden: eine Veranstaltung mit begeisterten Zuschauern, einem positiven Deutschlandbild und vor allem einer erfolgreichen eigenen Mannschaft.
2011 schied die deutsche Nationalmannschaft der Frauen allerdings schon im Viertelfinale aus.

NDR
Fußballfrauen: mehr Marketing, mehr Berichte? (2011)

Deutschlands Fußballfrauen sind mindestens so erfolgreich wie ihre männlichen Kollegen, immerhin haben sie seit ihrer ersten WM-Teilnahme 1995 schon zwei Mal den Titel geholt und sind bereits sieben Mal Europameisterinnen geworden. Die Frauenfußball-Nationalmannschaft des DFB gilt als erfolgreichstes Team der Welt und kann in wenigen Wochen den Weltmeistertitel im eigenen Land verteidigen. Dennoch findet die WM 2011 und das starke DFB-Team um Erfolgstrainerin Silvia Neid in den deutschen Medien kaum Beachtung. Kaum jemand kennt die Namen der Spielerinnen, die seit Jahren mit dem Bundesadler über dem Herzen für Ruhm, Ehre und sportlichen Erfolg kämpfen.
Claudio Catougno von der Süddeutschen Zeitung meint, dass der Männerfußball, vom Interesse in der Bevölkerung und in den Medien her, alles überstrahlt. Zudem müssen die Fußballerinnen offenbar noch immer gegen hartnäckige Vorurteile ankämpfen, die es auch in vielen Sportredaktionen gibt. Es gibt das Klischee des Mannweibs, meint Medienwissenschaftlerin Dr. Daniela Schaaf: die stämmige, burschikose Fußballspielerin, die zwar gut Fußball spielen kann, die aber nicht dem typischen weiblichen Schönheitsideal entspricht.

Leistung allein reicht nicht
Siegfried Dietrich, Manager des Frauen-Bundesliga-Clubs Frankfurt und auch Manager vieler Spielerin-

Die offiziellen DFB-Frauenfußball-Barbiepuppen: Silvia Neid, Bundestrainerin der deutschen Frauenfußball-Nationalmannschaft, und Birgit Prinz, Rekord-Nationalspielerin

nen, räumt ein, dass zum sportlichen Erfolg auch „medienwirksame Attribute" kommen müssen, um in der Öffentlichkeit wahrgenommen zu werden. Mode, Make-up, Glamour – die Weiblichkeit der Spielerinnen wird in Werbespots inszeniert.

Inzwischen zieht der DFB alle Register, um seine Fußballerinnen besser zu vermarkten und ein attraktives, weibliches Image aufzubauen: So wurde eine Medienkooperation mit der Frauenzeitschrift Brigitte ins Leben gerufen und eine offizielle DFB-Frauenfußball-Barbiepuppe herausgegeben. Auch das Motto der WM, „2011 von seiner schönsten Seite", unterstützt dieses Image.

Außerdem sollten Journalisten durch einen Presseworkshop auf die bevorstehende WM vorbereitet werden – allerdings ohne die Fußballerinnen zu Gesicht zu bekommen. Die Spielerinnen werden wohl erst mit den Live-Übertragungen der WM-Spiele an Bekanntheit gewinnen und vielleicht zu Stars für einen Sommer. Doch ob sich nach der WM noch jemand an sie erinnern wird, ist fraglich.

Harald Martenstein

„Man spürt überall die Angst, etwas Falsches zu sagen" (2011)

Ich finde, Frauen darf man nicht diskriminieren. Seit Jahren sage ich das, wieder und wieder. Die Frauen-Fußball-WM aber ist die schlimmste Frauendiskriminierung, die ich seit Konrad Adenauer erlebt habe. Bei jeder Männer-Meisterschaft gibt es in sämtlichen Postillen lustige Glossen, in denen man über die WM lästert und über die Spieler. Fußballspieler sind lustig. Im Fernsehen zeigen sie immer in Zeitlupe, wie Fußballspieler auf dem Platz lustige Dinge tun. Nichts davon bei den Frauen. Wenn ein Männerspiel schlecht ist, sagt der Kommentator immer: „Ein grottenschlechter Kick. Fußball zum Abgewöhnen." Wenn aber ein Frauenspiel unterirdisch schlecht ist, äußert sich der Kommentator immer so: „Es ist wirklich erstaunlich, welche Fortschritte der Frauenfußball in den letzten Jahren gemacht hat."

Es existieren meines Wissens nur noch zwei Sportarten, die lediglich für ein einziges Gender[1] erlaubt sind, sie heißen „Rhythmische Sportgymnastik" und „Synchronschwimmen". Es gibt kein Synchronschwimmen der Männer. Ich glaube, die ersten Synchronschwimmer werden eines Tages das Gleiche durchmachen wie die ersten Fußballerinnen. Sie werden schlechtere Gagen bekommen als die Frauen. Sie müssen Bikinis tragen. Der Synchronschwimmerinnenverband wird versuchen, es zu verbieten. Es wird heißen, alle Synchronschwimmer seien homosexuell. Vielleicht müssen sie sich für eine Frauenzeitschrift ausziehen, um zu beweisen, dass sie echte Männer sind. Die Kommentatorin wird aber sagen: „Wirklich erstaunlich, wie elegant diese Männer sich im Wasser bewegen."

Man darf nicht vergleichen. Vergleiche sind unfair. Wahrscheinlich schreiben sie es ins Grundgesetz. Wer die Einmaligkeit des Frauenfußballs bestreitet oder die sogenannte Frauenfußball-Lüge verbreitet, bekommt Ärger mit dem Verfassungs-

[1] *Gender*: Geschlechtsidentität als soziale Kategorie

schutz. Vergleicht man Kaufbeuren[1] mit Paris oder den Kleinen Arber[2] mit dem Nanga Parbat[3]? Unfair! Aber jeder, der nacheinander in Kaufbeuren und in Paris gewesen ist, tut es.

In einem Interview sagt die Schauspielerin Minh-Khai Phan-Thi, dass sie den Frauenfußball langsam und deshalb langweilig findet. Zugleich ist sie sich darüber im Klaren, dass dies nur ein Vorurteil sein kann. Sie arbeitet an sich. Man denkt bloß, es sei langsam, obwohl es in Wirklichkeit schnell ist. Es handelt sich um eine andere Art von Schnelligkeit, mehr von innen, spirituell. Die Gesellschaft und die Erziehung haben uns für diese Schnelligkeit blind gemacht. Eine Sache kann man immerhin tun, man kann die Spiele auf DVD aufzeichnen und sie dann schneller abspielen.

Man spürt überall die Angst, etwas Falsches zu sagen, das hat fast schon was DDR-mäßiges. Warum? Weil Frauen so sensibel sind. Keiner will ihnen wehtun. Ich auch nicht. Ich bin deshalb gegen ein Verbot des Frauenfußballs. Es ist sicher sehr gesund. Die Frauen tun sich auch gegenseitig nicht so weh, es gibt keine Fringse und keine Materazzis. Die Tatsache aber, dass ich Frauenfußball, wenn ich mal was Privates sagen darf, ungefähr ebenso interessant finde wie Dressurreiten und Rennrodeln, macht mich völlig fertig. Ich kann gar nicht hinschauen, weil ich sofort Schuldgefühle bekomme. Bei Filmen oder Büchern war so etwas nie ein Problem. Er mag Fluch der Karibik nicht? Diesen geilen Film? Okay, soll er. Aber beim Frauenfußball gibt es so einen wahnsinnig starken gesellschaftlichen Druck, es gut zu finden. Falls ich an diesem gesellschaftlichen Druck eines Tages zerbreche, dann soll am Grab ein Synchronschwimmer sprechen.

[1] *Kaufbeuren*: kreisfreie Stadt im bayerischen Regierungsbezirk Schwaben (nordöstliches Allgäu) mit ca. 42 000 Einwohnern

[2] *Kleiner Arber*: mit 1383,6 m ü. NN der höchste Berg der Oberpfalz im Bayerischen Wald

[3] *Nanga Parbat*: auch als „König der Berge" bekannt und im Westhimalaya gelegen; mit 8 125 Metern ü. NN der neunthöchste Berg der Erde

1 Fassen Sie Inhalte und Aussagen der beiden Texte (☞ S. 273 f., 274 f.) in jeweils maximal drei Sätzen zusammen.

2 Vergleichen Sie die Texte inhaltlich, indem Sie eine Tabelle mit folgenden Kategorien anlegen:

- Thesen
- Sachinformationen/Fakten
- (historische) Anspielungen/Vergleiche
- Kritikpunkte
- Ausblicke/Wünsche/Projektionen

Ordnen Sie die Textstellen jeweils stichpunktartig mit Zeilenangaben zu.

	Text 1	Text 2
Thesen		
Sachinformationen/ Fakten		
(historische) Anspielungen/ Vergleiche		
…		

→

3 Vergleichen Sie die beiden Texte nun sprachlich. Nutzen Sie die folgende Tabelle, welche gegebenenfalls um weitere Kategorien erweitert werden kann.

	Text 1	Text 2
semantische Aspekte:		
Fach- oder Umgangssprache?		
...		
syntaktische Aspekte:		
Häufung von Aussage-, Frage-, Ausrufesätzen		
...		
rhetorische Aspekte:		
... Metaphern oder Vergleiche?		
...		
Art der Argumente:		
... Faktenargumente, Tatsachenaussagen?		
...		

4 Analysieren Sie die Funktion bestimmter sprachliche Elemente (z. B. Umgangssprache) für den entsprechenden Textinhalt. Erstellen Sie eine Grafik (Postergröße), in der Sie die Ergebnisse präsentieren.

5 Stellen Sie begründet Thesen zur Gesamtintention der Texte auf. Greifen Sie dazu auf Ihre Ergebnisse von Aufgabe 4 zurück.

6 Überprüfen Sie die folgende Einleitung eines Schülers zu einer Analyse des zweiten Textes (☞ S. 274 f.). Korrigieren Sie gegebenenfalls inhaltliche und formale Fehler.

Im Text „Man spürt stets die Angst, etwas Falsches zu sagen" von Heinrich Martenstein, geschrieben in der ZEIT in 2011, präsentiert der Verfasser eine Reihe von Sachargumenten gegen die Diskriminierung von Frauen. Frauen sind sehr sensibel und es gibt keine Fouls beim Damenfußball. Trotzdem darf man ihnen den Fußball nicht verbieten, denn das ist letztlich gesundheitsschädlich.
Im Einzelnen führt der Schriftsteller folgende Argumente und Belege an, die seine Analyse stützen. [...]

7 Ordnen Sie die Texte inhaltlich und sprachlich begründet den Ihnen bekannten journalistischen Formen (☞ Wissenskasten S. 265) zu.

8 Formulieren Sie Überlegungen zum Adressatenkreis der Texte.

9 Nehmen Sie Stellung zu der Frage, welcher Text der Berichterstattung über die Frauenfußball-WM eher angemessen ist. Begründen Sie Ihre Position, indem Sie ein kurzes Statement (☞ S. 302) verfassen, mit dem Sie für die Aufnahme einer der Texte in einen Sammelband mit dem Titel *Medien und Sport* plädieren.

Eine vergleichende Sachtextanalyse verfassen

METHODE

Entscheiden Sie sich zu Beginn, ob Sie die vergleichende Analyse **linear** (die Texte werden nacheinander analysiert und dann verglichen) oder **aspektorientiert** (Analyse und Vergleich erfolgen schrittweise aufgrund der parallelen Untersuchung einzelner Aspekte in beiden Texten) vornehmen wollen.

Die Einleitung

Die **Einleitung** führt den Leser in die Auseinandersetzung mit dem Text ein.

→ Geben Sie Autor, Titel, Textsorte (falls bekannt), Erscheinungsort und -jahr, Fundstelle sowie eine kurze Einführung in die zentrale Thematik an

Der Hauptteil

Im Hauptteil untersuchen und vergleichen Sie **Inhalt und Argumentationsstruktur, Sprache und Intention der Texte**.

→ Geben Sie zunächst den **Inhalt und die Argumentationsstruktur knapp** und **sachlich-distanziert** wieder. Achten Sie darauf, dass Sie nicht einfach den Textverlauf nacherzählen. Machen Sie durch Ihre Formulierungen deutlich, dass Sie die Meinungen und Argumente anderer referieren. Verwenden Sie – wo nötig – die indirekte Rede

→ **Analysieren Sie anschließend die Sprache** (☞ S. 272 und S. 341–344)

- Überprüfen Sie dazu im **semantischen Bereich** das Vorhandensein und die Verwendung einer spezifischen (Fach-)Sprache, von bestimmten Begriffen und Formulierungen, von Übertreibungen oder Beschwichtigungen, die durch die Wortwahl erzeugt werden
- Untersuchen Sie Merkmale des **syntaktischen Bereichs**, etwa die Häufigkeit von Satzkonstruktionen, die Spannung und emotionale Gebundenheit oder Distanz vermitteln
- Achten Sie im **rhetorischen Bereich** auf Mittel, die auf der Wort- oder Satzebene das Gesagte in einen bestimmten Kontext stellen, bekräftigen oder unterstreichen. Beachten Sie die Wertigkeit der Argumente

→ Arbeiten Sie schließlich die **Intention der Texte** heraus und **stellen Sie sie gegenüber**. Unterscheiden Sie folgende grundsätzliche Intentionen: **Informationen** (Darstellung eines Sachverhalts), **Argumentation** (Überzeugung durch Argumente), **Appell** („Überreden"), **Expression** (Ausdruck subjektiver Befindlichkeit)

Schlussteil

Schließlich **verdeutlichen Sie Ihre eigene Meinung** in einer abschließenden **Stellungnahme**.

→ **Bewerten** Sie dazu **die untersuchten Texte**, indem Sie darlegen, welche inhaltlichen und sprachlichen Aspekte in Hinblick auf die Intention gelungen sind

3.2 Einen Sachtext gestaltend erschließen – Eine Glosse verfassen

Ga und Pa – Die Maskottchen für die Ski-WM in Garmisch-Partenkirchen 2011

Die XXIII. Olympischen Winterspiele sollen vom 9. bis 25. Februar 2018 in der südkoreanischen Stadt Pyeongchang stattfinden. Eine entsprechende Entscheidung fällte das Internationale Olympische Komitee (IOC) am 6. Juli 2011 in Durban (Südafrika). Für Pyeongchang stimmten 63 Delegierte. Für die Ausrichtung hatten sich auch Annecy (Frankreich, 7 Stimmen) und München (25 Stimmen) beworben. In München selbst sollten die Eiswettbewerbe stattfinden, die Schneewettbewerbe wären in Garmisch-Partenkirchen abgehalten worden.

Karin Prummer, Katja Riedel
Auf die Mütze (2010) *Auszug*

Garmisch-Partenkirchen – Jetzt nennen ihn alle einen Rebellen, der die deutsche Olympiabewerbung in Gefahr bringen könnte. Doch das schert Anton Hornsteiner wenig. Es gibt Wichtigeres. Drei seiner Kühe haben gekalbt. Das Gras auf der Alm muss gemäht werden, bevor es wieder regnet. Mit hölzernen Rechen ziehen er und der Schwiegervater auf dem Hof mitten in Garmisch die Grasernte des Vortags vom Wagen. Es ist acht Uhr morgens, über ihnen brennt die Sonne, hinter dem alten Bauernhaus erhebt sich der Fels der Kramerspitze. 39 Jahre ist Anton Hornsteiner alt, die blonden Haare trägt er stoppelig, dazu Schnauzer und Dreitagebart. Seine Haut ist vom Wetter gegerbt. 26 Stunden in der Woche arbeitet er als Gärtner, um sich das leisten zu können, was er eigentlich ist: Landwirt.

Zu Olympia sagt er vier Worte: „Ich geb' nix her." Der Schwiegervater, 81, lässt sich auf einen Schemel sinken. Er ergänzt: „Nein, auf keinen Fall." Er sagt es fast genüsslich.

3000 Quadratmeter Land hat Hornsteiner. 3000 Quadratmeter, die die Olympia-Bewerbungsgesellschaft gerne hätte. Eine Wiese, ein Stadel darauf, darin Landmaschinen. Am Fuße des Hausbergs von Garmisch-Partenkirchen, wo die Gondeln nach oben starten. Den Hornsteiners ist es zu viel geworden mit dem Sport in ihrem Ort: Weltcup-Rennen, Ski-WM 2011, neue Pisten, Schanzen, Parkplätze. Immer sollen sie ihre Wiesen herleihen, sagen sie. Und immer haben sie Scherereien. Jetzt langt's.

Und weil einige Grundbesitzer in Garmisch-Partenkirchen so denken wie die Hornsteiners, könnte ihr Nein die Olympiabewerbung um die Winterspiele 2018 in München, Garmisch-Partenkirchen und Schönau am Königssee kippen. Die Zukunft der Bewerbung liegt in den Händen von 78 Eigentümern. Auf ihren Wiesen sollen die Wettbewerbe stattfinden, sollen Zuschauer parken, Athleten schlafen, Gäste wohnen, Journalisten arbeiten. Wenn sie festhalten an ihren Wiesen, wird Olympia nicht nach Deutschland und schon gar nicht nach Garmisch-Partenkirchen kommen. Denn Olympia braucht den 26 000-Einwohner-Markt – weil man in München nicht Ski fahren kann. [...]

1 Geben Sie den Inhalt in einem „Lead-Absatz" (☞ S. 300) wieder.
2 Analysieren Sie die sprachliche Gestaltung des Artikels. Notieren Sie Ihre Ergebnisse in Stichworten.
3 Formulieren und begründen Sie eine These zur Intention des Artikels. Beachten Sie, dass ein Text auch mehrere Intentionen aufweisen kann. Hierarchisieren Sie gegebenenfalls die nachgewiesenen Intentionen.
4 Ordnen Sie den Text begründet einer journalistischen Form (☞ S. 265, 316) zu. Beurteilen Sie, ob es sich um ein „typisches" Beispiel handelt.
5 Formulieren Sie eine „Gebrauchsanweisung zur Erstellung einer Glosse" (☞ Wissenskasten S. 265). Nutzen Sie den unten stehenden Wissenskasten und führen Sie den folgenden Satz weiter: „Um eine gute Glosse zu verfassen, müssen Sie Einblick in einen Sachverhalt nehmen, diesen ...".

WISSEN

Werden Erwartungshaltungen durchbrochen, entsteht **Komik**. Komisches kann so z. B. erzeugt werden durch ...

- **Übertragung von Sprachstilen** aus einem Bereich in einen anderen oder die **Verbindung von Dingen, die nicht zusammengehören**, z. B. Schilderung eines persönlichen Streits als Kriegsmanöver,
- **Unter- oder Übertreibung**: Wichtiges wird reduziert, Unwichtiges als ausschlaggebend dargestellt, z. B. Schilderung einer Beule im Auto als Weltuntergang,
- **Übertretung von (Sprach-)Konventionen** durch wörtliches Verstehen von Redensarten oder Vertreten extremer Vorurteile und Klischees, z. B. „Frauen können einfach nicht Auto fahren".

Verstellt sich ein Sprecher, erwartet aber, dass der wahre Sinn seiner Aussage verstanden wird (wenn auch nicht von jedem und in seinem vollen Umfang), entsteht **Ironie**. Die **spottende Sinnverkehrung** wird auf unterschiedlichen Wegen erzeugt:

- **Rhetorische Ironie**: Es wird das Gegenteil von dem gesagt, was gemeint ist
- **Selbstironie**: Ziel des Spotts ist die eigene Rolle oder Meinung, indem man sich selbst gegenüber eine relativierende oder kritische Haltung einnimmt
- **Sokratische Ironie**: Es wird nur scheinbar die Rolle des Unterlegenen eingenommen, um durch dieses Verstellen bzw. „Sich-dumm-Stellen" dem sich als überlegen wähnenden Gesprächspartner eine Falle zu stellen, ihn zu belehren oder ihn zum Nachdenken zu bringen

→

6 Entwerfen und formulieren Sie auf der Grundlage des Textes „Auf die Mütze" (☞ S. 278 f.) eine Glosse über den Streit in Garmisch-Partenkirchen:

a) Notieren Sie im Plenum Themen und Oberbegriffe aus dem Umkreis des berichteten Sachverhalts: Landwirtschaft, Berge, Großstadt, Tradition, Identität ...

b) Suchen Sie für die Begriffe aus Aufgabe 6 a) je ein Gegensatz- oder Paarbegriff und überlegen Sie, welche Möglichkeiten der Verfremdung diese Gegensatzpaare bieten.

c) Notieren Sie die direkten und indirekten Aussagen von Persönlichkeiten oder Gruppen, die in dem obigen Text angeführt werden. Legen Sie fest, welche der Aussagen Ihnen Ansatzpunkte für eine polemische Verfremdung oder komische Überspitzung bieten. Ggf. kann Ihnen hierfür auch das den Text ergänzende Bild hilfreich sein.

d) Entwerfen und skizzieren Sie die Argumentationsstruktur Ihrer Glosse.

e) Formulieren Sie den Text aus.

7 Erläutern Sie Ihren Text mithilfe von Stichpunkten unter inhaltlichen, sprachlichen und textsortenspezifischen Merkmalen.

METHODE

Einen Sachtext gestaltend erschließen

Beim gestaltenden Erschließen von Sachtexten wird der Ausgangstext durch eine gestaltende Antwort in Bezug auf seinen Inhalt, seine Argumentationsstrategie und Sprache erschlossen. Gehen Sie wie folgt vor:

- → **Analysieren Sie** zunächst den **Ausgangstext** hinsichtlich Inhalt, Sprachverwendung und Intention. Nutzen Sie z. B. eine Mind-Map, um Ihre Ergebnisse mit Textverweisen zu notieren
- → Informieren Sie sich dann über die inhaltlichen, sprachlichen und intentionalen **Merkmale der Textsorte**, die Sie verfassen möchten
- → Ggf. müssen Sie entscheiden, welche Merkmale ihr Text aufgreifen soll oder welche Merkmale sie besonders hervorheben möchten
- → Entwerfen Sie die **Struktur Ihres Textes**, notieren Sie dabei ebenso inhaltliche wie sprachliche Elemente, die Sie verwenden möchten, und legen Sie fest, mit welcher Art von Argumenten Sie arbeiten wollen
- → Entwerfen Sie die **sprachlichen Elemente**, indem Sie z. B. Synonyme für Begriffe zusammenstellen oder Merkmale des Satzbaus festlegen
- → **Formulieren Sie Ihren Text aus** und überprüfen Sie das Ergebnis anhand der Merkmale bestimmter Sachtexte (☞ S. 265, 316)

Häufig folgt dem gestaltenden Erschließen eines Sachtextes die Aufforderung, die **eigene Textproduktion zu erläutern**. Reflektieren Sie hierfür, inwiefern Sie ...

- → die Vorlage inhaltlich erfasst und Ihr Textverständnis entfaltet haben,
- → Möglichkeiten der Textvorlage für die eigene Gestaltung erkannt und genutzt haben,
- → textsortenspezifische Anforderungen (Auswirkungen auf Inhalt und Sprache) erkannt und umgesetzt haben.

4 Kompetenzen überprüfen und sichern

Tissy Bruns

Republik der Wichtigtuer (2007) *Auszug*

[...] Geht es auch anders? [...] Wer fängt an mit der Entschleunigung? Das steht nicht in meiner und nicht in der Macht der vielen Kolleginnen und Kollegen, die ein ähnliches Unbehagen an der Entwicklung der Medien empfinden. Aber Unbehagen kann doch ein Motor sein, ein besserer jedenfalls als Selbstzufriedenheit, denn die hat die Menschheit noch nie einen Schritt vorangebracht. Wer unzufrieden mit sich selbst ist, trägt vielleicht zur genauen Diagnose bei, zur Einsicht, die bekanntlich der erste Schritt zur Besserung ist. Und meine erste Einsicht ist: Wir alle sind Getriebene, nicht die Gestalter einer Umwälzung, die das Leben so tiefgreifend verändert wie die Dampfmaschine und die industrielle Revolution. Wir fühlen uns als Meister und Pioniere der digitalen Kommunikationswelten, wenn wir aus kühlen News Rooms multimedial zeitgleich in die ganze Welt senden und berichten. Tatsächlich wissen wir weder, ob es in drei Jahren unsere Zeitung noch gibt, noch wer unsere Sendungen wirklich sieht. Wir versuchen, mit immer neuen Methoden herauszufinden, wie man Leser ans Blatt und Zuschauer an den Sender bindet, und machen mit Exklusivmeldungen auf uns selbst aufmerksam. Wir orientieren uns an Quoten, Auflagen, dem Medientenor und neuerdings an Klicks, um die Wünsche des Publikums zu erahnen – und doch weiß niemand, ob wir die Jagd nach Aufmerksamkeit nicht gerade deshalb verlieren. Denn wenn gewohnte Formate, Strukturen und Plätze sich immer mehr auflösen, können die Marken *ZDF* oder *Der Tagesspiegel* oder *Westdeutsche Allgemeine Zeitung* unauffindbar werden, weil sie sich alle furchtbar ähnlich sehen.

Vor allem aber wissen wir immer weniger, was wir unseren Zuschauern, Lesern und Zuhörern cross-[1] oder multimedial eigentlich zu sagen haben. Ja, wir sind nicht einmal sicher, ob wir ihnen überhaupt noch etwas sagen wollen. Denn im Web kann doch jeder Bürger selbst Journalist werden, der als sein eigener Redakteur Plattformen, Blogs, Online-Zeitungen mit seinen Inhalten beschickt und keine Anleitung durch hochnäsige Korrespondenten, Redakteure oder Journalisten mehr braucht. Wäre das nicht viel demokratischer als eine öffentliche Kommunikation, die von professionellen Machern gestaltet wird? Eine Kommunikation, die personelle Hierarchien in der Person von Chefredakteuren, Intendanten, Reportern, Rechercheuren, Redakteuren ebenso kennt wie Hierarchien von Informationen selbst, die Abstufungen von wichtig, weniger wichtig, unwichtig? Bis zur Entscheidung: Hier ist kein Platz für Paris Hilton?

Ich plädiere für mehr Demut, für eine nüchterne Sicht auf die Grenzen unserer öffentlichen Rolle. Der erste Schritt zur besseren Einsicht ist diese Haltung aber nur, wenn sie, gewissermaßen als Kehrseite der Medaille, von einem grundsätzlich selbstbewussten Bekenntnis getragen ist. Das lautet: Demokratie lebt von Öffentlichkeit. Sie muss allgemein zugänglich sein. Diese Zugänglichkeit ist aber nur die

[1] *crossmedial*: Verknüpfung mehrerer Medien – etwa eines gedruckten Zeitungsartikels mit einem ergänzenden Filmbeitrag im Internet – bei der journalistischen Präsentation eines Themas

Voraussetzung, keine hinreichende Bedingung für demokratische Öffentlichkeit. Demokratische Öffentlichkeit muss durch die Medien einen Prozess der Meinungsbildung strukturieren, der den Bürgern für ihre Entscheidungen und Urteilsbildung gründlich recherchierte Informationen und fundierte Meinungen qualifizierter Beobachter zur Verfügung stellt, die im öffentlich ausgetragenen Streit auf die Probe gestellt werden. Weil kein Facharbeiter, keine Ärztin, kein Verwaltungsangestellter und kein Eventmanager auf eigene Faust Vierte Gewalt[2] sein kann, braucht die Demokratie Menschen, deren Beruf die Meinungsbildung ist, also professionelle politische Journalisten. Ihre orientierende Rolle gehört zur Demokratie wie die politische Führung des Landes durch gewählte Repräsentanten des Volkes. [...]

[2] *Vierte Gewalt*: So werden die Medien in einer westlichen Demokratie oft bezeichnet. Die Vierte Gewalt der Medien steht neben den drei Staatsgewalten (Legislative, Exekutive, Judikative).

1 Nennen Sie die zentrale These des Textes. Verfassen Sie eine Unter-Überschrift, in der Sie die These mit eigenen Worten formulieren.

2 Analysieren Sie den Abschnitt Z. 22–33 sprachlich. Notieren Sie die Ergebnisse auf einer großformatigen Kopie des Textabschnitts übersichtlich auf dem Rand.

3 Analysieren Sie die Textintention. Erstellen Sie eine Liste mit Zitaten, in denen die Intention besonders deutlich wird.

4 Überprüfen Sie folgende Aussagen zu Inhalt, Sprache und Intention auf ihre Richtigkeit. Notieren Sie bei richtigen Behauptungen eine Belegstelle:

Aussagen	richtig/falsch	Belegstelle
Der Text ist durchgängig ironisch geschrieben.	■ richtig ■ falsch	Z.
In dem Text kommt Fachsprache vor.	■ richtig ■ falsch	
Der Text ist in Umgangssprache verfasst.	■ richtig ■ falsch	
In dem Text wird durch das „wir" der Mediennutzer (Leser, Zuschauer) direkt angesprochen und miteinbezogen.	■ richtig ■ falsch	Z. 7
„Wir" meint die Politiker, über die berichtet wird.	■ richtig ■ falsch	
Die primäre Intention des Textes ist eine argumentative.	■ richtig ■ falsch	
In dem Text werden Thesen zur Zukunft der Medien entwickelt.	■ richtig ■ falsch	
Die Autorin warnt vor einer negativen Entwicklung durch neue digitale Medien.	■ richtig ■ falsch	
Im Text wird die Professionalität von Journalisten gegenüber Laienjournalisten hervorgehoben.	■ richtig ■ falsch	

5 Überarbeiten Sie den folgenden Textausschnitt aus der Analyse eines Schülers.

Tissy Bruns hat eine distanzierte Analyse der heutigen Situation des Journalismus in Deutschland verfasst. Gerade Fachleute werden von der häufig verwendeten Fachterminologie profitieren. Dazu trägt auch das statistische Material bei, das dem Leser präsentiert wird. Bruns widersteht der Versuchung, dem Leser die eigene Position unterzuschieben, sie hat vielmehr einen Text verfasst, der „Insidern" mit zahlreichen Informationen dienen soll.

Die alte Rolle der Medien als „Vierte Gewalt" hat sich überlebt und nun werden die Medien demokratischer. Dazu tragen vor allem die neuen, digitalen Formen der Medienproduktion bei, die von jedermann problemlos genutzt werden können. Keiner ist so ausgeschlossen!

6 Führen Sie die Analyse weiter.

7 Verfassen Sie eine Rede (☞ S. 284–289) zur These von Tissy Bruns.

a) Folgenden Beginn einer Rede hat ein Schüler als Antwort auf den Text von Bruns und für ein aus Journalisten bestehendes Publikum verfasst. Überarbeiten Sie den Textausschnitt. Berücksichtigen Sie die Kriterien für eine gelungene Einleitung (☞ S. 289).

Sehr geehrte Damen und Herren,

„Heil und Unheil, Segen und Fluch lesen die Auguren seit der Aufklärung nicht mehr in den Heiligen Schriften, sondern aus den Eingeweiden der technischen Zivilisation." Der Enzensberger war schon immer ein Garant für flotte Sprüche mit Tiefgang. Und Medienkritik war schon immer ein weites Feld. Aber neulich erinnerte ich mich an diesen Orakelspruch (und das weite Feld), als ich dank der digitalen Kommunikationswelt des Internets erfuhr: Über mich, den gemeinen Bürger, Verfechter und Teilnehmer der digitalen Welten, einen professionellen „digital native", wurde ein Fluch ausgesprochen! Urteilsspruch der Auguren: Es ist nicht grundsätzlicher Götterwille, dass ich (medial) demokratische Öffentlichkeit herstelle. Grund: Der gemeine Bürger ist zwar stets bemüht, darf auch hier und da mal (medial) seine Meinung verkünden, aber er bleibt eben doch nur ein Mensch von weltlichem Stand – er verirrt sich im weiten Feld der neuen digitalen Medien. Der mediale Adel aber, das können nur die politischen, hochprofessionellen Journalisten sein! Wer das sagt? Der mediale Adel!

b) Führen Sie die Rede weiter fort. Gehen Sie dabei besonders auf Bruns' Unterscheidung von Berufs- und Laienjournalisten ein. Wenden Sie sich gegen Bruns' Meinung und richten Sie sich an ein aus Journalisten bestehendes Publikum.

8 Erläutern Sie Aufbau und wesentliche gestalterische Elemente Ihrer Textproduktion.

Reden analysieren

Aristoteles (384–322 v. Chr.)
Über Rhetorik *Auszug*

Die Gattungen, mit denen sich die Redekunst befasst, sind drei an der Zahl. Denn so vielerlei Hörer von Reden gibt es auch. Eine Rede nämlich setzt dreierlei voraus: den Redenden, den Gegenstand, über den er redet, sowie den, zu dem er redet, und seine Absicht zielt auf diesen [...] Zuhörer. Notwendigerweise ist der Zuhörer aber entweder lediglich Publikum, oder er ist Urteilender, Urteilender entweder über Vergangenes oder über Künftiges. Jemand, der über Künftiges urteilt, ist z. B. das Mitglied der Volksversammlung, jemand, der über Vergangenes urteilt, z. B. der Richter.

1 Skizzieren Sie in einer grafischen Darstellung, welche Rollen Aristoteles dem Zuhörer einer Rede zuweist.
2 Ordnen Sie den drei Redegattungen Aristoteles' tabellarisch moderne Reden zu. Greifen Sie hierfür auf den Text und den folgenden Wissenskasten zurück.

WISSEN

Die in der antiken griechischen Demokratie entstandene **Rhetorik** unterschied **Gerichtsrede**, **politische Rede** und **Festrede**.
Reden sind in einem Dreischritt aufgebaut: 1. Anrede an das Publikum, 2. Darlegung und Erörterung des Sachverhalts und der Argumente, 3. Schlussfolgerung und Wendung an das Publikum. Der **Fünfsatz**, der die antike Gerichtsrede gliedert, verfeinert diesen Dreischritt:

- Die Einleitung (*exordium*) soll die Aufmerksamkeit und das Wohlwollen der Zuhörer gewinnen (*captatio benevolentiae*),
- in der Erzählung (*narratio*) wird die behandelte Sachlage erklärt,
- in der Beweisführung (*confirmatio*) werden die Argumente erörtert,
- um in der *refutatio* Einwände zu widerlegen, und
- am Ende stehen Schlussfolgerung (*conclusio*) und Appell.

Ziel jeder Rede ist **Beeinflussung** und **Überzeugung** der Zuhörer mithilfe von ...

- **Redestrategien**: Auf- wie Abwertung, Beschwichtigung, Ermutigung, Schuldzuweisung, Angstverbreitung, Drohung, Verharmlosung etc.,
- **Argumenten** unterschiedlicher Art und Gültigkeit: **Faktenargumente** stützen sich auf Tatsachen; mit einem **Autoritätsargument** beruft sich der Redner auf anerkannte Autoritäten; ein **normatives Argument** verknüpft die These mit allgemeinen Wertmaßstäben; weist der Redner die Gegenmeinung als unstimmig zurück, verwendet er ein **indirektes Argument**; überträgt er ein Beispiel aus einem anderen Lebensbereich auf den eigentlichen Sachverhalt, spricht man von einem **analogisierenden Argument**,
- **rhetorischen Mitteln** (☞ S. 341–344).

Georg Büchner (☞ Autoren-Info S. 55)
Dantons Tod – 2. Akt, 7. Szene (1835)

Georges Danton, prominenter Revolutionär und Mitglied des Nationalkonvents, ist im März 1794 während der Schreckensherrschaft (Terreur) der Jakobiner wegen Hochverrats verhaftet worden. Auf ihn wartet die Guillotine. Im Nationalkonvent werden die Unrechtmäßigkeit der Verhaftung und die Schreckensherrschaft kritisiert. Als letzter Redner spricht St. Just, rechte Hand Robespierres, des führenden Mitglieds der Jakobiner und Gegenspielers Dantons:

Es scheint in dieser Versammlung einige empfindliche Ohren zu geben, die das Wort „Blut" nicht wohl vertragen können. Einige allgemeine Betrachtungen mögen sie überzeugen, dass wir nicht grausamer sind als die Natur und die Zeit. Die Natur folgt ruhig und unwiderstehlich ihren Gesetzen; der Mensch wird vernichtet, wo er mit ihnen in Konflikt kommt. Eine Änderung in den Bestandteilen der Luft, ein Auflodern des tellurischen[1] Feuers, ein Schwanken in dem Gleichgewicht einer Wassermasse und einer Seuche, ein vulkanischer Ausbruch, eine Überschwemmung begraben Tausende. Was ist das Resultat? Eine unbedeutende, im großen Ganzen kaum bemerkbare Veränderung der physischen Natur, die fast spurlos vorübergegangen sein würde, wenn nicht Leichen auf ihrem Wege lägen.
Ich frage nun: Soll die geistige Natur in ihren Revolutionen mehr Rücksicht nehmen als die physische? Soll eine Idee nicht ebenso gut wie ein Gesetz der Physik vernichten dürfen, was sich ihr widersetzt? Soll überhaupt ein Ereignis, was die ganze Gestaltung der moralischen Natur, das heißt der Menschheit, umändert, nicht durch Blut gehen dürfen? Der Weltgeist[2] bedient sich in der geistigen Sphäre unserer Arme ebenso, wie er in der physischen Vulkane und Wasserfluten gebraucht. Was liegt daran, ob sie an einer Seuche oder an der Revolution sterben? – Die Schritte der Menschheit sind langsam, man kann sie nur nach Jahrhunderten zählen, hinter jedem erheben sich die Gräber von Generationen. Das Gelangen zu den einfachsten Erfindungen und Grundsätzen hat Millionen das Leben gekostet, die auf dem Wege starben. Ist es denn nicht einfach, dass zu einer Zeit, wo der Gang der Geschichte rascher ist, auch mehr Menschen außer Atem kommen?
Wir schließen schnell und einfach: Da alle unter gleichen Verhältnissen geschaffen werden, so sind alle gleich, die Unterschiede abgerechnet, welche die Natur selbst gemacht hat; es darf daher jeder Vorzüge und darf daher keiner Vorrechte haben, weder ein Einzelner noch eine geringere oder größere Klasse von Individuen. – Jedes Glied dieses in der Wirklichkeit angewandten Satzes hat seine Menschen getötet. Der 14. Juli, der 10. August, der 31. Mai[3] sind seine Interpunktionszeichen. Er hatte vier Jahre nötig, um in der Körperwelt durchgeführt zu werden, und unter gewöhnlichen Umständen hätte er ein Jahrhundert dazu gebraucht und wäre mit Generationen interpunktiert worden. Ist es da so zu verwundern, dass der Strom der Revolution bei jedem Absatz, bei jeder neuen Krümmung seine Leichen ausstößt?

[1] *tellurisch*: die Erde betreffend, von der Erde stammend

[2] *Weltgeist*: der personifizierte Inbegriff des Fortschreitens der Geschichte

[3] *Der 14. Juli, der 10. August, der 31. Mai*: Diese Daten bezeichnen Aufstände im Verlauf der Revolution seit 1789

Wir werden unserm Satze noch einige Schlüsse hinzuzufügen haben; sollen einige hundert Leichen uns verhindern, sie zu machen? – Moses führte sein Volk durch das Rote Meer und in die Wüste, bis die alte verdorbne Generation sich aufgerieben hatte, eh' er den neuen Staat gründete. Gesetzgeber! Wir haben weder das Rote Meer noch die Wüste, aber wir haben den Krieg und die Guillotine.

Die Revolution ist wie die Töchter des Pelias: Sie zerstückt die Menschheit, um sie zu verjüngen. Die Menschheit wird aus dem Blutkessel wie die Erde aus den Wellen der Sündflut mit urkräftigen Gliedern sich erheben, als wäre sie zum ersten Male geschaffen.[4]

(Langer, anhaltender Beifall. Einige Mitglieder erheben sich im Enthusiasmus.)

Alle geheimen Feinde der Tyrannei, welche in Europa und auf dem ganzen Erdkreise den Dolch des Brutus[5] unter ihren Gewändern tragen, fordern wir auf, diesen erhabnen Augenblick mit uns zu teilen.

(Die Zuhörer und die Deputierten stimmen die Marseillaise[6] an.)

[4] *Die Revolution ist wie die Töchter des Pelias*: Nach einer griechischen Sage töteten die Töchter des Pelias ihren Vater und kochten die Überreste im Kessel, um ihn verjüngt wieder auferstehen zu lassen

[5] *Brutus*: einer der Cäsarenmörder, also ein Tyrannenmörder

[6] *Marseillaise*: französische Nationalhymne

3 Notieren Sie erste Hypothesen zu Thema, Strategie, Ziel und Wirkung der Rede.

4 Gliedern Sie die Rede in Abschnitte und finden Sie für diese Überschriften.

5 Markieren und bestimmen Sie Argumente und Redestrategien.

6 Bereiten Sie einen Vortrag der Rede vor; notieren Sie auf einer Textkopie Betonung, Pausen, Lautstärke, Sprechgeschwindigkeit, Gestik und Mimik.

METHODE

Reden analysieren

Gehen Sie bei der Analyse einer Rede wie folgt vor:

→ Notieren Sie eine Interpretationshypothese zu Thema, Ziel und Wirkung

→ Notieren Sie sich Stichworte zu folgenden Punkten:

- Anlass der Rede, ggf. ausführlicher Kontext
- Absichten und Ziele des Redners
- Inhalt und Aufbau der Rede
- Redestrategien (z. B. Kritik, Rat, Dank, Entschuldigung o. Ä.)
- Argumentationsstruktur (Thesen, Argumente, Beispiele)
- Wortwahl (Schlüsselwörter, Schlagwörter, Klischees)
- Sprachliche Mittel (S. 341–344)
- Stil (Umgangssprache, Hochsprache, Verbindlichkeit, Verständlichkeit)
- Wirkung

→ Formulieren Sie Ihre Stichpunkte als Aufsatz aus:

- Verdeutlichen Sie in einer Inhaltsübersicht den Aufbau der Rede
- Beschäftigen Sie sich in einer linearen Interpretation (S. 111) mit den einzelnen Teilen der Rede. Charakterisieren Sie Redestrategien und Argumente anhand von geeigneten Textstellen
- Erläutern Sie, wie die rhetorischen Mittel die Redeabsicht unterstützen
- Beurteilen Sie, inwieweit der Redner seine Intention umgesetzt hat
- Verfassen Sie ggf. abschließend eine persönliche Stellungnahme

Reden gestalten

Der Büchner-Preis ist der prominenteste deutsche Literaturpreis. Er wird alljährlich von der Deutschen Akademie für Sprache und Dichtung verliehen. In ihren Dankesreden beziehen sich die Preisträger in der Regel auf Georg Büchner (☞ Autoren-Info S. 55) und definieren ihr Verhältnis gegenüber diesem literarischen Vorbild. Die drei folgenden Auszüge geben jeweils den Beginn unterschiedlicher Dankesreden wieder:

Elias Canetti (1972) *Auszug*

Meine Damen und Herren, für eine Ehrung zu danken, die im Namen Büchners geschieht, erscheint mir als tollkühnes Unterfangen. Denn man dankt in Worten, und wer hätte die seinen nicht im Kopf, wenn dieser Name genannt wird, und wen gibt es, in irgendeinem Lande der Erde, der ein Recht darauf hätte, neben diese Worte eigene zu setzen! So möchte ich nur etwas sehr Einfaches sagen, nämlich dass ich von keiner Ehrung weiß, die ich so sehr als Auszeichnung empfinde wie diese, und dass ich glücklich bin, sie noch zu erleben. Ich danke der Deutschen Akademie für Sprache und Dichtung, ich danke dem Lande Hessen, ich danke der Stadt Darmstadt, denen man als der Heimat zweier der klarsten und freiesten Geister der Menschheit, Lichtenbergs[1] und Büchners, von Jahr zu Jahr, wie sich erweist, mehr schuldet.

Ich bin kein Kenner der wissenschaftlichen Literatur über Büchner, und es ist sehr fraglich, ob mir ein Recht darauf zusteht, mich vor Ihnen, die Sie wohl alle auch Kenner dieser Literatur sind, über ihn zu äußern. Wenn überhaupt etwas für mich spricht, das ich als Entschuldigung anführen könnte, so ist es die Tatsache, dass er mein Leben verändert hat wie kein anderer Dichter.

[1] *Lichtenberg*: Der Schriftsteller Georg Christoph Lichtenberg (1742–1799) begründete den deutschsprachigen Aphorismus im Zeitalter der Aufklärung

Reiner Kunze (1977) *Auszug*

Hochverehrter Herr Präsident der Akademie für Sprache und Dichtung, meine Damen und Herren, vor zwanzig Jahren, ich war damals wissenschaftlicher Assistent[1], ließ mich mein Chef zu sich rufen und sagte: „So, Sie schreiben also Gedichte!" Er hatte sie gedruckt vor sich liegen. Und nach einer Pause, die ich als sehr lang in Erinnerung habe, sagte er: „Naja, auch Sie werden noch vernünftig werden." Damit war ich wieder entlassen. Als ich über die heute hier zu haltende Rede nachzudenken begann, wurde mir bewußt, daß bei jener Audienz erstmals ein Leitmotiv erklungen war – noch unter Ausschluß der Öffentlichkeit, piano, ein Solo für Posaune. Die Staatsorchester sollten folgen.

Vernünftig werden. Im Selbstverständnis meines damals wie heute verehrten Chefs hatte das geheißen: Keine Gedichte schreiben. Später bedeutete es: Nur die Gedichte nicht schreiben, die ich schrieb.

Mangelte es mir an Willen zur Einsicht? Ich war so willig gewesen einzusehen, daß ich mich dabei – wie ich später mit Entsetzen begriff – nicht einmal der eigenen Augen bedient hatte.

Woran also hat es gelegen?

[1] *wissenschaftlicher Assistent*: Reiner Kunze war Assistent an der Fakultät für Journalistik der Universität Leipzig

Christa Wolf (1980) *Auszug*

Ich danke der Deutschen Akademie für Sprache und Dichtung Darmstadt für die Zuerkennung des Georg-Büchner-Preises in diesem Jahr. Das Ungenügen an der eignen Arbeit steigert sich aus einem Anlaß wie diesem auf einen hohen Grad; der Selbstzweifel an der gewählten Existenzform wächst. Als müßig, vielleicht eitel, übergehe ich meine Auseinandersetzung mit diesem Dauerthema und lasse auch jene Blätter unter den Tisch fallen, die meine Schwierigkeit reflektierten, heute und hier zu reden. Büchners Beispiel vor Augen, beunruhigen mich mehr denn je die untergründigen Verflechtungen von Schreiben und Leben, von Verantwortung und Schuld, welche die Person, die schreibend lebt, lebend schreibt, hervorbringen und im gleichen Arbeitsgang zu zerreißen drohen. Die, glaube ich heute, nicht nur ausgehalten, sondern angenommen werden müssen. Unschuldig und ohne Verantwortung sein – dies mag als Wunschbild in Zeiten der Schwäche aufkommen; es ist ein Fluchtbild. In den konkreten Verhältnissen, in denen wir leben und schreiben, erwachsen werden – was auch heißt: sehend –, uns einmischen, versagen, wieder aufbegehren und auf neue Erfahrung süchtig sind: In diesen konkreten Verhältnissen ist ein Zustand verantwortungsloser Unschuld nicht vorgesehen. Heute und hier! heißt es da, und im Gehen reißt es uns die Masken vom Gesicht. Da werden die Gesichter mitgehen?

Büchner wieder lesen heißt, die eigne Lage schärfer sehn.

1 Sie haben den Anfang von drei Reden vorliegen, die von Preisträgern vor Publikum gehalten wurden. Analysieren Sie arbeitsteilig in Kleingruppen Inhalt, Funktion und Thematik der Anfänge, indem Sie ...

a) auf einer Textkopie Schlagwörter markieren,

b) eine Interpretationshypothese zum Thema der Rede formulieren,

c) untersuchen, inwiefern die Redeanfänge Aufschluss über das Selbstverständnis der drei Schriftsteller geben können,

d) die Haltung der Redner gegenüber dem Publikum und gegenüber dem Namensgeber des Preises in Stichworten charakterisieren,

e) sich über Lebenslauf und Werk der drei Schriftsteller informieren,

f) einen Diskussionsbeitrag vorbereiten, in dem Sie anhand des Anfangs der Rede Ihr Interesse an Rede und Redner verdeutlichen.

2 Diskutieren Sie im Plenum, welche der drei Redeanfänge Sie stärker zum aufmerksamen Zuhören animiert.

3 Verwenden Sie einen der beiden Sätze aus den obigen Reden als Anlass, um eine eigene Rede zu schreiben:

er [hat] mein Leben verändert [...] wie kein anderer Dichter. (Canetti, Z. 15 f.)	Büchner [...] lesen heißt, die eigne Lage schärfer sehn. (Wolf, Z. 19)

Ersetzen Sie Büchner ggf. durch einen anderen Schriftsteller. Überzeugen Sie in Ihrer Rede ein Publikum aus eher leseunwilligen Schülern von der Lektüre der Werke des von Ihnen gewählten Schriftstellers.

METHODE

Reden gestalten

Um eine Rede zu gestalten, die die Zuhörer auch tatsächlich beeinflusst und überzeugt, ist ein strukturiertes Vorgehen von grundlegender Wichtigkeit. Orientieren Sie sich hierfür an den schon seit der Antike bestehenden folgenden fünf Schritten:

1. Das Finden der passenden Sachverhalte und Argumente (*inventio*)
2. Die Entwicklung eines zweckmäßigen Aufbaus (*dispositio*)
3. Die sprachlich-stilistische Gestaltung (*elocutio*)
4. Das Auswendiglernen (*memoria*)
5. Das Einüben des wirkungsvollen Vortrags (*pronuntiatio*)

Vorarbeiten (Inventio):
- → Vergegenwärtigen Sie sich Aufgabenstellung und Thematik
- → Sammeln Sie Ideen und Argumente in Stichworten
- → Notieren Sie Ihre Redeabsicht und Möglichkeiten der Umsetzung

Stoffsammlung und Gliederung (Dispositio):
- → Ordnen Sie die Stichworte in Form einer Mind-Map (☞ S. 301)
- → Suchen Sie weitere Argumente, Zitate, Belege
- → Erarbeiten Sie eine logisch strukturierte Gliederung Ihrer Rede. Achten Sie auf die passende Zuordnung von Argumenten und Belegen
- → Gehen Sie im Hauptteil z. B. folgendermaßen vor: Beschreibung des Ist-Zustandes, Blick in Vergangenheit und Gegenwart, Erörterung möglicher Wege in die Zukunft, Entfaltung von Argumenten und Entkräftung bzw. Widerlegung von Gegenargumenten

Ausarbeitung und Überarbeitung (Elocutio):
- → Formulieren Sie eine Einleitung, mit der Sie das Publikum begrüßen und auf die Rede einstimmen bzw. Aufmerksamkeit wecken
- → Verfassen Sie den Hauptteil Ihrer Rede, behalten Sie hierbei Publikum und Redeabsicht im Blick. Achten Sie auf die logische Folge Ihrer Argumente
- → Überlegen Sie, welche rhetorischen Figuren Sie verwenden können, welche Bilder und Metaphern zur Veranschaulichung dienen
- → Wenden Sie sich im Schlussteil erneut an das Publikum; regen Sie die Zuhörer zum Weiterdenken an; danken Sie ihnen für die erwiesene Aufmerksamkeit
- → Überarbeiten Sie Ihre Rede; z. B. mithilfe der Schreibkonferenz (☞ S. 302)

Auswendiglernen und Vortragen (Memoria und Pronuntiatio):
Eine tatsächlich auswendig gelernte Rede wird heutzutage eher selten gehalten. Sie sollten aber ein relativ freies Vortragen üben:
- → Verfertigen Sie Ihr Manuskript so, dass Sie einen raschen Überblick erhalten
- → Markieren Sie Pausen und Betonungen
- → Sehen Sie Ihr Publikum beim Vortrag an

Präsentieren

Allgemeines

Präsentationen finden in vielfältigen Situationen statt: in Schule und Hochschule, bei Bewerbungsgesprächen, in der Werbung und im Verkauf, aber auch bei der firmeninternen Vorstellung von Ergebnissen einer Arbeitsgruppe.
Eines ist jedoch allen Präsentationen gemein: Immer geht es darum, die Zuhörer und Zuschauer zielgerichtet zu informieren und zu überzeugen. Dies bedeutet, dass vier zentrale Aspekte bei jeder guten Präsentation zum Tragen kommen: 1. faktische Informationen, 2. Überzeugungskraft, 3. der direkte Bezug zum Publikum und vor allem 4. ein konkretes Ziel, das die Präsentation erreichen soll.
Ein zentrales Hilfsmittel für eine gelungene Präsentation sind die Mittel zur Veranschaulichung (Medien). Diese dienen zum einen dazu, komplexes Wissen besser und schneller verständlich zu machen. Zum anderen wecken und erhalten sie das Interesse des Publikums.
Als Kriterien für eine erfolgreiche Präsentation können daher auch stets gelten:

- die fachliche Qualität und Verständlichkeit der Inhalte,
- der Umgang mit dem Medium,
- die Wirkung des Präsentierenden.

Thema und Ziel der Präsentation

Der häufigste und folgenschwerste Fehler unterläuft meist ganz zu Anfang bei der Vorbereitung einer Präsentation: Man wählt ein umfassendes Thema (z. B. „Johann Wolfgang Goethe"), das eine ungeheure Fülle von Informationen enthält, macht aber keine Angabe dazu, welches Ziel erreicht werden soll.
In der Praxis beginnt man dann meist, so viel Material wie möglich zu sammeln und in die Präsentation einzuarbeiten. Als Folge davon wird der Zeitaufwand zur Vorbereitung immer größer, die Präsentation lang, aber für die Zuschauer oft langweilig und unergiebig.

Formulieren Sie Ihre Präsentationsthemen so, dass Sie daraus klare Ziele ableiten und Ihre Inhalte danach auswählen können!
Beispiel: Anstelle des Themas „Der Sturm und Drang" besser: „Die literarische Epoche ‚Sturm und Drang' vor dem Hintergrund der politischen Situation der Zeit".
Überprüfen Sie danach die Eignung Ihres Themas in Hinblick auf die Möglichkeit, klare und überprüfbare Ziele zu finden. Formulieren Sie die Ziele dabei als einen Zustand, der am Ende der Präsentation erreicht sein sollte, z. B.:

- Die Teilnehmer wurden über die gesellschaftlichen und politischen Hintergründe der Epoche informiert

- Vor diesem Hintergrund wurden die wichtigsten Merkmale der literarischen Werke erläutert
- Die wichtigsten Werke der Zeit und ihre Autoren wurden vorgestellt
- Auf mindestens ein Textbeispiel wurde genau eingegangen und hieran wurden die Epochenmerkmale belegt

Bei Präsentationen im schulischen Bereich empfiehlt es sich, diese Ziele mit dem verantwortlichen Lehrer vorher abzuklären.

Inhaltliche Recherche

Sammeln Sie nur die Informationen, die Ihnen dabei helfen, Ihre Ziele zu erreichen! Auch ein Ideennetz oder eine Mind-Map (☞ S. 301) haben sich zur Strukturierung bewährt.
Bei der Informationssuche denken viele heute zunächst an das Internet. Dort finden sich gute, aber manchmal auch zu viele, qualitativ nicht immer abgesicherte Informationen. So unverzichtbar das Internet ist, vor allem um sich einen ersten Überblick über die verschiedenen Aspekte eines Themas zu verschaffen, so sehr ist aber auch Vorsicht geboten.
Bei der Übernahme von **Informationen aus dem Internet** sollten Sie zur qualitativen Absicherung von Internetseiten folgende Kriterien berücksichtigen:

- Gibt sich der Urheber der Seite eindeutig zu erkennen?
- Kann dem Urheber eine Kompetenz bezüglich seiner Informationen unterstellt werden (Seiten von Universitäten, wissenschaftlichen Instituten etc.)?
- Sind die Seiten werbungsfrei?
- Wann wurde die Seite das letzte Mal überarbeitet?

Nachdem Sie sich im Internet einen Überblick über das Thema verschafft haben, können Sie sich aus folgenden Quellen sichere erste Informationen beschaffen:

- Schulbücher (kompakte, sichere Informationsquelle, auf Schulniveau angepasstes Wissen),
- Lexika (kurze, kompakte Information; geeignet sind auch Computer-Lexika, z.B. Microsoft Encarta),
- Experten (Nachfragen erspart oft viel Arbeit und gibt evtl. Hinweise auf die Existenz unterschiedlicher Forschungsmeinungen zu einem Thema).

Um sich nun zu einzelnen Aspekten genauer und vertiefter zu informieren bzw. auf weitere Aspekte aufmerksam zu werden, empfiehlt sich die Bibliotheksrecherche, bei der Sie sich Fachliteratur im eigentlichen Sinne beschaffen können. Das sind ...

- Bibliographien zum Thema (= Sammelbände mit Literaturhinweisen),
- wissenschaftliche Aufsätze, Monographien (ganze Bücher), evtl. Doktorarbeiten.

Informationsbearbeitung

Der nächste Schritt ist die Strukturierung und Gliederung der Informationen. Die erste Aufgabe ist dabei praktisch immer, die Informationen zu kürzen, weil man zu viele besitzt. Dabei sollen und dürfen in einer Präsentation nur so viele Informationen gegeben werden, wie die Zuhörer zum Verständnis des Inhalts benötigen und verarbeiten können. Zu viele Informationen (z. B. extrem detaillierte Lebensläufe von Dichtern) ermüden und demotivieren die Zuhörer nur.

Überprüfen Sie die Eignung Ihrer Inhalte mit folgenden Leitfragen:
- Welche zentralen Informationen muss mein Vortrag unbedingt enthalten?
- Welche Informationen sollte ich weglassen, weil sie unnötig, langweilig oder unverständlich sind?
- Wie viel Zeit steht mir zur Verfügung?

Dann geht es um die Festlegung der zentralen Teile der Präsentation:
- Welche Informationen muss ich länger erklären und mit Beispielen belegen?
- Welche Informationen sind so wichtig, dass ich sie visualisieren muss?

Die Festlegung der Inhalte und der Medien

Nach den beschriebenen Vorarbeiten ergibt sich eine sinnvolle Gliederung der Präsentation meist schnell und mit wenig Zeitaufwand. Dabei sind noch folgende Schritte nötig:
- Gliedern Sie die Information nach sachlichen Gesichtspunkten
- Heben Sie die zentralen Informationen hervor, bereiten Sie diese optisch auf
- Entscheiden Sie sich für geeignete Präsentationsmedien oder sonstige Anschauungsmaterialien (z. B. Gegenstände, Versuche, Hör- oder Filmbeispiele)

Die Grundstruktur der Präsentation

Grundsätzlich lassen sich auch Präsentationen in die bekannten drei Hauptphasen Einstieg, Hauptteil und Schluss gliedern.

Beim Einstieg hat sich eine feste Reihenfolge bewährt. Man beginnt mit einer freundlichen Begrüßung und versucht dann, das Interesse der Zuhörer zu wecken. Dies kann inhaltlich geschehen (z. B. durch eine Animation, ein Zitat, ein praktisches Beispiel, eine Statistik oder ein Bild). Am wirkungsvollsten ist es, die Teilnehmer aktiv einzubeziehen, z. B. durch eine (rhetorische) Frage oder eine Aufforderung. Zum Abschluss der Einleitung gibt man einen Überblick über den Inhalt und die Regelung für Fragen (gleich oder am Ende).

Der Hauptteil hängt stark von Inhalt und Fachgebiet der Präsentation ab, dennoch kann man sich fast immer an folgende Prinzipien halten:

- klare Gliederung
- klare Argumentationsstruktur (These, Argument, Beispiel)
- Visualisierung der Kernaussagen
- Einbeziehung der Teilnehmer

Um das Interesse der Zuhörer am Schluss der Präsentation nochmals zu wecken, sollte man diesen ankündigen. Anschließend werden die Kernaussagen zusammengefasst. Ein passender Schlusspunkt (Appell, Zitat) rundet den Vortrag ab. Zuletzt schlägt der Vortragende die Brücke zur Diskussion: „Hat jemand noch Fragen?"

Die Rolle des Präsentierenden

Das wichtigste Präsentationsmedium ist immer der Präsentierende selbst. Nur wenn man ihm seine Botschaft abnimmt, kann er das Ziel seiner Präsentation erreichen. Die Wirkung hängt sicher auch von der Persönlichkeit des Vortragenden ab, lässt sich aber durchaus planmäßig verbessern.

Der wichtigste Einzelfaktor einer Präsentation ist die fachliche Kompetenz des Vortragenden, d. h. das Fachwissen, das er während der Präsentation zeigt, und seine Fähigkeit, auf Fragen zu antworten. Beides kann man sich durch gute, intensive fachliche Recherche der zu vermittelnden Inhalte aneignen. Umgekehrt gilt die Grundregel: Lassen Sie in Ihrer Präsentation die Begriffe und Fakten weg, die Sie selbst auf Nachfrage nicht erklären können. Derartige Pannen wirken sich im Zweifelsfall sehr negativ auf die Ihnen unterstellte Kompetenz zum Thema aus.

Begeistern Sie sich für Ihr Thema und zeigen Sie dies. Nur wenn man das Gefühl hat, dass der Vortragende hinter seinen Inhalten steht und sich selbst mit ihnen identifiziert, kann er auch andere überzeugen und begeistern. Hat man hingegen den Eindruck, der Präsentierende glaube selbst nicht daran, dass seine Präsentation sinnvoll und überzeugend ist, wird sie auch niemals überzeugend sein.

Der nächste wichtige Faktor, der die Wirkung des Präsentierenden ausmacht, ist die Sprache. Hier ist zunächst einmal Verständlichkeit wichtig. Starke Dialektfärbungen sind zu vermeiden, weil sie im Bereich von Wissenschaft und Wirtschaft unangemessen sind und den Kreis derer stark einschränken, die eine Präsentation verstehen können. Die Lautstärke und das Sprechtempo müssen ebenfalls so gewählt werden, dass alle den Redner verstehen können. Wünschenswert ist eine sinnvolle Modulation der Stimme, d. h. der sinnvolle Wechsel zwischen leisen und lauten bzw. langsamen und schnelleren Redepassagen. Die Sätze sollen nicht zu lang sein, Pausen am Satzende sind sehr wichtig (bis zu acht Sekunden sind möglich!).

Und zuletzt ist für einen positiven Kontakt zum Publikum im Bereich des persönlichen Verhaltens insbesondere der Blickkontakt wichtig: Es ist darauf zu achten, so oft wie möglich in die Gruppe zu schauen anstatt auf das Medium und dabei auch alle Zuhörer zu berücksichtigen. Auch eine sinnvolle Gestik (im Bereich zwischen Gürtellinie und Augenhöhe) unterstützt diesen Kontakt. Schon bei der Planung der Präsentation sollte der Kontakt berücksichtigt werden, indem Passagen eingebaut werden, bei denen das Publikum aktiv einbezogen und der reine Vortragscharakter der Präsentation durchbrochen wird.

Tipps zum Umgang mit den Medien

- **Tageslichtprojektor**:
  - Folien attraktiv gestalten, aber nicht überladen (max. drei Farben)
  - Für alle Folien einer Präsentation das gleiche Grundlayout verwenden
  - Folien sauber gliedern mittels Form und Farben
  - Nur Stichpunkte auf die Folie schreiben, niemals alles, was man sagen will
  - Bei der Wahl der richtigen Textmenge hilft die Auswahl der richtigen Schriftgröße: mindestens 18 Punkt für den Text, für Überschriften mindestens 24 Punkt wählen
  - Oben und unten genug Rand lassen – je mehr Textumfang auf die Projektionswand passen muss, desto kleiner erscheint die Schrift
  - Vor Beginn der Präsentation die Technik testen
  - Aus dem Zuschauerraum prüfen, ob alle die Projektion gut erkennen können.
  - Lange an einer Folie arbeiten, niemals zu viele Folien hintereinander „durchziehen"
  - Beim Folienwechsel eine Vortragspause machen, damit die Teilnehmer die Folien zuerst lesen können. Anschließend die Aufmerksamkeit gezielt auf einzelne Punkte lenken, z. B. mit einem Pfeil oder einem Bleistift
  - Nicht selbst die kompletten Inhalte der Folien wörtlich vorlesen
  - Sitz- oder Stehposition planen, die Sicht auf die Folie nicht blockieren und nicht im Projektionslicht stehen
  - Blickkontakt zu Publikum beachten: Den Blick immer nur kurz auf die Folie richten, dann wieder ins Publikum

- **Computergestützte Präsentation**:
  - Auf unnötige Spielereien verzichten: Effekte sind nur sinnvoll, wenn sie den Inhalt unterstützen
  - Eine eher schlichte Foliengestaltung verwenden, die sich nicht vor den Inhalt schiebt, sondern ihn unterstützt; die Regeln entsprechen im Wesentlichen denen der Gestaltung von Folien für den Tageslichtprojektor
  - Einen Alternativplan fassen, falls die Technik versagt, besonders bei wichtigen Präsentationen (Abitur!). Ggf. einen Foliensatz für den Tageslichtprojektor bereithalten

- Selbstkritisch die eigene Kompetenz prüfen: Computergestützte Präsentationen sind nur geeignet für Präsentatoren, die sich mit Computern auskennen

- **Flipchart**:
  - Flipchartpapier gibt es im Handel in weiß oder als kariertes Papier. Letzteres ist vorzuziehen, da die Karos bei der Anfertigung sauberer Charts eine wertvolle Hilfe sind. Das Karomuster ist für die Zuschauer schon aus 2–3 Metern kaum mehr zu erkennen
  - Bilder, die während der Präsentation entwickelt werden sollen, können schon vorher dünn mit einem harten Bleistift vorgezeichnet werden – die Bleistiftstriche sind für die Teilnehmer praktisch unsichtbar. So kann das Flipchart auch als Spickzettel verwendet werden, indem man die Unterpunkte, die man zu der auf dem Flipchart beschriebenen Überschrift nennen will, dünn mit Bleistift daneben vermerkt
  - Für die Schrift gibt es klare Regeln: Die Schriftgröße muss mindestens zwei Kästchen betragen, für große Räume kann größere Schrift nötig sein. Unbedingt Druckschrift wegen der besseren Lesbarkeit verwenden. Keine Versalien (Großbuchstaben) benutzen – das Auge erkennt das Gesamtbild des Wortes in den gewohnten Groß- und Kleinbuchstaben besser
  - Bei der Präsentation steht der Präsentator immer seitlich vom Flipchart. Er zeigt nur kurz mit der Hand (nicht mit dem Zeigestock) auf das Chart, ansonsten aber wendet er seine Brust – und damit auch den Blick – der Gruppe zu

- **Pinnwand**:
  - Auch die Bilder auf der Pinnwand lassen sich hervorragend mit Bleistift vorstrukturieren
  - Farben und Formen nutzen, die das Medium bietet. Die Pinnwandpräsentation lebt von ihren optischen Effekten. Wer es schlichter liebt, sollte ein anderes Medium wählen
  - Grafiken und Symbole einsetzen

Zitieren

Für jedes **Zitat aus der Primär- und Sekundärliteratur** ist die **Quelle**[1] anzugeben, also der genaue Ort, von dem dieses Zitat stammt, auch wenn der Autor inhaltlich nur sinngemäß wiedergegeben wird.

[1] Alle im Folgenden aufgeführten Möglichkeiten zu zitieren, Anmerkungen einzufügen bzw. bibliographische Angaben zu machen, sind auf den Seiten 298 f. veranschaulicht.

Jedes **wörtliche Zitat** ist in Anführungszeichen („...") und in seinem genauen Wortlaut wiederzugeben. Wörtliche Rede innerhalb eines Zitats wird mit einfachen Anführungszeichen(‚...') gekennzeichnet.
Vorgenommene Kürzungen werden durch drei Punkte in eckigen Klammern [...] gekennzeichnet. Veränderungen gegenüber dem Originalwortlaut, die z. B. beim Einbau des Zitats in den eigenen Text entstehen, müssen ebenfalls in eckige Klammern gesetzt werden.

Bei einer **sinngemäßen Wiedergabe** (auch: Paraphrase) muss durch die Verwendung der indirekten Rede mit Konjunktiv I oder durch Verweise auf den Namen des Autors deutlich werden, dass es sich um den Gedankengang eines anderen handelt. Paraphrasierende, also nicht wörtliche Zitate erhalten in der Fußnote (☞ siehe unten) den Zusatz vgl. (vergleiche).

Anmerkungen einfügen

Fußnoten werden verwendet ...
- zur bibliographischen Kenntlichmachung (Quelle eines Zitats s. o.),
- zum Verweisen auf andere Autoren und Forschungsmeinungen (auch hier mit Nennung der Quelle),
- zur Entlastung des eigentlichen Textes (z. B. Worterklärungen etc.).

Die Nummerierung erfolgt durchlaufend, die Fußnoten sollten aber am Fuße derjenigen Seite stehen, auf die sie sich beziehen. Fußnoten stehen im Text etwas erhöht hinter dem Satz oder Satzteil, auf den sie sich beziehen, bei Zitaten etwas erhöht hinter den Anführungszeichen. Am Fuß der Seite werden sie ebenfalls etwas erhöht vor den Wortlaut gesetzt. Textverarbeitungsprogramme bieten die Möglichkeit der automatischen Fußnotenverwaltung.

Die **Form der Quellenangabe** entspricht der Form der bibliographischen Angaben (siehe dort). Ist eine Arbeit schon einmal ausführlich zitiert worden, so können weitere Verweise in eine sinnvolle gekürzte Form gebracht werden. Wird auf einen Titel, der in einer Fußnote zitiert worden ist, in der unmittelbar darauf folgenden Fußnote erneut verwiesen, so kann man die Abkürzungen ebd. (= ebenda) bzw. ibid. (= ibidem) oder a. a. O. (= am angegebenen Ort) mit Angabe der Seitenzahl verwenden.

Bibliographieren[2]

Bücher und Aufsätze

Bibliographieren bei Büchern ...

- mit einem Verfasser:
  Verfassername, Vorname: Titel. Erscheinungsort: Verlag, Erscheinungsjahr
- mit zwei Verfassern:
  Verfassername 1, Vorname 1/Verfassername 2, Vorname 2: Titel. Erscheinungsort: Verlag, Erscheinungsjahr
- mit mehreren Verfassern:
  Verfassername 1, Vorname 1 [u. a.]: Titel. Erscheinungsort: Verlag, Erscheinungsjahr
- mit einem Herausgeber:
  Herausgebername, Vorname (Hg.): Titel. Erscheinungsort: Verlag, Erscheinungsjahr
- mit mehreren Aufsätzen (Sammelbände):
  Verfassername, Vorname: Titel. In: Verfasser bzw. Herausgeber des Buches: Buchtitel. Angabe der Bandnummer, Erscheinungsort: Verlag, Erscheinungsjahr, Seitenangabe für den entsprechenden Aufsatz

Bibliographieren bei Aufsätzen in Zeitschriften ...

- *Verfassername, Vorname: Titel. In: Titel der Zeitschrift, Nummer (Jahr), Seitenangabe*

Internetquellen

Internetquellen sind durch Autor, Titel und URL mit Datum des Abruftages nachzuweisen:

- *Verfassername, Vorname: Titel. In: URL, zuletzt besucht am ...*
  Sind Autor und Titel nicht ersichtlich, reicht die Angabe von URL und Zugriffsdatum. Wegen der Schnelllebigkeit des Internets kann es sinnvoll sein, einen Ausdruck der Seite im Anhang der Arbeit beizufügen.

Archivmaterialien, Filme, CDs usw.

Bei Archivmaterialien müssen neben den üblichen Angaben unbedingt der Fundort und die Signatur genannt werden. Alle übrigen Quellen sind mit den jeweiligen medienspezifischen Angaben (Sender, Sendezeit, Filmverleih, Bestellnummer usw.) zu versehen.

[2] Die formale Gestaltung von bibliographischen Angaben variiert von Fach zu Fach, auch von Autor zu Autor. Wichtig ist, ein einmal gewähltes Verfahren konsequent anzuwenden.

1 Anmerkung zur Wortbedeutung

2 Zitat aus Primärtext mit kenntlich gemachter syntaktischer Anpassung

3 sinngemäße Wiedergabe der Primärquelle

4 7 9 10 Zitat aus Primärquelle

5 wörtliches Zitat mit Einbindung in den Fließtext und kenntlich gemachter Kürzung des Wortlauts

6 sinngemäße Wiedergabe aus der Sekundärliteratur durch Verfassernamen kenntlich gemacht

8 wörtliches Zitat aus Sekundärliteratur

1 Buchquelle mit mehreren Verfassern

2 4 7 9 10 Primärquelle

3 unmittelbar folgender Verweis auf in vorheriger Fußnote bereits genannte Quellenangabe mit vgl. angeschlossen

5 Aufsatzquelle in einer wissenschaftlichen Zeitschrift

6 ausführlich genannter Einzeltitel; Aufsatzquelle aus mehrbändigem Sammelwerk mit einem Herausgeber

Beispieltext

Das 1844 von Heinrich Heine verfasste Gedicht „Die schlesischen Weber" thematisiert in einer aggressiv appellierenden Atmosphäre grundlegende Kritik an den politischen Umständen und Autoritäten des Vormärz, indem der Ruf nach politischem Wandel durch die Stimmen schlesischer Weber umgesetzt wird.
Heines politisches Gedicht ist als „Seismograph seiner Zeit"[1] zu deuten: Die Weber streben nach Deutschlands Untergang, indem sie an dessen Leichentuch arbeiten. Der „[dreifache] Fluch"[2], den sie in das Tuch hineinweben, ist eine direkte Anklage gegen die drei höchsten Instanzen der damaligen Ordnung, Gott, König und Vaterland[3]. Schlussendlich soll ganz „Altdeutschland"[4] – „[...] in dem sich die preußische Monarchie durch restaurative Kräfte versucht zu behaupten"[5] – vom Leichentuch begraben werden.
Nach Simoneit greift Heine die Weberaufstände von 1844 auf, um auf die im Rahmen der Industrialisierung entstandenen Missstände von Ausbeutung und Lohnverfall aufmerksam zu machen.[6] Im Gedicht finden sich zahlreiche Verweise auf das soziale Elend, z. B. in Vers 7 auf die zu erleidenden Hungersnöte; die soziale Stellung der Weber wird mit der Situation von Hunden verglichen, derer man sich bedenkenlos entledigt: „Und uns wie Hunde erschießen lässt –"[7].
Jedoch wird auf diese Weise nicht Hoffnungslosigkeit verdeutlicht, sondern der Wille zu „Revolution statt Resignation"[8]. Dem Untergang Deutschlands wird entgegengestrebt („Wir weben emsig Tag und Nacht –"[9]). Die Unaufhaltsamkeit dieses Strebens ist formal vielfältig umgesetzt. So steigert sich die kämpferisch appellierende Stimmung, was an dem Wandel der Kommunikationssituation

---

1 Vgl. Lyrik als „Seismograph der Zeitgeschichte". In: Bach, Klaus [u.a.]: Historische Einordnung der Literatur – eine Absage an reine Werkimmanenz. München: Elagy Verlag, 2006, S. 231
2 Die schlesischen Weber, Strophe 1/Vers 4; Strophe 5/Vers 24
3 Vgl. ebd. Strophe 2/Vers 6; Strophe 3/Vers 11; Strophe 4/Vers 16
4 ebd., Strophe 5/Vers 23
5 Breitbach, Maria: Der Vormärz und die Märzrevolution. In: GeschichteGegenwart. Zeitschrift für Historiker, 5 (2009), S. 89
6 Vgl. Simoneit, Hans: Heine und die literarische Strömung des Vormärz. In: Lörchner, Michael (Hg.): Heinrich Heine. Leben und Werk. Bd. 3, Stuttgart: Zentrumsverlag, 2003, S. 132
7 Die schlesischen Weber, Strophe 3/Vers 14

deutlich wird: Zunächst schildert ein verdeckter Sprecher die Ausgangssituation. Er zeichnet ein aggressives und zugleich emotional abgestumpftes Bild der arbeitenden Weber; sie verrichten ihre Arbeit nahezu mechanisch. Die Härte der Situation wird durch die schnell aufeinanderfolgenden Silbenbetonungen sowie die Ellipse im ersten Vers unterstrichen. Die Aggressivität der Weber drückt sich auch in der Metapher des Zähnefletschens aus, welche die Arbeiter im zweiten Vers mit wilden Tieren gleichsetzt. Die Wut der Weber bricht sich Bahn, sodass sie selbst das Wort ergreifen, verdeutlicht an den Anführungszeichen ab Vers 3. Sie betonen, am Untergang der bestehenden gesellschaftlichen Strukturen mitzuwirken, was die Metapher des Leichentuchs als Endprodukt ihres Webens symbolisiert. Indem die Weber nun selbst ihre Klagen vorbringen, entstehen Unmittelbarkeit und Nähe zum Leser. Diese Wirkung wird durch den gewählten Sprachstil, der Nähe zur Umgangssprache aufweist („Er hat uns geäfft, gefoppt und genarrt –“[10]), verstärkt. Nach Karl Schneise ist dies exemplarisch für den Autor: „Heine traf den Ton, da er schrieb, wie die Bevölkerung sprach. Das Vermögen, Sprache als Spiegel der Missstände und Ungerechtigkeiten zu formen, sucht ihresgleichen.“[11]

Besonderen Wert erhält das „Weberlied“[12], indem es – so erklärt Simoneit – im Gegensatz zu anderen Gedichten der Zeit nicht nur die unwürdigen Lebensbedingungen beklagt, sondern die politisch-gesellschaftlichen Missverhältnisse – die Übermacht von Kirche und Adel sowie die Nichtexistenz einer bürgerlich-demokratischen Ordnung – kritisiert.[13] Die ausgesprochenen drei Flüche sind direkte Angriffe gegen Gott, den König und das Vaterland und konkretisieren die Ursachen und das Ziel des bezweckten politischen Umsturzes. Heines literarisches Werk sei somit beispielhaft für die politische Lyrik des Vormärz, indem es den monarchischen Bestrebungen eine liberal-nationale Bewegung entgegenstelle.[14] [...]

11 wörtliches, auf Doppelpunkt folgendes nachgestelltes Zitat aus Sekundärliteratur

12 Entlastung des eigentlichen Textes

13 erneute sinngemäße Wiedergabe eines bereits genannten Autors

14 sinngemäße Wiedergabe aus der Sekundärliteratur nur durch Konjunktiv kenntlich gemacht

---

8 Lindi, Joanna/Bachmann, Christof: Die Rezeptionsgeschichte von Heines „Weberlied“. Köln: Verlag am Rhein, 1997, S. 67

9 Die schlesischen Weber, Strophe 5/Vers 22

10 ebd., Strophe 2/Vers 9

11 Schneise, Karl: Heinrich Heine und die Nähe zum gemeinen Volk. In: http://www.bkldo.html#art1, zuletzt besucht am 06.12.2010

12 Das Gedicht „Die schlesischen Weber“ von Heine wird aufgrund seiner Nähe zur Liedform auch als „Weberlied“ bezeichnet, vgl. Lindi/Bachmann, 1997, S. 88 ff.

13 Vgl. Simoneit, Hans: Politische Gedichte des Vormärz. Stuttgart: LWVerlag, 2009, S. 9

14 Vgl. Lindi/Bachmann, 1997, S. 163

8 ausführlich genannter Einzeltitel; Buchquelle mit zwei Verfassern

11 Internetquelle

12 14 durch Autorennamen und Jahreszahl verkürzt zitierte wiederholte Quelle

13 sinngemäßes Zitat eines bereits genannten Autors, allerdings in einer anderen Buchquelle

Arbeitstechniken (alphabetisch geordnet)

- **Beziehungskurve**: Verfahren, um die Beziehung zwischen zwei oder mehreren literarischen Figuren darzustellen. Die Kurve definiert einerseits den Stand der Beziehung zwischen zwei Punkten (z. B. Distanz und Nähe). Andererseits gibt die Kurve den Verlauf der Beziehung wieder, indem der Stand der Beziehung zu unterschiedlichen Zeitpunkten (z. B. während eines Gesprächs oder im Verlauf einer Romanhandlung) erfasst wird

- **Cluster**: Arbeitstechnik zur Ideensammlung; vorstrukturierende Anordnung von Assoziationsketten, meist als Äste von einem Mittelpunkt ausgehend

- **Exzerpt**: Ergebnis des Exzerpierens; darunter versteht man das Herausschreiben zentraler Aussagen, Argumente, Informationen o. Ä. aus einem Text. Es kann stichwortartig oder satzförmig erfolgen – je nach Verwendungszweck des Exzerpts

- **Fishbowl-Diskussion** (auch: Innen-/Außenkreismethode): Arbeitstechnik zur Diskussion in großen Gruppen. Der Kurs wird in eine Pro- und Kontra-Gruppe geteilt; jeweils drei bis vier Mitglieder der beiden Gruppen setzen sich als Kleingruppe in einen Stuhlkreis bzw. Innenkreis; zwei Stühle im Innenkreis werden frei gelassen. Die übrigen Teilnehmer beobachten die Diskussion und positionieren sich als Außenkreis um die Kleingruppen. Möchte ein Teilnehmer des Außenkreises etwas zur Diskussion beitragen, setzt er sich für einen zuvor vereinbarten Zeitraum auf einen der freien Stühle. Dann macht er den Platz für andere Interessierte frei. Die Fishbowl-Diskussion kann auch mit einem Moderator durchgeführt werden

- **Flussdiagramm**: Möglichkeit zur Darstellung von Abläufen, indem die einzelnen Schritte zwischen Anfangs- und Endpunkt mithilfe unterschiedlicher Symbole, z. B. Pfeile etc., dargestellt werden

- **Kommentiertes Schema**: Verfahren, um das (eigene) Verständnis eines komplexen Zusammenhangs zu verdeutlichen; das zu einem bestimmten Sachverhalt selbst erstellte Schema wird mit eigenen Worten erklärt

- **Konspekt**: Darstellungsweise zur Veranschaulichung des Argumentationsverlaufs eines Textes in Form einer Grafik

- **Lead-Stil** (auch: Lead-Absatz): bestimmte Anordnung von Überschrift, Zusammenfassung und Inhalt journalistischer Texte. Der Lead-Absatz ist ein Kurztext aus drei Sätzen, der nach der Überschrift und vor dem Artikeltext die Kerninformation des Artikels auf interessante Weise zusammenfasst

- **Mind-Map**: Arbeitstechnik zur optischen Gliederung von Ideensammlungen, bei der ein Thema nach Ober- und Unterpunkten aufgeschlüsselt wird. Die gedankliche Ordnung wird mithilfe von verzweigten Ästen veranschaulicht

- **Placemat**: Verfahren zur Strukturierung und Zusammenführung von Arbeitsresultaten einer Gruppe mithilfe einer grafischen Struktur. Es werden sowohl individuelle Arbeitsergebnisse als auch Ergebnisse aus Gruppenarbeitsprozessen festgehalten: Auf ein DIN A3-Blatt wird in die äußeren Felder von jedem Gruppenmitglied das eigene Arbeitsergebnis eingetragen. Nach dem Austausch über die einzelnen Ergebnisse werden die gewonnenen Einsichten, Erkenntnisse, Absichten o. Ä., auf die man sich einigt, im Zentrum des Blattes festgehalten. In das mittlere Placematfeld kann auch zu Beginn des gesamten Arbeitsprozesses ein Zitat o. Ä. geschrieben werden, zu dem abschließend die gemeinsame Interpretation ebenso im Mittelfeld hinzugefügt wird

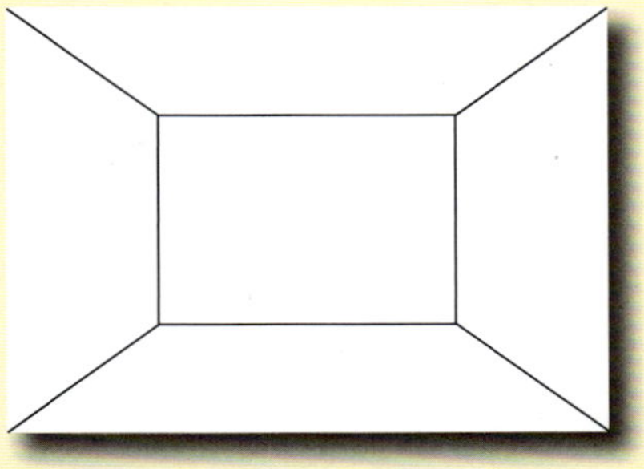

- **Plenumsdiskussion**: Verfahren zum Austausch verschiedener Meinungen, Argumente, Standpunkte zu einem mehr oder weniger strittigen Thema. Eine Möglichkeit, im Plenum zu diskutieren, ist z. B. die Fishbowl-Diskussion (☞ S. 300) oder die Talkshow (☞ S. 303)

- **Portfolio**: Arbeitstechnik zur Diagnose und Dokumentation der eigenen Lernentwicklung; z. B. Sammelmappe mit eigenen Texten bzw. überarbeiteten Textfassungen zur Beobachtung des eigenen Lernfortschritts. Das Portfolio ist somit Basis für eine gezielte Fehlerbeseitigung

- **Schneeball-Methode** (auch Konsensverfahren): Verfahren zur Reduktion vieler Meinungen zu einem Thema bzw. zur Vorbereitung auf Übereinstimmungen. In mehreren Arbeitsschritten werden fortlaufend größere Gruppen gebildet, in denen Einigungsprozesse stattfinden, die zu einer „Verdichtung" von Ergebnissen führen:
  1. Jeder Teilnehmer wird aufgefordert, sich zu einem Thema/Problem Gedanken zu machen und diese z. B. durch drei Thesen (Ideen etc.) zu notieren (ca. 5 Minuten).
  2. Es werden Zweier- bis Dreiergruppen gebildet, die ihre Überlegungen unter der Vorgabe miteinander vergleichen, sich auf drei Thesen zu einigen. Jeder notiert sich das Ergebnis, um es in die nachfolgende Gruppe zu transportieren (ca. 5 Minuten je Teilnehmer, also 10 Minuten für Zweier- bzw. 15 Minuten für Dreiergruppen).
  3. Aus jeweils zwei Zweier- bzw. Dreiergruppen ergeben sich Vierer- oder Sechsergruppen mit dem gleichen Arbeitsauftrag: Gruppeneinigung auf drei Thesen

(wieder ca. 5 Minuten je Teilnehmer, also 20 bzw. 30 Minuten insgesamt). Die Gruppen halten ihre Thesen auf einem Plakat o. Ä. fest; die Ergebnisse werden im Plenum ausgetauscht.

- **Schreibgespräch**: Arbeitstechnik zur Texterschließung (Thema des Textes, Figurenverhalten, Wirkungsabsicht etc.); kommuniziert wird ausschließlich schriftlich. Zunächst wird der vorliegende Text in Einzelarbeit gelesen und Schlüsselstellen sowie irritierende Textstellen markiert. Auf einem großen Blatt, das den Texttitel enthält, werden dann in Zweier- bis Vierergruppen spontane Eindrücke, Fragen und Vermutungen zum Text festgehalten. In weiteren Durchgängen werden die Eindrücke der Mitschüler bestätigt, korrigiert oder weitere Fragen gestellt

- **Schreibkonferenz**: Verfahren zur Überarbeitung selbst verfasster Texte in Kleingruppen; dabei liest jeder jeden Fremdtext und kommentiert ihn – meist auf der Grundlage eines Kriterienkatalogs – mit dem Ziel der Verbesserung. Anschließend überarbeitet der Verfasser seinen Text mithilfe der Verbesserungsvorschläge

- **Skulpturengruppe**: Arbeitstechnik zur szenischen Interpretation eines Textes, ähnlich der des Standbilds (☞ S. 302). Eine Skulpturengruppe kann z. B. die Beziehung zwischen einzelnen Figuren / Protagonisten ausdrücken: Die einzelnen Figuren werden als „Skulpturen" so angeordnet, dass sie deren Beziehungsgefüge (durch Abstand, Körperhaltung, Gestik und Mimik etc.) widerspiegeln. Die einzelnen Skulpturen können zu ihren Gefühlen, Wahrnehmungen und Impulsen befragt werden

- **Standbild**: Verfahren zur szenischen Interpretation eines Textes. Das Standbild steht repräsentativ entweder für einen Moment aus einem Text oder für den gesamten Text. Ausdrucksmittel sind – jeweils „eingefroren" – Körperhaltung, Mimik, Gestik und Stellung der Figuren zueinander. Über die Diskussion eines Standbildes oder die begründete Veränderung von Details erreicht man ein Interpretationsergebnis

- **Statement/Stellungnahme**: Verfahren, um von der eigenen Meinung zu einem (evtl. strittigen) Sachverhalt zu überzeugen. In einem kurzen, pointierten Statement muss der Sachverhalt sowohl erklärt als auch die eigene Meinung mithilfe von Beispielen erläutert werden. Um zu überzeugen, muss die Stellungnahme prägnant und in sich geschlossen sein. Eine Möglichkeit zum Aufbau der Stellungnahme ist das **Dreischrittmodell**:
  1. Erklärung des Ist-Zustands (Meinung, Situation schildern / Wer hat was gesagt?)
  2. Erläuterung der zentralen Kernaussagen / Argumente / Begründungen (in Verbindung mit veranschaulichenden Beispielen)
  3. Appell (Wiederholung / Zusammenfassung)

- **Stimmenskulptur**: Arbeitstechnik zur szenischen Interpretation eines Textes:
  1. Sie findet meistens mit der gesamten Lerngruppe statt
  2. Ein Schüler oder eine Schülerin präsentiert die Figur, um die es gehen soll, und positioniert sich vor der Lerngruppe. Die anderen treten nacheinander vor und sagen Sätze, die verdeutlichen, was die Figur in diesem Augenblick denken könnte
  3. Die Sätze der einzelnen Mitwirkenden müssen (dürfen) keine Zitate sein; im Gegenteil, sie präsentieren die **„innere Stimme"** der betreffenden Figur
  4. Die „Hauptfigur" gruppiert die anderen seitlich hinter sich, der Abstand bestimmt die Bedeutung der Sätze für die Hauptfigur
  5. Der Dirigent (meistens der Lehrer) greift erst ein, wenn die Skulptur beendet ist. Dann dirigiert er den Einsatz der Stimmen
  6. Die Betonung sollte/kann eingentlich nicht wechseln

- **Strukturskizze**: Verfahren zum Erfassen und Ordnen von vielschichtigen Strukturen in Form einer Grafik. Mithilfe einer Skizze kann z. B. die zeitliche Erzählstruktur (Rückblenden, Vorausblenden, Gegenwart etc.) eines Romans oder ein Motivkomplex (Wiederholung bestimmter Sätze, Handlungen oder Situationen), dargestellt werden; auch die Argumentationsstruktur eines Textes lässt sich mithilfe des Verfahrens erfassen (☞ Konspekt, S. 300)

- **Szenisches Lesen / szenischer Dialog**: Arbeitstechnik zur szenischen Interpretation eines Textes. Sie ist angesiedelt zwischen Lesen und Schauspielern. Der zugrundeliegende, meist dramatische Textausschnitt wird mit verteilten Rollen mimisch und gestisch unterstützt gelesen. Dabei können neben Ton und Licht auch einige wenige charakterisierende Kostümteile und Requisiten sowie eine einfache Raumgestaltung eingesetzt werden

- **Talkshow**: Diskussionsverfahren; es werden ein Moderator und je nach Strittigkeit des Themas und Kursgröße vier bis acht Talkshowgäste als Experten festgelegt. Das Expertenwissen der Gäste wird in Kleingruppen vorbereitet. Auch der Moderator bereitet sich vor, um die Gäste vorzustellen, die Diskussion mithilfe von (auch provokanten) Nachfragen und Äußerungen anzuregen, Meinungen einander gegenüberzustellen und auf eine vergleichbare Länge und Häufigkeit der Redezeit der Gäste zu achten. Der übrige Kurs beobachtet als Zuschauer die Diskussion und macht sich Notizen zu zuvor vereinbarten Kriterien

- **Textlupe**: Arbeitstechnik zur Überarbeitung von Schülertexten. In Lesegruppen von maximal vier Schülern werden die Texte zunächst gelesen. Zu jedem Text wird von jedem Schüler mithilfe eines Rückmeldezettels ein kurzer Kommentar verfasst (Rückmeldungen können sein „Gut gelungen"; „Nicht gut gelungen"; „Verbesserungsvorschlag"). Die Zettel werden zur weiteren Kommentierung innerhalb der Gruppe weitergereicht und am Ende für den Überarbeitungsprozess an den Verfasser zurückgegeben

Fachbegriffe: Drama (alphabetisch geordnet)

- **Antilabe**: „Verteilung" eines einzigen Verses auf mehrere Figuren. So spricht die eine Figur in die Rede der anderen hinein
  Beispiel aus „Die Jungfrau von Orleans":
  Johanna. Töte mich
  – Und fliehe!
  Lionel. Ha! Was ist das?
  Johanna (verbirgt das Gesicht). Weh mir!

- **Aposiopese**: Unterbrechung eines Satzes bzw. eines Gedankens durch Sprechpause; Sonderform der Ellipse. Der Abbruch kann z. B. emotionale Überwältigung oder eine unausgesprochene Drohung zum Ausdruck bringen
  Beispiel aus Friedrich Schillers „Don Carlos":
  Königin Weil meine Pflicht – – Unglücklicher, wozu
  Die traurige Zergliederung des Schicksals,
  Dem Sie und ich gehorchen müssen?

- **Äußere Handlung**: von außen beobachtbares Geschehen, von außen wahrnehmbare Handlungen einer Person oder Figur (☞ innere Handlung S. 306)

- **Blankvers**: reimloser fünfhebiger jambischer Vers, der im männlichen Vers (d. h. Vers schließt mit einer Hebung) aus zehn, im weiblichen Vers (d. h. Vers schließt mit Hebung und Senkung) aus elf Silben besteht. Als Mittel der Sprachgestaltung häufig in Aufklärung und Klassik verwendet – auch um sich von formloseren Dramen der Zeit abzugrenzen
  Beispiel aus Lessings „Nathan der Weise":
  Es eifre jeder seiner unbestochnen,
  Von Vorurteilen freien Liebe nach!

- **Dramatik**: dient als Sammelbegriff für alle Arten von Dichtung, die auf eine Aufführung auf der Bühne hin ausgerichtet sind. Dramatische Texte sind in **Szenen** (Auftritt der Personen) und **Akte** (Aufzug des Vorhangs) gegliedert. Der Begriff *Szene* bezeichnet aber auch den Ort der Handlung. In einer **Regieanweisung** gibt der Verfasser des Dramas Hinweise, wie die Szene gestaltet werden soll. Unabhängig vom jeweiligen Dramentyp weisen alle Dramen einheitliche Gestaltungsmerkmale auf, nämlich die **szenische Aufführung**, in der sich die Handlung hauptsächlich in **Dialogform** entwickelt, und den **dramatischen Konflikt** (☞ S. 54), der sich in einer Person z. B. durch den Widerstreit unterschiedlicher Werte oder in der Auseinandersetzung zwischen verschiedenen Figuren abspielen kann.
  Dramen lassen sich u. a. unterscheiden nach offener und geschlossener Form (☞ S. 306) oder nach ihrem (traditionellen) Ausgang in Tragödie und Komödie. Daneben kennt man moderne Dramenformen wie episches und absurdes Drama

oder das sogenannte Zieldrama (auf die Katastrophe am Ende zielend) und das analytische Drama (eine vorausgegangene Katastrophe wird enthüllt). Auch nach der Stoffwahl (bürgerliches Trauerspiel etc.) werden Dramen unterschieden

- **Dramatischer Konflikt**: ☞ Wissenskasten S. 54

- **Dramentheorie**: Die erste Theorie des Dramas stammt von **Aristoteles**, der in seiner Poetik als Hauptmerkmal dramatischer Dichtung Geschlossenheit (also die Einheit von Ort, Zeit und Handlung) fordert.
  Auf der Poetik des Aristoteles fußt auch die Dramentheorie von **Gustav Freytag**, nach dem das **geschlossene fünfaktige (Ziel-)Drama** pyramidenförmig aufgebaut ist:
  - **I. Akt: Exposition** (Einleitung, Hintergründe und Voraussetzungen des dramatischen Konflikts)
  - **II. Akt:** steigende Handlung mit **erregendem Moment** (ruft die Verwicklung hervor)
  - **III. Akt: Höhepunkt** und **Peripetie** (Wendepunkt)
  - **IV. Akt: fallende Handlung** mit **retardierendem** (verzögerndem) **Moment**
  - **V. Akt: Katastrophe** bzw. **Lösung**

  In Deutschland verliert im Sturm und Drang diese bis dahin als idealtypisch geltende geschlossene Form des Dramas ihre universale Gültigkeit. Im 18. Jahrhundert wird das aristotelische Modell vor allem auch durch das Aufkommen des sog. **Bürgerlichen Trauerspiels** aufgebrochen. War die Bühne bis dahin dem Adel und adeligen Helden vorbehalten, sind die Protagonisten nun Bürger und es geht um bürgerliche Probleme; Verssprache wird durch wirklichkeitsnähere Prosa ersetzt, das Tragische ist durch die innere Handlung der Protagonisten und nicht mehr durch Heldentaten motiviert. Mit der Abkehr von der traditionellen, normativen Poetik entsteht u. a. das **moderne Drama der offenen Form** (☞ S. 306). Als bekanntester Vertreter ist das **epische Theater** (☞ S. 305) von **Bertolt Brecht** zu nennen

- **Episches Theater**: Das epische Theater Brechts ist der bekannteste Vertreter moderner Dramenformen des 20. Jahrhunderts, die mit ihrer offenen Form dem traditionellen geschlossenen Drama gegenüberstehen (auch: ☞ Dramentheorie S. 305). Im epischen Theater zielt das Geschehen nicht auf Höhepunkt, Katastrophe und Lösung ab. Gegenstand des Spiels ist der „veränderliche und veränderbare Mensch", der Zuschauer soll nicht mitleiden, sondern aus der Distanz kritisch Stellung zu dem Dargestellten beziehen. Um diese Wirkung zu erzielen, erfand Brecht den Verfremdungseffekt (V-Effekt). Dieser V-Effekt wird durch kritische Kommentare des Sprechers, musikalische Einlagen und häufig auch durch umgangssprachliche Ausdrucksweise oder den Einsatz von Dialekt erreicht

- **Geschlossenes und offenes Drama** (auch: ☞ Dramentheorie, S. 305): Die Unterschiede lassen sich wie folgt gegenüberstellen:

	Geschlossene Form	Offene Form
Aufbau	• Gliederung in 5 Akte, die in Szenen eingeteilt sind • Meist pyramidenartiger Aufbau im Sinne Gustav Freytags • Entfaltung des Konflikts am Anfang; Lösung des Konflikts am Ende	• Abfolge von Szenen, auch von sog. Bildern oder Stationen • Lose Abfolge, bis hin zur Austauschbarkeit • Oft unvermittelter Einstieg mit offenem Ende
Figuren	• Im griechischen Drama meist Personen hohen Standes • Sie haben wesentlichen Einfluss auf die Handlung • Häufig klar definierte gute und böse Figuren (eindeutige Heldenfigur)	• Figuren aller sozialen Schichten • Häufig ohne klares Bewusstsein, bestimmt von ihren Trieben, sozialen und ökonomischen Umständen • Oft „Antihelden" oder passiv wirkende, ausgelieferte Figuren
Handlung	• Zusammenhängender, einer kausalen Logik folgender Handlungsablauf	• Oft isolierte Szenenabfolge, die keiner inneren Logik oder zeitlichen Ordnung folgt, evtl. fragmentarisch • Zusammenhang wird nur über Figuren/Motive geleistet
Konflikt	• Klar abgegrenzt zwischen den handelnden Figuren auf der Bühne	• Unterschiedliche Konfliktkonstellationen: eine Figur mit sich selbst / zwischen Figuren und der „Welt"
Raum	• Keine / wenig wechselnde Schauplätze	• Ohne Einschränkungen
Sprache	• Oft gebundene Sprache, also Versform • Zumindest „hoher" Stil	• Keine gebundene Sprache • Für den Stand / die soziale Schicht typische Sprache • Gebrochene Sprache als Ausdruck eines gebrochenen Menschen
Zeit	• V. a. im griechischen Drama meist kurze Zeitspanne von wenigen Tagen • Keine Zeitsprünge	• Auch längere Zeiträume mit Zeitsprüngen

- **Innere Handlung**: spielt sich im Bewusstsein der Personen bzw. Figuren, in der inneren Gefühlswelt, ab; nicht von außen wahrnehmbar (☞ äußere Handlung S. 304)

- **Inszenierung**: ☞ Wissenskasten S. 67

- **Stichomythie**: zwei Protagonisten wechseln sich im Dialog zeilenweise mit Rede und Gegenrede ab; der Duell-Charakter des Dialogs wird besonders deutlich
  Beispiel aus „Iphigenie auf Tauris"
  Pylades Der deinen Bruder schlachtet, dem entfliehst du.
  Iphigenie Es ist derselbe, der mir Gutes tat.
  Pylades Das ist nicht Undank, was die Not gebeut.
  Iphigenie Es bleibt wohl Undank; nur die Not entschuldigt.

  Eine Steigerung dieses Effekts, bei der sich die einzelne Verszeile auf mehrere Personen verteilt, ist die Antilabe (☞ S. 304)

- **Theatergeschichte (europäisch)**: ☞ Wissenskasten S. 59

- **Theaterkritik/-rezension**: ☞ Wissenskasten S. 69

Fachbegriffe: Epik (alphabetisch geordnet)

- **Epik**: ist der Sammelbegriff für unterschiedliche Texte erzählender Literatur. Es gibt verschiedene Möglichkeiten, Epik zu klassifizieren. So unterscheidet man z. B. zwischen den epischen **Langformen**, **Epos** und **Roman**, und den epischen **Kurzformen**, **Novelle**, **Erzählung**, **Kurzgeschichte**, **Parabel**, **Anekdote** usw. Charakteristisch für epische Texte ist die Vermittlung eines Geschehens an einen Zuhörer bzw. Leser durch einen fiktiven Erzähler. Die Vergegenwärtigung des der Vergangenheit angehörigen Geschehens (meist episches Präteritum als **Erzähltempus**, seltener historisches Präsens) kann in breiterer Form (epische Breite) oder in knappem Bericht erfolgen

- **Epische Textsorte: Erzählung**
  meist längerer, ästhetisch konzipierter Text, der nicht die Breite eines Romans aufweist und keinen spezifischen dramatischen Aufbau wie etwa die Novelle besitzt. Wie im Roman können – je nach Entstehungszeit und/oder Autorenintention – verschiedene Erzählkonzepte zur Anwendung kommen

- **Epische Textsorte: Kurzgeschichte**
  Textsorte mit einem Höhepunkt in Deutschland nach dem Zweiten Weltkrieg; zeigt Parallelen mit der amerikanischen Short Story. In der Regel gilt: Auf wenige Seiten beschränkter Erzähltext mit offenem Anfang und offenem Schluss. Im Mittelpunkt steht ein Wendepunkt im Leben eines Durchschnittsmenschen oder auch Außenseiters. Die Sprache ist nüchtern, alltäglich. Die Handlung spielt in der Welt und Zeit, in der die Kurzgeschichte entstanden ist. Entsprechend der künst-

lerischen Freiheit sind im Einzelnen Abweichungen möglich. Bekannte Vertreter sind **Wolfgang Borchert** (1921–1947) und **Heinrich Böll** (1917–1985)

- **Epische Textsorte: Märchen**
meist kürzere fantastische Prosaerzählung, frei erfunden, ohne Bezug zu einer bestimmten Zeit oder einem bestimmten Ort. Es geschehen Dinge und treten Gestalten auf, die in der realen Welt wunderbar erscheinen. Bestimmte Merkmale sind für Märchen typisch:
  - Es treten gute und böse Gestalten als Gegenspieler auf
  - Es gibt eine Heldenfigur, die Abenteuer und Prüfungen zu bestehen hat
  - Meist spielen besondere Gegenstände, Kräfte, magische Zahlen oder auch Sprüche und Verse eine wichtige Rolle
  - Raum und Zeit bleiben unbestimmt (*Es war einmal ...*)
  - Die meisten Märchen gehen gut aus, d. h. dem Helden gelingt es, die Aufgaben und Prüfungen zu bestehen, das Böse wird besiegt

  Die bekanntesten deutschen Märchen wurden von den **Brüdern Grimm** nach mündlicher Überlieferung gesammelt und herausgegeben. Üblich ist die Unterscheidung zwischen **Volksmärchen** und **Kunstmärchen**. Das Kunstmärchen ist im Gegensatz zum anonymen, meist mündlich überlieferten Volksmärchen den verschiedenen Strömungen der Literaturgeschichte zuzuordnen. Es gewinnt v. a. in der Romantik (☞ S. 31 ff., 44 f.) an Bedeutung, zum Beispiel durch **E. T. A. Hoffmann**

- **Epische Textsorte: Parabel**, ☞ Wissenskasten S. 102

- **Epische Textsorte: Roman**
wichtigste epische Großform. Seine Anfänge liegen im Ritterroman des 16. Jahrhunderts. Im Laufe der Zeit hat sich eine große Vielfalt entwickelt. Vom Inhalt her unterscheidet man deshalb zum Beispiel **historische Romane**, **Brieromane**, **Schelmenromane**, **Frauenromane**, **Kriminalromane** etc.
Neben dieser inhaltlichen Klassifizierung basieren andere Einteilungen stärker auf Unterschieden in Aufbau, Struktur und Umgang mit verschiedenen Erzählsystemen im Roman. So grenzt man den modernen Roman gegenüber dem traditionellen Roman nicht nur aufgrund der unterschiedlichen Entstehungszeit voneinander ab, sondern aufgrund folgender Unterschiede:
  - Vorhandensein oder Fehlen eines chronologischen Handlungsablaufs
  - Vorhandensein oder Fehlen einer klaren Erzählperspektive
  - Unterschiedliche Figurenkonzepte (eher positive Helden gegenüber offenen/vielschichtigen Charakteren)
  - Vielschichtige Erzählweisen und -techniken (☞ S. 88) im modernen Roman (Rückblenden, innerer Monolog etc.)

  Entwicklungsgeschichtlich erreicht der traditionelle Roman eine erste Blüte durch Goethes klassischen **Bildungsroman** „Wilhelm Meister“; im 19. Jahrhundert folgt im poetischen Realismus (☞ S. 86) ein weiterer Höhepunkt der Gattungsgeschichte. Die Wurzeln des modernen Romans, zeitlich in der Regel im 20. Jahrhundert verortet, finden sich bei James Jocye „Ulysses" oder den Franzosen Proust und Gide. Bedeutende deutsche Vertreter sind u. a. Alfred Döblin, Franz Kafka oder Günter Grass. Seit dem 18. Jahrhundert ist der Roman die beliebteste Form literarischer Unterhaltung

- **Erzähler**: Der Erzähler darf nicht mit dem Autor des Textes gleichgesetzt werden. Nur in einer Autobiographie ist der Erzähler identisch mit dem Autor. Ansonsten ist er eine fiktive Gestalt, die zwischen der Handlung und dem Leser vermittelt. Der Erzähler ist das vom Autor ins Werk gesetzte Erzählinstrument, mit dessen Hilfe er die Erzählform seiner Geschichte gestalten und strukturieren kann. So sind unterschiedliche Gestaltungsmöglichkeiten gegeben bei der Wahl der Erzählform, der Erzählsituation, der Erzählperspektive, der Erzählhaltung, der Erzählweise und der Zeitgestaltung

- **Erzählform**: Damit wird die Unterscheidung zwischen den beiden grundsätzlich möglichen Erzählern bezeichnet: Ich-Erzähler und Er-Erzähler. Im Falle einer **Ich-Erzählung** ist der Erzähler eine am Geschehen beteiligte Figur, die von sich erzählt. Der **Er-Erzähler** erzählt von anderen Figuren

- **Erzählmittel**: umfasst allgemein die besonderen Mittel des Erzählens, mit denen der Text gestaltet ist; so kann der Begriff Erzählperspektive, -weise, -form, -situation etc. umfassen

- **Erzählsituation** (auch Erzählverhalten): Grundsätzlich können sich sowohl Ich-Erzähler als auch Er-Erzähler auktorial, personal und neutral verhalten:
  - Der **auktoriale** (allwissende) Erzähler verfügt frei über das Geschehen und die Personen. Er steht außerhalb des Geschehens, weiß alles und macht durch Reflexionen, Analysen und Leseransprachen auf sich aufmerksam.
  - Der **personale** Erzähler erzählt in der 3. Person aus der Sicht einer oder mehrerer Figuren, in die er sich hineinversetzt, deren Gedanken und Gefühle er zu erfassen versucht und aus deren Sicht heraus er das Ganze erzählt. Er ist Teil der Geschichte.
  - Der **neutrale** Erzähler erzählt aus der Distanz, bezieht keine Stellung und ist als Figur nicht fassbar. Er berichtet über das Geschehen.

  In vielen Texten ändert sich die Erzählsituation, sodass Mischformen entstehen können

- **Erzählperspektive**: Mit der Erzählsituation verknüpft ist die Frage, von welchem Standort der Erzähler auf das Geschehen blickt, ob er in die Figuren hineinschaut, also **Innensicht** hat, oder ob er „nur" die **Außensicht** einnimmt. Während alle drei Erzähler, also der auktoriale, der personale und der neutrale Erzähler, alle Figuren von außen schildern können, kann der personale Erzähler nur d i e Innensicht der

Figur darstellen, aus dessen Perspektive er erzählt. Der auktoriale und der neutrale Erzähler können sowohl die Innensicht als auch die Außensicht darstellen

- **Erzählhaltung**: Der Erzähler kann auch unabhängig von der Erzählsituation verschiedene Erzählhaltungen einnehmen. Je nachdem, ob er eher begeistert, zustimmend und wohlwollend etc. oder eher kritisch, ironisch oder ablehnend etc. erzählt, beeinflusst er die Textrezeption des Lesers

- **Erzählweise** (auch Erzähltechnik oder Darbietungsformen des Erzählens): Die Erzählweise variiert ebenfalls in Abhängigkeit von den Erzählsituationen: Beim neutralen (objektive Darstellung) und auktorialen (kommentierende / reflektierende Darstellung) Erzähler können die Figuren durch sogenannte **Figurenrede** zu Wort kommen:

Figurenrede				
äußere Rede		**innere Rede**		
direkte Rede; wörtliches Wiedergeben dessen, was eine Person sagt: *Sie sagte: „Ich muss ihn sehen.“*	indirekte Rede; Aussagen werden sinngemäß wiedergegeben: *Sie sagte, sie müsse ihn sehen.*	innerer Monolog; Wiedergabe von Gedanken und Gefühlen aus der Sicht der 1. Person im Präsens: *Ich muss ihn sehen.*	erlebte Rede; 3. Person, Indikativ, oft Präteritum: *Sie musste ihn sehen.*	Bewusstseinsstrom; assoziative Folge von Eindrücken, Bildern, Gedanken: *Er, immer er. Im Kopf. Ihn sehen.*

- **Figur**: Die Figuren sind die Träger der Handlung. Um sie genauer zu betrachten, kann man drei Aspekte näher untersuchen:
  1. Die Beziehungen der Figuren untereinander → **Figuren-Konstellation**
  2. Die Merkmale der Figur (offen, geschlossen, vielschichtig, dynamisch, statisch) → **Figuren-Konzeption**
  3. Direkte oder indirekte Darstellung ihres Charakters → **Figuren-Charakterisierung**

- **Modernes Erzählen**: ☞ Wissenskasten S. 88

- **Motiv**: ☞ Wissenskasten S. 244

- **Realistisches Erzählen**: ☞ Wissenskasten S. 86

- **Zeitgestaltung** (auch: Erzähltempo): Auch die Wiedergabe der Zeit spielt für die Struktur eines Erzähltextes eine nicht unwesentliche Rolle. Je nachdem wie die **erzählte Zeit** (Zeitspanne, über die sich das erzählte Geschehen erstreckt) und die **Erzählzeit** (Zeit, in der das Geschehen erzählt wird bzw. gelesen werden kann) zueinander in Beziehung stehen, unterscheidet man:
  - Zeitdeckung: Erzählzeit = erzählte Zeit
  - Zeitraffung: Erzählzeit < erzählte Zeit
  - Zeitdehnung: Erzählzeit > erzählte Zeit

  Im Zusammenhang mit der Zeitgestaltung eines Textes können auch mögliche **Rückblenden** und **Vorausdeutungen** von Interesse sein

Fachbegriffe: Film (alphabetisch geordnet)

- **Blickwinkel**: ☞ Wissenskasten S. 238

- **Dramaturgie (filmisch)**: ☞ Wissenskasten S. 234

- **Einstellungsgrößen**: ☞ S. 237

- **Erzählerische Unzuverlässigkeit**: ☞ Wissenskasten S. 248

- **Filmgenre**: ☞ Wissenskasten S. 244

- **Kadrierung**: betrifft die **Auswahl des Filmausschnitts** bzw. dessen Rahmung. Die Kadrierung ist also Teil der Komposition des Bildes, da durch sie festgelegt wird, welcher Ausschnitt der sichtbaren Wirklichkeit zum Foto bzw. Filmbild wird und welche Bereiche nicht dargestellt werden. Während im klassischen Hollywood die Begrenzung des Bildraums möglichst unauffällig gestaltet wurde, wird die Raumpräsentation für den heutigen Zuschauer zunehmend komplexer und als Illusion im Kopf des Zuschauers entblößt (siehe auch: ☞ S. 238)

- **Montage**: ☞ Wissenskasten S. 241

- **Montage-Einheiten**: ☞ Wissenskasten S. 220

- **Motiv**: ☞ Wissenskasten S. 244

- **Perspektiven** zeigen Personen oder Sachen, die gefilmt werden, in …
  - **Normalperspektive**: Betrachter auf gleicher Augenhöhe
  - **Froschperspektive**: Person oder Sache soll groß, mächtig oder bedrohlich erscheinen, die Kamera filmt von unten
  - **Vogelperspektive**: Person oder Sache soll klein, unbedeutend oder einsam erscheinen, Kamera filmt von oben

- **Sequenzprotokoll**: ☞ Wissenskasten S. 221

- **Storyboard**: ☞ Wissenskasten S. 227

- **Subtext**: ☞ Wissenskasten S. 248

- **Thema**: ☞ Wissenskasten S. 244

Fachbegriffe: Kommunikation (alphabetisch geordnet)

- **Feedback**: Diese Form der Rückmeldung beinhaltet zwei Komponenten: Der **Feedback-Nehmer** erbittet von Zuhörern konkrete und konstruktive Rückmeldungen zu vorher von ihm festgelegten Bereichen, z. B. Sprache, Inhalt, Gestaltung, Lernzuwachs. Der **Feedback-Geber** achtet darauf, zu den konkreten Bereichen beschreibende, nicht wertende Rückmeldungen zu geben, keine neuen Informationen hinzuzufügen und keine unabänderlichen Aspekte zu kritisieren

- **Kommunikation**: Austausch von Informationen zwischen zwei oder mehreren Personen. Als elementare Notwendigkeit menschlicher Existenz und wichtigstes soziales Bindemittel kann Kommunikation über Sprache, Mimik, Gestik, durch schriftlichen Austausch, Medien etc. stattfinden. Zu unterscheiden sind …
  - interpersonale Kommunikation (unmittelbar und mittelbar zwischen Personen),
  - Massen-Kommunikation (wenige bereiten Informationen auf, die von vielen konsumiert werden) und
  - Gruppen-Kommunikation (innerhalb bestimmter, organisierter sozialer Gruppen, Verbände, Parteien).

  Je nach Theorie rücken verschiedene Aspekte von Kommunikation in den Fokus der Betrachtung. Der Kommunikationswissenschaftler **Paul Watzlawick** zum Beispiel sieht in der **Beziehungsseite**, im Gegensatz zur **Inhaltsseite** (oder Sachinformation), den Schlüssel für das Gelingen von Kommunikation

- **Kommunikationsquadrat**: ist ein Kommunikationsmodell von **Friedemann Schulz von Thun**, das auch als **Vier-Ohren-Modell der Kommunikation** bekannt ist. Die dort identifizierten vier Ebenen von Kommunikation haben nicht nur Bedeutung für das private Miteinander, sondern für den beruflichen Bereich, wo das Professionelle und das Menschliche miteinander „verzahnt“ sind. Schulz von Thun hat die vier Seiten einer Äußerung (☞ siehe unten) als Quadrat dargestellt und dementsprechend dem Sender „vier Zungen“ und dem Empfänger „vier Ohren“ zugeordnet. Die Qualität des Gesprächs hängt davon ab, in welcher Weise die „Zungen“ des Senders mit den „Ohren“ des Empfängers bezüglich der folgenden vier Aspekte einer Mitteilung, den vier Seiten, übereinstimmen:

- **Sachinformation** (worüber man informiert wird)
- **Selbstkundgabe** (was man von sich preisgibt / was der andere wahrnimmt)
- **Beziehungsseite** (wie man zum Gegenüber steht)
- **Appellseite** (was man erreichen will / wozu man angeregt werden soll)

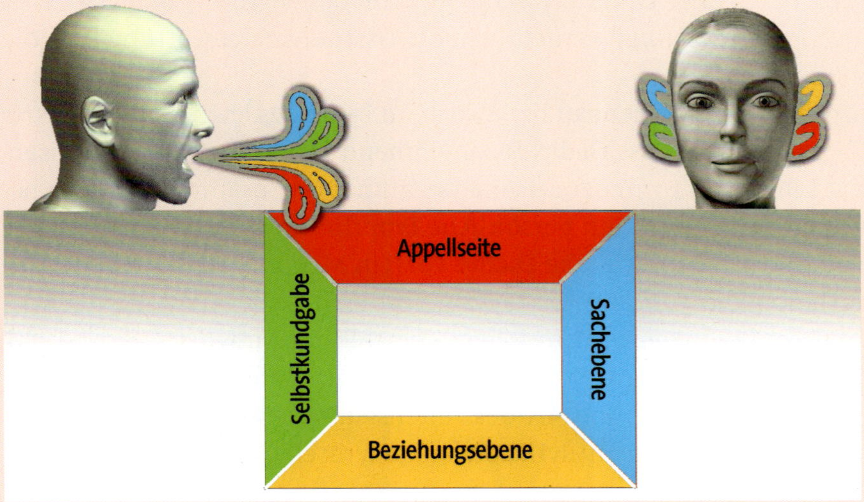

- **Organon-Modell**: Das Modell von **Karl Bühler** geht zurück auf Sokrates, der die Sprache sinngemäß als ein Organon (Werkzeug) bezeichnet, mit dessen Hilfe „eine Person der anderen etwas über die Dinge“ mitteilt. Das Organon-Modell ist ein Modell zur Veranschaulichung von Bühlers Zeichenbegriff innerhalb von natürlichen Sprachen. Es ist darüber hinaus auch ein Kommunikationsmodell, da Sprache in Bezug auf ihre kommunikative Funktion zwischen Sender und Empfänger dargestellt wird.

Das konkrete Sprechereignis bildet für Bühler den Ausgangspunkt seiner Untersuchung und Bestimmung der menschlichen Sprache. **Die Leistung des sprachlichen Zeichens** ist dreifach:

1. Das Zeichen ist Symbol für Gegenstände und Sachverhalte (**Darstellungsfunktion**).
2. Das Zeichen sagt etwas über den Sender aus (**Ausdrucksfunktion**).
3. Das Zeichen richtet sich an den Empfänger (**Appellfunktion**).

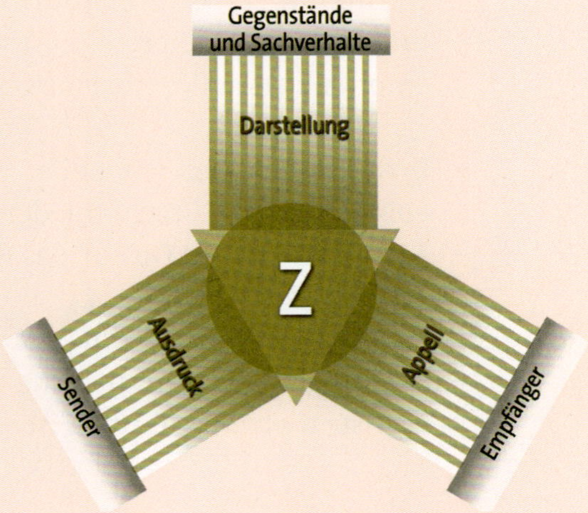

Fachbegriffe: Lyrik (alphabetisch geordnet)

- **Enjambement** (auch Zeilensprung): Die Gedichtzeilen werden als Verse bezeichnet. Fällt das Versende mit dem Ende der gebunden zu lesenden Sinneinheit zusammen, spricht man von **Zeilenstil**. Geht dagegen die Sinneinheit bzw. der Satz über das Versende hinaus in die nächste Verszeile, spricht man von einem **Enjambement** oder Zeilensprung. Als **Hakenstil** bezeichnet man eine Folge von Enjambements, sodass die Verse durch die übergreifenden Satzbögen „verhakt" erscheinen

- **Lyrik**: Mit dem Gattungsbegriff werden Texte in **gebundener Form**, d. h. **in Versen verfasste Texte** bezeichnet. Die griechische Herkunft des Begriffs (*die zum Spiel der Lyra [Leier] gehörende Dichtung*) verdeutlicht die Ursprünge der Gattung bzw. die formale Nähe zur Liedform.
  Der strenge, gebundene Formenbau hat jedoch im Laufe des letzten Jahrhunderts an Bedeutung verloren, sodass Gedichte zunehmend **freiere Formen** aufweisen. Dennoch sind Inhalt und Form bei der Analyse immer im Zusammenhang zu betrachten. Oft werden in Gedichten **persönliche Empfindungen** verarbeitet und es herrscht eine **hohe (bild)sprachliche Dichte** vor. Ein Merkmal aller lyrischen Formen ist deren besondere klangliche Gestaltung z. B. durch die Verwendung von Anaphern oder anderen besonderen (rhetorischen) sprachlichen Mitteln (☞ S. 341–344). Einteilen lassen sich lyrische Texte z. B. nach ihrem Gegenstand (Liebeslyrik, Naturlyrik etc.) oder nach Umfang und Art des Anteils subjektiven Empfindens und Erlebens (Stimmungslyrik, Erlebnislyrik, Gedankenlyrik etc.)

- **Lyrische Textsorte: Sonett**
  ein aus 14 Verszeilen bestehendes Gedicht, das in Deutschland vorwiegend nach dem Reimschema abba / abba / ccd / eed konstruiert wurde. Die beiden ersten Strophen (Aufgesang) haben stets vier Verse (Quartette), die beiden letzten Strophen (Abgesang) drei Verse (Terzette). Oft unterstützt die strenge formale Gliederung den gedanklichen Aufbau des Gedichts. Die strenge Form steht im Zusammenhang mit der Zeit, in der Sonette bevorzugt gedichtet wurden. So verwendeten Dichter im Barock, z. B. **Andreas Gryphius**, zur Zeit des Dreißigjährigen Krieges und Dichter im Expressionismus vor dem Ersten Weltkrieg die Form, da sie der emotionalen Auflösung eine geordnete Form entgegensetzte

- **Lyrisches Ich**: bezeichnet den Sprecher im Gedicht und ist – wie der Erzähler in epischen Texten – nicht mit dem Autor / der Autorin gleichzusetzen. Mitunter tritt auch ein **lyrisches Du** auf, das vom Sprecher im Gedicht angesprochen wird

- **Metrum/Versmaß**: ist die Abfolge regelmäßig wiederkehrender **Hebungen** und **Senkungen** in einem Gedicht, die mitunter vom Rhythmus überlagert wird. Die kleinste **metrische Einheit** ist der **Versfuß**. Man unterscheidet:

- den **Jambus**: x x́ *Der Acker leuchtet weiß und kalt*
- den **Trochäus**: x́ x *Schön wie niemals sah ich jüngst die Erde*
- den **Daktylus**: x́ x x *Seltsam, im Nebel zu wandern*
- den **Anapäst**: x x x́ *Wie mein Glück, ist mein Land*

Mehrere Versfüße ergeben das Versmaß (Metrum).
Häufig vorkommende **Sonderformen** sind:

- Der **Blankvers** (fünfhebiger Jambus ohne Reim)
- Der **Alexandriner** (sechshebiger Jambus mit Zäsur in der Mitte)
- Der **Hexameter** (sechshebiger Daktylus mit auftaktlosem Beginn und unregelmäßiger Anzahl von Senkungen)
- Der **Pentameter** (unvollständiger Hexameter mit Zäsur)
- Der **Knittelvers** (in der strengen Variante vierhebiger Jambus mit Reim, dagegen z. B. im Faust freier Vierheber mit beliebiger Senkungszahl)

Endet der Vers mit einer betonten Silbe, nennt man den **Versausgang** (auch **Kadenz**) **männlich** oder **stumpf**; endet er mit einer unbetonten Silbe, nennt man ihn **weiblich** oder **klingend**.
Freie Rhythmen sind völlig ungebunden; sie haben weder Reim noch Metrum

◆ **Reim**: Wenn man vom Reim im Gedicht spricht, bezieht man sich in der Regel auf den **Endreim**, den Gleichklang von mindestens zwei Versenden. Daneben gibt es den sogenannten **Stabreim** (auch: Alliteration) und **Binnenreim**, bei dem Wörter innerhalb eines Verses einen Reim bilden (z. B. *Sie blüht und glüht und leuchtet*). Beim Endreim unterscheidet man u. a.:

- **Paarreim**: aabb
- **Kreuzreim**: abab
- **Umschließenden oder umarmenden Reim**: abba

Von einem **unreinen Reim** spricht man, wenn ein unvollständiger Gleichklang der letzten betonten Vokale vorliegt (z. B. *Blick – Glück* oder auch *ruft – Luft*)

◆ **Rhythmus**: Überlagerung des Metrums (☞ S. 314 f.) eines lyrischen Textes durch eine am Sinn orientierte Betonung. Der Rhythmus wird nicht durch die Versfüße vorgegeben. Sie stellen nur das Grundgerüst dar, das durch natürliche Sprechpausen verändert wird. Die Sprechpausen orientieren sich am Sinn des Textes. Auch Sprechtempo und Betonungsstärke spielen eine Rolle.

	Wie du	*so*	*schwebst,*		*du klei-*	*ner*	*Stern!*
Metrum:	x / x́	x	x́	*	x/ x́	x	x́
Rhythmus:	x / x̀	x	x̀	*	x/ x̀	x	x̀

* = Pause, x́ = Haupthebung, x̀ = Nebenhebung, / = kleine Pause

Fachbegriffe: Pragmatische Texte (alphabetisch geordnet)

- **Definition „pragmatische Texte“**: Als pragmatische Texte (auch Sach- oder Gebrauchstexte) bezeichnet man **nicht-fiktionale Texte**, die nicht von einem Dichter erfunden sind. Dieses Merkmal verbindet eine große Vielfalt unterschiedlicher Texte. So sind manche reine Gebrauchstexte, z.B. Kochrezepte oder Spielanleitungen. Daneben begegnen einem pragmatische Texte als journalistische Textsorten in Printform oder in digitaler Form im Internet. Inhalt dieser Texte sind oft Themen aus Politik, Gesellschaft, Wirtschaft oder Wissenschaft. Hier können durchaus – durch Darstellung persönlicher Eindrücke oder Meinungen verursacht – literarische Züge vorhanden sein. Pragmatische Texte besitzen zudem unterschiedliche kommunikative Intentionen (☞ siehe unten)

- **Diskontinuierliche pragmatische Textsorten**: Schaubilder, Diagramme o.Ä. werden als diskontinuierlich bezeichnet, weil ihre Leserichtung nicht wie sonst im Deutschen üblich eindeutig von links oben nach rechts unten vorgegeben ist, sondern das Auge zwischen unterschiedlichen Einstiegsmöglichkeiten und Leserichtungen und -reihenfolgen „wählen“ kann.

- **Intentionen pragmatischer Texte**:

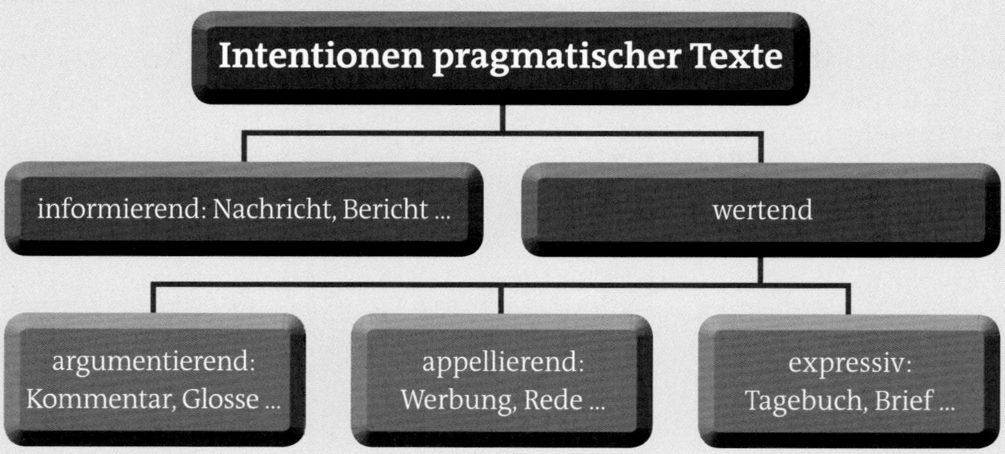

In der Regel kommen Mischformen vor

- **Kontinuierliche pragmatische Textsorten**: In der Regel sind pragmatische Texte in fortlaufender Textform mit festgelegtem Einstieg und eindeutiger Leserichtung (im Unterschied zu den diskontinuierlichen Texten, ☞ siehe oben) verfasst

- **Pragmatische Textsorte: Bericht**
  Dem Bericht werden folgende Merkmale zugeordnet:
  - Sachlichkeit und Objektivität im Inhalt und in der Sprache
  - Genauigkeit

- Übersichtlichkeit im Aufbau
- einfacher Satzbau
- Verwendung von Konjunktionen, um Zusammenhänge zu verdeutlichen
- Tempus: Präteritum

◆ **Pragmatische Textsorte: Blog**, ☞ Wissenskasten S. 255

◆ **Pragmatische Textsorte: Essay**
Kürzere Abhandlung in Prosa über einen wissenschaftlichen Gegenstand, eine aktuelle Frage des geistigen, kulturellen oder sozialen Lebens o. Ä. ...

- in leicht zugänglicher, doch stilistisch anspruchsvoller Form, die einem Essay auch über den konkreten Anlass hinweg bleibenden Wert gibt,
- für die ein ganz individueller, den Gegenstand von verschiedenen Seiten beleuchtender subjektiver Zugang des Autors typisch ist, der sich auch in Sprache und Wortwahl niederschlägt,
- mit einer eher mosaikhaften und sprunghaft-assoziativen Gedankenführung, also ohne systematische, erschöpfende Abhandlung des Gegenstands,
- wobei trotzdem der Versuch (Essay = frz. für [Kost-]Probe, Versuch) unternommen wird, auch durch Kritik an etablierten Meinungen, zumindest Bruchstücke von Wahrheit und Erkenntnis zu finden, die dauerhaft Gültigkeit besitzen.

◆ **Pragmatische Textsorte: Glosse**, ☞ Wissenskasten S. 265, 279

◆ **Pragmatische Textsorte: Kolumne**, ☞ Wissenskasten S. 265

◆ **Pragmatische Textsorte: Kommentar**, ☞ Wissenskasten S. 265

◆ **Pragmatische Textsorte: Leitartikel**, ☞ Wissenskasten S. 265

◆ **Pragmatische Textsorte: Nachricht**, ☞ Wissenskasten S. 265

◆ **Pragmatische Textsorte: Reportage**, ☞ Wissenskasten S. 265

◆ **Pragmatische Textsorte: Rezension**, ☞ Wissenskasten S. 265

Fachbegriffe: Reflexion über Sprache (alphabetisch geordnet)

- **Bedeutungsveränderungen**: ☞ Wissenskasten S. 193

- **Dialekt**: von der Hoch- bzw. Schrift- oder Standardsprache unterschiedene, landschaftlich ausgeprägte Form meist gesprochener Sprache. Die Bezeichnung *Dialekt* wird in der Regel synonym mit *Mundart* verwendet. Für die Abweichung verschiedener Dialekte spielen sprachliche Kriterien (z.B. Abweichungen von Lautung, Wortschatz, Morphologie und Grammatik etc.) eine entscheidende Rolle, aber auch außersprachliche Aspekte wie lokale Begrenzungen, Verkehrswege oder politische und religiöse Einflussbereiche. Unter historischem Aspekt sind Dialekte älter als die Hochsprache und daher in ihrer heutigen Ausprägung auch als Reflex historischer Entwicklung anzusehen

- **Erstspracherwerb**: ☞ Wissenskasten S. 190

- **Ethnolekt**: Beim Ethnolekt handelt es sich um eine sprachliche Varietät (☞ S. 320), also eine Sprachvariante, die von den Sprechern einer ethnischen Minderheit verwendet und als für sie typisch eingestuft wird. Ethnolekte weisen in der Regel Merkmale auf, die durch den Sprachkontakt zwischen der Muttersprache der Sprecher und dem Deutschen zustande kommen. So ist z.B. der Wegfall von Präposition und Artikel in Lokal- und Richtungsangaben, z.B. „Ich geh Kino", typisch für das sogenannte Kanak- oder Kiezdeutsch – und zugleich untypisch für die deutsche Standardsprache

- **Innere Mehrsprachigkeit**: Über „innere Mehrsprachigkeit" wird verfügt, wenn man z.B. neben der Hochsprache ebenso einen Dialekt beherrscht; der Sprecher kann also zwischen diesen beiden Varianten (Varietäten, ☞ S. 320) wählen. Äußere Mehrsprachigkeit bedeutet demgegenüber das Beherrschen verschiedener Sprachen (z.B. Deutsch und Türkisch).
  Innere Mehrsprachigkeit fördert die Entwicklung des Sprachbewusstseins; denn entgegen früher herrschender Meinungen sind sich heute Sprachwissenschaft und Sprachdidaktik einig, dass die Förderung der inneren Mehrsprachigkeit vor allem Vorteile mit sich bringt: Sie unterstützt durch Heterogenität die Entwicklung des Sprachbewusstseins und legt die Grundlage für erfolgreiches Sprachenlernen

- **Jugendsprache**: ☞ Wissenskasten S. 205

- **Linguistik**: allgemeine Bezeichnung für Sprachwissenschaft, insbesondere für die moderne Sprachwissenschaft, die sich mit der internen Struktur von Sprache auseinandersetzt

- **Normen**: Sprachnormen sind ein Spezialfall sozialer Normen, da sie mithilfe stillschweigender oder explizit vereinbarter Übereinkünfte Grundvoraussetzung für das Funktionieren von Kommunikation sind. Von ihrem Geltungsanspruch her wird unterschieden zwischen ...
  a) präskriptiver, also vorschreibender Normierung: Idealnormen werden als statische Regeln formuliert, denen der Nutzer zu folgen hat,
  b) deskriptiver, also lediglich beschreibender Normierung: Beobachtbare Regularitäten in sprachlicher Kommunikation – die auch Veränderungen unterworfen sein können – werden in einem Regelwerk gesammelt und aufgenommen (z. B. im Duden).

  Sprachnormen beziehen sich auf alle Beschreibungsebenen von Sprache (vor allem Rechtschreibung, Aussprache, Wortstellung, Wortwahl etc.).
  Wesentlich für das Verständnis des Normbegriffs ist, dass Normen zwischen **Stabilität *und* Veränderbarkeit** angesiedelt sind: Die jeweils gültigen Normen einer Sprache unterliegen einem ständigen Wandel, da bestimmte Sprachverwendungen, die ursprünglich als falsch eingestuft wurden, dann in Regelwerke Eingang finden können, wenn sich ihr Gebrauch auf breiter Basis in einer Gesellschaft durchsetzt. Man spricht dann von einem **Normwandel**. Da die Sprache also auch heute noch ständigen Veränderungen unterworfen ist, kann man die jeweils gültige Sprachnorm immer nur für einen bestimmten Zeitpunkt exakt bestimmen

- **Parlando**: ☞ Wissenskasten S. 205

- **„Sapir-Whorf-Hypothese"**: ☞ Wissenskasten S. 187

- **SMS- oder Chatsprache**: ☞ Wissenskasten S. 205

- **Soziolekt (auch: Gruppensprache oder Sondersprache)**: in Anlehnung an den Begriff *Dialekt* (☞ S. 318) entstandenes Kunstwort zur Bezeichnung der für eine sozial definierte Gruppe charakteristischen Verwendung eines Sprachsystems, z. B. für eine altersspezifische Sondersprache wie die Jugendsprache (☞ S. 205)

- **Sprachgeschichte**: ☞ Wissenskasten S. 193

- **Sprachkritik**: ☞ Wissenskasten S. 197

- **Sprachpflege**: ☞ Wissenskasten S. 197

- **Standardsprache (auch Hochsprache)**: Bezeichnung für eine historisch legitimierte, überregionale, mündliche und schriftliche mehr oder weniger einheitliche Sprachform. Die Standardsprache besitzt dabei die Funktion der öffentlichen Verständigungssprache; deswegen unterliegt sie besonders in Grammatik, Aussprache und Rechtschreibung einer Normierung (☞ S. 319)

- **Stil**: Verwendungsweise der Sprache, die durch eine individuelle Auswahl z. B. lexikalischer und / oder grammatischer Mittel gekennzeichnet ist. Stil beruht also auf einer Auswahl von sprachlichen Elementen aus einem größeren Repertoire sowie auf der Wiederholung der ausgewählten Elemente. Die Analyse eines sprachlichen Stils ist z. B. Untersuchungsgegenstand der Rhetorik.
Das traditionelle (antike) Stilschichtenmodell unterscheidet nur zwischen vier Ebenen: kunstsprachlich / gehoben, normalsprachlich / gehoben, normalsprachlich, umgangssprachlich / gesenkt. Heute ist die Unterteilung der Stilebenen jedoch differenzierter (z. B. gehoben, bildungssprachlich, dichterisch, umgangssprachlich, salopp, familiär, Jargon, derb, vulgär etc.)

- **Varietät**: Der Begriff *Varietät* bezeichnet heterogene Sprachvarianten, die u. a. resultieren aus ...
  a) räumlichen Differenzierungen (☞ Dialekt, S. 318),
  b) schichtenspezifischem Sprachverhalten (☞ Soziolekt, S. 319),
  c) situativen Faktoren (z. B. formelle oder informelle Gesprächskontexte),
  d) Stadien des Spracherwerbs oder
  e) Sprachkontakt (Aufeinandertreffen zweier oder mehrerer Sprachen innerhalb eines Staates, dessen Sprecher diese verschiedenen Sprachen alternativ [situationsspezifisch] verwenden).

- **Zusammenhang von Sprache und Denken**: ☞ Wissenskasten S. 187

Transkript zur Notiz von Rose Ausländer, S. 115

Oft bin ich gefragt worden, warum ich schreibe und was mein [Buchstabe n fehlt in der Handschrift] zentrales Interesse sein könne. Ich schreibe aus innerem Drang, ja ich darf sagen: aus innerem Zwang, quasi für mich selber. Aber ich praktiziere für meine Mitmenschen. Ich gehöre nicht mir selber. Ich gehöre den Worten, die zu mir kommen.

Literaturgeschichte

Grundlagen kultureller Identität Europas

Jüdisch-christliche Überlieferung

Griechische und römische Antike

Die kulturelle Identität Europas ist einerseits entscheidend durch die griechische und römische Antike geprägt, andererseits eingebettet in die jüdisch-christliche Überlieferung, deren Grundlage die Bibel ist. Ohne diese Basis zu kennen, ist das kulturelle Wertesystem des Abendlandes weder zu begreifen noch produktiv weiterzuentwickeln. Zentrale Texte dazu sind:

- die Genesis (die fünf Bücher *Mose*)
- das Buch Hiob
- die Evangelien nach *Matthäus* (mit der Bergpredigt) und *Lukas* (mit der Weihnachtsgeschichte)
- der Brief des Paulus an die Römer

Jesus Christus

- *Homer*: Ilias und Odyssee (7. Jh. v. Chr.)
- *Aischylos*: Perser (472 v. Chr.), Orestie (458 v. Chr.)
- *Sophokles*: Antigone (442 v. Chr.), König Ödipus (um 430 v. Chr.)
- *Euripides*: Medea (431 v. Chr.)
- *Cicero*: Reden (1. Jh. v. Chr.)
- *Vergil*: Aeneis (1. Jh. v. Chr.)
- *Ovid*: Metamorphosen (1 n. Chr.)

Homer

Vom Mittelalter zur frühen Neuzeit

Mittelhochdeutsche Literatur (ca. 750–1492)

Die Literatur entwickelt sinnstiftende Orientierungsmodelle, die zu einer Bewältigung des Lebens und zu kultureller Identität beitragen sollen. Dies trifft vor allem auf die höfische Literatur zu, die in ihrem Normen- und Wertesystem eine ethische Basis für die weltliche Gesellschaft entwickelt, sei es in der Ausprägung der großen Epen, des Minnesangs oder der politischen Spruchdichtung.

Walther von der Vogelweide (ca. 1170–1230)

- Nibelungenlied (um 1200)
- *Wolfram von Eschenbach*: Parzival (um 1200)
- *Walther von der Vogelweide*: Der Reichston (um 1200)

Vom Mittelalter zur frühen Neuzeit

Humanismus und Renaissance (ca. 1400–1600)
Den Menschen als Maß der Dinge entdecken Humanismus und Renaissance im Zuge einer „Wiedergeburt" antiker Philosophie und Literatur. Ein entscheidender Umbruch ergibt sich mit der Reformation, die das geistige Fundament der Menschen ins Wanken bringt. Zum ersten Mal entwickeln sich – gleichermaßen legalisiert – unterschiedliche Interpretationen zur Erlangung des Seelenheils.

Martin Luther (1483–1546)

- Fortunatus (1509)
- Historia von D. Johann Fausten (1587)
- *Martin Luther*: Bibelübersetzung (1522/1534)

Barock (ca. 1600–1720)
Das traumatische Ereignis der Epoche ist der Dreißigjährige Krieg (1618–1648). Die Lebenskrise der Menschen äußert sich im beständigen Bewusstsein ihrer Vergänglichkeit (Memento Mori: Gedenke, dass du sterben musst) ebenso wie in einer fast rauschhaften Sinnenhaftigkeit (Carpe Diem: Nutze den Tag). Gleichzeitig löst sich die Literatur zusehends von den Einflüssen der lateinischen Sprache und erhält in zahlreichen Poetiken ein festes Regelsystem.

Hans Jakob Christoffel von Grimmelshausen (um 1622–1676)

- *Martin Opitz*: Das Buch von der deutschen Poeterey (1624)
- *Grimmelshausen*: Der abenteuerliche Simplizissimus Teutsch (1668)

Die bürgelichen Jahrhunderte

Aufklärung (ca. 1720–1800)
Der Königsberger Philosoph *Immanuel Kant* formuliert 1784 mit seiner programmatischen Schrift „Was ist Aufklärung?" das Postulat der Vernunft und eines sich daraus ergebenden mündigen Verhaltens. In der deutschsprachigen Literatur findet das Anliegen, den Menschen zum Gebrauch der Vernunft zu erziehen, in den lehrhaften Formen, v.a. in der Fabel, ihren Ausdruck. Die Trauerspiele Lessings stellen erstmals bürgerliche Schicksale in den Mittelpunkt der Handlung. Sein Hauptwerk ist *„Nathan der Weise"*, ein Drama über religiöse Toleranz und Menschlichkeit.

Gotthold Ephraim Lessing (1729–1781)

- *Lichtenberg*: Aphorismen (ab 1764)
- *Lessing*: Nathan der Weise (1779), Emilia Galotti (1772)

Die bürgerlichen Jahrhunderte

Den Freiheitsgedanken der Aufklärung verstärkt der **Sturm und Drang (ca. 1765–1785)**, der darüber hinaus die Bedeutung des Verstandes durch die zentrale Rolle vitaler Lebenskraft ergänzt. Vernunft will Freiheit und zwar der Gesellschaft wie des Individuums. Das Ich mit seiner ganzen schöpferischen Kraft und seinem Drang nach Selbstverwirklichung rückt in das Zentrum literarischen Schaffens.

Friedrich Maximilian Klinger (1752–1831)

- *Goethe*: Prometheus (1772/74)
- Die Leiden des jungen Werthers (1774)
- *Schiller*: Die Räuber (1781), Kabale und Liebe (1783)

Klassik (1786–1832)
Auf der Basis von Aufklärung und Sturm und Drang entsteht das Menschenbild der Klassik mit seinem ausgleichenden Harmoniestreben von Natur und Kunst, von Freiheit und Gesetz und seinem Humanitätsideal. Die Hauptvertreter sind Johann Wolfgang Goethe, Friedrich Schiller und Wilhelm von Humboldt. Die deutsche Klassik distanziert sich von einer gewalttätigen, revolutionären Veränderung im Sinne der Französischen Revolution und propagiert eine friedliche Entwicklung der Gesellschaft insbesondere durch Bildung und ästhetische Erziehung.

Johann Wolfgang Goethe (1749–1832)
Friedrich Schiller (1759–1805)

- *Goethe*: Iphigenie auf Tauris (1786), Wilhelm Meisters Lehrjahre (1795)
- *Schiller*: Maria Stuart (1800), Wilhelm Tell (1804)

Romantik (ca. 1795–1840)
Unter der Romantik im engeren Sinn versteht man eine Geisteshaltung, die sich gegen die zunehmende Säkularisierung der beginnenden Industriegesellschaft richtet und eine Entgrenzung und Steigerung des Lebens auf der Basis der Subjektivität anstrebt. Kräfte dieser Subjektivität sind für die Romantiker Empfindung, die Poetisierung der Wirklichkeit, Kunstbegeisterung, Fantasie, Irrationalität, aber auch Reflexion und Ironie.

Joseph von Eichendorff (1788–1857)
Sophie Mereau (1770–1806)

- *Novalis*: Heinrich von Ofterdingen (1802)
- *Joseph von Eichendorff*: Marmorbild (1819), Aus dem Leben eines Taugenichts (1826)
- *Bettina von Arnim*: Die Günderrode (1840)
- *E. T. A. Hoffmann*: Der Sandmann (1817), Das Fräulein von Scuderi (1819)

Vormärz und Biedermeier (ca. 1815–1848)
Die Dichter des Vormärz rufen zum Kampf gegen die Unterdrückung durch die Fürsten auf, fordern liberale Verfassungen, die nationale Einheit Deutschlands und prangern soziale Missstände an. Viele fliehen zum Schutz der eigenen Person ins Ausland; nicht zuletzt um Zensur und Druckverbote zu umgehen, greifen sie zudem auf neue journalistische Textformen (Flugblätter, Plakate, Reiseliteratur ...) zurück. Auch der bewusste Rückzug der Biedermeierdichter aus der Politik und die Besinnung auf eine traditionelle Werteordnung, innerhalb derer die glückliche Familie und ein bescheidenes, aber dennoch zufriedenes Leben im Mittelpunkt stehen, ist eine Reaktion auf die politischen und gesellschaftlichen Umstände der Zeit.

Heinrich Heine (1797–1856)
Georg Büchner (1813–1837)

- *Heinrich Heine*: Harzreise (1826), Deutschland – ein Wintermärchen (1844)
- *Georg Büchner*: Lenz (1835), Woyzeck (1837)

Die bürgerlichen Jahrhunderte

Bürgerlicher Realismus (ca. 1848–1900)
Der bürgerliche oder poetische Realismus versteht nach der verlorenen demokratischen Revolution von 1848 unter realistischem Schreiben nicht nur die Wiedergabe der Wirklichkeit, sondern zugleich deren poetische Verarbeitung.

Theodor Fontane (1819–1898)

- *Theodor Fontane*: Effi Briest (1895)
- *Gottfried Keller*: Die Leute von Seldwyla (1874)
- *Theodor Storm*: Der Schimmelreiter (1888)

Naturalismus (ca. 1880–1900)
Gegen Ende des 19. Jahrhunderts rückt im Naturalismus erneut die soziale Dimension ins Zentrum des Interesses. Hier sind die neuen wissenschaftlichen Erkenntnisse ebenso eingebunden wie die getreue Wiedergabe des Milieus, in dem die vorwiegend dramatischen Texte spielen.

Gerhart Hauptmann (1862–1946)

- *Gerhart Hauptmann*: Bahnwärter Thiel (1887), Die Weber (1892)

Literatur in der ersten Hälfte des 20. Jahrhunderts

Literatur um 1900
Seit der Jahrhundertwende suchen die Menschen neue Erklärungsmuster für ihr als modern empfundenes Dasein, die politischen, gesellschaftlichen und geistigen Systeme des 19. Jahrhunderts haben ihre Bindungskraft verloren. Der verstärkten Sinnsuche entsprechen Vielfalt und Widersprüchlichkeit der literarischen Produktion.

Rainer Maria Rilke
(1875–1926)

- *Rainer Maria Rilke*: Das Stundenbuch (1905)
- *Franz Kafka*: Der Process (1914–15/1925), Die Verwandlung (1915)

Expressionismus (ca. 1905–1925)
Angesichts einer sich unmenschlich zeigenden Industriegesellschaft, anonymen Großstädten, in denen der Einzelne unterzugehen droht, sind viele Expressionisten davon überzeugt, dass aus dem Untergang dieser Welt eine neue entstehen muss. Nicht zuletzt deshalb gehören auch viele Schriftsteller und Künstler zu den Kriegsfreiwilligen von 1914. Erschüttert und psychisch in Mitleidenschaft gezogen von den Grauen des Krieges entsteht jedoch in diesem Kontext eine der ausdrucksstärksten Anti-Kriegsliteraturen der deutschen Literaturgeschichte.

Else Lasker-Schüler
(1869–1945)

- *Else Lasker-Schüler*: Ein alter Tibetteppich (1910)
- *Jakob van Hoddis*: Weltende (1911)
- *Georg Heym*: Der Krieg (1911)
- *Gottfried Benn*: Morgue (1912)
- *Georg Trakl*: Grodek (1914)

Literatur der Weimarer Republik
In der Weimarer Republik gewinnt in der demokratischen Auseinandersetzung und in einer neu entstehenden Medienöffentlichkeit das publizistische Arbeiten ein größeres Gewicht. Eine gesellschaftsanalytische Richtung von Kunst und Literatur, die **Neue Sachlichkeit**, versucht, die Menschen in ihrer sozialen Wirklichkeit zu erfassen. Inhaltlich damit verbunden, wenn auch in Form und Stil unterschiedlich, ist der sogenannte **Zeitroman**, der sich mit den Sinnfragen der Menschen beschäftigt und die Welt, in der sie leben, unter die Lupe nimmt.

Alfred Döblin
(1878–1957)

- *Alfred Döblin*: Berlin Alexanderplatz (1929)
- *Hans Fallada*: Kleiner Mann, was nun? (1932)
- *Bertolt Brecht*: Die Dreigroschenoper (1928)
- *Erich Kästner*: Fabian (1931)
- *Thomas Mann*: Buddenbrooks (1901), Der Zauberberg (1924)
- *Heinrich Mann*: Der Untertan (1914)

Exilliteratur (ca. 1933–1945)
Unter dem Begriff *Exilliteratur* in seinem engeren Sinn werden die Werke verstanden, die im Zuge der Emigration der Schriftsteller aus Nazi-Deutschland zwischen 1933 und 1945 entstanden sind. Das einigende Band ist die Ablehnung des nationalsozialistischen Regimes, nicht jedoch ein gemeinsames poetologisches oder inhaltliches Programm.

Literatur in der ersten Hälfte des 20. Jahrhunderts

Lion Feuchtwanger (1884–1958)
Anna Seghers (1900–1983)

- *Lion Feuchtwanger*: Exil (1937–39)
- *Anna Seghers*: Transit (1944)
- *Bertolt Brecht*: Der gute Mensch von Sezuan (1939/1953)

Literatur in den beiden deutschen Staaten
Die Literatur in den beiden deutschen Staaten steht im Kontext der unterschiedlichen gesellschaftlichen Systeme der Bundesrepublik und der DDR. Die Problematik der Kriegsheimkehrer thematisiert die sogenannte **Trümmerliteratur**. Eine **Auseinandersetzung mit dem Faschismus** zieht sich in unterschiedlicher Intensität und mit sich verändernden Perspektiven durch die gesamte deutsche (Literatur-) Geschichte seit 1945.
In der Bundesrepublik erfolgt mit der **Gruppe 47**, einer Autorengruppe, die sich mit dem Neubeginn von Staat, Gesellschaft, Politik, Literatur und Sprache intensiv beschäftigt, eine Politisierung der Literatur. Daneben spielen Strömungen einer **neuen Subjektivität** seit den 1970er Jahren ebenso eine Rolle wie die sogenannte **Postmoderne**, die seit den 1980er Jahren ein einheitliches Lebensmodell ablehnt.

Literatur in den beiden deutschen Staaten

Günter Grass (1927–2015)

Heinrich Böll (1917–1985)

- *Wolfgang Borchert*: Draußen vor der Tür (1947)
- *Heinrich Böll*: Wanderer, kommst du nach Spa ... (1950)
- *Günter Grass*: Danziger Trilogie (Die Blechtrommel 1959; Katz und Maus 1961; Hundejahre 1963)
- *Max Frisch*: Homo Faber (1957)
- *Hermann Kant*: Die Aula (1965)
- *Peter Weiss*: Die Ermittlung (1965)
- *Siegfried Lenz*: Deutschstunde (1968)
- *Jurek Becker*: Jakob der Lügner (1969)
- *Christoph Ransmayr*: Die Schrecken des Eises und der Finsternis (1984)

Mit dem **sozialistischen Realismus** wird die literarische Richtung in der DDR von Seiten des Staates vorgegeben. Ein optimistisches Abbild der Realität, das zum gemeinsamen Aufbau einer sozialistischen Gesellschaft anregen soll, ist dabei ebenso wichtig wie der Versuch, den Arbeiter selbst zum Schreiben zu motivieren. Allerdings ruft eine kritische Bestandsaufnahme der gesellschaftlichen Situation vieler Autorinnen und Autoren immer stärker einen Konflikt mit Staat und Partei hervor, die in der Ausbürgerung des Liedermachers und Lyrikers Wolf Biermann im Jahr 1976 einen ersten Höhepunkt erreicht.

Literatur in den beiden deutschen Staaten

Christa Wolf
(1929–2011)

- *Ulrich Plenzdorf*: Die neuen Leiden des jungen W. (1972)
- *Christa Wolf*: Kindheitsmuster (1976), Kassandra (1983)

Literatur nach 1989
Die deutsche Gegenwartsliteratur nach 1989 zeichnet sich durch eine ungeheure Vielfalt aus, deren Systematisierung erst mit einer größeren historischen Distanz an Profil gewinnen wird. Die unterschiedlichen Reaktionen auf die Vereinigung werden zur sogenannten **Wendeliteratur** gerechnet. Für deutsche Texte von Autorinnen und Autoren aus einem anderen kulturellen Kontext wird der Begriff **Migrationsliteratur** oder **interkulturelle Literatur** verwendet. Ein Rückzug auf das eigene Ich in einer „Eventkultur" ist in der **Ich-Orientierung** junger deutscher Literatur ebenso zu beobachten wie in der **Popliteratur** seit den 1990er Jahren. Daneben schreiben aber nach wie vor Autorinnen und Autoren, die in der alten Bundesrepublik und der DDR kulturell wie literarisch sozialisiert sind, was letztlich auf dem literarischen Markt zu einer Gleichzeitigkeit des Ungleichzeitigen führt.

Literatur nach 1989

Emine Sevgi Özdamar
(geb. 1946)

Sven Regener
(geb. 1961)

- *Christa Wolf*: Was bleibt (1979/1990), Medea (1996)
- *Emine Sevgi Özdamar*: Das Leben ist eine Karawanserei (1992)
- *Erich Loest*: Nikolaikirche (1995)
- *Sven Regener*: Herr Lehmann (2001)
- *Uwe Timm*: Am Beispiel meines Bruders (2003)
- *Julia Franck*: Die Mittagsfrau (2007)
- *Uwe Tellkamp*: Der Turm (2008)
- *Markus Orths*: Das Zimmermädchen (2008)

Sprachwissen: Grammatik (alphabetisch geordnet)

Konjugation und Deklination

1 Prädikat-Subjekt-Kongruenz

Subjekt und finites Verb (finiter oder gebeugter Teil des Prädikats) eines Satzes stimmen in Person und Numerus, bei nominalen Bestandteilen des Prädikats auch im Genus und Kasus überein. Probleme gibt es erfahrungsgemäß bei der Numerus-Übereinstimmung (Kongruenz) in folgenden Fällen:

Das finite Verb des Satzes steht ausschließlich im Singular.	
Beispiel	**Fallbeschreibung**
Frau Müller mit ihrer Tochter kommt auch.	Subjekt im Singular mit substantivischem Attribut, das mit Präposition angeschlossen ist
Ein(e) Menge/Reihe/Anzahl/Dutzend Leute war da.	eine singularische Mengenangabe, bei der das Gezählte im Plural angeschlossen ist
Ein Kilo Mehl reicht für den Kuchen.	eine singularische Maßangabe mit dem gemessenen „Stoff“ im Singular

Das finite Verb kann im Singular oder im Plural stehen.	
Ein Kilo Tomaten reicht/reichen für den Salat.	eine singularische Maßangabe mit dem gemessenen „Stoff“ im Plural
Ein Drittel der Mitglieder stimmt/stimmen ab.	auf eine singularische Prozent- oder Bruchzahl folgt ein Genitiv im Plural
Niemand, weder Klaus noch Sabine, hat/hatten etwas gesehen.	auf ein Subjekt im Singular folgt eine Apposition im Plural oder aneinandergereihte einzelne Teile

Das finite Verb steht in der Regel im Plural.	
Es kommen der Vater und seine Schwester. (= Der Vater und seine Schwester kommen.)	bei mehrteiligem Subjekt, wenn das es nur ein Platzhalter ist, der bei Umstellung wegfällt
2 Kilo Fleisch/Bananen im Monat sind genug.	bei pluralischer Maßangabe mit gemessenem „Stoff“ im Singular oder Plural
„Die Buddenbrooks“ haben mir gut gefallen.	bei pluralischem Titel von Büchern, Stücken, Zeitungen mit bestimmtem Artikel

2 Deklination von Appositionen

Eine Apposition ist eine nähere substantivische Bestimmung zu einem Bezugswort, mit dem es in der Regel in Genus, Numerus und Kasus übereinstimmt (kongruiert). In einigen Fällen kommt es dabei zu Deklinationsproblemen.

Nachgetragene Appositionen	
Der Verkauf des Hauses an die Direktorin, die spätere Chefin (nicht: der späteren) der Stadtverwaltung, …	Der immer häufigere Gebrauch des Dativs, auch bei anderem Kasus des Bezugswortes, ist standardsprachlich nicht korrekt.
Das Leben dieses Mannes, eines hervorragenden Künstlers, …	Die nachgetragene Apposition enthält ein Artikelwort und wird im Kasus an das Bezugswort angeglichen.
am Freitag, dem 25. 6. oder den 25. 6., …	Der Wochentag in Datumsangaben kann als Apposition mit gleichem Kasus oder als selbstständige Zeitangabe im Akkusativ stehen.
Unmittelbar beim Bezugswort stehende Appositionen	
eine Gruppe junger Kollegen/ Neugieriger	Appositionen mit Adjektiv oder substantivierte adjektivische Appositionen nach Mengenangaben stehen in der Regel im Genitiv.
ein Glas guter Wein	Bei anderen subst. Mengenangaben gilt heute eher Kasusgleichheit als Genitivverwendung.

Modus: Redewiedergabe und andere Konjunktivverwendungen

Man unterscheidet im Deutschen **drei Modi (Pl. von Modus)**:
- Indikativ: *er geht, wir sind geschwommen, er hatte geglaubt …*
- Konjunktiv: *er gehe, wir seien geschwommen, er hätte geglaubt …*
- Imperativ: *Geh! Geht! Gehen Sie!*

1 Die Bildung des Konjunktivs

Man unterscheidet im Deutschen zwischen dem Konjunktiv I und dem Konjunktiv II.

- Die **Formen des Konjunktiv I** werden gebildet, indem an den Präsensstamm des Verbs die Konjunktivendungen (*-e, -est, -e, -en, -et, -en*) gehängt werden. Die Formen des Konjunktiv I unterscheiden sich also in der 3. Person Singular und in der 2. Person Singular und Plural von denen des Indikativ Präsens.
  sein: ich sei, du seiest, er/sie/es sei, wir seien, ihr seiet, sie seien
  haben: ich habe, du habest, er habe, wir haben, ihr habet, sie haben
  kommen: ich komme, du kommest, er komme, wir kommen, ihr kommet, sie kommen
  siegen: ich siege, du siegest, er siege, wir siegen, ihr sieget, sie siegen

- Die **Formen des Konjunktiv II** werden vom Präteritumstamm des Verbs abgeleitet. Der Stammvokal wird dabei – wenn möglich – umgelautet:

Infinitiv	**Präteritum**	**Konjunktiv II**
sein	*war*	*wäre*
haben	*hatte*	*hätte*
kommen	*kam*	*käme*
siegen	*siegte*	*siegte*

- Bei **Lautgleichheit** zum Indikativ wird auf die Ersatzfom „würde + Infinitiv" ausgewichen: *er siegte* (Konjunktiv II = Indikativ) → *er würde siegen.*
- Anders als im Indikativ (6 Tempora) unterscheidet man im Konjunktiv nur den **Konjunktiv der Gegenwart, der Vergangenheit und der Zukunft**:
  Konjunktiv I der Gegenwart: *er gehe*
  Konjunktiv II der Gegenwart: *er ginge*
  Konjunktiv I der Vergangenheit: *er sei gegangen*
  Konjunktiv II der Vergangenheit: *er wäre gegangen*
  Konjunktiv I der Zukunft: *er werde gehen*
  Konjunktiv II der Zukunft: *er würde gehen*

2 Die Verwendungen des Konjunktivs im Deutschen

Der Konjunktiv I in der indirekten Rede

In der Regel wird in indirekter Rede der Konjunktiv I verwendet. Nur wenn der Konjunktiv I lautgleich mit dem Indikativ ist, tritt zunächst der Konjunktiv II an die Stelle des Konjunktiv I. Wenn diese Form veraltet klingt oder lautgleich mit dem Präteritum ist, wird auch auf die Ersatzform mit „würde + Infinitiv" ausgewichen:

„Heute backen wir Plätzchen." → *Sie sagten, dass sie heute Plätzchen backen* (= lautgleicher K I) → *backten* (lautgleich mit dem Präteritum) bzw. *büken* (veralteter K II) → *backen würden* (Ersatzform)

Neben der Verwendung des Konjunktivs ist in der indirekten Rede noch die Verschiebung der Pronomen zu beachten:

Martin sagt: *„**Ich** bin müde, ich gehe nach Hause."* → *Martin sagt, **er** sei müde und gehe nach Hause.*

Der Konjunktiv in Konditionalsätzen

In Konditionalsätzen werden Ursache und Folge zueinander in Beziehung gesetzt. Man unterscheidet dabei zwischen Realis, Potentialis und Irrealis:

Realis	Potentialis	a) Irrealis der Vergangenheit b) Irrealis der Gegenwart
Wenn Hanna lernt, kann sie die Versetzung noch schaffen.	*Wenn Hanna lernte, könnte sie die Versetzung noch schaffen.* (auch: *Wenn Hanna lernen würde, ...*)	*a) Wenn Hanna gelernt hätte, hätte sie die Versetzung noch schaffen können.* *b) Wenn ich reich wäre, machte ich eine Weltreise.* (auch: *...würde ich ... machen.*)

Der Sprecher weist das Geschehen in Haupt- und Nebensatz als erfüllbar aus. (Realis)	Der Sprecher weist die Verwirklichung des Geschehens in Haupt- und Nebensatz zum Sprechzeitpunkt als möglich aus. (Potentialis)	a) Die Verwirklichung des Geschehens in Haupt- und Nebensatz wird vom Sprecher als unerfüllbar – weil in der Vergangenheit liegend – ausgewiesen. (Irrealis der Vergangenheit) b) Der Kontext oder das Vorwissen weist das Geschehen in Haupt- und Nebensatz als unerfüllbar/irreal aus. (Irrealis der Gegenwart)
Modus: Indikativ	Modus: Konjunktiv II der Gegenwart oder Ersatzform	a) Modus: Konjunktiv II der Vergangenheit b) Modus: Konjunktiv II der Gegenwart oder Ersatzform

- **Andere Verwendungen des Konjunktivs im Deutschen**

Beispiel	Funktion	Form
Er tut so, als wüsste er alles. *Es scheint so, als würde es kälter.*	hypothetischer Komparativsatz	Konjunktiv II
Auch wenn ich Zeit hätte, ginge ich nicht mit dir ins Kino. *Ich würde nicht im See baden, selbst wenn ich schwimmen könnte.*	irrealer Konzessivsatz	Konjunktiv II
Er spricht zu leise, als dass man ihn verstehen könnte/kann. *Die Häuser sind zu baufällig, als dass man sie sanieren könnte/kann.*	irrealer Konsekutivsatz	Im „als dass-Satz“ kann der Konjunktiv II oder der Indikativ stehen.
Wenn der Winter doch schon vorbei wäre! *Ich wünschte, es wäre Sommer.*	irrealer Wunschsatz	Konjunktiv II
Ich möchte dich etwas fragen. *Würden Sie bitte weitergehen?*	höfliche Frage, Aufforderung	Konjunktiv II

Syntax

1 Satzglieder und Gliedsätze

Die Bausteine von Sätzen sind **Satzglieder**.

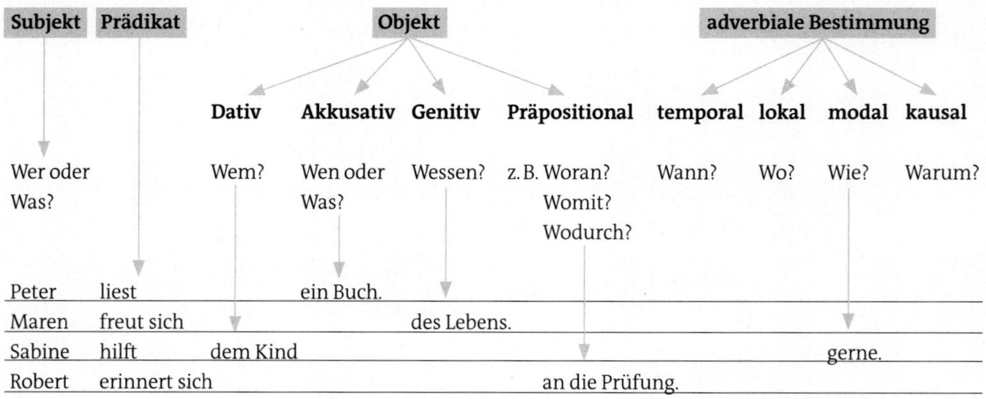

Man erkennt **Satzglieder** daran, dass sie sich innerhalb eines Satzes umstellen lassen, ohne dass sich der Sinn des Satzes verändert (Umstellprobe).

Subjekte, alle Objekte und adverbiale Bestimmungen können auch in Form von **Gliedsätzen** (= Nebensätzen) vorkommen. Man kann sie genauso erfragen:
Wer Klassenbester ist, *wird noch bekannt gegeben.*
(Wer oder was wird noch bekannt gegeben? → Subjektsatz)

Ich weiß, ***dass ich nichts weiß.***
(Wen oder was weiß ich? → Objektsatz)

Er freut sich darüber, ***dass er ihn morgen sehen wird.***
(Worüber freut er sich? → Präpositionalobjektsatz)

Die häufigsten Gliedsätze sind **Adverbialsätze**. Wie adverbiale Bestimmungen unterscheidet man u. a.:
Finalsätze, Modalsätze, Temporalsätze, Kausalsätze, Konditionalsätze, Konsekutivsätze ...
Er blieb im Bett liegen, ***weil er sich sehr krank fühlte.***
(Warum blieb er im Bett liegen? → Kausalsatz)

2 Attribute und Attributsätze (Gliedteilsätze)

Attribute sind keine selbstständigen Satzglieder, sondern nur **Teile von Satzgliedern**. Man erkennt sie daran, dass sie nur in Verbindung mit ihrem Bezugswort (auch: Kern) im Satz umgestellt werden können:
Marc trifft ***den Freund aus dem Nachbargymnasium*** *beim Fußballspielen.*
(Bezugswort) (Attribut)
Auch möglich: *Beim Fußballspielen trifft Marc den Freund aus dem Nachbargymnasium.*

Nicht möglich: *Aus dem Nachbargymnasium trifft Marc den Freund beim Fußballspielen.*

Attribute können in verschiedenen sprachlichen Formen auftreten, nämlich als:
- Adjektivattribut: *Sarah hat ein* ***interessantes*** *Buch gelesen.*
- Partizipialattribut: *Der* ***verschlossene*** *Raum ist nicht zugänglich.*
- Genitivattribut: *Die Bilanz* ***des Vorjahrs*** *war sehr viel besser.*
- Präpositionalattribut: *Markus trifft den Freund* ***aus dem Nachbargymnasium*** ...
- Apposition: *Dr. Martin Hunold,* ***der neue Schulleiter****, hat sich gut eingelebt.*

Nebensatzförmige Attribute nennt man analog **Attributsätze** oder auch **Gliedteilsätze**, weil sie Teile von Satzgliedern sind. Für sie gilt ebenfalls: Nur in Verbindung mit dem Bezugswort (Kern) umstellbar!
Marc trifft den ***Freund, der das Nachbargymnasium besucht****, beim Fußballspielen.*
(Bezugswort) (Attributsatz/Gliedteilsatz)
Beim Fußballspielen trifft Marc den Freund, der das Nachbargymnasium besucht.

3 Satzarten

	Aussagesatz	Fragesatz	Aufforderungs- und Ausrufesatz
Satzschlusszeichen	Punkt.	Fragezeichen?	Ausrufezeichen!
Absicht	mitteilen, aussagen, erzählen, wollen ...	fragen, etwas wissen wollen, etwas erfahren	befehlen, bitten, wünschen, auffordern ...

Wenn man mehrere **selbstständige Sätze** (**Hauptsätze**) miteinander verbindet, entsteht eine **Satzreihe**; die Sätze können durch nebenordnende **Konjunktionen** (*und, oder, weder ... noch* etc.) miteinander verbunden werden.

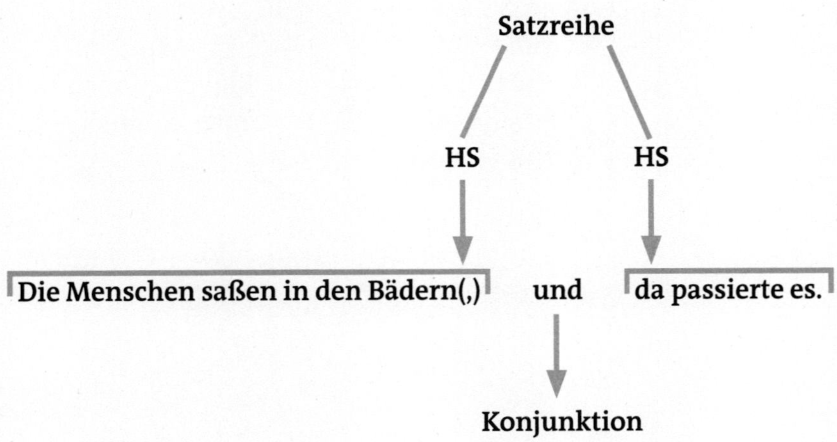

Werden **unselbstständige Sätze** (**Nebensätze**) mit Hauptsätzen verbunden, entstehen **Satzgefüge**. Zwischen Hauptsatz und Nebensatz steht ein Komma. Die Verbindungen stellen unterordnende Konjunktionen her.

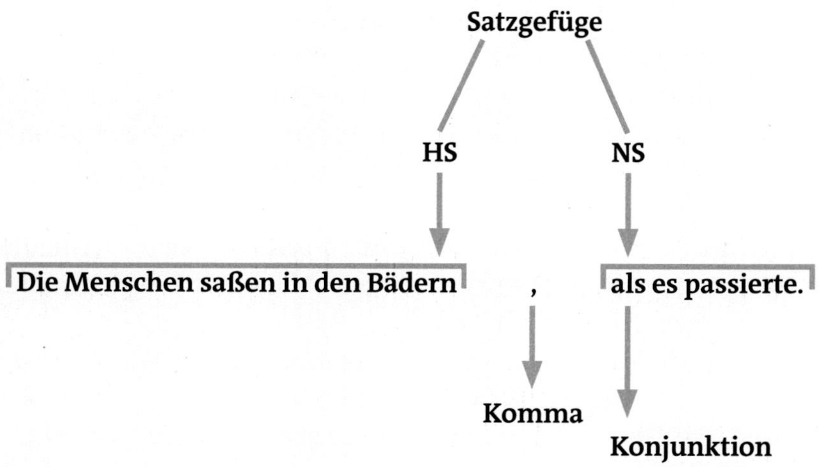

Wortarten

Gruppen im Wortschatz des Deutschen mit ähnlichen Eigenschaften und Verwendungsweisen werden einer Wortart zugerechnet. Man ordnet die Wortarten den beiden Gruppen **flektierbar** (veränderbar) und **unflektierbar** (unveränderbar) zu. Bei den flektierbaren unterscheidet man wiederum solche, die nach Genus, Numerus und Kasus verändert (dekliniert) werden, und solche, die nach Person, Numerus, Tempus, Genus verbi und Modus verändert (konjugiert) werden.

flektierbar		unflektierbar
konjugierbar	**deklinierbar**	
Verben	Nomen/Substantive Adjektive Artikel Pronomen Numerale	Adverbien Präpositionen Konjunktionen Interjektionen

Sprachwissen: Kommasetzung

Das Komma wird im Deutschen nicht gesetzt, um Sprechpausen zu bezeichnen, sondern um grammatische Gliederungen von Sätzen anzuzeigen.

1 Mit einem Komma trennt man gleichrangige **Wörter**, **Wortgruppen** oder **Teilsätze** voneinander ab, die nicht durch *und* bzw. *oder* verbunden werden:

- *Klaus besorgte Getränke, Knabbereien und was man sonst noch benötigte.*

Achtung: Das Komma steht **nicht**, wenn bei mehreren aufgezählten Adjektiven das letzte Adjektiv mit dem zugehörigen Substantiv einen Gesamtbegriff bildet:

- *nach neuesten wissenschaftlichen Erkenntnissen*

2 **Einschübe**, **Zusätze**, **Appositionen** und **sonstige herausgehobene Satzteile** grenzt man mit Komma ab:

- *Wir treffen uns am Freitag, dem 25.7., im Foyer der Bank zu diesem Termin.*
- *Gerne würde ich Ihren Betrieb kennenlernen, vor allem die Vertriebsabteilung.*
- *Hans, sein Sandkastenfreund, hatte leider aus Krankheitsgründen abgesagt.*
- *Sabine, kommst du endlich?*

3 **Sind selbstständige Sätze** mit *und* bzw. *oder* verbunden, kann ein Komma gesetzt werden, um die Struktur des Satzes deutlich zu machen.

- *Sabine las ein Buch, Maria schlief(,) und Paul spülte das Geschirr.*

4 Das Komma trennt in **Satzgefügen Haupt-** und **Nebensätze** voneinander. Es ist darauf zu achten, dass Nebensätze innerhalb von übergeordneten Sätzen auch immer mit einem abschließenden Komma enden.

- *Ich weiß nicht, wann Peter zurückkam, und ich will es auch gar nicht wissen.*

5 **Das Komma bei Infinitiv- und Partizipialgruppen**

→ Infinitivgruppen werden dann obligatorisch durch Kommas abgetrennt, wenn sie durch die Konjunktionen *um, ohne, als, statt, anstatt* und *außer* eingeleitet sind oder wenn sie sich auf ein Wort im übergeordneten Satz beziehen.

- *Bernd war zu müde, um sich für den Abend noch etwas vorzunehmen.*
- *Die Mühe, seiner Mitschülerin bei der Vorbereitung zu helfen, hatte sich gelohnt.*
- *Maren freute sich darauf, Bastian nächste Woche endlich wiederzusehen.*

→ Partizipialgruppen müssen durch Kommas abgetrennt werden, wenn sie zwischen Subjekt und Prädikat geschoben werden, einen Zusatz bilden oder wenn im übergeordneten Satz ein Wort auf sie verweist (siehe auch Infinitivgruppen).

- *Thomas' Mutter, von einem Taschendieb beraubt, erlitt einen Herzinfarkt.*

Sprachwissen: Rechtschreibung (alphabetisch geordnet)

Apostroph-Schreibungen

Seit einigen Jahren nimmt die Tendenz zu, im Deutschen Apostrophe zu setzen, wo die Regel diese nicht erlaubt oder nicht erlaubt hat. Denn die Regeln der Apostroph-Schreibung passen sich dem Gebrauch zunehmend an.
Man unterscheidet deshalb folgende Fallgruppen:

Wo ein Apostroph gesetzt werden kann:	Wo ein Apostroph nicht gesetzt werden darf:	Wo ein Apostroph gesetzt werden muss:
• wenn das Pronomen *es* zu *-s* verkürzt wird: *Sag's mir!* • wenn der unbestimmte Artikel *ein/eine* zu *-n* verkürzt wird: *so'n Blödsinn* • bei gewerblichen Namen von Gaststätten etc.: *Gerti's Weinbar* (neu!)	• bei Verschmelzung von Präposition und bestimmtem Artikel: *vorm Tor, fürs Kind ...* • beim Plural -s: *Parks, Autos, Singles ...* • auch bei Abkürzungen im Plural: *LPs, LKWs ...*	• bei Auslassungen im Wortinnern: *Ku'damm* • beim Genitiv von Namen, die auf *s, ss, ß, tz, z* und *x* enden: *Grass' Romane, Herrn Weiß' Auto* Dies gilt aber nicht, wenn ein bestimmter Artikel (plus Attribut) vorausgeht: *die Romane des Günter Grass*

dass-das

Das ist entweder a) ein Artikel, b) ein Demonstrativpronomen oder c) ein Relativpronomen. Es kann durch dieses/jenes oder welches ersetzt werden.
a) Jenny freut sich auf das (dieses) Geburtstagsfest.
b) Siehst du das Haus am Waldrand? Meinst du das (jenes) mit der blauen Tür?
c) Das Mädchen, das (welches) dort an der Ecke steht, ist nicht meine Schwester.

Dass ist dagegen Konjunktion und kann nicht ersetzt werden.
Er weiß, dass du ihn morgen anrufen wirst.

Fremdwörter

1 Die Schreibung von **(einfachen) Fremdwörtern** im Deutschen folgt keinen einheitlichen Regeln. Dabei spielt auch die Herkunftssprache der Wörter eine Rolle.

- Grundsätzlich gilt: Je länger ein Wort dem deutschen Wortschatz angehört und je häufiger es gebraucht wird, desto mehr passt es sich in Lautung und Schreibung dem Deutschen an, man spricht dann von Lehnwörtern: *Bluse* (frz.), *Kapuze* (lat.), *Fenster* (lat.) ...

- Manche Wörter befinden sich bezüglich dieser Anpassung an die deutsche Rechtschreibung in einer Übergangsphase und sie kommen deshalb in verschiedenen Schreibweisen vor: *Sauce/Soße, Portrait/Porträt ...*
- Daneben gibt es aber seit der Rechtschreibreform von 2006 weitere Fälle, in denen ebenfalls Schreibvarianten zulässig sind:
  - das *ph* in: *Geographie/Geografie – Graphik/Grafik – Mikrophon/Mikrofon ...*
  - die Wortbestandteile -tial und -tiell: *Potential/Potenzial – essentiell/essenziell – Differential/Differenzial ...*
  - weitere Einzelschreibvarianten: *Spaghetti/Spagetti – Joghurt/Jogurt – Delphin/Delfin – Mayonnaise/Majonäse – Yoga/Joga – Bouquet/Bukett – Facette/Fassette – Necessaire/Nessessär – Sketch/Sketsch – Chicorée/Schikoree – Thunfisch/Tunfisch ...*

Grundsätzlich gilt bei diesen Varianten: Je stärker ein Wort einem Bildungs- oder Fachwortschatz zugeordnet wird, desto wahrscheinlicher ist die Beibehaltung der fremden Schreibung.

2 Die Schreibung von **mehrgliedrigen Fremdwörtern** entspricht in der Regel der Schreibung in der Fremdsprache, lediglich die Substantivgroßschreibung wird angeglichen: *Eau de Toilette, Cordon bleu*

- Einfache Zusammensetzungen werden wie in der Fremdsprache zusammengeschrieben: *Teamwork, Brainstorming*
- Ist das Erstglied ein Adjektiv, kann das Wort auch zusammengeschrieben werden, wenn der erste Bestandteil die alleinige Betonung trägt:
  Sóftdrink (*Sóft Drínk*); ansonsten schreibt man getrennt: *Néw Ecónomy*
- Mehrteilige Zusammensetzungen mit Wortgruppen werden mit Bindestrichen und darin vorkommende Substantive groß geschrieben:
  Abend-Make-up, Ad-hoc-Beschluss, Do-it-yourself-Bewegung
- Bei Fremdwörtern aus dem Englischen, die aus Verb + Präposition/Adverb bestehen, schreibt man meist mit Bindestrich oder zusammen:
  Know-how/Knowhow – Feed-back/Feedback

3 Für die **Pluralbildung bei Fremdwörtern aus dem Englischen** gilt im Deutschen auch die deutsche Pluralbildung auf -s und zwar ohne weitere Veränderungen des Singulars (unabhängig von der jeweiligen Regel im Englischen):

Fremdwort aus dem Englischen im Singular	deutscher Plural
Baby, Party, Hobby, Rowdy ...	*Babys, Partys, Hobbys, Rowdys ...*
Teenie, Hippie ...	*Teenies, Hippies ...*

Achtung: Der Plural des Kunstwortes *Handy* lautet regelgerecht ebenfalls *Handys*.

Getrennt- und Zusammenschreibung

Grundsätzlich ist für die Entscheidung, ob man aufeinander bezogene Wörter getrennt oder zusammenschreibt, wichtig, ob man die Wörter als Zusammensetzung oder als Wortgruppe wertet.

1 Zusammenschreibung

- Substantive/Nomen, Adjektive, Präpositionen oder Adverbien können mit Verben untrennbare Zusammensetzungen bilden:
  - Substantiv/Nomen + Verb: *Er maßregelt den Kollegen. Wie hast du das denn geschlussfolgert?* Das Substantiv wird dann nicht mehr als eigenständiges Wort wahrgenommen.
  - Adjektiv + Verb: *Sie hat sich gelangweilt. Damit hatte er noch nie geliebäugelt.*
  - Präposition/Adverb + Verb (Betonung auf dem Verb): *Er übersétzt Romane.*
- Manche Adverbien oder Präpositionen können als Verbzusatz mit Verben auch trennbare Zusammensetzungen bilden. Man schreibt sie nur im Infinitiv, Partizip oder in Endstellung im Nebensatz zusammen: *Er weiß, dass du mitarbeitest.* aber: *Er arbeitet gerne mit.*

  Tatsächlich ist es oftmals schwer zu unterscheiden, ob Adverb bzw. Präposition jeweils a) als Verbzusatz fungiert (Zusammensetzung → Zusammenschreibung) oder b) ein selbstständiges Wort ist (Wortgruppe → Getrenntschreibung). Dabei hilft die Betonung:
  a) Betonung auf dem Verbzusatz: *dabéisitzen (Nur dabéisitzen wollte sie nicht.)*
  b) Betonung auf beiden Bestandteilen gleich stark: *dábei sítzen (Dábei wollte sie nicht immer sítzen, sondern auch mal stehen.)*
- Substantiv/Nomen + Verb können trennbare Zusammensetzungen bilden, wenn die Bedeutung des Substantivs verblasst ist: *eislaufen, kopfstehen ...*
- Adjektiv + Verb schreibt man zusammen, wenn sie gemeinsam eine neue, idiomatisierte Gesamtbedeutung bilden: *kaltstellen, freisprechen, richtigstellen ...*
- Verbindungen von gleichrangigen Adjektiven schreibt man zusammen: *dummdreist, nasskalt ...*

2 Zusammen- oder Getrenntschreibung

- Adjektiv + Verb, wenn das Adjektiv das Ergebnis der Tätigkeit bezeichnet: *blankputzen/blank putzen, klein schneiden/kleinschneiden, blaufärben/blau färben ...*
- Verb + *lassen* oder *bleiben* in übertragener Bedeutung: *stehen lassen/stehenlassen, sitzen bleiben/sitzenbleiben ...*
- Bei folgenden Fällen: *achtgeben/Acht geben, achthaben/Acht haben, haltmachen/Halt machen, maßhalten/Maß halten, kennenlernen/kennen lernen ...*
- Wenn eine Verbindung aus Substantiv/Nomen, Adjektiv oder Adverb mit einem adjektivisch gebrauchten Partizip sowohl als Zusammensetzung oder als syntaktische Fügung angesehen werden kann: *ratsuchende Bürger/Rat suchende Bürger, die alleinerziehende Mutter/die allein erziehende Mutter ...*

3 Getrenntschreibung

- Verb + Verb werden in der Regel getrennt geschrieben: *laufen lernen, baden gehen ...*
- Adjektiv + Verb werden getrennt geschrieben, wenn das Adjektiv erweitert oder morphologisch komplex ist: *ganz nahe kommen, schachmatt setzen, bewusstlos schlagen ...*
- Verbindungen mit *sein* werden getrennt geschrieben: *fertig sein, vonnöten sein, vorüber sein ...*
- Adverb + Verb werden getrennt geschrieben, wenn beide Teile gleich betont sind: *dabei sitzen, zusammen stehen* (siehe „Betonung" unter 1.)
- Substantiv/Nomen + Verb werden nach wie vor getrennt geschrieben, wenn die Bedeutung des Substantivs als solche noch voll erhalten ist: *Auto fahren, Rad fahren ...*

Groß- und Kleinschreibung

1 Generelle Großschreibung liegt vor bei:

- Satzanfängen: *Es geht ihm ...*
- Nomen/Substantiven und Substantivierungen: *Haus, das Ich, die Kleinste, das Nötigste*
- Eigennamen: *Jan, Karin, München, der Eiffelturm*
- der Höflichkeitsanrede: *... vielen Dank für Ihre guten Wünsche ...*
- substantivischen Zeitangaben: *am Nachmittag, gestern Abend* (aber: *morgens* (☞ S. 340)

Achtung: Adjektive werden großgeschrieben:

- wenn es sich um Ableitungen von geographischen Eigennamen auf -er handelt: *der Mainzer Bahnhof*
- als Bestandteile von Eigennamen: *das Schwarze Meer, die Deutsche Bahn*

2 Groß- oder Kleinschreibung ist möglich:

- wenn es sich bei Adjektiven um Bestandteile von festen Begriffen handelt, können sie groß- oder kleingeschrieben werden: *das Schwarze/schwarze Brett, am Grünen/grünen Tisch ...*
- bei der Anrede mit Du/du und allen seinen Formen im Brief: *... vielen Dank für Deine/deine guten Wünsche ...*

3 Generelle Kleinschreibung liegt vor bei:

- Superlativen: *am höchsten, die meiste Zeit ...*
- folgenden Pronomen auch als Substantivvertreter: *einiges, beide, jede/r ...*
- folgenden Zahladjektiven: *viel, wenig, das eine, das andere ...*

- Adjektiven, die sich auf ein vorangehendes oder nachstehendes Nomen/Substantiv beziehen: *Ich habe mir eine rote und eine schwarze Bluse gekauft. Die rote gefällt Maria besser.*
- adjektivischen Ableitungen von Eigennamen auf -isch: *afrikanische Wüsten, hessische Minister ...*

Substantivierungen/Nominalisierungen

Das Deutsche hat als einzige Sprache der Welt die Substantivgroßschreibung (inklusive der Eigennamengroßschreibung, die es beispielsweise auch im Englischen gibt).
Alle anderen Wortarten werden dagegen in der Regel kleingeschrieben. Allerdings können generell alle Wortarten substantiviert (nominalisiert) werden und müssen dann ebenfalls großgeschrieben werden.
Indikatoren für ihren Status als Substantiv/Nomen sind:

- Artikel: *das Ich, auf ein Neues, das Nötigste, das Mein und Dein, ein Nichts ...*
- adjektivische Attribute: *das intime Du, das sichere Auftreten, das unendliche Sein*
- die Funktion als kasusbestimmtes Satzglied: *die Platte mit Gebratenem, Gleiches mit Gleichem vergelten*

Tages- und Wochenzeiten

- Besteht die Zeitangabe aus Substantiv (z. B. Wochentag) und Substantiv (Tageszeit) schreibt man **zusammen** und **groß**: *Samstagnacht.*
- Besteht die Zeitangabe aus Substantiv und Zeitadverb, schreibt man **zusammen** und **klein**: *dienstagabends, mittwochfrüh.*
- Besteht die Zeitangabe aus einer Verbindung der **Adverbien** *heute, gestern, vorgestern, morgen, übermorgen* + **Substantiv** (Tageszeitangabe), schreibt man **getrennt**, wobei das **Adverb klein-** und das **Substantiv groß**geschrieben wird: *morgen Vormittag, gestern Abend.*

Sprachwissen: Sprachliche (rhetorische) Mittel

Sprachliche Mittel, insbesondere in der antiken Rhetorik gezielt und bewusst zur Ausschmückung der Rede eingesetzt, finden sich heute nicht nur in Rede und Literatur, sondern auch in der Alltags- und insbesondere der Werbesprache (W).
Von ihrer Art her lassen sich sprachliche Mittel in Gruppen einteilen: ***phonologische*** (lautlich, klanglich; abgekürzt *phon*), ***semantische*** (wortbezogen, sog. Tropen; abgekürzt *sem*) und ***syntaktische*** (satzbaubezogen, sog. Figuren; abgekürzt *syn*). Es existieren auch Mischgruppen, die diese drei Bereiche verschieden kombinieren.

Akkumulation (*sem, syn*)	Worthäufung: Aufzählung mehrerer Unterbegriffe für einen Oberbegriff, der genannt oder nicht genannt wird	*Nun ruhen alle Wälder // Vieh, Menschen, Städt und Felder.* (Paul Gerhardt)
Allegorie (*sem*)	bildliche Veranschaulichung eines abstrakten Begriffs, oft als spezielle Form der Personifikation	*Fortuna* (Glück), *Justitia* (Gerechtigkeit), *Sensenmann* (Tod)
Alliteration (*phon*) (Stabreim, Anreim)	zwei oder mehrere Wörter stimmen im betonten Anlaut überein	*durch dick und dünn,* W: *Mars macht mobil*
Allusion (*sem*)	Anspielung	*du weißt, was ich meine*
Anakoluth (*syn*)	Abweichen vom z. T. schon ausgeführten Satzplan, Satzbruch	*Korf erfindet eine Mittagszeitung, welche, wenn man sie gelesen hat, macht sie satt.* (Morgenstern)
Anapher (*phon, sem, syn*)	Wiederholung desselben Wortes oder derselben Wendung am Anfang von Sätzen oder Satzteilen, Versen oder Strophen	*Aufgestanden ist er, welcher lange schlief. Aufgestanden ist er aus Gewölben tief.* (Heym), W: *Gut zum Himmel. Gut zur Erde. Gut zum Kochen: unser Erdgas*
Antithese (*sem, syn*)	Gegenüberstellung von gegensätzlichen Begriffen und Gedanken, auch als Ersatz für einen Oberbegriff	*durch dick und dünn, Gut und Böse,* W: *Heiß geliebt und kalt getrunken*
Aposiopese (*syn*)	bewusstes Abbrechen vor dem Schluss der Aussage, dem Wichtigen	*Wenn ich das gewusst hätte ..., Euch sollte man ...*
Apostrophe (*sem, syn*)	direkte Anrede von Personen (auch von sich selbst) oder Dingen	*Gott, du bist mein Zeuge. Karl, lass dich nicht provozieren!*

Archaismus *(sem)*	Verwendung eines veralteten sprachlichen Ausdrucks	*(ab)hold, Knabe, Weib*
Assonanz *(phon)*	ähnliche Klangform von zwei oder mehreren Wörtern durch Gleichklang nur der Vokale („Halbreim“)	*kehren und Segen, Ottos Mops trotzt.* (Jandl)
Asyndeton *(syn)*	Reihung von Begriffen, Satzteilen oder Sätzen ohne Bindewort	*Alles rettet, rennet, flüchtet.* (Schiller), W: *Quadratisch. Praktisch. Gut.*
Chiasmus *(syn, sem)*	spiegelbildliche Überkreuzstellung von syntaktischen oder semantischen Satzbestandteilen	*Die Kunst ist lang und kurz ist unser Leben.* (Goethe)
Chiffre *(sem)*	einfache, meist bildhafte Wörter oder Wendungen, die unabhängig von ihrer ursprünglichen Bedeutung einen vom Autor gesetzten Sinn erhalten, der nur aus dem größeren Textzusammenhang erschlossen werden kann	*Flug* (für den Prozess des Dichtens als Aufbruch in Unbekanntes, Unendliches bei Loerke); *Stadt* (für Hoffnungslosigkeit bei Trakl); *Ein Wort, ein Satz: aus Chiffren steigen erkanntes Leben, jäher Sinn ...* (Benn)
Correctio *(sem)*	bewusste Verbesserung eines Ausdrucks, der zu schwach erscheint	*Die Klassenarbeit ist schlecht, ja geradezu grauenhaft ausgefallen.*
Ellipse *(syn)*	Auslassen von leicht ergänzbaren Wörtern und Satzteilen	*Was nun?*
Emphase *(sem, phon)*	Hervorhebung eines Wortes, um ihm besondere Bedeutung zu verleihen	*Ich habe dir i m m e r den Rücken gestärkt.*
Epanalepse *(sem, syn, phon)*	Wiederholung eines Wortes oder einer Wortgruppe am Satzanfang	*Mein Vater, mein Vater, jetzt fasst er mich an!* (Goethe)
Epipher *(sem, syn, phon)*	Wiederholung desselben Wortes oder derselben Wendung am Ende von Sätzen oder Satzteilen bzw. Versen	*Vielleicht haltet ihr uns für Idioten, jedenfalls macht ihr uns zu Idioten.*
Euphemismus *(sem)*	Beschönigung	*suboptimal* (statt schlecht), *dahinscheiden* (statt sterben), *Minuswachstum* (statt Rückgang)
Geminatio *(sem, phon)*	dasselbe Wort mit Nachdruck doppelt gesetzt	*Das Spiel ist aus, aus!*

Hyperbel *(sem)*	Übertreibung	*im Schneckentempo, tausendmal*
Inversion *(syn)*	Umkehrung der geläufigen syntaktischen Wortstellung	*Lang ist die Kunst und kurz ist unser Leben.* (Goethe)
Ironie *(sem, phon)*	spottende Sinnverkehrung durch besondere Aussprache und/oder den Kontext	*Du siehst ja heute wieder besonders frisch aus!*
Klimax/Antiklimax *(sem)*	Reihung vom schwächeren zum stärkeren Begriff bzw. umgekehrt	*Doktoren, Magister, Schreiber und Pfaffen* (Goethe), *Urahne, Großmutter, Mutter und Kind* (Schwab), W: *Gut. Besser. Paulaner.*
Litotes *(sem)*	hervorhebende Umschreibung eines Sachverhalts durch Verneinung des Gegenteils	*Die Veranstaltung war nicht gerade ein Erfolg. Gar nicht übel.* W: *Nichts ist unmöglich.*
Metapher *(sem)*	verkürzte bildhafte Übertragung, bei der das „wie" entfällt	*Flussarm, Tischbein, Die Intellektuellen sind das Salz in der Suppe des Volkes.* (P. Glotz)
Metonymie *(sem)*	Umbenennung: Verwendung eines Wortes im übertragenen Sinn für einen verwandten Begriff, der im unmittelbaren zeitlichen, räumlichen oder ursächlichen Zusammenhang steht	*Das Weiße Haus* (die amerikanische Regierung) *wollte dazu nicht Stellung nehmen. Lorbeer* (statt *Ruhm*), *Eisen* (statt *Dolch, Schwert*)
Neologismus *(sem)*	Neuwortbildung	W: *Guten Happetit!*
Onomatopoesie *(sem, phon)*	Lautmalerei	*knistern, knarren, knirschen, lallen, zischen*
Oxymoron *(sem)*	Verbindung sich widersprechender Begriffe zu einer Einheit	*beredtes Schweigen, schwarze Milch* (Celan)
Paradoxon *(sem)*	unerwartete, widersprüchlich anmutende Gedankenwendung	*Man muss viel wissen, um einzusehen, wie wenig man weiß.* W: *Von ganz tief oben aus der Schweiz*
Parallelismus *(syn)*	übereinstimmende syntaktische Konstruktion in zwei oder mehreren aufeinanderfolgenden Sätzen, Satzteilen oder Versen	*Als ich noch ein Kind war, redete ich wie ein Kind, dachte ich wie ein Kind, urteilte ich wie ein Kind.* (Bibel)

Paronomasie *(sem, phon)*	Spiel mit gleich oder ähnlich klingenden, aber inhaltsverschiedenen Wörtern	*Ich hätte da ein schönes Stück Land an der Hand.* W: *Für jeden, der gern Soßen isst, ist Maggi Soßenspezialist.*
Periphrase *(sem)*	Umschreibung	*Er tat, was er tun musste.* (seine Pflicht), *der Allmächtige* (Gott)
Personifikation *(sem)*	Belebung eines Dinges oder eines Abstraktums	*Not und Elend gingen Hand in Hand. Die Sonne lacht.*
Pleonasmus *(sem)*	überflüssiger Zusatz zu einem Begriff, da er in diesem eigentlich schon enthalten ist	*der gewöhnliche Alltag, alter Greis, verworrenes Chaos*
Polysyndeton *(phon, sem, syn)*	Reihung mit Wiederholung des Bindewortes	*Und es wallet und siedet und brauset und zischt ...* (Schiller), W: *Er rollt und rollt und rollt, der Reifen von Reifen Schwarz.*
Rhetorische Frage *(syn)* (Interrogatio)	Scheinfrage, auf die man keine Antwort erwartet, weil diese sich von selbst versteht	*Glauben Sie, ich sähe das nicht?* W: *Erledigen Sie Ihre Bankgeschäfte etwa nicht zu Hause?*
Symbol *(sem)*	eingeführtes Bild, das auf eine abstrakte Vorstellung verweist	*weiße Taube* (Frieden), *Anker* (Treue), *Blaue Blume* (Poesie)
Synästhesie *(sem)*	Vermischung/Verschmelzung unterschiedlicher Sinneswahrnehmungen	*golden wehn die Töne nieder* (Brentano), W: *Da werden Ihre Ohren Augen machen!*
Trikolon *(syn)* (Dreierfigur) (mit wachsenden/schwindenden Gliedern)	drei syntaktisch gleich gebaute Glieder werden einander gegenübergestellt oder aneinandergereiht	*Veni, vidi, vici.* (Caesar), W: *Gut. Besser. Paulaner.* W: *Quadratisch. Praktisch. Gut.*
Vergleich *(sem)*	Verbindung zweier Bereiche über ihren gemeinsamen Gehalt mit der Vergleichspartikel „wie"	*Er schimpfte wie ein Rohrspatz.*
Zeugma *(sem, syn)*	Verbindung verschiedener Substantive durch ein Verb, das zu jedem einzelnen, aber nicht in gleicher Weise zu beiden passt	*Er spielte mit ihm Schach und dabei mit dem Gedanken ... Er saß ganze Nächte und Sessel durch.* (Jean Paul)

Autoren- und Quellenverzeichnis

174 **Abonji, Melinda Nadj** (geb. 1968): Tauben fliegen auf, Jung und Jung, Salzburg und Wien, 2010, S. 92–95

164 **Adeoso, Marie Sophie** (ohne Lebensdaten): Träge Sonne auf Volksdorfer Asphalt, aus: Fr-online-Rezension zu „Last exit Volksdorf“, aus: http://www.fr-online.de/kultur/literatur/traege-sonne-auf-volksdorfer-asphalt/-/1472266/7176922/-/index.html, zuletzt besucht am 05.01.2012

225 **Anderson, Maxwell** (1888–1959): [Der Held als fehlerhafter Mensch], aus: ders., Das Wesen der Tragödie, übersetzt von Herberth E. Herlitschka, Horst Frenz und Claus Clüwer, aus: Frenz, Horst: Amerikanische Dramaturgie, Rowohlt, Reinbek/ Hamburg, 1962, S. 28–35, Auszug: S. 29–32

284 **Aristoteles** (384 v. Chr.–322 v. Chr.): Über Rhetorik, aus: Fuhrmann, Manfred: Die antike Rhetorik, Artemiseinführungen, Band 10, Artemis Verlag, München und Zürich, 1984, S. 34

57 Über seine Dichtung, aus: Staehle, Ulrich (Hrsg.): Theorie des Dramas Aristoteles, Reclam, Stuttgart, 1973, S. 8–12

114 **Ausländer, Rose** (1901–1988): Bekenntnis, aus: dies.: Aschensommer, DTV, München, 1978, S. 117

101 **Benjamin, Walter** (1892–1940): Eine Generation ..., aus: http://www.textlog.de/benjamin-erfahrung-armut.html, zuletzt besucht am 03.01.2012

125 **Beuys, Barbara** (geb. 1943): Sie war diskret in ihren Briefen ..., aus: Blamieren mag ich mich nicht. Das Leben der Annette von Droste-Hülshoff, München, Carl Hanser Verlag, Wien, o. J., S. 8

186 **Bieri, Peter** (geb. 1944): Brücke zum fremden Geist, aus: Die Zeit Nr. 52, 19.12.2007

261 **Blech, Jörg / Bonstein, Julia / Dworschak, Manfred / Evers, Marco / Kneip, Ansbert / Müller, Martin U. / Schmitt, Stefan / Schmundt, Hilmar** (ohne Lebensdaten): Nackt unter Freunden, aus: Spiegel, Nr. 10/2009, S. 118–131, hier: S. 120f., 123, 126f., 130f.

153 **Böll, Heinrich** (1917–1985): Ansichten eines Clowns, Kiepenheuer und Witsch, Köln, 1963, S. 26–29, S. 228–230

254 **Bolter, Jay D.** (geb. 1951): Hypertextualität, Internet, Interaktivität, aus: Helmes, Günter / Köster, Werner (Hrsg.): Texte zur Medientheorie. [Zuerst 1997 u. d. T. Das Internet in der Geschichte der Technologien des Schreibens, aus: Münker, Stefan / Roesler, Alexander (Hrsg.): Mythos Internet, Suhrkamp, Frankfurt a. M., 1997], Reclam, Stuttgart: 2002, S. 311–315, hier S. 311–312, S. 311f., 314f.

160 **Borchert, Wolfgang** (1921–1947): Das ist unser Manifest, aus: ders., Das Gesamtwerk, Rowohlt, Hamburg, 1949/1982, S. 308–315, hier S. 310–315

167 Vielleicht hat sie ein rosa Hemd, aus: ders., Das Gesamtwerk, Rowohlt, Hamburg, 1949/1982, S. 204–206

119 **Born, Nicolas** (1937–1979): Drei Wünsche, aus: Reich-Ranicki, Marcel (Hrsg.): Frankfurter Anthologie, Band 22, Insel, Frankfurt und Leipzig, 1999, S. 221

162 **Bossong, Nora** (geb. 1982): Was kann Prosa heute?, aus: Edit – Papier für neue Texte 54/55, 2011, S. 68–71, hier S. 68f.

161 **Böthig, Peter** (geb. 1958): die verlassene sprache, aus: Arnold, Heinz Ludwig (Hrsg.): Text und Kritik. Sonderband. Die andere Sprache, Neue DDR-Literatur der 80er Jahre, edition text + kritik, München, 1990, S. 38–49, hier S. 39

202 **Böttcher, Bas** (geb. 1974): Deep, Yo! © 2012 Bas Böttcher

139 **Braun, Volker** (geb. 1939): Das Eigentum, aus: ders.: Lustgarten Preußen. Ausgewählte Gedichte, Suhrkamp Verlag, Frankfurt a. M., 2000, S. 141

118 Nun bin ich froh, aus: ders., Lustgarten Preußen. Ausgewählte Gedichte, Suhrkamp Verlag, Frankfurt a. M., 2000, S. 96

60 **Brecht, Bertolt** (1898–1956): Der gute Mensch von Sezuan, Szene 5, aus: Hecht, Werner u. a. (Hrsg.): Bertolt Brecht. Werke. Große kommentierte Berliner und Frankfurter Ausgabe, Band 6, Bertolt Brecht, Stücke 6, Aufbau-Verlag, Berlin und Weimar, Suhrkamp Verlag, Frankfurt a. M., 1989, S. 231

61 Der gute Mensch von Sezuan, Epilog, aus: ders., Ausgewählte Werke in sechs Bänden, Zweiter Band, Stücke 2, Suhrkamp, Frankfurt a. M., 2005, S. 294f.

62 Die Straßenszene – Grundmodell einer Szene des epischen Theaters, aus: ders., Ausgewählte Werke in 6 Bänden, Band 6, Schriften 1920 – 1956, Suhrkamp, Frankfurt a. M., 2005, S. 300 – 302

63 Um V-Effekte hervorzubringen ..., aus: http://home.arcor.de/richardt/3-16.htm, zuletzt besucht am 10.01.2011

144 Erster Psalm, in: ders., Gesammelte Werke, Band 8: Gedichte I, Suhrkamp Verlag, Frankfurt a. M., 1968, S. 241

141 **Brentano, Clemens** (1778 – 1842): Sprich aus der Ferne, aus: Killy, Walter: Wandlungen des lyrischen Bildes, Vandenhoek und Ruprecht, Göttingen, [8]1998, S. 75f.

137 **Brinkmann, Rolf Dieter** (1940 – 1975): Notiz zu dem Gedichtband „Die Piloten“, aus: Völker, Ludwig (Hrsg.): Arbeitstexte für den Unterricht. Theorie der Lyrik, Reclam, Stuttgart, 1986, S. 93f.

137 Selbstbildnis im Supermarkt, aus: Standphotos. Gedichte 1962 – 1970, Rowohlt-Verlag, Reinbek bei Hamburg, 1980, S. 204

281 **Bruns, Tissy** (geb. 1951): Republik der Wichtigtuer. Ein Bericht aus Berlin. Lizenzausgabe des Herder Verlags Freiburg i. Br. 2007, Bundeszentrale für politische Bildung, Bonn, 2007, S. 212 – 214

58 **Büchner, Georg** (1813 – 1837): Brief an die Familie, aus: ders., Schriften, Briefe, Dokumente, hrsg. v. Henri Poschmann unter Mitarbeit von Rosemarie Poschmann, Deutscher Klassiker Verlag, Frankfurt a. M., 2006, S. 410f.

285 Dantons Tod, 2. Akt, 7. Szene, aus: Pörnbacher, Karl u. a. (Hrsg.): Georg Büchner. Werke und Briefe. Münchner Ausgabe, DTV, München, 1988, S. 103 – 105

55 Woyzeck, Mariens Kammer, aus: Poschmann, Henri (Hrsg.): Georg Büchner. Sämtliche Werke, Briefe und Dokumente in zwei Bänden, Band 1: Georg Büchner, Dichtungen, Deutscher Klassik Verlag, Frankfurt a. M., 1999, S. 204f.

16 **Bürger, Gottfried August** (1747 – 1794): Der Bauer. An seinen Durchlauchtigen Tyrannen, aus: Kemper, Hans Georg: Deutsche Lyrik der frühen Neuzeit, Band 6/III: Sturm und Drang: Göttinger Hain und Grenzgänger, Niemeyer, Tübingen, 2002, S. 248

287 **Canetti, Elias** (1905 – 1994): Meine Damen und Herren ..., aus: ders., Rede zur Verleihung des Georg Büchner-Preises 1972, aus: Büchner-Preis-Reden. 1972 – 1983, Mit einem Vorwort von Herbert Hackmann, Reclam jun., Stuttgart, 1984, S. 18f.

146 **Celan, Paul** (1920 – 1970): Schlaf und Speise, aus: ders., Ausgewählte Gedichte. Zwei Reden, Suhrkamp Verlag, Frankfurt a. M., 1968, S. 28

88 **Döblin, Alfred** (1978 – 1957): An Romanautoren und ihre Kritiker. Berliner Programm, aus: ders., Das Lesebuch, hrsg. v. Günter Grass, S. Fischer Verlag, Frankfurt a. M., 2009, S. 542f.

86 Berlin Alexanderplatz. Die Geschichte von Franz Biberkopf, dtv, München, [20]1987, S. 40–43

124 **Droste-Hülshoff, Annette von** (1797–1848): Das Spiegelbild, aus: dies., Sämtliche Werke in 2 Bänden, Band 1: Gedichte, hrsg. v. B. Plachta und W. Woesler, Deutscher Klassiker Verlag, Frankfurt a. M., 1994, [2]1998, S. 147f.

123 **Eagleton, Terry** (geb. 1943): In der Metapher wird ein Zeichen..., aus: Einführung in die Literaturtheorie, aus: ders., Einführung in die Literaturtheorie, aus dem Englischen übersetzt von Elfi Bettinger und Elke Hentschel, Metzler, Stuttgart und Weimar, ^{4}1997, S. 77

24 **Eichendorff, Joseph von** (1788–1857): Aus dem Leben eines Taugenichts, aus: Schultz, Hartwig: Aus dem Leben eines Taugenichts. Novelle, Bilder von Hans Traxler, Reclam, Stuttgart, 2007, S. 7 f.

120 Die zwei Gesellen (1818), aus: Strasser, René (Hrsg.): Werke in vier Bänden, Band 1: Gedichte, Stauffacher-Verlag AG, Zürich, 1965, S. 102 f.

147 Mondnacht (1837), aus: Strasser, René (Hrsg.): Werke in vier Bänden, Band 1: Gedichte, Stauffacher-Verlag AG, Zürich, 1965, S. 322 f.

18 Nachts, aus: Conrady, Karl Otto: Gedichte der deutschen Romantik, Artemis und Winkler, München, 1994, S. 226

253 **Enzensberger, Hans Magnus** (geb. 1929): Auf der einen Seite finden wir ..., aus: Glotz, Peter (Hrsg.): Das digitale Evangelium. Propheten, Nutznießer, Verächter, Sutton Verlag, Erfurt, 2000, S. 12

233 **Field, Syd** (ohne Lebensdaten): Schema 4: Das Paradigma als Strukturmodell, aus: ders., Das Handbuch zum Drehbuch. Übungen und Anleitungen zu einem guten Drehbuch, übersetzt von Brigitte Kramer, Zweitausendeins Versand Dienst GmbH, Leipzig, 1991, S. 142

232 The Screenwriters Workbook, aus: ders., Das Handbuch zum Drehbuch. Übungen und Anleitungen zu einem guten Drehbuch, übersetzt von Brigitte Kramer, Zweitausendeins Versand Dienst GmbH, Leipzig, ^{2}1991, S. 30, 35, 39–45, 47, 193

97 **Fontane, Theodor** (1819–1898): Mathilde Möhring, Nymphenburger Verlagsbuchhandlung, München, 1969, S. 61 f.

85 Was soll ein Roman?, aus: ders., Ach, es ist schlimm mit den Dichtern. Über Literatur, Autoren und das Publikum, hrsg. v. Peter Goldammer, Aufbau-Verlag, Berlin, 1999, S. 19 f.

99 **Freud, Sigmund** (1856–1939): Ihr Ergriffensein von den Wahrheiten des Unbewussten, von der Triebnatur des Menschen ..., aus: Rötzer, Hans-Gerd (Hrsg.): Geschichte der deutschen Literatur. Epochen – Autoren – Werke, C. C. Buchners Verlag, Bamberg, 1997, S. 274

64 nach **Freytag, Gustav** (1816–1895) und Manfred Plinke: Die Technik des Dramas, erste Auflage der Neubearbeitung, Autorenhaus Verlag, Berlin, 2003, S. 83, 94 f., 110 f.

68 **Funke, Christoph** (ohne Lebensdaten): Viele Türen und kein Weg nach draußen. Schillers Trauerspiel „Kabale und Liebe" im Deutschen Theater Berlin, aus: http://www.neues-deutschland.de/artikel/164595.viele-tueren-und-kein-weg-nach-draussen.html, zuletzt besucht am 05.01.2012

89 **Gautier, Theophil** (1811–1872): Es ist nicht die Aufgabe der Kunst, die Natur möglichst genau nachzuahmen ..., aus: Cogniat, Rymond: Das Jahrhundert der Impressionisten, Deutscher Bücherbund, Stuttgarter Hausbücherei, o. J., S. 115

159 **Gensicke, Thomas** (ohne Lebensdaten): Wertorientierungen heutiger Jugendlicher (2010), aus: Shell Deutschland Holding (Hrsg.): Shell Jugendstudie 2010. Jugend 2010. Eine pragmatische Generation behauptet sich, Fischer, Frankfurt a. M., 2010, S. 213

19 **Gervinus, Georg Gottfried** (1805–1871): Handbuch der Geschichte der poetischen Nationalliteratur der Deutschen, Baudrys Europäische Buchhandlung, Paris, 1843, S. 365 f.

16 **Gleim, Johann Wilhelm Ludwig** (1719–1803): Der Elephant und die Maus, aus: http://www.zeno.org/Literatur/M/Gleim,+Johann+Wilhelm+Ludwig/Gedichte/Fabeln/Zweites+Buch/21.+Der+Elephant+und+die+Maus, zuletzt besucht am 07.12.2011

192 **Glück, Helmut** (geb. 1949) / Sauer, Wolfgang Werner (ohne Lebensdaten): Ein Blick in die Zukunft, aus: dies., Gegenwartsdeutsch, Metzler, Stuttgart und Weimar, ^{2}1997, S. 39–86

130 **Goethe, Johann Wolfgang** (1749–1832): Brief an Thomas Carlyle (20. Juli 1827), aus: Mandelkow, Karl Robert (Hrsg.): Goethes Briefe, Hamburger Ausgabe in 4 Bänden, Band 4, C. H. Beck, München, 1979, S. 237 f.

140 Dämmrung ..., aus: Trunz, Erich (Hrsg.): Gedichte, C. H. Beck, München, 1999, S. 389

129 Das Göttliche, aus: Trunz, Erich (Hrsg.): Johann Wolfgang Goethe. Gedichte, Einmalige Jubiläumsausgabe zum 250. Geburtstag Goethes, C. H. Beck, München, 1999, S. 147–149

70 Faust. Der Tragödie erster Teil, Garten, aus: Reclams Universal-Bibliothek Nr. 1, Reclam, Stuttgart, 2000, S. 89–93

73 Faust. Der Tragödie erster Teil, Kerker, aus: Reclams Universal-Bibliothek Nr. 1, Reclam, Stuttgart, 2000, S. 131–135

17 Römische Elegien, aus: Goethes Werke, Band I: Gedichte und Epen, textkritisch durchgesehen und kommentiert von Erich Trunz, C. H. Beck, München, ^{15}1993, S. 160

140 Über seine Gedichte, aus: ders., Über Goethes Harzreise im Winter, aus: ders., Schriften zur Literatur, Erster Teil, DTV, München, 1962, S. 217

183 **Greiner, Ulrich** (geb. 1945): Der Sprachpfleger gleicht einem Gärtner ..., aus: http://www.welt-der-zitate.info/greiner-ulrich.php, zuletzt besucht am 05.01.2012

126 **Gryphius, Andreas** (1616–1664): Es ist alles eitel, aus: Gedichte. Von den Anfängen bis zur Gegenwart, Bearbeiter: U. Heise, R. N. Maier, D. Steinbach, Ernst Klett Verlag, Stuttgart, 1995, S. 68

138 **Hahn, Ulla** (geb. 1946): Ars poetica, aus: dies., Herz über Kopf. Gedichte, DVA, Stuttgart, 1981, S. 81

133 **Heine, Heinrich** (1797–1856): Ohne Titel, aus: ders., Heines Werke in 5 Bänden, 1. Band: Gedichte, Aufbau-Verlag, Berlin und Weimar, ^{18}1991, S. 58 f.

128 **Herder, Johann Gottfried** (1744–1803): Briefe zur Beförderung der Humanität (1793–1797), Auszug aus dem 27. Brief, aus: Wirsisch-Irwin, Gabriele (Hrsg.), Klassik, Reclam, Stuttgart, 1974, S. 35 f.

107 **Hesse, Hermann** (1877–1962): Unterm Rad, Suhrkamp Taschenbuch 52, Frankfurt a. M., ^{14}1980, S. 110–112

31 **Hoffmann, E. T. A.** (1776–1822): Der Sandmann, mit Illustrationen von Hugo Steiner-Prag und einem Nachwort von Jochen Schmidt, Insel, Frankfurt a. M. und Leipzig, 1986, S. 31–35

44 Klein Zaches genannt Zinnober, aus: E. T. A. Hoffmann: Werke, In vier Bänden, Band 2: Nachtstücke und andere Erzählungen, Insel, Frankfurt a. M., 1967, S. 127

90 **Hofmannsthal, Hugo von** (1874–1929): Ein Brief, aus: ders., Ausgewählte Werke, Band 2: Erzählungen und Aufsätze, S. Fischer Verlag, Frankfurt a. M., 1957, S. 341–346

157 **Hurrelmann, Klaus** (geb. 1944): Die Shell Jugendstudie 2010. Eine pragmatische Generation behauptet sich (2010), Einleitung zur Studie, aus: Shell Deutschland Holding (Hrsg.): Shell Jugendstudie 2010. Jugend 2010. Eine pragmatische Generation behauptet sich, Fischer, Frankfurt a. M., 2010, S. 15

135 **Jandl, Ernst** (1925–2000): Anmerkungen zur Dichtkunst, aus: Krause, Markus / Speicher, Stephan (Hrsg.): Absichten und Einsichten. Texte zum Selbstverständnis zeitgenössischer Autoren, Philipp Reclam jun., Stuttgart, 1990, S. 269–271

136 Ohne Titel, aus: ders., dingfest, Luchterhand, Hamburg, 1994, S. 182

136 vermessen, aus: ders., der beschriftete sessel. Gedichte, Reclam, Leipzig, 1991, S. 201

210 **Jessen, Jens** (geb. 1955): Deutsch: Die verkaufte Sprache, aus: Die Zeit Nr. 31 vom 26.07.2007

104 u. 105 **Kafka, Franz** (1883–1924). Brief an den Vater, Fischer Taschenbuch Verlag, Frankfurt a. M., 1983, S. 5–8

102 Gibs auf, aus: ders., Sämtliche Erzählungen, S. Fischer Verlag, Frankfurt a. M., 1970, S. 410 f.

103 Heimkehr, aus: ders., Sämtliche Erzählungen, S. Fischer Verlag, Frankfurt a. M., 1970, S. 368

81 Wir brauchen aber Bücher ..., aus: Franz Kafka an Oskar Pollack, 27. 01. 1904, aus: ders., Die Briefe, Zweitausendeins Verlag, Frankfurt a. M., 2005, S. 25

26 **Kant, Immanuel** (1724–1804): Beantwortung der Frage: Was ist Aufklärung?, aus: Bahr, Erhard (Hrsg.): Was ist Aufklärung? Thesen und Definitionen, Reclam, Stuttgart, 1974, S. 9 f.

123 **Kaschnitz, Marie Luise** (1901–1974): Genazzano, aus: dies., Überallnie, Ausgewählte Gedichte 1928–1965, S. Fischer, Frankfurt a. M., 1984, S. 144

236 **Katz, Steven D.** (ohne Lebensdaten): Großaufnahme und Naheinstellung, aus: Harald Utecht (Hg.), Die richtige Einstellung. Zur Bildsprache des Films, Zweitausendeins Versand Dienst GmbH, Leipzig, [6]2010, S. 172 f.

240 Kontinuität und Anschlüsse, aus: Harald Utecht (Hg.), Die richtige Einstellung. Zur Bildsprache des Films, Zweitausendeins Versand Dienst GmbH, Leipzig, [6]2010, S. 169, 171

112 **Keun, Irmgard** (1905–1982): Gilgi – eine von uns, Universitas Deutsche Verlags-Aktiengesellschaft, Berlin, 1931, S. 11–14

269 **Kienzle, Ulrich** (geb. 1936): Die „embedded"-Journalisten sind Info-Kombattanten, aus: Seitz, Josef: Medien-Krieg. Wahrheit unter Beschuss, Focus Nr. 14/2003 vom 31. 03. 2003, S. 148–152, aus: http://www.focus.de/kultur/medien/medien-krieg-wahrheit-unter-beschuss_aid_196130.html, zuletzt besucht am 09. 01. 2012

142 **Killy, Walther** (1917–1995): Gemütererregungskunst, aus: ders., Wandlungen des lyrischen Bildes, Vandenhoek und Ruprecht, Göttingen, [8]1998, S. 76, 80 f.

147 **Kirsch, Sarah** (1935–2013): Kalt, aus: dies., Erlkönigs Tochter. Gedichte, DVA, Stuttgart, [3]1993, S. 66

134 Ohne Titel, aus: dies., Katzenkopfpflaster. Gedichte, dtv, München, [2]1979, S. 93

65 **Klotz, Volker** (geb. 1930): Geschlossene und offene Form im Drama, Hanser-Verlag, München, 1960, 14. erw. Auflage 1999, S. 219

191 **König, Werner** (geb. 1943): Zur Entwicklung des neuhochdeutschen Wortschatzes, aus: ders., dtv-Atlas zur deutschen Sprache. Tafeln und Texte, DTV, München, [17]2011, S. 112

19 **Korff, Hermann August** (1882–1963): Geist der Goethezeit. Handbuch der Geschichte der poetischen Nationalliteratur der Deutschen, Engelmann, Leipzig, [4]1949, S. 298

183 **Kraus, Karl** (1874–1936): Deutsch ist die Sprache derer..., aus: http://www.zitate.de/kategorie/Deutsche+Sprache/, zuletzt besucht am 05. 01. 2012

132 **Krolow, Karl** (1915–1999): Robinson, aus: ders., Ein Gedicht entsteht. Selbstdeutungen, Interpretationen, Aufsätze, Suhrkamp Verlag, Frankfurt a. M., 1973, S. 50

132 Robinson ist ein Ausgesetzter..., aus: ders., Ein Gedicht entsteht, Selbstdeutungen, Interpretationen, Aufsätze, Suhrkamp Verlag, Frankfurt a. M., 1973, S. 51

224 nach **Krützen, Michaela** (geb. 1964): Im Status quo [der ersten Szene] ..., aus: dies., Dramaturgie des Films. Wie Hollywood erzählt, Fischer, Frankfurt a. M., [3]2011, S. 154

230 Schema 3: Die Heldenreise durch zwei Welten, idealtypisches Modell nach Michaela Krützen, aus: dies., Dramaturgie des Films. Wie Hollywood erzählt, Fischer, Frankfurt a. M., [3]2011, S. 97

222 Ursache des Verlangens ..., aus: dies., Dramaturgie des Films. Wie Hollywood erzählt, Fischer, Frankfurt a. M., [3]2011, S. 135 f.

122 **Kunert, Günter** (geb. 1929): Individueller Ausbruchsversuch, Literatur im Widerspruch, mit Materialien, Auswahl von D. Jonsson, Ernst Klett, Stuttgart, 1980, S. 56

139 **Kunze, Reiner** (geb. 1933): Die mauer. Zum 3. oktober 1990, aus: Conrady, Karl Otto (Hrsg.): Von einem Land und vom andern. Gedichte zur deutschen Wende, Suhrkamp, Frankfurt a. M., 1993, S. 86

287 Hochverehrter Herr Präsident ..., aus: ders., Rede zur Verleihung des Georg Büchner-Preises 1977, aus: Büchner-Preis-Reden. 1972–1983, mit einem Vorwort von Herbert Hackmann, Reclam jun., Stuttgart, 1984, S. 103

127 **Lenz, Jakob Michael Reinhold** (1751–1792): Über Götz von Berlichingen, aus: ders., Werke und Briefe in drei Bänden, hrsg. v. Sigrid Damm, Band 2, Carl Hanser Verlag, München, 1987, S. 637 f.

28 **Lessing, Gotthold Ephraim** (1729–1781): Briefwechsel über das Trauerspiel, aus: ders., Briefe an Friedrich Nicolai, aus: Mathes, Jürg (Hrsg.): Die Entwicklung des bürgerlichen Dramas im 18. Jahrhundert, Ausgewählte Texte, Niemeyer, Tübingen, 1974, S. 31–33

22 Emilia Galotti, Ein Trauerspiel in fünf Aufzügen, Anmerkungen von Jan-Dirk Müller, Reclam, Stuttgart, 2001, S. 25–28

57 Hamburgische Dramaturgie, hrsg. und kommentiert von Klaus L. Berghahn, Reclam, Stuttgart, 1981, S. 383–385

207 **Limbach, Jutta** (geb. 1934): Purismus als Sprachkritik, aus: dies., Hat Deutsch eine Zukunft? Unsere Sprache in der globalisierten Welt, C. H. Beck, München, 2008, S. 30–33

191 **Logau, Friedrich von** (1605–1655): Heutige Welt-Kunst, aus: ders., Sinngedichte, hrsg. v. Ernst-Peter Wieckenberg, Reclam, Stuttgart, 1984, S. 78 [folgt der Ausgabe von 1654]

95 **Ludwig, Otto** (1813–1865): Die Zeit misst nicht nach abstrakten Minuten ..., aus: ders., Der poetische Realismus 1858–60 / 1860–65, aus: Bartels, Adolf (Hrsg.): Otto Ludwig. Werke in sechs Bänden, Band 6, Hesse und Becker, Leipzig, S. 156

116 **Maiwald, Peter** (1946–2008): Das Gedicht vor und nach dem Gedicht, aus: ders., Wortkino, S. Fischer Verlag, Frankfurt a. M., 1993, S. 28

110 **Mann, Thomas** (1875–1955): Die Buddenbrooks. Verfall einer Familie, S. Fischer Verlag, Frankfurt a. M., 1930, S. 678 f.

274 **Martenstein, Harald** (geb. 1953): „Man spürt überall die Angst, etwas Falsches zu sagen", aus: ZEITmagazin Nr. 28 vom 07. 07. 2011, aus: http://www.zeit.de/2011/28/Martenstein, zuletzt besucht am 09. 01. 2012

198 Voll psycho. Harald Martenstein spricht mit seinem Sohn, aus: Die Zeit Nr. 11, 09. 03. 2006

117 **Mayröcker, Friederike** (geb. 1924): beim Anblick eines jungen Kindes in der Strasze (1988), aus: dies., Das besessene Alter. Gedichte 1986 – 1991, Suhrkamp-Verlag, Frankfurt a. M., 1992, S. 55

253 **McLuhan, Herbert Marshall** (1911–1980): Das Medium ist die Botschaft ..., aus: http://www.medienistik.de/Medienkritik.pdf, zuletzt besucht am 17. 01. 2012

118 **Meckel, Christoph** (geb. 1935): Ohne Titel, aus: Gedichte. Von den Anfängen bis zur Gegenwart, Ernst Klett Verlag, Stuttgart, 1995, S. 298

20 **Meier, Albert** (geb. 1952): Klassik – Romantik, unter Mitarbeit von Stephanie Düsterhöft, Reclam, Stuttgart, 2008, S. 9 f.

200 **Mens, Fenja** (geb. 1974): „Was guckst du, bin isch Kino?", aus: Der Spiegel vom 21. 06. 2008

256 **Metz, Moritz** (ohne Lebensdaten): Bücher laden ohne Buchladen. eBook-Lesegeräte werden erschwinglich, aus: Deutschlandradio Kultur Radiofeuilleton „Netzwelten" (07. 10. 2010), Text nach http://www.dradio.de/dkultur/sendungen/ewelten/1290898/, zuletzt besucht am 09. 01. 2012

266 **Moll, Sebastian** (ohne Lebensdaten): Feuer frei für die X-Box-Generation, aus: Frankfurter Rundschau vom 02.07.2011, aus: http://www.fr-online.de/kultur/feuer-frei-fuer-die-x-box-generation,1472786,8622818.html, zuletzt besucht am 09.01.2012

239 **Murch, Walter** (ohne Lebensdaten): Warum funktionieren Schnitte?, aus: ders., Ein Lidschlag, ein Schnitt. Die Kunst der Filmmontage, übersetzt von Ulrich von Berg, Alexander Verlag, Berlin, ^{3}2004, S. 19 f.

96 **Musil, Robert** (1880-1942): Die Amsel, aus: ders., Gesammelte Werke, hrsg. v. Adolf Frise, Band 7, Rowohlt, Reinbek bei Hamburg, 1978, S. 550

34 **Nedo, Kito** (ohne Lebensdaten): Unterkühlte Kuschelaktion, aus: http://www.art-magazin.de/kunst/41141/kunst_der_aufklaerung_peking, zuletzt besucht am 05.01.2012

27 **Novalis** (1772–1801): Blüthenstaub, 54. Fragment, aus: Tieck, Ludwig/Schlegel, Friedrich: Novalis Schriften, Zweiter Theil, Realschulbuchhandlung, Berlin, ^{3}1815, S. 197 f.

30 Fragmente über Poesie, aus: Schulz, Gerhard (Hrsg.): Novalis Werke, C.H. Beck, München, ^{4}2001, S. 379–385

38 Hymnen an die Nacht, aus: Schulz, Gerhard (Hrsg.): Novalis Werke, C.H. Beck, München, ^{4}2001, S. 42

12 Wenn nicht mehr Zahlen und Figuren (1800), aus: Fünfzig Gedichte der Romantik, ausgewählt von Dietrich Bode, Reclam, Stuttgart, 2001, S. 15

269 **Nowottny, Friedrich** (geb. 1929): Der Blick des Journalisten ..., aus: Seitz, Josef: Medien-Krieg. Wahrheit unter Beschuss, Focus Nr. 14/2003 vom 31.03.2003, S. 148–152, aus: http://www.focus.de/kultur/medien/medien-krieg-wahrheit-unter-beschuss_aid_196130.html, zuletzt besucht am 09.01.2012

194 **Opitz, Martin** (1597–1639): Von der zuebereitung vnd ziehr der worte, aus: ders., Buch von der Deutschen Poeterey, hrsg. v. Cornelius Sommer, Reclam, Stuttgart, 1995, S. 32 f.

143 **Pinthus, Kurt** (1886–1975): Charakteristische Dichtung jener Jugend ..., aus: ders., Menschheitsdämmerung. Ein Dokument des Expressionismus, aus: Grassi, Ernesto (Hrsg.): Rowohlts Klassiker der Literatur und Wissenschaft, Deutsche Literatur, Band 4, Rowohlt, Reinbek bei Hamburg, 1986, S. 23, 29

253 **Postman, Neil** (1931–2003): Kinder müssen die Erwachsenheit erben ..., aus: http://www.medienistik.de/Medienkritik.pdf, zuletzt besucht am 17.01.2012

278 **Prummer, Karin/Riedel, Katja** (ohne Lebensdaten): Auf die Mütze, aus: Süddeutsche Zeitung vom 20.07.2010, S. 3

84 **Raabe, Wilhelm** (1831–1910): Die Chronik der Sperlingsgasse, aus: ders., Werke in zwei Bänden, Droemersche Verlagsanstalt Th. Knaur, München und Zürich, o. J., Band 1, S. 10 f.

270 **Raupp, Juliana** (ohne Lebensdaten): Wie Journalisten an Informationen kommen: Informationsquellen, aus: Bundeszentrale für politische Bildung (Hrsg.): Informationen zur politischen Bildung Nr. 309: Massenmedien, 4/2010, S. 48–51, hier S. 51

72 **Reich-Ranicki, Marcel** (1920–2013): Sein Interesse für Gretchen ..., aus: ders., „Gesegnet und geschlagen, gestärkt und entwaffnet". Dankrede zur Verleihung des Goethe-Preises der Stadt Frankfurt 2002, aus: Frankfurter Allgemeine Zeitung vom 31.08.2002, Nr. 202, S. 37

100 **Remarque, Erich Maria** (1898–1970): Im Westen nichts Neues, Propyläen Verlag, Berlin, 1929, S. 58–60

89 u. 95 **Rilke, Rainer Maria** (1875–1926): Die Aufzeichnungen des Malte Laurids Brigge, Anaconda Verlag, Köln, 2005, S. 6, 36–38

92 Ich fürchte mich so vor der Menschen Wort, aus: ders., Frühe Gedichte, Insel Verlag, Leipzig, 1985, S. 91

214 **Ringsgwandl, Georg** (geb. 1948): Angriff der Käuze, aus: Süddeutsche Zeitung Nr. 7, 10./11.01.2009, Wochenend-Beilage, S. 1

263 **Rosenfelder, Andreas** (geb. 1975): Das Facebook der Abwesenden, aus: Die Welt vom 13.10.2010, Nr. 239, S. 21

54 **Schiller, Friedrich** (1759–1805): Der Rhythmus leistet bei einer dramatischen Production ..., aus: Leipert, Reinhard: Friedrich Schiller, Maria Stuart, Oldenbourg Interpretationen Bd. 43, Oldenbourg, München, ^{2}2000, S. 82

58 Die Schaubühne als eine moralische Anstalt betrachtet, aus: ders., Was kann eine gute stehende Schaubühne eigentlich wirken?, aus: ders., Sämtliche Werke, Band 5: Erzählungen, Theoretische Schriften, Wissenschaftliche Buchgesellschaft, Darmstadt, ^{9}1993, S. 823 f.

52 Don Carlos, Infant von Spanien. Ein dramatisches Gedicht, aus: ders., Sämtliche Werke, Zweiter Band, Dramen II, Wissenschaftliche Buchgesellschaft, Darmstadt, o. J., S. 33 f.

49 Kabale und Liebe, Erster Akt, vierte Szene, aus: ders., Kabale und Liebe. Ein bürgerliches Trauerspiel. Anmerkungen von Walter Schafarschik, Reclam, Stuttgart, 2001, S. 15–17

77 Kabale und Liebe, Fünfter Akt, siebte Szene, aus: ders., Sämtliche Werke. Säkular-Ausgabe in sechzehn Bänden, Dritter Band, hrsg. v. Erich Schmidt, Cotta, Stuttgart und Berlin, 1905, aus: Reclams Universal-Bibliothek, Nr. 33, Reclam, Ditzingen, 1989, S. 105–108

29 **Schlegel, Friedrich von** (1772–1829): Athenäum, 116. Fragment, aus: Arndt, Andreas/Zovko, Jure: Schriften zur kritischen Philosophie 1795–1805, Meiner, Hamburg, 2007, S. 69 f.

98 **Schnitzler, Arthur** (1862–1931): Fräulein Else, aus: ders., Leutnant Gustl, Fräulein Else. Zwei Erzählungen, S. Fischer Verlag, Frankfurt, 1995, S. 72–76

19 **Schulz, Gerhard** (geb. 1928): Abgrenzungen: Literatur und Geschichte, aus: ders., Die deutsche Literatur zwischen Französischer Revolution und Restauration, Erster Teil: Das Zeitalter der Französischen Revolution 1789–1806, C.H. Beck, München, 1983, S. 9 f.

271 **Seitz, Josef** (ohne Lebensdaten): Medien-Krieg. Wahrheit unter Beschuss, Focus Nr. 14/2003 vom 31.03.2003, S. 148–152, aus: http://www.focus.de/kultur/medien/medien-krieg-wahrheit-unter-beschuss_aid_196130.html, zuletzt besucht am 09.01.2012

195 **Sick, Bastian** (geb. 1965): An was erkennt man schlechten Stil?, aus: ders., Der Dativ ist dem Genitiv sein Tod. Folge 3: Noch mehr Neues aus dem Irrgarten der deutschen Sprache, Kiepenheuer & Witsch, Köln, ^{5}2007, S. 78 ff.

217 nach **Stone, Herbert** (1842–1921): Auf gewaltige Maße vergrößert ..., aus: The Chap Book, 15. Juni 1896, zitiert nach: Bredella, Lothar/Lenz, Günter H. (Hrsg.): Der amerikanische Dokumentarfilm. Herausforderungen für die Didaktik, Gunter Narr Verlag, Tübingen, 1994, S. 53, aus: Volk, Stefan: Skandalfilme. Cineastische Aufreger gestern und heute, Schüren Verlag, Marburg, 2011, S. 9

219 Widerwärtig!, aus: The Chap Book, 15. Juni 1896, zitiert nach: Bredella, Lothar/Lenz, Günter H. (Hrsg.): Der amerikanische Dokumentarfilm. Herausforderungen für die Didaktik, Gunter Narr Verlag, Tübingen, 1994, S. 53, aus: Volk, Stefan: Skandalfilme. Cineastische Aufreger gestern und heute, Schüren Verlag, Marburg, 2011, S. 9

269 **Slomka, Marietta** (geb. 1969): Es gibt keinen Regelkatalog..., aus: http://www.focus.de/kultur/medien/medien-bedrueckend-und-furchtbar_aid_196131.html, zuletzt besucht am 17.01.2012

93 **Storm, Theodor** (1817–1888): Viola tricolor, Reclam, Stuttgart, 1997, S. 3–6

101 **Stramm, August** (1874–1915): Sturmangriff, aus: Pinthus, Kurt (Hrsg.): Menschheitsdämmerung. Ein Dokument des Expressionismus, Rowohlt, Reinbek bei Hamburg, 1959, S. 87

180 **Strauß, Botho** (geb. 1944): Paare, Passanten, Ersterscheinung im Carl Hanser Verlag München Wien, hier aus: Süddeutsche Zeitung Bibliothek, München, 2004, S. 35–37

166 **Stuckrad-Barre, Benjamin von** (geb. 1975): Livealbum, Kiepenheuer und Witsch, Köln, 1999, hier zitiert nach der Goldmann-Ausgabe 2002, S. 65

172 **Tellkamp, Uwe** (geb. 1968): Der Turm, Suhrkamp, Frankfurt a. M., 2008, S. 329 f.

168 **Timm, Uwe** (geb. 1940): Heißer Sommer, Kiepenheuer und Witsch, Köln, 1985, S. 271–274

224 **Todorov, Tzvetan** (geb. 1939): Dort, wo es sich in den Augen gewöhnlicher Sterblicher ..., übersetzt von Wolfgang Heuer und Thomas Knop, aus: Angesichts des Äußersten, München, Fink, 1993, S. 11 f.

72 **Trunz, Erich** (1905–2001): Mephistopheles will Sinnlichkeit ..., aus: Goethes Werke, Band 3I, textkritisch durchgesehen und kommentiert von Erich Trunz, fünfzehnte, durchgesehene Auflage, C. H. Beck, München, 1993, S. 551

148, 151, 176 **Uebel, Tina** (geb. 1969): Last Exit Volksdorf, C. H. Beck, München, ^{2}2011, S. 77–81, S. 149–151

155 **Uslar, Moritz von** (geb. 1970): Deutschboden. Eine teilnehmende Beobachtung, Kiepenheuer und Witsch, Köln, 2010, S. 371–373

159 **Vogler, Anselm** (ohne Lebensdaten): Ständig lesen wir in den Zeitungen ..., aus: Grimm, Fred: „Wir wollen eine andere Welt", Tolkemitt und Haffmanns, Berlin, 2010, S. 439

229 **Vogler, Christopher** (ohne Lebensdaten): Die Reise des Helden, aus: ders., Die Odyssee des Drehbuchschreibers, Zweitausendeins Versand Dienst GmbH, Frankfurt a. M., ^{6}2010, S. 55, 74 f.

36 **Weinhart, Martina** (ohne Lebensdaten): Wunschwelten. Neue Romantik in der Kunst der Gegenwart, aus: http://www.art-in.de/incmeldung.php?id=879&Wunschwelten.-Neue-Romantik-in-der-Gegenwart,-Schirn-Kunsthalle,-Frankfurt-(12.5.-28.8.2005), zuletzt besucht am 03.12.2011

245 **Winkler, Thomas** (ohne Lebensdaten): Coming-of-Age-Filme, aus: Fluter. Magazin der Bundeszentrale für politische Bildung, 03.01.2008, aus: http://film.fluter.de/de/244/film/6526/, zuletzt besucht am 17.11.2011

204 **Wippermann, Peter** (geb. 1949): Wie geht es weiter? Ein Blick in die Zukunft, aus: Claßen, Veronika / Reins, Armin (Hrsg.): Deutsch für Inländer. Die 15 neuen Deutschs, Fischer Taschenbuch Verlag, Frankfurt a. M., 2007, S. 289–294

288 **Wolf, Christa** (1929–2011): Ich danke der Deutschen Akademie ..., aus: dies., Rede zur Verleihung des Georg Büchner-Preises 1980, aus: Büchner-Preis-Reden. 1972–1983, Mit einem Vorwort von Herbert Hackmann, Reclam jun., Stuttgart, 1984, S. 141

170 Nachdenken über Christa T., Sammlung Luchterhand, Darmstadt und Neuwied, 1971, S. 55 f.

143 **Zech, Paul** (1881–1946): Die Häuser haben Augen aufgetan ... aus: Pinthus, Kurt (Hrsg.): Menschheitsdämmerung. Ein Dokument des Expressionismus, Rowohlt Taschenbuch Verlag, Reinbek bei Hamburg, 1986, S. 170

188 **Zimmer, Dieter Eduard** (geb. 1939): Die Sprache, die den Kindern zuwächst, aus: ders., So kommt der Mensch zur Sprache. Über Spracherwerb, Sprachentstehung und Sprache & Denken, Haffmans, Zürich, 1986, S. 12–15

264 **Zuckerberg, Mark** (geb. 1984): Die Zeiten, in denen man für seine Kollegen..., aus: http://www.spiegel.de/wirtschaft/unternehmen/0,1518,719920,00.html, zuletzt besucht am 17.01.2012

Ohne Autor/Autorin:

235 „alaska.de", Inhaltszusammenfassung: Autorentext

222 „Alright Love": Inhaltszusammenfassung, Autorentext

183 Als Wort des Jahres wurde Wutbürger gewählt, aus: http://www.gfds.de/aktionen/wort-des-jahres/wort-des-jahres-2010/platz-1/, zuletzt besucht am 05.01.2012

196 „Alternativlos" ist Unwort des Jahres, aus: http://www.tagesschau.de/inland/unwortdesjahres110.html, zuletzt besucht am 05.01.2012

227 Angebot einer Internetseite, Autorentext

227 Anmoderation eines Radiobeitrags über antike Helden, aus: http://www.br-online.de/ID1237801603154.xml, zuletzt besucht am 29.09.2011

191 Dû bist mîn, ich bin dîn..., aus: Lachmann, Karl (Hrsg.): Des Minnesangs Frühling, Hirzel, Leipzig, 1857, S. 3

219 Ein Studio-Manager Hollywoods, Mehr Story, aus: Saturday Evening Post 23.11.1907, zitiert nach: Krützen, Michaela: Dramaturgie des Films. Wie Hollywood erzählt, Fischer, Frankfurt a. M., ^{3}2011, S. 282, übersetzt von Kai Schröter

39 Interview zur Erscheinung von Safranskis „Romantik – Eine deutsche Affäre", aus: http://www.welt.de/kultur/article1187529/Romantik_verzaubert_die_Wirklichkeit.html, zuletzt besucht am 03.12.2011

217 Man kann nicht einfach nur etwas zeigen ..., aus: Ein Studio-Manager Hollywoods, Mehr Story, aus: Saturday Evening Post 23.11.1907, zitiert nach: Krützen, Michaela: Dramaturgie des Films. Wie Hollywood erzählt, Fischer, Frankfurt a. M., ^{3}2011, S. 282, übersetzt von Kai Schröter

273 NDR: Fußballfrauen: mehr Marketing, mehr Berichte?, aus: http://www.ndr.de/sport/fussball/frauenfussball175.html, zuletzt besucht am 09.01.2012

134 Politisch in einem sehr weiten Sinn ..., Interview mit Sarah Krisch, aus: Die Zeit, 06.10.1978, Nr. 41, aus: http://www.zeit.de/1978/41/gedichte-mit-spielraum/seite-2, zuletzt besucht am 30.01.2012

258 Schaubild: Geschichte der Medienwolken 1960-2010, © Christoph Steinhard: projektwerft, Hamburg, Charakter-Illustrationen: Gerrit Peters, Hamburg, aus: http://www.kommunikation2020.de/K2020_MediaClouds_1960-2020_DE_Blog_V1-1.jpg, zuletzt besucht am 09.08.2011

152 Schaubild: Häufigste Freizeitbeschäftigungen im Laufe einer Woche, aus: Shell Deutschland Holding (Hrsg.): Shell Jugendstudie 2010, Jugend 2010. Eine pragmatische Generation behauptet sich, S. Fischer, Frankfurt a. M., 2010, S. 96

158 Schaubild: Lebenseinstellungen Jugendlicher, aus: Shell Deutschland Holding (Hrsg.): Shell Jugendstudie 2010, Jugend 2010. Eine pragmatische Generation behauptet sich, S. Fischer, Frankfurt a. M., 2010, S. 214

218 Schema 1: Film – Zuschauer, Autorentext

220 Schema 2: Einzelbild – Einstellung – Szene – Sequenz, nach: Klant, Michael / Spielmann, Raphael (Hrsg.): Grundkurs Film 1. Kino, Fernsehen, Videokunst, Schroedel, Braunschweig, 2008, S. 128

234 Schema 5: Dramaturgie eines Films. Zwei Modelle einer Filmdramaturgie, Autorentext

237 Schema 6: Die acht üblichen Einstellungsgrößen, Autorentext

240 Schema 7: Kontinuität der Bilder durch „Überlappung", Autorentext

241 Schema 8: Montageprinzipien in der Filmsprache, Autorentext

164 Schreiben als Beruf: Die Autorin Tina Uebel ..., aus: http://www.tina-uebel.de/, zuletzt besucht am 05.01.2012

259 Statistik: Durchschnittliche Nutzungsdauer von Fernsehen, Hörfunk und Internet in Minuten/Tag, aus: http://www.ard.de/intern/basisdaten/onlinenutzung/online nutzung_3A_20zeiten_20und_20dauer/-/id=55190/1l98aso/index.html, zuletzt besucht am 09.01.2012

188 Tagebucheinträge einer Mutter, Autorentext
243 „Trainspotting“: Inhaltszusammenfassung, Autorentext
183 Weil Wirtschaft und Wissenschaft ..., Unterschriftenaktion „Deutsch ins Grundgesetz!“ des Vereins Deutsche Sprache, aus: Pressemitteilung des VDA, aus: http://www.vda-globus.de/Aktuelle_Nachrichten.78.0.html?&no_cache=1&tx_ttnews%5Btt_news%5D=112&tx_ttnews%5BbackPid%5D=1&cHash=9959d1c0ad, zuletzt besucht am 05. 01. 2012
191 Wiener Notgerhandschrift, Sprichwort, aus: Roswitha Wisniewski: Deutsche Literatur vom achten bis elften Jahrhundert, Weidler, Berlin, 2003, S. 278
269 We'll soon be arriving a tour target, aus: http://www.heise.de/tp/artikel/14/14471/1.html, zuletzt besucht am 09. 01. 2012
185 Zahlenspiele. Die Sprache bestimmt die Gedanken, aus: http://www.spiegel.de/wissenschaft/mensch/0,1518,314106,00.html, zuletzt besucht am 05. 01. 2012

Textsortenverzeichnis

Aphorismen und Zitate
Barbara Beuys, Sie war diskret ... 125
Greiner, Ulrich: Der Sprachpfleger gleicht einem Gärtner ... 183
Journalist des BBC: „We'll soon be arriving ...“ 269
Kienzle, Ulrich: „Die ‚embedded‘ Journalisten sind Info-Kombattanten“ 269
Kraus, Karl: „Deutsch ist die Sprache derer ...“ 183
Nowottny, Friedrich: „Der Blick des Journalisten ...“ 269
Wiener Notgerhandschrift: Sprichwort 191

Ausstellungskatalogtexte
Nedo, Kito: Unterkühlte Kuschelaktion 34

(Auto-)Biografische Texte
Ausländer, Rose: Oft bin ich gefragt worden ... 115
Vogler, Anselm: Ständig lesen wir in den Zeitungen ... 159
Tagebucheinträge einer Mutter 188

Briefe
Büchner, Georg: Brief an die Familie 58
Johann Wolfgang Goethe in einem Brief an Thomas Carlyle 130
Lessing, Gotthold Ephraim: Briefwechsel über das Trauerspiel 28
Kafka, Franz: Brief an den Vater 104
Kafka, Franz: Wir brauchen aber die Bücher ... 81

Diskontinuierliche Texte
Geschichte der Medienwolken 1960 bis 2010 258
Kommunikationsmodell 253
Schaubild „Lebenseinstellung der Jugendlichen“ 158
Schema „Das Paradigma als Strukturmodell“ von Syd Fields 233
Schema „Die Heldenreise durch zwei Welten“ nach Michaela Krützen 230
Schema „Dramaturgie eines Films“ 234
Schema „Montageprinzip in der Filmsprache“ 241
Statistik „Durchschnittliche Mediennutzung“ 259

Dramatische und dialogische Texte
Brecht, Bertolt: Der gute Mensch von Sezuan – Szene 5 60
Brecht, Bertolt: Der gute Mensch von Sezuan – Epilog 61
Büchner, Georg: Dantons Tod – Zweiter Akt, Siebte Szene 285
Büchner, Georg: Woyzeck – Mariens Kammer 55
Goethe, Johann Wolfgang: Faust. Der Tragödie Erster Teil – Garten 70
Goethe, Johann Wolfgang: Faust. Der Tragödie Erster Teil – Kerker 73
Lessing, Gotthold Ephraim: Emilia Galotti – 2. Aufzug, 6. Auftritt 22
Schiller, Friedrich: Kabale und Liebe – Erster Akt, Vierte Szene 49
Schiller, Friedrich: Kabale und Liebe – Fünfter Akt, Siebte Szene 77
Schiller, Friedrich: Don Carlos – Erster Akt, Fünfter Auftritt 52

Erzählungen / Verserzählungen / Kurzprosa
Borchert, Wolfgang: Vielleicht hat sie ein rosa Hemd 167
Eichendorff, Joseph von: Aus dem Leben eines Taugenichts 24
Hesse, Hermann: Unterm Rad 107
Hoffmann, E.T.A: Der Sandmann 31
Hoffmann, E.T.A: Klein Zaches genannt Zinnober 44
Hofmannsthal, Hugo von: Ein Brief 90
Kafka, Franz: Gibs auf! 102
Kafka, Franz: Heimkehr 103
Novalis: Hymnen an die Nacht 38
Strauß, Botho: Paare, Passanten 180

Gedichte
Ausländer, Rose: Bekenntnis 114
Born, Nicolas: Drei Wünsche 119
Braun, Volker: Das Eigentum 139
Braun, Volker: Nun bin ich froh 118
Brecht, Bertolt: Erster Psalm 144
Brentano, Clemens: Sprich aus der Ferne 141
Brinkmann, Rolf Dieter: Selbstbildnis im Supermarkt 137
Böttcher, Bas: So wie du drauf bist 202
Bürger, Gottfried August: Der Bauer. An seinen Durchlauchtigen Tyrannen 16
Celan, Paul: Schlaf und Speise 146
Droste-Hülshoff, Annette von: Das Spiegelbild 124
Eichendorff, Joseph von: Die zwei Gesellen 120
Eichendorff, Joseph von: Mondnacht 147
Eichendorff, Joseph von: Nachts 18
Gleim, Johann Wilhelm Ludwig Gleim: Der Elephant und die Maus 16
Gryphius, Andreas: Es ist alles eitell 126
Goethe, Johann Wolfgang: Dämmrung ... 140
Goethe, Johann Wolfgang: Das Göttliche 129
Goethe, Johann Wolfgang: Römische Elegien 17
Hahn, Ulla: Ars poetica 138
Heine, Heinrich: Ohne Titel 133
Hofmannsthal, Hugo von: Ich fürchte mich so vor der Menschen Wort 92
Jandl, Ernst: vermessen 136
Jandl, Ernst: Ohne Titel 136
Kaschnitz, Marie Luise: Genazzano 123
Kirsch, Sarah: Kalt 147
Kirsch, Sarah: Ohne Titel 134
Krolow, Karl: Robinson 132
Kunert, Günter: Individueller Ausbruchsversuch 122
Kunze, Reiner: Die mauer. Zum 3. Oktober 1990 139
Logau, Friedrich von: Heutige Welt-Kunst 191
Meckel, Christoph: Ohne Titel 118
Mayröcker, Friedericke: beim Anblick eines jungen Kindes in der Strasze 117
Novalis: Wenn nicht mehr Zahlen und Figuren 12
Stramm, August: Sturmangriff 101
Unbekannter Verfasser: Ohne Titel (Dû bist mîn, ich bin dîn) 191
Zech, Paul: Die Häuser haben Augen aufgetan ... 143

Glossen
Martenstein, Harald: Man spürt überall die Angst, etwas Falsches zu sagen 274
Martenstein, Harald: Voll psycho – Harald Martenstein spricht mit seinem Sohn 198
Ringsgwandl, Georg: Angriff der Käuze 214

Interviews / Interviewauszüge

Interview mit Welt-Online zur Erscheinung von Safranskis „Romantik – Eine deutsche Affäre“ 39
Slomka, Marietta: „Es gibt keinen Regelkatalog ...“ 269
Zuckerberg, Mark: „Die Zeiten, in denen man für seine Kollegen ...“ 264

Journalistische Texte (Zeitungs- und Internetartikel / Radiobeiträge)

Blech, Jörg u. a.: Nackt unter Freunden 261
Bruns, Tissy: Republik der Wichtigtuer 281
Jessen, Jens: Deutsch: Die verkaufte Sprache 210
Mens, Fenja: „Was guckst du, bin isch Kino?“ 200
Metz, Moritz: Bücher laden ohne Buchladen 256
Moll, Sebastian: Feuer frei für die X-Box-Generation 266
NDR: Fußballfrauen: Mehr Merketing, mehr Berichte? 273
Prummer, Karin und Riedel, Katja: Auf die Mütze 278
Rosenfelder, Andreas: Das Facebook der Abwesenden 263
Seitz, Josef: Medien-Krieg: Wahrheit unter Beschuss 271
Spiegel-Online: Zahlenspiele: Die Sprache bestimmt die Gedanken 185
Weinhart, Martina: Wunschwelten. Neue Romantik in der Kunst der Gegenwart 36

Literatur- und kunsttheoretische Texte

Aristoteles: Poetik 57
Borchert, Wolfgang: Das ist unser Manifest 160
Bossang, Nora: Was kann Prosa heute? 162
Böthig, Peter: die verlassene sprache 161
Brecht, Bertolt: Die Straßenszene als Grundmodell für episches Theater 62
Bertolt Brecht, Um V-Effekte hervorzubringen ... 63
Brinkmann, Rolf Dieter: Notiz zu dem Gedichtband „Die Piloten“ 137
Döblin, Alfred: An Romanautoren und ihre Kritiker. Berliner Programm 88
Fontane, Theodor: Was soll ein Roman? 85
Nach Freytag, Gustav: Die Technik des Dramas 64
Gervinus, Georg Gottfried: Handbuch der Geschichte der poetischen Nationalliteratur der Deutschen 19
Goethe, Johann Wolfgang: Über seine Gedichte 140
Jandl, Ernst: Anmerkungen zur Dichtkunst 135
Killy, Walther: Gemütererregungskunst 142
Klotz, Volker: Geschlossene und offene Form im Drama 65
Korff, Hermann August: Geist der Goethezeit 19
Lessing, Gotthold Ephraim: Hamburgische Dramaturgie – 75. Stück 57
Maiwald, Peter: Das Gedicht vor und nach dem Gedicht 116
Meier, Albert: Klassik – Romantik 20
Novalis: Blüthenstaub, 54. Fragment 27
Novalis: Fragment über Poesie 30
Schiller, Friedrich: Die Schaubühne als moralische Anstalt 58
Schlegel, Friedrich: Athenäum, 116. Fragment 29
Schulz, Gerhard: Abgrenzung: Literatur und Geschichte 19

Medientheoretische Texte

Anderson, Maxwell: Der Held als fehlerhafter Mensch 225
Bolter, Jay D.: Hypertextualität, Internet, Interaktivität 254
Ein Studio-Manager Hollywoods: Mehr Story! 219
Field, Syd: The Screenwriters Workbook 232
Katz, Steven D.: Großaufnahme und Nahaufnahme 236
Katz, Steven D.: Kontinuität und Anschlüsse 240
Nach Krützen, Michaela: Im Status quo ... 224
Nach Krützen, Michaela: Ursachen des Verlangens... 222
„Man kann nicht einfach nur etwas zeigen ...“ 217
Murch, Walter: Warum funktionieren Schnitte? 239
Todorov, Tzvetan: Dort, wo es sich in den Augen gewöhnlicher Sterblicher ... 224
Vogler, Christopher: Die Reise des Helden 229
Winkler, Thomas: Coming-of-Age-Filme. Zusehen, wie andere erwachsen werden 245

Novellen

Musil, Robert: Die Amsel 96
Schnitzler, Arthur: Fräulein Else 98
Storm, Theodor: Viola tricolor 93

Philosophische / ethische Texte

Enzensberger, Hans Magnus: Auf der einen Seite finde wir die Apokalyptiker ... 253
Herder, Johann Gottfried: Briefe zur Förderung der Humanität 128
Kant, Immanuel: Beantwortung der Frage: Was ist Aufklärung? 26
Lenz, Jakob Michael Reinhold: Über Götz von Berlichingen 127
McLuhan: Das Medium ist die Botschaft ... 253
Postmann, Neil: Kinder müssen die Erwachsenheit erwerben ... 253

Reden

Canetti, Elias: Rede zur Verleihung des Büchner-Preises 1972 287
Kunze, Reiner: Rede zur Verleihung des Büchner-Preises 1977 287
Wolf, Christa: Rede zur Verleihung des Büchner-Preises 1980 288

Rezensionen

Adeoso, Marie-Sophie: Träge Sonne auf Volksdorfer Asphalt 164
Auszug aus einer Filmrezension: „Auf gewaltige Maße vergrößert...“ 217
Funke, Christoph: Viele Türen und kein Weg nach draußen – Schillers Trauerspiel „Kabale und Liebe“ im Deutschen Theater Berlin 68
Stone, Herbert: Widerwärtig! 219

Romane / Romanausschnitte

Abonji, Melinda Nadj: Tauben fliegen auf 174
Böll, Heinrich: Ansichten eines Clowns 153
Döblin, Alfred: Berlin Alexanderplatz 86
Fontane, Theodor: Mathilde Möhring 97
Keun, Irmgard: Gilgi – eine von uns 112
Mann, Thomas: Die Buddenbrooks 110
Raabe, Wilhelm: Die Chronik der Sperlingsgasse 84
Remarque, Erich Maria: Im Westen nichts Neues 100
Rilke, Rainer Maria: Die Aufzeichnungen des Malte Laurids Brigge 89 und 95
Stuckrad-Barre, Benjamin von: Livealbum 166
Tellkamp, Uwe: Der Turm 172
Timm, Uwe: Heißer Sommer 168
Uebel, Tina: Finn, 15, liest (aus: Last Exit Volksdorf) 148
Uebel, Tina: Last Exit Volksdorf 151 und 176
Uslar, Moritz von: Deutschboden 155
Wolf, Christa: Nachdenken über Christa T. 170

Sachtexte / nicht fiktionale Texte

Hurrelmann, Klaus: Die Shell Jugendstudie 2010. Eine pragmatische Generation behauptet sich 157
Gesellschaft für deutsche Sprache kürt Wort des Jahres 2010: Als Wort des Jahres wurde Wutbürger gewählt 183
Gensicke, Thomas: Wertorientierungen heutiger Jugendlicher 159
Raupp, Juliana: Wie Journalisten an Informationen kommen: Informationsquellen 270
Schreiben als Beruf: Die Autorin Tina Uebel 164
tagesschau.de: „Alternativlos“ das Unwort des Jahres 196
Unterschriftenaktion „Deutsch ins Grundgesetz“: Weil Wirtschaft und Wissenschaft ... 183

Sprachtheoretische Texte

Aristoteles: Über Rhetorik 284
Bieri, Peter: Brücke zum fremden Geist 186
Nach Glück, Helmut und Wolfgang Werner Sauer: Ein Blick in die Zukunft 192
König, Werner: Zur Entwicklung des neuhochdeutschen Wortschatzes 192

Limbach, Jutta: Purismus als Sprachkritik 207
Opitz, Martin: Von der zuebereitung vnd der ziehr der worte 194
Sick, Bastian: An was erkennt man schlechten Stil? 195
Wippermann, Peter: Wie geht es weiter? Ein Blick in die Zukunft 204
Zimmer, Dieter E.: Die Sprache, die den Kindern zuwächst 188

Bildnachweis

12 Bildarchiv Preußischer Kulturbesitz / Hermann Buresch, Berlin
13 Bildarchiv Preußischer Kulturbesitz / Elke Walford, Berlin
17 dpa Picture-Alliance / akg-images, Frankfurt
18 Bildarchiv Preußischer Kulturbesitz / Nationalgalerie, SMB / Jörg P. Anders, Berlin
22 Ullstein-Bild / Imagno, Berlin
26 Ullstein-Bild / Bild+News, Berlin
27 dpa Picture-Alliance / ©Costa / Leemage, Frankfurt
29 dpa Picture-Alliance / Artcolor / A. Koch, Frankfurt
32 Veit Schmitt, Freischaffender Künstler, Illustrator und Restaurator in München; http://veit-schmitt.de
35 Archiv für Kunst und Geschichte, Berlin; Staatliche Museen zu Berlin, Kunst der Aufklärung, Ausstellungskatalog, Berlin
36 Hatje Cantz Verlag, Wunschwelten, Stuttgart
38 Archiv für Kunst und Geschichte, Berlin
39 dpa Picture-Alliance / Patrick Seeger, Frankfurt
44 dpa Picture-Alliance / akg-images, Frankfurt
46 Marlies Kross, Cottbus; Dorothea Heise, Göttingen
47 Deutsches Theater Berlin / Arno Declair, Berlin; Dorothea Heise, Göttingen
49 dpa Picture-Alliance /dieKLEINERT.de / Matthias Dietze, Frankfurt
53 Dorothea Heise, Göttingen
55 dpa Picture-Alliance / akg-images, Frankfurt
57 dpa Picture-Alliance / akg-images, Frankfurt
60 Ullstein-Bild / Archiv Gerstenberg, Berlin
66 Udo Krause, Schwedt; Jörg Metzner Fotografie, Berlin; ©Jean-Paul Raabe / picturesberlin, Berlin
68 Deutsches Theater Berlin / Arno Declair, Berlin
70 Archiv für Kunst und Geschichte, Berlin
73 Dorothea Heise, Göttingen
80 Archiv für Kunst und Geschichte / Archives CDA, Berlin
81 Artothek / ©Christie's Images Ltd., Weilheim
86 Bildarchiv Preußischer Kulturbesitz, Berlin
89 dpa Picture-Alliance / akg-images / Andre Held, Frankfurt
90 dpa Picture-Alliance / bifab, Frankfurt
92 dpa Picture-Alliance / akg-images, Frankfurt
93 dpa Picture-Alliance / bifab, Frankfurt
97 dpa Picture-Alliance / akg-images, Frankfurt
100 dpa Picture-Alliance / bifab, Frankfurt
101 Archiv für Kunst und Geschichte, Berlin
103 dpa Picture-Alliance / Imagno, Frankfurt
104 Archiv für Kunst und Geschichte / Erich Lessing, Berlin
107 dpa Picture-Alliance / akg-images / Johann Brandstetter, Frankfurt
110 dpa Picture-Alliance / DEA / A. Dagli Orti, Frankfurt
112 Ullstein-Bild, Berlin
114 Rose-Ausländer-Stiftung, Köln
115 Ullstein-Bild / Rainer Fischer, Berlin
118 Wolfgang Lettl, Die Basis, 2006, © www.lettl.de
120 dpa Picture-Alliance / akg-images, Frankfurt
122 www.wikipedia.org /gertha
123 Archiv für Kunst und Geschichte / Nationalgalerie, SMB, Sammlung Scharf-Gerstenberg, Berlin
124 Archiv für Kunst und Geschichte, Berlin; Bildarchiv Preußischer Kulturbesitz / CNAC-MNAM / Jean-Claude Planchet, Berlin
125 Archiv für Kunst und Geschichte / Erich Lessing, Berlin
127 Archiv für Kunst und Geschichte, Berlin
128 dpa Picture-Alliance / maxppp / Leemage, Frankfurt
132 Artothek / Blauel / Gnamm, Berlin
133 Archiv für Kunst und Geschichte, Berlin
135 dpa Picture-Alliance / Zentralbild / Hubert Link, Frankfurt
139 dpa Picture-Alliance / Martin Sperling, Frankfurt
141 Archiv für Kunst und Geschichte, Berlin
143 photocase.com/jlokij
148/149 photocase.com/jlokij; photocase.com/kallejipp
153 dpa Picture-Alliance / Obertreis, Frankfurt
159 dpa Picture-Alliance / Globus-Infografik, Frankfurt
160 Archiv für Kunst und Geschichte, Berlin
164 dpa Picture-Alliance / Frank May, Frankfurt
168 dpa Picture-Alliance / Ingo Wagner, Frankfurt
170 dpa Picture-Alliance / Reiner Jensen, Frankfurt
172 dpa Picture-Alliance / Zentralbild / Arno Burgi, Frankfurt
177 dpa Picture-Alliance / akg-images, Frankfurt
180 Archiv für Kunst und Geschichte / AP, Berlin
189 Hergen Schimpf, Hamburg
194 Archiv für Kunst und Geschichte, Berlin; dpa Picture-Alliance / Quagga illustrations, Frankfurt
195 dpa Picture-Alliance, Frankfurt
198 dpa Picture-Alliance, Frankfurt
202 dpa Picture-Alliance / Ursula Düren, Frankfurt
206 Friedrich Retkowski, Hameln; Henning Studte, Darmstadt
207 dpa Picture-Alliance / Sören Stache, Frankfurt
216 Channel Four Films, GB-London (2)
217 Channel Four Films, GB-London (2)
222 KurzFilmAgentur Hamburg e. V., Hamburg (2)
223 KurzFilmAgentur Hamburg e. V., Hamburg (2)
225 KurzFilmAgentur Hamburg e. V., Hamburg (3)
226 dpa Picture-Alliance / akg-images, Frankfurt
228 KurzFilmAgentur Hamburg e. V., Hamburg (6)
231 KurzFilmAgentur Hamburg e. V., Hamburg (2)
235 Studiocanal GmbH, Berlin (4)
238 Studiocanal GmbH, Berlin (2)
243 Channel Four Films, GB-London (2)
245 Channel Four Films, GB-London
248 Channel Four Films, GB-London
249 Studiocanal GmbH, Berlin (4)
250 Cinetext / Allstar / Weinheim Comp., Frankfurt; dpa Picture-Alliance / Christian Baier / Chromorange, Frankfurt
251 ddp images / AP / Ben Curtis, Hamburg; dpa Picture-Alliance / Britta Petersen, Frankfurt; dpa Picture-Alliance / Steffen Kugler, Frankfurt; dpa Picture-Alliance / Zentralbild / Patrick Pleul, Frankfurt
263 dpa Picture-Alliance / Time, Frankfurt
266 dpa Picture-Alliance / DB Hoffmann, Frankfurt
267 dpa Picture-Alliance / ZB / Jürgen Lösel, Frankfurt
269 Reuters / Amir Cohen, Berlin
273 dpa Picture-Alliance / Daniel Karmann, Frankfurt
278 dpa Picture-Alliance / Peter Kneffel, Frankfurt
321 Universitätsbibliothek, Heidelberg
322 Archiv für Kunst und Geschichte, Berlin; Artbox, Bremen; Lutherhalle, Wittenberg
323 Archiv für Kunst und Geschichte, Berlin; Artbox, Bremen (3); dpa Picture-Alliance, Frankfurt
324 Archiv für Kunst und Geschichte, Berlin; Artbox, Bremen (3)
325 Artbox, Bremen (2); dpa Picture-Alliance / akg-images, Frankfurt
326 Artbox, Bremen (3); dpa Picture-Alliance / Obertreis, Frankfurt
327 Artbox, Bremen (3)